JUS PRIVATUM

Beiträge zum Privatrecht

Band 247

Christoph Wendelstein

# Pflicht und Anspruch

## Zugleich ein Beitrag zur Bedeutung subjektiver Rechte im Privatrecht

Mohr Siebeck

*Christoph Wendelstein*, geboren 1982; Studium der Rechtswissenschaften an den Universitäten Tübingen und Passau; 2012 Promotion; Rechtsreferendariat am LG Stuttgart; Wissenschaftlicher Assistent am Lehrstuhl von Prof. Dr. Michael Stürner, M.Jur. (Oxford) an der Universität Konstanz; seit 2014 Akademischer Rat a. Z. ebenda; 2020 Habilitation.
orcid.org/0000-0001-8653-8386

ISBN 978-3-16-159498-4 / eISBN 978-3-16-159499-1
DOI 10.1628/978-3-16-159499-1

ISSN 0940-9610 / eISSN 2568-8472 (Jus Privatum)

Die Deutsche Nationalbibliothek verzeichnet diese Publikation in der Deutschen Nationalbibliographie; detaillierte bibliographische Daten sind über *http://dnb.dnb.de* abrufbar.



Das Buch wurde von epline in Böblingen aus der Garamond gesetzt, von Gulde Druck in Tübingen auf alterungsbeständiges Werkdruckpapier gedruckt und von der Buchbinderei Spinner in Ottersweier gebunden.

Printed in Germany.

*Für meine Familie*

# Vorwort

Die Arbeit wurde im Februar 2020 von der Universität Konstanz als Habilitationsschrift angenommen. Literatur, die zwischen Dezember 2019 und der Drucklegung erschienen ist, wurde sporadisch berücksichtigt.

Mein herzlicher Dank gilt meinem akademischen Lehrer Herrn Professor Dr. Michael Stürner, M. Jur. (Oxford). Er hat die Entstehung dieser Arbeit mit großem Engagement unterstützt, mir viele Freiheiten bei der Bearbeitung des Themas gewährt und die Arbeit mit seinem kompetenten Rat und seinen Ideen gefördert. Durch die gute und enge Zusammenarbeit konnte ich nicht nur fachlich, sondern auch persönlich viel von ihm lernen. Hierdurch hat er meinen gesamten akademischen Werdegang erheblich geprägt.

Großer Dank gebührt auch Frau Professor Dr. Astrid Stadler und Herrn Professor Dr. Jens Petersen, welche die Erstellung des Zweit- und Drittgutachtens übernommen haben.

Bedanken möchte ich mich auch bei Herrn Professor Dr. Rüdiger Wilhelmi, der mir insbesondere zu Beginn des Projektes als Gesprächspartner zur Verfügung stand.

Mein besonderer Dank gilt auch Herrn Professor em. Dr. Eduard Picker, der durch seine zentralen Arbeiten aber auch als Gesprächs- und Diskussionspartner diese Arbeit mitgeprägt hat.

Bedanken möchte ich mich auch bei allen Wegbegleiter*innen, die auf verschiedenste Art und Weise zum Entstehen dieses Werkes beigetragen haben.

Möglich wurde diese Arbeit erst durch die geduldige Unterstützung und den Rückhalt meiner Frau Dr. Anika Wendelstein. Sie hat mich während des gesamten Weges begleitet.

Tübingen, Januar 2021 *Christoph Wendelstein*

# Inhaltsübersicht

# Inhaltsverzeichnis

# Einleitung

## *§ 1 Problemstellung*

Das deutsche materielle Privatrecht kennt nach überkommener Auffassung Pflichten eines Privatrechtssubjekts, deren Einhaltung kein anderes Privatrechtssubjekt mit den Mitteln des Privatrechts einfordern kann. Diesen Pflichten soll also kein Erfüllungsanspruch korrespondieren. Ein prominentes und besonders praxisrelevantes Beispiel für derartige Pflichten sind nach ganz h. M. die sogenannten Verkehrs- und Schutzpflichten. Diese willensunabhängigen Pflichten dienen dem Schutz subjektiver Rechte wie etwa dem Eigentum oder Leib, Leben und Gesundheit.

Das BGB enthält keine Norm, welcher ein Anspruch auf Erfüllung der Verkehrs- oder Schutzpflichten ausdrücklich entnommen werden kann. Dies wird herkömmlicherweise dahingehend interpretiert, dass ein betroffenes Privatrechtssubjekt nach dem Willen des historischen Gesetzgebers darauf verwiesen sei, im Falle eines Schadenseintritts diesen bei dem Pflichtigen zu liquidieren – dulde und liquidiere.

Die Rechtsprechung und Teile des Schrifttums haben sich der Frage nach einem Anspruch auf Erfüllung von Verkehrspflichten schon früh angenommen und gewähren – unter nicht einheitlichen Voraussetzungen – im Ergebnis teilweise einen Erfüllungsanspruch. Als Vehikel bedienen sie sich heute der *negatoria* bzw. *quasinegatoria* (§ 1004 BGB [analog]), um einem oder mehreren Privatrechtssubjekten vorbeugend, also vor Eintritt eines Schadens, die Möglichkeit zu geben, die Unterlassung verkehrspflichtwidrigen Verhaltens (ggf. im Wege der Unterlassungsklage) vom Pflichtigen zu verlangen. Die Beachtung einer Verkehrspflicht erschöpft sich rechtstatsächlich zumeist jedoch nicht in einem Unterlassen, sondern erfordert ein aktives Tätigwerden des Verkehrspflichtigen. So muss der Anlieger einer Straße den Gehweg beispielsweise räumen und gegebenenfalls streuen, um die Gefahr eines Ausrutschens und Stürzens von Passanten zu beseitigen. Unterlässt der Anlieger die Räumung und Streuung des Gehwegs, erfüllt er die Verkehrspflicht nicht und es ist niemandem geholfen. Der Anlieger kann seiner Verkehrspflicht in Gestalt der Räum- und Streupflicht also gerade nicht genügen, indem er untätig bleibt, sondern nur dadurch, dass er tätig wird. Der (quasi-)negatorische Rechtsschutz des § 1004 BGB ist jedoch, solange noch keine „Beeinträchtigung" eingetreten ist, grundsätzlich auf ein Unterlassen gerichtet. Um dennoch die aktive Einhaltung einer Verkehrspflicht mittels des (quasi-)negatorische Rechtsschutzes verlangen zu können, bedient sich ein Teil der Literatur und der Rechtsprechung der etwas befremdlich anmutenden Konstruktion eines Anspruchs auf ein „Unterlassen des Unterlassens".[1] Unter den besonderen Voraussetzungen des (quasi-)negatorischen Unterlassungsanspruchs habe der Schuldner sein Nichtstun zu unterlassen, also tätig zu werden.[2] Die geschuldete Tätigkeit sei die Beachtung der Verkehrspflicht. Allerdings sei im Rahmen dieser Konstruktion zu berücksichtigen, dass die (Quasi-)negatoria keinen Anspruch auf eine bestimmte Maßnahme der Gefahrenbeseitigung begründe, sondern es dem Schuldner überlassen bleibe, auf welche Art und Weise er die Beeinträchtigung oder Bedrohung fremder Rechte beseitigt.[3] Ein inhaltlich bestimmter Anspruch auf Einhaltung der Verkehrspflichten kann nach dieser Auffassung aus §1004 BGB (analog) nicht abgeleitet werden. Gerade auch wegen dieser Grundstreitigkeiten über die Erforderlichkeit einer inhaltlichen Konkretisierung zur Bejahung eines Erfüllungsanspruchs besteht im Detail keine Einigkeit darüber, unter welchen Voraussetzungen die Beachtung der Verkehrspflichten durch ein Rechtssubjekt verlangt werden kann.[4]

Noch undurchsichtiger und vielschichtiger ist das geäußerte Meinungsspektrum, wenn man die mit den Verkehrspflichten strukturell verwandten Schutzpflichten (§241 Abs. 2 BGB) mit in den Blick nimmt. Wie die Verkehrspflichten dienen auch die Schutzpflichten dem Schutz der vertragsunabhängigen subjektiven Rechte des Pflichtbegünstigten, also dem Integritätsinteresse. Es handelt sich bei ihnen nach ganz herrschender Auffassung um (Sonder-)Deliktsrecht.[5] Ob und bejahendenfalls unter welchen Voraussetzungen die Einhaltung von Schutzpflichten verlangt werden kann, ist stark umstritten. Auffallend ist, dass diese Frage nicht anhand der *negatoria* bzw. *quasinegatoria* (§1004 BGB analog), sondern anhand des Erfüllungsanspruchs und seiner Voraussetzungen diskutiert wird.[6]

---

[1] Vgl. BGH NJW 1982, 440, 441; NJW 2004, 1035, 1036f.; NJW 2018, 1317, 1318; *Wilhelmi*, Risikoschutz durch Privatrecht, S. 124; *Loschelder*, WRP 1999, 57, 58; *v. Bar*, 25 Jahre Karlsruher Forum, S. 80, 82; *Vieweg/Schrenk*, JURA 1997, 561, 563; *Lüftenegger*, Rückrufpflicht des Herstellers, S. 200.

[2] *Wagner*, in: MüKo-BGB, vor 823 BGB Rn. 42.

[3] RGZ 147, 27, 30f.; *Wagner*, in: MüKo-BGB, vor 823 BGB Rn. 42.

[4] Vgl. *Jansen*, AcP 202 (2002), 517, 525f.; *Wagner*, in: MüKo-BGB, vor 823 BGB Rn. 42.

[5] Vgl. *Wagner*, in: MüKo-BGB, vor §823 BGB Rn. 80; *Kurt*, Culpa in contrahendo, S. 78; *Lüttringhaus*, RIW 2008, 193, 197.

[6] Vgl. stellvertretend nur *Hähnchen*, Obliegenheiten und Nebenpflichten, S. 236f. *Stürner*, JZ 1976, 384, 385 Fn. 1–3; *Kramme*, in: Prütting/Wegen/Weinreich, BGB, §241 BGB Rn. 24; *Gröschler*, in: FS Konzen, S. 109, 117. Anders wohl *Wagner*, in: MüKo-BGB,

Während also im Bereich der Verkehrspflichten ein Anspruch auf Erfüllung allenfalls unter den Voraussetzungen des § 1004 BGB (analog) bestehen können soll, soll ein Anspruch auf Erfüllung der Schutzpflichten auch ohne die Konstruktion über § 1004 BGB (analog) möglich sein. Im Bereich der Verkehrspflichten soll ein Erfüllungsanspruch also den gedanklichen Einschub des § 1004 BGB erfordern, während es eines solchen Einschubs im Bereich der Schutzpflichten nicht bedürfen soll. Dieser konstruktive Unterschied ist schon deshalb bemerkenswert, weil man sich heute weitestgehend darüber einig ist, dass sich die Verkehrs- und Schutzpflichten in ihrer Struktur und ihrer Funktion nicht unterscheiden.[7] In manchen Bereichen wird nicht einmal scharf zwischen beiden Pflichten unterschieden.[8] Dass im Bereich der Verkehrspflichten § 1004 BGB (analog) zur Begründung eines Erfüllungsanspruchs eingeschoben wird, während dies bei Schutzpflichten nicht notwendig sein soll, deutet auf ein deutlich grundlegenderes Problem hin. Offensichtlich sind die Voraussetzungen und die Funktion des privatrechtlichen (Erfüllungs-)Anspruch weitaus weniger klar als man es wegen seiner zentraler Bedeutung im Privatrechtssystem aber auch der Rechtspraxis erwarten würde. Und offensichtlich sollen diese Voraussetzungen eines Erfüllungsanspruchs bei Verkehrs- und Schutzpflichten divergieren können.

Ein weiterer Grund für die aufgezeigten Ungereimtheiten und die dogmatische Unschärfe eines auf die Einhaltung von Verkehrs- oder Schutzpflichten gerichteten materiell-rechtlichen Anspruchs liegt darin, dass die damit verbundenen Rechtsfragen nach heute herrschender Ansicht rechtstatsächlich dem Prozessrecht und nicht dem materiellen Privatrecht obliegen sollen. Angesprochen ist damit die auf *Adolf Wach*[9] zurückgehenden Lehre von den sogenannten rein prozessualen Rechtsbehelfen. Nach dieser Lehre existieren verschiedene prozessuale Rechtsbehelfe ohne materiell-rechtlichen Anspruch als Grundlage.[10] Einen dieser Rechtsbehelfe soll nach ganz h. M. der gerade im Bereich der Beachtung von Verkehrs- und Schutzpflichten

---

vor 823 BGB Rn. 42, welcher scheinbar auch im Bereich der Schutzpflichten den Weg über § 1004 BGB gehen möchte.

[7] *Wagner*, in: MüKo-BGB, vor § 823 BGB Rn. 80 und § 823 BGB Rn. 396; vgl. auch OLG Köln NJW-RR 2003, 806, 807; *v. Bar*, JuS 1982, 637 ff.; *ders.*, Verkehrspflichten, S. 312 ff.

[8] OLG Düsseldorf, VersR 2012, 732, 732 f.: „mietvertragliche Verkehrssicherungspflichten"; OLG Saarbrücken, NJW-RR 2012, 152 153, welches von der Möglichkeit ausgeht, dass in der gerichtlichen Praxis die Anspruchsgrundlage dem Vertragsrecht entnommen wird (§ 280 BGB), während Umfang und Intensität der Sorgfaltspflichten auf das Deliktsrecht bzw. einen Kommentar zu § 823 Abs. 1 BGB gestützt werden.

[9] *Wach*, Feststellungsanspruch, passim.

[10] Vgl. etwa *Münzberg*, JZ 1967, 689, 693, für gewisse Feststellungsklagen; *Zeuner*, in: FS Dölle I, S. 295, 307 f., 317, jedenfalls für die negative Feststellungsklage. Eine bis heute gültige Zusammenstellung der nach h. M. einschlägigen Rechtsschutzformen findet sich bereits bei *Wach*, Feststellungsanspruch, S. 15 ff, 18 f. und 21 f.

praxisrelevante einstweilige Rechtsschutz darstellen.[11] Ausgangspunkt der Lehre vom rein prozessualen Charakter des einstweiligen Rechtsschutzes ist der Befund, dass das materielle Recht das Interesse nach vorbeugender Sicherung nicht hinreichend schütze. Das materielle Recht kenne vorbeugende Ansprüche nur in wenigen Bereichen und in wenigen Vorschriften, was für einen effektiven Rechtsschutz nicht ausreichend sei. Die Kritik am materiellen Recht geht aber noch weiter: Die Zweifel an der Interessengerechtigkeit der vorgefundenen materiell-rechtlichen Regelungen im vorbeugenden Bereich setzen sich fort in einem grundsätzlichen Misstrauen gegenüber der klassischen Privatrechtsdogmatik. So unterstellen die Vertreter der Lehre von einem rein prozessualen einstweiligen Rechtsschutz weiter, dass sich die von ihnen behaupteten Regelungslücken auch nicht im Wege der Auslegung oder Fortbildung des materiellen Rechts schließen lassen.[12] Von dieser Prämisse ausgehend, versuchen die Vertreter eines rein prozessualen einstweiligen Rechtsschutzes die behauptete Schutzlücke durch die Gewährung „rein prozessualer" Befugnisse ohne materiell-rechtliches Fundament zu schließen. So handele es sich bei dem einstweiligen Rechtsschutz „nur" um „ein prozessualisches Sicherungsrecht", um einen aus dem Prozessrecht folgenden „Anspruch auf staatlichen Rechtsschutz". Dieser Anspruch sei „kein dem materiellen Recht immanentes, noch ihm beigestelltes accessorisches Klagerecht", sondern allein ein „Rechtsschutzanspruch publizistischer Natur".[13]

Die Entwicklung eines selbstständigen, rein prozessualen einstweiligen Rechtsschutzes ist heute so weit fortgeschritten, dass teilweise von einem „Wahlrecht" des Gesetzgebers ausgegangen wird. Der Gesetzgeber habe die Wahl, ob er die Interessen des Individuums durch die Gewährung materiellrechtlicher Ansprüche schütze oder ob das „Rechtssystem" anderweitig für „ausreichenden [...] Schutz" sorge.[14] Für den Erlass einer einstweiligen Verfügung sei es irrelevant, „daß der Antragsteller nach materiellem Recht keinen Anspruch auf eine dem Inhalt der vorläufigen Maßnahme entsprechende Leistung des Schuldners hätte". Es sei daher „bedeutungslos, [dass] die im Rahmen des vorläufigen Rechtsschutzes angeordnete Maßnahme im ordentlichen Prozeß überhaupt nicht angeordnet werden könnte".[15] Im Rahmen des einstweiligen Rechtsschutzes sei „[d]er Antrag [...] auf ein Ziel [gerichtet], auf welches der Antragsteller nach materiellem Recht gar kein

---

11 *Wach*, Feststellungsanspruch, S. 18f.; *Hellwig*, Klagrecht und Klagmöglichkeit, S. 13f.; *Minnerop*, Materielles Recht und einstweiliger Rechtsschutz, S. 53ff.; *Grunsky*, JuS 1976, 282, 283; *Leipold*, Grundlagen des einstweiligen Rechtsschutzes, S. 52ff.

12 Besonders deutlich *Minnerop*, Materielles Recht und einstweiliger Rechtsschutz, S. 53ff.

13 *Wach*, Feststellungsanspruch, S. 18f.

14 *R. Stürner*, JZ 1976, 384, 390.

15 *F. Baur*, Einstweiliger Rechtsschutz, S. 27.

Anspruch hat und das er im Hauptsacheverfahren nicht erreichen kann“[16]. Damit wird das materielle Recht auf dem Gebiet des einstweiligen Rechtsschutzes jedenfalls hinsichtlich der Rechtsfolge kurzerhand außer Kraft gesetzt. Ziel ist es – wie im gesamten Bereich der rein prozessualen Rechtsbehelfe – den Richter von der Bindung an das materielle Recht zu befreien.[17] Der Inhalt der einstweilig angeordneten Maßnahme soll, mangels Vorgaben des materiellen Rechts, im Ermessen des Richters liegen und sich nach dem Einzelfall beurteilen.

Praktische Konsequenz der Lehre von den rein prozessualen Rechtsbehelfen ist, dass die Frage nach einem materiell-rechtlichen Anspruch auf Erfüllung von Verkehrs- und Schutzpflichten jedenfalls vordergründig nicht sonderlich praxisrelevant ist, weil derartige Ansprüche wegen der tatsächlichen Dringlichkeit rechtspraktisch häufig im einstweiligen Rechtsschutz geltend gemacht werden. Bei näherem Hinsehen zeigt sich allerdings, dass mit der Annahme materiell-rechtlicher Ansprüche auf Erfüllung von Verkehrs- und Schutzpflichten das ohnehin tönerne Fundament der Lehre vom rein prozessualen einstweiligen Rechtsschutz zunehmend ins Wanken gerät: Schließlich besteht dann die von den Vertretern eines rein prozessualen einstweiligen Rechtsschutzes behauptete Rechtsschutzlücke im materiellen Recht gerade nicht.

Die Frage nach einem Anspruch auf Erfüllung von Verkehrs- und Schutzpflichten wird teilweise auch noch aus einem anderen Grund dem Prozessrecht zugeordnet: Teilweise wird das Privatrecht als ein System normativer Verhaltensordnung begriffen.[18] Insbesondere der Grund der deliktischen Schadenshaftung wird in einem Verstoß gegen diese objektive Verhaltensordnung erblickt. Wer es unterlässt, seinen Weg von Schnee und Eis zu befreien, halte die Verhaltensregeln des objektiven Privatrechts nicht ein und handele daher rechtswidrig. Diese Rechtswidrigkeit bestehe unabhängig davon, ob ein Schaden eingetreten ist oder nicht.[19] Unter Zugrundelegung dieses Konzepts stellt sich die Frage, ob der schuldhafte Verstoß gegen eine Verkehrs- oder Schutzpflicht nur repressiv zum Schadensersatz verpflichtet, oder ob die Beachtung der Verkehrspflichten bereits vor Schadenseintritt verlangt werden kann, wie folgt: Da das Verhalten oder Unterlassen des Verkehrspflichtigen gegen die objektive Verhaltensordnung verstößt, besitzt der Verkehrspflichtige keine rechtlich verbürgte Handlungsfreiheit, welche durch die Annahme eines schadenspräventiven Rechtsschutzes beschränkt würde.[20] Die Möglichkeit eines vorbeugenden Rechtsschutzes er-

---

[16] *Walker*, Der einstweilige Rechtsschutz, Rn. 141.
[17] Vgl. *Wach*, Handbuch, S. 19.
[18] *Neussel*, Anspruch und Rechtsverhältnis, S. 5 ff., 43.
[19] Deutlich *Münzberg*, Verhalten und Erfolg, S. 92.
[20] Vgl. etwa *Henckel*, AcP 174 (1974), 97, 114.

scheint ohne Einfluss auf das materielle Recht, da das Handeln oder Unterlassen des Pflichtigen auch ohne die Annahme eines solchen Rechtsschutzes rechtswidrig ist. In der Folge dieses Grundverständnisses verschiebt sich die Beantwortung der Frage nach einer Notwendig- oder Sinnhaftigkeit eines vorbeugenden Rechtsschutzes von der Ebene des materiellen Rechts mehr und mehr auf die Ebene des Prozessrechts.

Eine vollständige Zuweisung zum Prozessrecht wird schließlich erreicht, wenn man die (quasi-)negatorische Unterlassungsklage – entsprechend der Lehre von den rein prozessualen Rechtsbehelfen – als ein rein prozessuales Institut ohne materiell-rechtliche Grundlage ansieht.[21] Aber auch die überkommene Lehre[22] von „Ansprüchen gegen jedermann", aus denen sich die absoluten Rechte zusammensetzen sollen, betrachtet das Problem der Anerkennung eines schadenspräventiven Rechtsschutzes als ein solches des Rechtsschutzbedürfnisses und damit als eine prozessuale Schwierigkeit ohne Auswirkungen auf das materielle Recht.[23]

Unter gänzlich anderen Vorzeichen stellt sich die Frage, ob die Einhaltung von Verkehrs- und Schutzpflichten verlangt werden kann, wenn man das materielle Privatrecht nicht als ein System objektiver Verhaltensregeln, sondern als ein System von Ansprüchen begreift. Schadensersatznormen wie etwa § 823 Abs. 1 BGB lässt sich dann lediglich entnehmen, dass der Geschädigte unter den dort genannten Voraussetzungen von dem Schädiger Schadensersatz verlangen kann. Nur unter dem Aspekt des Schadensersatzes wird das Verhalten des Schädigers bewertet. Zu der Frage, ob das Verhalten des Schädigers unabhängig von einem Schadensersatzes erfolgen durfte oder hätte unterlassen werden sollen, verhält sich § 823 Abs. 1 BGB dann nicht.[24] Führt das Verhalten oder Unterlassen nicht zu einem Schaden, ist es nach Maßgabe des Schadenshaftungsrechts und damit nach Maßgabe des Gebiets, dem die Verkehrspflichten herkömmlich zugeordnet werden, zivilrechtlich irrelevant, weil es ohne Schadenseintritt keine Ansprüche entstehen lässt.

Diese Irrelevanz geht verloren, sobald einem bloß Gefährdeten ein Anspruch auf Einhaltung von Verkehrs- oder Schutzpflichten zusteht. Anstatt die pflichtwidrige Handlung oder Unterlassung vorzunehmen und darauf zu hoffen oder zu vertrauen, dass kein Schaden eintritt, kann der Pflichtige nun auf deren Einhaltung in Anspruch genommen werden. Der Gefährdete

[21] Bis heute *Esser/Weyers*, Schuldrecht II 2, S. 264 f.

[22] Vgl. nur *Windscheid*, Pandekten I, 6. Auflage 1887, § 43, S. 111.

[23] *Hellwig*, Anspruch und Klagerecht, S. 123 ff., 350 f.

[24] Deutlich *Schapp*, Das subjektive Recht, S. 104 f.: „Der allgemein auf Nichtbeschädigung von Sachen gerichtete Befehl ist also in unserer Rechtsordnung keine Realität. Nachweisbar ist nur die Anordnung, unter gewissen Voraussetzungen bei Beschädigung von Sachen Ersatz zu leisten."

kann den Pflichtigen zu einem bestimmten Verhalten anhalten. Das Privatrecht wäre ein effektives Instrument der Verhaltenssteuerung!

## § 2 Gang der Untersuchung

Bei unbefangener Herangehensweise handelt es sich bei der Frage, ob die Einhaltung von Verkehrs- oder Schutzpflichten verlangt werden kann, nicht um eine Frage der *negatoria* bzw. *quasinegatoria*, sondern primär um die Frage, ob diesen Pflichten ein Erfüllungsanspruch korrespondiert. Das „Dazwischenschieben" des § 1004 BGB (analog) mit seinen umstrittenen Tatbestandsvoraussetzungen wird, soweit ersichtlich, in keinem anderen Bereich praktiziert, um einen Erfüllungsanspruch unter gewissen Voraussetzungen begründen oder negieren zu können. Insbesondere werden die vertraglichen Erfüllungsansprüche nicht auf eine (analoge) Anwendung des § 1004 BGB gestützt.

Nähert man sich der Frage, ob ein Privatrechtssubjekt die Einhaltung von Verkehrs- oder Schutzpflichten verlangen kann, über den Erfüllungsanspruch, ist es zunächst sinnvoll, den Stand der Verkehrs- und Schutzplichtendogmatik dahingehend zu untersuchen, ob sich aus ihr Anhaltspunkte für die Existenz korrespondierender Erfüllungsansprüche ergeben (Kapitel 1). Da die dahingehende Untersuchung zeigen wird, dass dies nicht der Fall ist, gilt es in einem zweiten Schritt der Frage nachzugehen, unter welchen Voraussetzungen das Privatrecht einem Privatrechtssubjekt (Erfüllungs-)Ansprüche einräumt. Für diese Untersuchung ist eine Analyse der formalen Struktur und der Funktionsweise des Privatrechts erforderlich, da diese Wechselwirkungen mit dem Anspruchsbegriff und den -voraussetzungen aufweisen (Kapitel 2). Darauf aufbauend gilt es, dem heutigen Anspruchsbegriff nachzugehen und die Funktion und die Voraussetzungen des Erfüllungsanspruchs herauszuarbeiten (Kapitel 3). Dabei wird sich zeigen, dass es sich bei dem Erfüllungsanspruch um einen funktional negatorischen Schutz subjektiver Privatrechte handelt und daher von deren Inhalt und Umfang abhängig ist. Entsprechend ist es notwendig, sich mit den subjektiven Privatrechten als Kernelement des Privatrechtssystems, mit deren Inhalt und Umfang und den rechtlichen Möglichkeiten zu deren Konkretisierung auseinanderzusetzen (Kapitel 4). Diese Auseinandersetzung wird ergeben, dass es sich bei den Verkehrs- und Schutzpflichten um eine Methode zur Konkretisierung von Inhalt und Umfang subjektiver Privatrechte handelt. Durch sie ist es möglich, das jeweilige subjektive Privatrecht situativ-handlungs- und gefährdungsspezifisch auszugestalten.

Im Anschluss an diese Grundlegungen werden aus den gewonnenen Erkenntnissen die Voraussetzungen des Anspruchs auf Erfüllung von Verkehrs- und Schutzpflichten abgeleitet und näher spezifiziert (Kapitel 5). Die hier vertretene Auffassung wird dabei auch anhand anerkannter Verkehrspflichten, z. B. der Räum- und Streupflicht, dargestellt. Dabei gilt es zu beachten, dass die herangezogenen Beispiele praxisrelevanter Verkehrspflichten lediglich der Veranschaulichung der hiesigen Auffassung dienen. Durch die Bezugnahme auf diese Beispiele wird explizit keine Aussage über die Berechtigung oder Sinnhaftigkeit der jeweiligen Verkehrs- oder Schutzpflicht getroffen.

Das letzte Kapitel der Arbeit beleuchtet einige Fragestellungen des Prozessrechts, welche aus der Konstruktion eines materiell-rechtlichen Anspruchs auf Erfüllung von Verkehrs- und Schutzpflichten resultieren (Kapitel 6).

Die Arbeit schließt mit einer Zusammenfassung der gefundenen Ergebnisse.

Kapitel 1

# Verkehrs- und Schutzpflichten

## *§ 1 Verkehrspflichten*

### A. Begriff und Bedeutung

Der Begriff der Verkehrspflichten ist dem BGB unbekannt. Er ist eine Schöpfung der Praxis. In seiner grundlegenden Entscheidung aus dem Jahr 1902 postulierte das RG den Grundsatz, dass „ein jeder für die Beschädigung durch seine Sachen insoweit aufkommen solle, als er dieselbe bei billiger Rücksichtnahme auf die Interessen des anderen hätte verhüten können".[1] In seinen ersten Judikaten hatte sich das RG mit Sachverhalten auseinanderzusetzen, in denen der Gläubiger bei der Benutzung öffentlicher Wege, Straßen oder Plätze geschädigt wurde. Daraus erklärt sich der ursprünglich verwendete Terminus „Pflicht zur Verkehrssicherung" bzw. „Verkehrssicherungspflicht". Später wurde die Pflicht „zur billigen Rücksichtnahme auf die Interessen des anderen" auf Fallgestaltungen erweitert, in denen es nicht um Verletzungen im öffentlichen Verkehr, sondern um den Schutz vor sonstigen Gefahrenquellen – etwa vor defekten und/oder gefährlichen Produkten[2] – oder gefährliche Tätigkeiten[3] ging. Im berühmten Milzbrandfall, in dem über die Haftung eines Tierarztes für die Milzbrandinfektion eines Metzgers zu entscheiden war, der ihm bei der Notschlachtung eines erkrankten Rindes geholfen hatte, sprach das RG die „besonders gearteten allgemeinen Rechtspflichten" zum Schutz der Rechtsgüter anderer mit dem bis heute üblichen Terminus „Verkehrspflichten" an.

Verkehrspflichten begründen und beschränken nach heutigem Verständnis die Haftung für Unterlassungen oder mittelbare Verletzungen.[4] Die Gemeinsamkeit beider Konstellationen ist nach herrschendem Verständnis

[1] RGZ 52, 373, 379.

[2] RG DR 1940, 1293, 1294 (Bremsenfall).

[3] RGZ 102, 372, 373, 375 (Milzbrandfall).

[4] *Medicus/Petersen*, Bürgerliches Recht, Rn. 644 ff.; *Hager*, in: Staudinger, BGB, § 823 BGB Rn. A 9; *Katzenmeier*, in: NK-BGB, § 823 BGB Rn. 101; *ders.*, in: FS 100 Jahre DJT, Bd. II, S. 131 f.; *Larenz*, in: FS Dölle, Bd. I, S. 169, 193; *Deutsch*, Allgemeines Haftungsrecht, Rn. 237; *Stoll*, AcP 162 (1963), 203, 206 und 228; *Larenz/Canaris*, SchuldR II/2, § 75 II 3 (S. 365 ff.); *Medicus/Lorenz*, Schuldrecht II, Rn. 1243; *Mertens* VersR 1980, 397, 397 ff.

darin zu sehen, dass der letzte zum Schaden führende Verursachungsbeitrag nicht vom Verletzenden gesetzt wird, sondern vom Verletzten selbst, von Dritten oder auch von Naturgewalten.[5] Auf den Verletzten werde nicht direkt eingewirkt, so dass sich die mittelbare Verletzung und die Verletzung durch Unterlassen in diesem entscheidenden Punkt entsprächen. Das heutige Verständnis versteht die Verkehrspflichten also als Gefahrvermeidungs- und Gefahrabwehrpflichten.

## B. Standort der Verkehrspflichten innerhalb des Haftungssystems

Nicht nur von dogmatischem Interesse ist die umstrittene Einordnung der Verkehrspflichten in das Haftungssystem des Privatrechts. Die überwiegende Auffassung ordnet die Verkehrspflichten dem § 823 Abs. 1 BGB zu, wobei innerhalb dieser Auffassung umstritten ist, ob sie auf Tatbestandsseite,[6] bei der Rechtswidrigkeit[7] oder dem Verschulden[8] zu verorten sind. Die Gegenauffassung möchte die Verkehrspflichten hingegen in § 823 Abs. 2 BGB verankern.[9]

## C. Grundsätzlich keine den Verkehrspflichten korrespondierenden Ansprüche und Ausnahmen von diesem Grundsatz

Nach ganz überwiegendem Verständnis korrespondiert den Verkehrspflichten jedenfalls im Grundsatz kein materiell-rechtlicher Anspruch auf Erfüllung bzw. Einhaltung.[10] Die hierfür vorgetragenen Begründungen sind vielschichtig und berühren unterschiedlichste Rechtsfragen und -bereiche. In

---

[5] *Medicus/Petersen*, Bürgerliches Recht, Rn. 646.

[6] *Plum*, AcP 181 (1981), 68, 82 Fn. 60; *Wagner*, in: MüKo-BGB, § 823 BGB Rn. 391; *Wilhelmi*, Risikoschutz durch Privatrecht, S. 116 f.; *ders.*, in: Erman, § 823 BGB Rn. 9; *U. Huber*, FS E. R. Huber, 1973, S. 253, 264 f.; *Larenz/Canaris*, SchuldR BT II § 75 II 3c, S. 368; *Fikentscher/Heinemann*, Schuldrecht, § 107 III Rn. 1595 mit Fn. 21; *Medicus/Petersen*, Bürgerliches Recht, Rn. 646 ff. (Zurechnung des tatbestandsmäßigen unvorsätzlichen Verletzungserfolgs zu einer bestimmten Person als Verletzenden); *Wiethölter*, Rechtfertigungsgrund verkehrsrichtigen Verhaltens, S. 41; *Förster*, in: BeckOK, § 823 BGB Rn. 291; *Hager*, in: Staudinger, § 823 BGB Rn. E 4 f.

[7] *v. Bar*, Verkehrspflichten, S. 174 f.; *Esser/Schmidt*, SchuldR AT II § 25 IV 1c, S. 69; *Esser/Weyers*, SchuldR BT II § 55 II 2, S. 170; wohl auch *Medicus/Lorenz*, SchuldR BT Rn. 1243.

[8] *Steffen*, in: RGRK-BGB, § 823 BGB Rn 140.

[9] *v. Bar*, Verkehrspflichten S. 157 ff.; *ders.*, JuS 1988, 169, 171; *Assmann*, Prospekthaftung, S. 262; *Larenz*, in: FS Dölle, Bd. I, 1963, S. 169, 189, 193 ff.; *Deutsch*, JuS 1967, 152, 157; *Huber*, in: FS v. Caemmerer, 1978, S. 359, 377 ff.

[10] *Münzberg*, JZ 1967, 689, 692 mit Beispiel in Fn. 31 und den ergänzenden Ausführungen in Fn. 38; *Kleindiek*, Deliktshaftung, S. 33; *Jansen*, Struktur des Haftungsrechts, S. 11 mit Nachweisen in Fn. 51; *Funcke*, Quasinegatoria, S. 331, 334; *Henckel*, AcP 174

weiten Teilen wird diesen Einzelfragen jedoch nicht isoliert nachgegangen. Vielmehr werden systematisch unterschiedliche Fragestellungen gemeinsam und zuweilen undifferenziert abgehandelt:

Diejenigen Stimmen, welche ausnahmsweise einen materiell-rechtlichen Anspruch auf Erfüllung von Verkehrspflichten anerkennen, sprechen im Rahmen der Untersuchung, ob und bejahendenfalls unter welchen Voraussetzungen dieser Anspruch besteht, gleichbedeutend davon, ob die „Verkehrspflichten [...] zu selbstständig *einklagbaren* aufgewertet" sind.[11] Dadurch wird das Systemelement „Klagbarkeit" mit dem Systemelement „Anspruch" gleichgesetzt. Entsprechend dieser Gleichsetzung bleibt in diesen Untersuchungen offen, ob es sich bei den erarbeiteten Kriterien um Voraussetzungen des Systemelements „Anspruch" oder des Systemelements „Klagbarkeit" handelt. Dies ist bereits deshalb misslich, weil es sich bei der Klagbarkeit nach herkömmlicher Sichtweise um ein Systemelement des Prozessrechts handelt,[12] während das Systemelement des Anspruchs üblicherweise als dem materiellen Recht zugehörig verstanden wird. Insoweit ist die indifferente Untersuchung geeignet die – nach ganz herrschender Auffassung – bestehende Dichotomie von materiellem Privatrecht und Zivilprozessrecht partiell zu durchbrechen oder jedenfalls zu verwischen.

Unabhängig von diesen Ungenauigkeiten ist festzustellen, dass die dogmatische Verortung eines ausnahmsweise bestehenden Erfüllungsanspruchs bezüglich Verkehrspflichten nicht recht gelingt. Außerhalb von speziellen gesetzlichen Regelungen wie etwa § 908 BGB wird ein Anspruch auf Erfüllung von Verkehrspflichten nach überwiegendem Verständnis allenfalls aus dem negatorischen bzw. quasinegatorischen Unterlassungsanspruch (§ 1004 BGB [analog]) abgeleitet.[13] Der Anspruch aus § 1004 BGB (analog) dient nach dieser Auffassung als Mittel, um eine unselbstständige Pflicht, also eine Pflicht, welcher kein Erfüllungsanspruch korrespondiert, zu einer selbstständigen Pflicht, deren Einhaltung also verlangt werden kann, aufzuwerten. Dass der negatorische bzw. quasinegatorische *Unterlassungs*anspruch als Rechtsfolge an sich ein Unterlassen und damit gerade kein Tätigwerden, sondern das bloße Nichtstun vorsieht, wird weder vertieft thematisiert noch als sonderlich hinderlich empfunden. Vielmehr wird die Rechtsfolge des Unterlassens ohne weitere Ausführungen kurzerhand durch den semantischen Kniff „ausgetauscht", dass unter gewissen Voraussetzungen ein „An-

---

(1974), 97,112; im Grundsatz auch *von Bar*, 25 Jahre Karlsruher Forum, S. 80, 80 und 84; a. A. *Mertens*, VersR 1980, 397, 405.

[11] *Von Bar*, 25 Jahre Karlsruher Forum, S. 80, 84 (Hervorhebung nicht im Original).

[12] BGH NJW 1970, 1507, 1507; BGHZ 55, 334, 337 f.; BGH NJW 1980, 520, 520; NJW 1984, 669, 670; *Rosenberg/Schwab/Gottwald*, Zivilprozessrecht, § 90 Rn. 22 ff.; *Schilken*, Zivilprozessrecht, Rn. 182; *Jauernig/Hess*, Zivilprozessrecht, § 33 Rn. 12 f.

[13] Vgl. etwa LG Gießen, NJW-RR 1995, 543, 543 ff.; *von Bar*, 25 Jahre Karlsruher Forum, S. 80, 80 ff.; *Wagner*, in: MüKo-BGB, vor 823 BGB Rn. 42.

spruch auf Unterlassung einer Unterlassung, also auf ein positives Tun", bestehe.[14] Ein solcher Unterlassungsanspruch hat nach vorherrschendem Verständnis kumulativ mehrere Voraussetzungen: Erforderlich sei zunächst „eine rechtswidrige Pflichtverletzung im Vorfeld einer drohenden Rechts- oder Rechtsgutsverletzung". Ferner bedürfe es einer „andauernde[n] objektive[n] Pflichtwidrigkeit".[15] Darüber hinaus sei die „konkrete Gefahr" einer „Schadensverursachung" notwendig. Ferner müsse diese Gefahr „ihrer Eigenart nach einer von vornherein feststehenden Person drohen", die Gefahr müsse also „individualisiert sein".[16] Dies sei im Allgemeinen nicht der Fall, da „Verkehrspflichten dem Schutze von jedermann" dienten. So schütze „§ 836 BGB [...] jeden Passanten [...] aber nicht jeder Passant [könne] die Einhaltung der Gebäudeunterhaltspflicht verlangen, sondern nur der Nachbar". Dieser sei „kraft seiner besonderen Nähe zum Gefahrenherd selbst dann, wenn er ihn kennt, zu eigenverantwortlicher Schadensvorsorge mit zumutbaren Mitteln nicht in der Lage".[17] Seien die drei Voraussetzungen ausnahmsweise erfüllt, schlügen die bis dahin unselbstständigen Pflichten in selbstständige Pflichten um. Trotz des Anspruchs auf Erfüllung der Verkehrspflichten, stünde es aber „grundsätzlich im Belieben" des Verkehrspflichtigen, „auf welche Weise" er der Gefahrbeseitigungspflicht nachkomme, sofern er nur wirksam Abhilfe schaffe.[18]

Leicht abgewandelte Argumente finden sich in einem Schulbeispiel der Verkehrspflichten. Nach Auffassung der Rechtsprechung haftet der Inhaber eines Kaufhauses bekanntermaßen regelmäßig[19] wegen einer Verkehrspflichtverletzung auf Schadensersatz, wenn ein (potentieller) Kunde oder dessen Kind auf dem infolge herabgefallener Obst- oder Gemüseteile nassen, rutschigen Boden ausrutscht und sich dabei verletzt.[20] Nach vorherrschendem Verständnis sind solche Verkehrspflichten Bestandteil der objektiven Rechtsordnung und dienen dem Schutz der allgemeinen Verkehrserwar-

---

[14] So wörtlich *von Bar*, 25 Jahre Karlsruher Forum, S. 80, 82; in der Sache so auch *Loschelder*, WRP 1999, 57, 60 f.; *Vieweg/Schrenk*, JURA 1997, 561, 563; *Wilhelmi*, Risikoschutz durch Privatrecht, S. 124.

[15] *Von Bar*, 25 Jahre Karlsruher Forum, S. 80, 84.

[16] *Von Bar*, 25 Jahre Karlsruher Forum, S. 80, 85.

[17] *Von Bar*, 25 Jahre Karlsruher Forum, S. 80, 85.

[18] Vgl. BGHZ 29, 314, 317; *von Bar*, 25 Jahre Karlsruher Forum, S. 80, 85.

[19] Die Rechtsprechung geht mittlerweile davon aus, dass im Obst- und Gemüsebereich alle 15–20 Minuten eine Kontrolle und Reinigung des Bodens zu erfolgen hat, OLG Koblenz, NJW-RR 1995, 158, 159; OLG Köln, VersR 1997, 1113, 1114; OLG Karlsruhe VersR 2005, 420, 421.

[20] Vgl. etwa OLG Köln, NJW 1972, 1950, 1951; OLG Köln, VersR 2009, 233; OLG München, VersR 1974, 269, 270; 1976, 1000, 1000; OLG Hamm, VersR 1983, 43; OLG Stuttgart, VersR 1991, 441, 442; OLG Schleswig, NJW-RR 1992, 796; OLG Koblenz, NJW-RR 1995, 158, 158 f.; ausführlich dazu die Rechtsprechungsübersicht bei *Hager*, in: Staudinger, § 823 BGB Rn. E 249.

tung, dass in der eröffneten Verkehrsfläche keine unerkennbaren Gesundheitsgefahren bestehen.[21] Der potentielle Kunde oder dessen Kind könne die Erfüllung der Verkehrspflicht nicht vom Kaufhausbetreiber verlangen, sondern sei im Fall des Schadenseintritts auf einen Schadensersatzanspruch verwiesen. Ein Erfüllungsanspruch gegen den Inhaber des Kaufhauses könne wertungsmäßig nicht bestehen, weil der Kaufhausinhaber „einer Gesundheitsverletzung des Kunden stets dadurch vorbeugen [könne], dass er diesen von der Benutzung ausschließt".[22]

# *§ 2 Schutzpflichten*

## A. Begriff und Bedeutung

Neben Leistungspflichten kann ein Schuldverhältnis gemäß § 241 Abs. 2 BGB „jeden Teil zur Rücksicht auf die Rechte, Rechtsgüter und Interessen des anderen Teils verpflichten". Die damit angesprochenen sogenannten Schutzpflichten haben den Schutz des *status quo* an vertragsunabhängigen subjektiven Rechten der am Schuldverhältnis im weiteren Sinn partizipierenden Rechtssubjekte zum Gegenstand und sind damit funktional mit den deliktischen Verkehrspflichten verwandt. Da sie unabhängig vom rechtsgeschäftlichen Willen der Parteien gelten, sind sie gesetzlicher Natur.[23]

Im Rahmen der Vertragsdurchführung werden einerseits Gefahren für das kraft der vereinten Willkür der Parteien geschaffene subjektiven Forderungsrecht begründet, andererseits resultiert aus der tatsächlichen Durchführung regelmäßig ein faktischer Sonderkontakt, eine besondere tatsächliche Nähe zwischen den Vertragsparteien. Diese Nähe erhöht wegen der deshalb bestehenden besseren Eingriff- und Zugriffsmöglichkeit die Wahrscheinlichkeit einer Verletzung der einem Privatrechtssubjekt bereits zugewiesenen subjektiven Rechte und damit einer Verletzung des – normativ zu verstehenden – Integritätsinteresses. Aufgrund dieser wechselseitigen, gesteigerten Einwirkungsmöglichkeit einer der Parteien auf die subjektiven Rechte, also beispielsweise Eigentum, Leib, Leben, Körper und Gesundheit der jeweils anderen Vertragspartei, besteht eine gesteigerte Schutzbedürftigkeit und Schutzwürdigkeit beider Parteien. Deshalb entsteht in diesen

---

[21] Exemplarisch etwa *Funcke*, Quasinegatoria, S. 334.

[22] *Funcke*, Quasinegatoria, S. 334.

[23] *Stoll*, AcP 136 (1932), 257, 288; *Canaris*, JZ 1965, 475, 476; *ders.*, in: FS Larenz, 1983, 27, 88; *Gerhardt*, JuS 1970, 597, 598; *Medicus/Petersen*, Bürgerliches Recht, Rn. 203; *Medicus/Lorenz*, Schuldrecht I, Rn. 507a; *Stürner*, JZ 1976, 384, 385 f; *Wendelstein*, GPR 2013, 70, 72 f.; *ders.*, AcP 215 (2015), 70, 95; ähnlich *E. Picker*, AcP 183 (1983), 369, 397 ff.

Fällen kraft Gesetzes ein neben dem Vertrag stehendes, schon vorher beginnendes und diesen überdauerndes außervertragliches Schuldverhältnis.[24] In diesem einheitlichen, gesetzlichen Schuldverhältnis sind zum Schutz der subjektiven Rechte inklusive des allgemeinen Vermögensrechts des Gläubigers[25] die auf den Integritätsschutz gerichteten Schutzpflichten (§ 241 Abs. 2 BGB) verortet, welche bei grundsätzlich schuldhafter Verletzung die schadensrechtliche Haftung der schädigenden Partei nach den Grundsätzen des allgemeinen Schuldrechts auslösen. Es entsteht mit Aufnahme des geschäftlichen Kontaktes und verdichtet sich über mehrere Stufen (Beginn der Vertragsverhandlungen, Vertragsschluss, Eintritt in das Erfüllungsstadium). Da es – will man nicht mit bloßen Fiktionen arbeiten[26] – unabhängig vom Willen der Parteien entsteht und besteht, ist es autoritäres staatliches Recht und damit gesetzlicher Natur.[27]

## B. Verortung der Schutzpflichten in einem Schuldverhältnis

Einer der zentralen Unterschiede zwischen Verkehrs- und Schutzpflichten besteht nach herkömmlichem Verständnis darin, dass die Schutzpflichten nur zwischen den am gesetzlichen Schuldverhältnis partizipierenden Privatrechtssubjekten bestehen (*inter partes* Wirkung). Im Vorgriff auf die spätere Untersuchung ist es daher sinnvoll, sich dem Begriff des Schuldverhältnisses zuzuwenden. Der Begriff des Schuldverhältnisses wird heute überwiegend auf zwei verschiedene Art und Weisen verwendet. Es wird zumeist zwischen einem Schuldverhältnis im „engeren" und einem Schuldverhältnis im „weiteren" Sinn unterschieden.[28]

---

[24] Siehe *Stoll*, AcP 136 (1932), 257, 288; *Canaris*, JZ 1965, 475, 476; *ders.*, in: FS Larenz, 1983, 27, 88; *Gerhardt*, JuS 1970, 597, 598; wohl auch *Medicus/Lorenz*, Schuldrecht I, 20. Auflage 2012, Rn. 8, 507a.

[25] Vgl. BGH NJW 2013, 3366, 3368; NJW 2006, 830, 834; NJW-RR 2004, 481, 483; *Bachmann*, in: MüKo-BGB, § 241 BGB Rn. 114; *Sutschet*, in: BeckOK-BGB, § 241 BGB Rn. 89.

[26] Vgl. statt vieler nur *Larenz*, Schuldrecht I, 14. Auflage 1987, § 24 I a, S. 299, der die besondere Einstandspflicht in erster Linie damit begründet, dass der Schuldner „nach dem Sinn des Vertrages [...] verpflichtet" sei, „sich so zu verhalten, daß der Besteller nicht in vermeidbarer Weise" geschädigt werde. Dazu ausführlich *E. Picker*, AcP 183 (1983), 369, 387–391 sowie *Olzen*, in: Staudinger, BGB, § 241 BGB Rn. 384 jeweils mit weiteren Nachweisen.

[27] Siehe die Nachweise in Fn. 23. Ausführlich dazu *Wendelstein*, Kollisionsrechtliche Probleme der Telemedizin, S. 145–147.

[28] Vgl. *Medicus/Lorenz*, Schuldrecht I, Rn. 7 f.; *Dorn*, in: HKK-BGB, § 241 BGB Rn. 3, 71 ff.; *Ernst*, in: MüKo-BGB, Einl. SchuldR Rn. 9. Teilweise wurde das Schuldverhältnis „im weiteren Sinn" auch mit anderen Begriffen umschrieben. So sprach etwa

## I. *Schuldverhältnis im engeren Sinn*

Nach diesem herrschenden Verständnis ist das Schuldverhältnis im engeren Sinn ein Rechtsverhältnis, in dem sich mindestens zwei Privatrechtssubjekte dergestalt gegenüberstehen, dass sie einander zu einer Leistung verpflichtet seien, wobei die Leistung auch in einem Unterlassen bestehen könne (§241 Abs. 1 BGB). Das Schuldverhältnis im engeren Sinn sei somit gleichbedeutend mit dem Recht auf eine Leistung, also mit einer Forderung. Ganz ähnliches meine der Begriff des Anspruchs, der in §194 Abs. 1 BGB als das Recht, von einem anderen ein Tun oder Unterlassen zu verlangen, legaldefiniert wird. Dass sich die Definition des Anspruchs im Allgemeinen Teil des BGB findet, hänge mit dessen Gliederung nach dem sogenannten „Klammerprinzip" zusammen. Der Begriff des Anspruchs sei allgemeiner als derjenige der Forderung, weil er im Gegensatz zum zweitgenannten in allen Büchern des BGB und nicht nur im Schuldrecht existiere. Regelmäßig meine der Begriff der Forderung im Rahmen des Schuldrechts aber den schuldrechtlichen Anspruch.

## II. *Schuldverhältnis im weiteren Sinn*

Der Begriff des Schuldverhältnisses findet nach herrschender Auffassung noch in einem „weiteren Sinn" Verwendung. Im weiteren Sinn beschreibe er das gesamte Rechts- und Pflichtenbündel zwischen mindestens zwei Rechtssubjekten nach Art eines der sogenannten „einzelnen Schuldverhältnisse" wie etwa dem Kauf, der Miete oder dem Arbeitsvertrag aber auch der Geschäftsführung ohne Auftrag oder dem Eigentümer-Besitzer-Verhältnis.[29] Das Schuldverhältnis im weiteren Sinn könne die Ursache des Bestehens mannigfaltiger Forderungen sein. So resultiere etwa aus dem Schuldverhältnis des Kaufs gemäß §433 Abs. 1 BGB einerseits die Pflicht des Käufers zur Bezahlung des Kaufpreises an den Verkäufer und andererseits nach §433 Abs. 2 BGB die Pflicht des Verkäufers zur Übereignung des geschuldeten Kaufgegenstandes an den Käufer. Das Schuldverhältnis im weiteren Sinn bündele also mehrere Schuldverhältnisse im engeren Sinn (Forderungen bzw. Ansprüche).

---

*Siber*, in: Planck, BGB, Vorbem. I 1 b) zu §249 BGB; *ders.*, Schuldrecht, S. 1 vom Schuldverhältnis „als Organismus". Diese Formulierung übernahm später *H. Lange*, Vom alten zum neuen Schuldrecht, S. 70. Demgegenüber bevorzugte *Hellwig*, Anspruch und Klagrecht, S. 41 – vergleichsweise unglücklich – den Begriff „Gesamtschuldverhältnis". *Hertholz*, AcP 130 (1929), 257, 257 ff. führt den Begriff des Schuldverhältnisses als „konstante Rahmenbeziehung" ein.

[29] *Ernst*, in: MüKo-BGB, Einl. SchuldR Rn. 10.

## C. Anspruch auf Erfüllung von Schutzpflichten

In der rechtswissenschaftlichen Literatur wird kontrovers diskutiert, ob und bejahendenfalls unter welchen Voraussetzungen den Schutzpflichten Erfüllungsansprüche des Gläubigers korrespondieren. Die geführte Kontroverse leidet – ähnlich wie im Bereich der funktional verwandten Verkehrspflichten – darunter, dass nicht immer sauber zwischen der Frage eines Anspruchs auf Erfüllung von Schutzpflichten und der Frage nach der Klagbarkeit getrennt wird. Richtigerweise ist die Klagbarkeit eine Frage des Prozessrechts, welcher die Frage, ob ein materiell-rechtlicher Anspruch auf Erfüllung der Schutzpflicht besteht, vorgelagert ist.[30] Der Erfüllungsanspruch ist das Kriterium, welchem von Vielen eine zentrale Bedeutung bei der Unterscheidung zwischen Leistungs- und Schutzpflichten beigemessen wird.[31] Die Leistungspflichten seien auf eine Vermögensmehrung beim Gläubiger gerichtet und deshalb in natura zu erfüllen und einklagbar. Demgegenüber dienten Schutzpflichten dem Schutz des allgemeinen Erhaltungs- bzw. Integritätsinteresses und erlangten erst nach Eintritt eines Schadens durchsetzbare Bedeutung. Diese Art und Weise der Unterscheidung sei an einem in der Regierungsbegründung zum Gesetz zur Modernisierung des Schuldrechts enthaltenen Beispiel[32] verdeutlicht: Beauftragt ein Wohnungseigentümer einen Maler damit seine Wohnung vollständig zu streichen, sei das Streichen auf einen Zuwachs beim Gläubiger gerichtet und daher Leistungspflicht, auf die ein Erfüllungsanspruch bestehe. Die Pflicht des Malers das Eigentum des Gläubigers nicht zu verletzen, sichere hingegen nur den status quo an subjektiven Rechten des Gläubigers und sei nicht in natura durchsetzbar. Tritt ein Sachschaden ein, weil der Maler etwa die im Eigentum des Gläubigers stehenden Möbel nicht abgedeckt hatte und diese daher mit Farbe beschmutzt wurden, habe der Gläubiger aber einen Anspruch auf Schadensersatz.

Die mittels dieser Kriterien erzielte Abgrenzung ist freilich schon deshalb nicht eindeutig, weil ein Anspruch auf die Erfüllung von Schutzpflichten nicht durchgehend negiert wird. Einigkeit herrscht weitgehend darüber, dass den gesetzlich ausdrücklich normierten Schutzpflichten (etwa §§ 541 und 618 BGB) ein Erfüllungsanspruch korrespondiert.[33] Bei den Schutzpflichten des § 241 Abs. 2 BGB wird ein Erfüllungsanspruch – wenn über-

---

[30] *Bachmann/Schirmer*, in: FS Canaris II, S. 371, 272.

[31] Vgl. *Sutschet*, in: BeckOK-BGB, § 241 BGB Rn. 43; *Brox/Walker*, Schuldrecht AT, § 2 Rn. 8, 11 f.; *Gröschler*, in: FS Konzen, S. 109, 113 f.; *Mansel*, in: Jauernig, BGB, § 241 BGB Rn. 9 f.

[32] Vgl. BT-Drucks. 14/6040, S. 141.

[33] BAG NZA 1997, 821, 821 ff.; *Belling/Riesenhuber*, in: Erman, BGB, § 618 BGB Rn. 30; *Weidenkaff*, in: Palandt, BGB, § 541 BGB Rn. 1.

haupt – hingegen nur unter sehr restriktiven Voraussetzungen angenommen. Haben die Parteien nichts anderes vereinbart, besteht nach herkömmlicher Sichtweise allenfalls in engen Grenzen ein Erfüllungsanspruch. Im Gegensatz zur „absolute[n] Definition der Leistungspflicht nach Maßgabe eines absoluten und positiven Leistungszwecks“ sollen sich die Schutzpflichten durch eine abstrakte und relative Definition auszeichnen.[34] Wegen ihres grundsätzlich „generalklauselartigen“ Charakters fehle ihnen prinzipiell der notwendige konkrete Inhalt, so dass ein „Erfüllungsanspruch [...] von vornherein nur hinsichtlich einer bestimmten, situativen Ausprägung“ bestehen könne.[35] Eine spezifische situative Ausprägung erlangten die Schutzpflichten durch eine bestimmte Gefährdungslage, weil dann ein „konkretes Tun oder Unterlassen“ des Pflichtigen „erkennbar“ werde.[36] In diesen Fällen trete „zumeist zeitgleich oder zeitnah auch ein Schaden im Vermögen des Gläubigers ein“, weswegen sich die „situative Konkretisierung der Schutzpflicht“ sogleich wieder „erledigt“ habe.[37] Bleibe der Schadenseintritt aus, sei auch die Gefährdung und damit die konkretisierte Schutzpflicht nicht mehr vorhanden.[38] Bestehe eine konkretisierte Schutzpflicht ausnahmsweise fort, setzt ein Anspruch auf Erfüllung nach überwiegender Auffassung ein besonderes schutzwürdiges Interesse des Gläubigers voraus.[39] Ein solches soll etwa fehlen, wenn der Gläubiger der Gefährdung durch Umgestaltung des Sozialkontakts aus dem Weg gehen kann, indem er beispielsweise den rechtsgeschäftlichen Kontakt abbricht oder die Erbringung seiner Gegenleistung bis zur Erfüllung der Schutzpflichten nach § 242 BGB verweigert.[40] Der fehlende Erfüllungsanspruch sei daher – so wird geschlussfolgert – für die Schutzpflichten „typisch“[41] bzw. die Regel.[42]

Andere Stimmen stehen einem Anspruch auf Erfüllung von Schutzpflichten offener gegenüber. Sei die Schutzpflicht hinreichend konkretisiert, bestehe ein Erfüllungsanspruch.[43] Habe der Maler im obigen Beispiel im Eingangsbereich keine Abdeckplane verwendet und sei daher beispielsweise eine Verunreinigung des Teppichbodens zu befürchten, bestehe ein An-

---

[34] Besonders deutlich *Grigoleit*, in: FS Canaris, S. 275, 290.

[35] *Grigoleit*, in: FS Canaris, S. 275, 289.

[36] *Grigoleit*, in: FS Canaris, S. 275, 290.

[37] *Grigoleit*, in: FS Canaris, S. 275, 290; ähnlich *Hähnchen*, Obliegenheiten und Nebenpflichten, S. 247.

[38] *Grigoleit*, in: FS Canaris, S. 275, 290.

[39] Vgl. *Sutschet*, in: BeckOK-BGB, § 823 BGB Rn. 43; *Grigoleit*, in: FS Canaris, S. 275, 277f., 289ff., 292; *Stürner*, JZ 1976, 384, 385f.; *Schapp*, JZ 2001, 583, 584; *Plum*, AcP 181 (1981), 68, 82 Fn. 61; *Henckel*, AcP 174 (1974), 97, 111; *Motzer*, JZ 1983, 884, 886f.

[40] Vgl. *Stürner*, JZ 1976, 384, 385; *Köhler*, AcP 190 (1990), 496, 511.

[41] *Grigoleit*, in: FS Canaris, S. 275, 292.

[42] *Hähnchen*, Obliegenheiten und Nebenpflichten, S. 247.

[43] *Gröschler*, in: FS Konzen, S. 109, 117; *Bachmann/Schirmer*, in: FS Canaris II, S. 371, 394.

spruch auf Verwendung der erforderlichen Abdeckplane. Es handele sich dann nicht mehr um eine Pflicht nach § 241 Abs. 2 BGB sondern um eine solche nach § 241 Abs. 1 BGB.[44] Ein besonderes schutzwürdiges Interesse des Gläubigers sei für den Erfüllungsanspruch nicht erforderlich.[45]

---

44 *Gröschler*, in: FS Konzen, S. 109, 117.

45 *Kramme*, in: Prütting/Wegen/Weinreich, BGB, § 241 BGB Rn. 24; *Bachmann/Schirmer*, in: FS Canaris II, S. 371, 394 ff.

## Kapitel 2

# Struktur des Privatrechts

Zur Klärung der Frage, ob und bejahendenfalls unter welchen Voraussetzungen einem Privatrechtssubjekt ein Anspruch auf Erfüllung von Verkehrs- oder Schutzpflichten zusteht, ist es in einem ersten Schritt hilfreich, sich der Frage zuzuwenden, ob und wie sich ein derartiger Anspruch in die Gesamtstruktur von Rechtszuweisung und Rechtentstehung im Privatrecht einfügt und welche Funktion dem Systemelement Anspruch im System des Privatrechts überhaupt zukommt. Dies macht seinerseits eine Untersuchung der Funktionsweise des Privatrechtssystems notwendig. Darüber hinaus dient eine solche Untersuchung der Transparenz: Es werden diejenigen Axiome herausgearbeitet und offengelegt, welche der weiteren Untersuchung zugrunde liegen. Ferner wird sich im Rahmen der nachfolgenden Untersuchung an verschiedenen Stellen zeigen, dass hinsichtlich eines singulären Aspekts häufig eine partielle Abweichung vom tradierten Privatrechtssystem vorzufinden ist. Insoweit dient der nachfolgende Teil auch der Vorbereitung der weiteren Untersuchung und der Sensibilisierung zur Identifikation abweichender Gedankengänge.

### *§ 1 Privatrecht als Zuweisungs- und Schutzordnung – Denken in subjektiven Rechten*

Traditionell wird das Privatrecht primär als eine Ordnung von Freiheitssphären durch Rechtszuweisungen begriffen.[1] Durch das Privatrecht, genauer durch die Gewährung eines subjektiven Privatrechts, wird nach die-

[1] *Katzenstein*, Haftungsbeschränkungen, S. 142; *Schur*, Leistung und Sorgfalt, S. 108 ff.; *Fezer*, Teilhabe und Verantwortung, S. 525 f.; *Rimmelspacher*, Materiellrechtlicher Anspruch, S. 107; *Wolf/Neuner*, Allgemeiner Teil, § 14 Rn. 5; *E. Picker*, in: FS Medicus I, S. 397, 417 Fn. 52; *ders.*, Privatrechtsgesellschaft, 248 f.; *ders.* JZ 2010, 541, 546; *ders.*, JZ 2014, 431, 439; *ders.*, in: FS Medicus II, S. 311, 317; *ders.*, in: FS Canaris, Bd. 1, S. 1001, 1017; *ders.*, in: FS Bydlinsky, S. 269, 276; *Lobinger*, Rechtsgeschäftliche Verpflichtung, S. 90; *Unberath*, Vertragsverletzung, S. 161, 383 f.; *Malitzky*, Begriff des subjektiven Rechts, S. 4; *Reinhardt*, Die subjektiven Rechte in § 823 Abs. 1 BGB, S. 6; *ders.*, JZ 1961, 713, 716; *J. Esser*, Einführung, S. 150 ff.; *Wilhelmi*, Risikoschutz, S. 12 f.; 19 f.; *Hüftle*, Schadensersatz, S. 68 ff.; *P. Gebauer*, JURA 1998, 128, 132; *Hoffmann*, JURA 2014, 71, 71; *Hofmann*, Unterlassungsanspruch, S. 150; *Hartmann*, Anspruch auf das stellver-

sem klassischen Verständnis einem Rechtssubjekt unter Anerkennung der Freiheitssphären der übrigen Privatrechtssubjekte eine Rechtssphäre zugewiesen.[2] Besonders gut illustrieren lässt sich dieses Verständnis an dem subjektiven Privatrecht par excellence, dem Eigentum: Durch das Eigentumsrecht werde einem Privatrechtssubjekt im Verhältnis zu den übrigen Subjekten des Privatrechts eine Sache zugeordnet. Der Eigentümer könne kraft seines Eigentumsrechts Herrschaft über die Sache, als Bezugsobjekt des Eigentumsrechts, ausüben. In der Folge dürfe der Eigentümer in den Grenzen des subjektiven Rechts mit der Sache nach freiem Belieben verfahren, weil er dann kein anders Privatrechtssubjekt in seinen subjektiven Rechten verletze.

Zur Absicherung der durch die Zuweisung durch subjektive Rechte geschaffenen Freiheit hält die Privatrechtsordnung nach diesem Verständnis Schutzinstrumente bereit, in deren Folge die faktische Freiheit zur rechtlich geschützten Freiheit wird.[3] Im Falle der Verletzung des subjektiven Rechts entstehe ein weiteres subjektives Recht, das Schutzrecht, damit das Privatrechtssubjekt seine Rechtssphäre und damit seine Freiheit verteidigen könne.[4]

Diesem Denkmuster von primärer Rechtszuweisung und sich daran anschließendem und von der Rechtszuweisung abhängigem sekundären Schutz entsprechend, würde die Anerkennung eines subjektiven Rechts ohne dazugehöriges Schutzinstrument das subjektive Recht selbst konterkarieren, da es dem Zugriff durch Dritte preisgegeben würde, wodurch letztlich – entgegen dem eigentlichen Regelungsziel der Rechtszuweisung – tatsächlich wieder eine Zuordnung der zugewiesenen „Rechtssphäre" an die Allgemeinheit stattfinden würde.[5]

Bereits an dieser Stelle sei darauf hingewiesen, dass der Begriff des subjektiven Rechts nach herkömmlichem Sprachgebrauch – wie soeben gesehen – einen Oberbegriff darstellt, der sowohl die Rechtspositionen als auch deren Schutzrechte umfasst. Bereits diese unpräzise Begriffsverwendung ist geeignet, die Konturen des subjektiven Rechts erheblich zu verwischen. Im

---

tretende commodum, S. 22; wohl auch *Boecken*, Deliktsrechtlicher Eigentumsschutz, S. 214 f.; *G. Hager*, Strukturen, S. 3, der im Folgenden zwar zwischen formalem Privatrecht und materialisiertem Privatrecht unterscheidet, was jedoch für die hiesige Aussage belanglos ist (vgl. a. a. O. S. 12).

[2] *Ost*, Zuordnung als Kriterium, S. 24 ff.; *J. Esser*, Einführung, S. 159.

[3] *Münzberg*, Verhalten und Erfolg, S. 377; *E. Picker*, in: FS Canaris, Bd. 1, S. 1001, 1017, 1028 ff.

[4] Teilweise bekommt man den Eindruck als würde ausschließlich das subjektive Schutzrecht als subjektives Recht begriffen, jedenfalls rückt das subjektive Recht als Schutzposition stark in den Hintergrund, vgl. etwa *Wilhelmi*, Risikoschutz, S. 19 ff.

[5] *V. Gierke*, Deutsches Privatrecht I, S. 255; *Malitzky*, Begriff des subjektiven Rechts, S. 4; *Hoffmann*, Zession und Rechtszuweisung, S. 36; a. A. etwa *Jansen*, Struktur des Haftungsrechts, S. 62 und S. 94 ff.

Folgenden wird daher von subjektiven Rechten nur in Bezug auf die eigentliche Rechtsposition gesprochen, während die Schutzrechte im Folgenden nicht unter den Begriff des subjektiven Rechts fallen.[6]

## A. Zuweisung durch subjektive Rechte – Das Erbe Kants

Das soeben skizzierte „klassische" Verständnis des Privatrechtssystems wird entscheidend durch die (Rechts-)philosophie und Ethik des Aufklärungsphilosophen *Immanuel Kant* (22. April 1724–12. Februar 1804) geprägt,[7] welche als „Philosophie des subjektiven Rechts"[8] zu verstehen ist.

*Kant* ging bei seinen Überlegungen von der tatsächlichen Beobachtung aus, dass die Welt nicht unendlich groß ist. Folge dieser räumlichen Begrenztheit sei, dass die auf der Erde lebenden Individuen notwendigerweise miteinander in Interaktion treten müssten.[9] Kraft seiner Eigenschaft als Person müsse jedes Individuum dabei größtmögliche Freiheiten besitzen. Die Grenze der individuellen Freiheit – nicht etwa die Beschränkung einer grundsätzlich unbegrenzt gedachten Freiheit! – sei erreicht, wenn die Ausübung der Willkür der einen Person nicht mit der nach einem allgemeinen Gesetz bestehenden Freiheit der anderen Personen vereinbar ist. Dieser Gedanken ist zentral für das Verständnis der kantischen Rechtsphilosophie: *Kant* versteht die Freiheit der Individuen nicht als etwas vom Staat gewährtes, sondern als etwas natürlich Vorhandenes. Folglich könne der Staat diese Freiheit nicht gewähren, „denn man kann niemandem etwas geben, was er schon hat"[10]. Dementsprechend ist das oberste Ziel der Privatrechtsordnung für *Kant* die dauerhafte Sicherung der bereits im vorrechtlichen Zustand – wenngleich lediglich provisorisch und tatsächlich – bestehenden äußeren Freiheit der Privatrechtssubjekte.[11] Eben jene äußere Freiheit wird nach der Auffassung *Kants* aber nicht absolut gewährt. Vielmehr wird die Freiheit selbst durch den kategorischen Imperativ beschränkt: „Handle äußerlich so, daß der freie Gebrauch deiner Willkür mit der Freiheit von jedermann nach einem allgemeinen Gesetze zusammen bestehen könne".[12] „Handle nur

---

[6] Dadurch soll nicht zum Ausdruck gebracht werden, dass auch die Schutzrechte ihrerseits wieder Rechtsposition sein können.

[7] *Larenz/Wolf*, Allgemeiner Teil, 9. Auflage 2004 § 2 Rn. 2ff.; *Wilhelmi*, Risikoschutz, S. 13; *Hoffmann*, Zession und Rechtszuweisung, S. 36f.; *Unberath*, Vertragsverletzung, S. 32ff.

[8] *Hruschka*, JZ 2004, 1085, 1085; *Unberath*, Vertragsverletzung, S. 32.

[9] Vgl. auch den Ausgangspunkt der Überlegungen von *Malitzky*, Begriff des subjektiven Rechts, S. 3f.

[10] *Kant*, Metaphysik der Sitten, S. 344, Originalpaginierung AB 43, 44.

[11] *Kant*, Metaphysik der Sitten, S. 375, Originalpaginierung AB 87f.

[12] *Kant*, Metaphysik der Sitten, S. 338, Originalpaginierung A 34f. B 35 (wobei sich A auf die Erstauflage und B auf die Zweitauflage bezieht).

nach derjenigen Maxime, durch die du zugleich wollen kannst, dass sie ein allgemeines Gesetz werde."[13]

Zentral zum Verständnis *Kants* ist ferner der Umstand, dass subjektive Rechte nach seinem Verständnis nicht nur kraft gesetzlicher Zuordnung, sondern auch kraft des Willens der Privatrechtssubjekte entstehen können. Die Zivilrechtsordnung lasse den Privatrechtssubjekten die Möglichkeit über bestehende Rechtspositionen zu verfügen und neue zu schaffen, indem beispielsweise Handlungen oder Unterlassungen durch den Abschluss eines Vertrages verbindlich versprochen werden. Bereits durch den Vertragsschluss komme es zur Aufstockung des Vermögens des Gläubigers im Verhältnis zum Schuldner in Form eines subjektiven Forderungsrechts, welches durch Schutzinstrumente geschützt sei.[14]

### B. Bedeutung der Rechtsverletzung und -gefährdung

Wie gesehen, setzt nach diesem Verständnis von Bedeutung und Funktion des Privatrechts jedes Schutzrecht ein zu schützendes subjektives Recht voraus. So betrachtet ist innerhalb dieses Systems die Zuweisungsentscheidung und damit das subjektive Recht in seiner konkreten inhaltlichen Ausgestaltung gegenüber der Schutzentscheidung vorrangig[15] und prägt die Reichweite des Schutzes. Aus der Existenz eines privatrechtlichen Schutzes kann in diesem System demnach auf eine bestehende Rechtsposition und deren Inhalt und Umfang rückgeschlossen werden.

## *§ 2 Imperativentheorie*

Den auf den ersten Blick wohl radikalsten Gegenentwurf zur herrschenden Auffassung bildet die auf *Jeremy Bentham*[16] (15. Februar 1748–6. Juni 1832), seinem Schüler *John Austin*[17] (3. März 1790–1. Dezember 1859) und *August Thon*[18] (18. Februar 1839–18. März 1912) zurückgehende sogenannte Imperativentheorie.

---

[13] *Kant*, Grundlegung zur Metaphysik der Sitten, BA 52 (Grundformel des kategorischen Imperativs).

[14] Vgl. *Hoffmann*, Zession und Rechtszuweisung, S. 37 m. w. N. in Fn. 15.

[15] Allgemein *E. Picker*, JZ 2010, 541, 547; *Hoffmann*, Zession und Rechtszuweisung, S. 37 f.; im Kontext der unerlaubten Handlungen *Reinhardt*, JZ 1961, 713, 715 f.; *Fezer*, Teilhabe und Verantwortung, S. 498.

[16] *Bentham*, Of Laws in General, passim.

[17] *Austin*, Lectures on Jurisprudence, S. 88 ff.

[18] *Thon*, Rechtsnorm und subjektives Recht (1878), passim.

## A. Grundlagen

Nach der Imperativentheorie besteht die Primäraufgabe der Privatrechtsordnung nicht in der Zuweisung von Rechts- bzw. Freiheitssphären, an die sich sekundär deren Schutz anschließt. Vielmehr läuft nach diesem Verständnis alles Recht und damit auch das Privatrecht auf Imperative der objektiven Rechtsordnung, auf Ver- und Gebote und damit auf Pflichten, hinaus.[19] Die Vertreter dieser Theorie denken nicht in subjektiven Rechten und daran ausgerichteten Schutzrechten. Vielmehr sehen sie – von dem Gedanken: „Was nicht verboten ist, ist ebendessen erlaubt"[20] ausgehend – die zentrale Aufgabe der Privatrechtsordnung in der Ausschließung und nicht in der Zuweisung.[21] Dies gelte selbst für begriffsbildende oder erlaubende Rechtssätze, denen einzig der Zweck zukomme, Befehle klarzustellen oder zurückzunehmen und daher Vorbedingung für Ge- oder Verbote zu setzen.[22] Das Privatrecht erscheint für die Vertreter der Imperativentheorie als eine Summe von „Verpflichtungen [...], deren Erzwingung herbeizuführen [...] dem einzelnen Interessenten überlassen bleibt".[23] Da alle Imperative zum einen gesetzlichen Ursprungs seien und die Normadressaten zum anderen verpflichtet seien, den Imperativen zu gehorchen, bleibt nach der Imperativentheorie vordergründig nur dort Raum für die Willensmacht eines durch eine Norm Begünstigten und damit für die Annahme „subjektiver Rechte", wo ein Verpflichteter bereits eine Norm übertreten hat.

Die Verhaltensberechtigung als solche sei kein subjektives Recht, sondern bloßer Reflex der Verbotsnorm; die subjektiven Rechte erscheinen nach der Imperativentheorie als „Loch im Centrum des Normenkreises"[24], welcher durch die Verbotsnormen geschaffen wird.[25] Namentlich in Fällen der Klage oder der Selbsthilfe könne der durch die objektive Rechtsordnung Begünstigte durch seinen Willen eine Vorbedingung für den Eintritt neuer Imperative setzen.[26] Vor einer Übertretung des objektiven Rechts durch ein Privatrechtssubjekt habe der Normbegünstigte hingegen lediglich eine Anwartschaft darauf, die Vorbedingung zu setzen. Diese Anwartschaft bezeichnet *Thon* als subjektives Recht.[27]

---

[19] *Thon*, Rechtsnorm und subjektives Recht (1878), S. 2 f., 7 f.; vgl. auch *Kelsen*, Reine Rechtslehre, S. 130 ff.

[20] *Thon*, Rechtsnorm und subjektives Recht (1878), S. 292.

[21] *Aicher*, Eigentum als subjektives Recht, S. 53.

[22] *Thon*, Rechtsnorm und subjektives Recht (1878), S. 346.

[23] *Thon*, Rechtsnorm und subjektives Recht (1878), S. 138; vgl. auch *Kelsen*, Reine Rechtslehre, S. 16; 132 sowie *ders.*, Allgemeine Rechtslehre, S. 108 ff.

[24] So *Binding*, KrVJS 21 (1879), 542, 563.

[25] *Thon*, Rechtsnorm und subjektives Recht (1878), S. 219 „[L]ediglich die Schale bildet das Recht, der Kern gehört nicht mehr zu ihm".

[26] *Thon*, Rechtsnorm und subjektives Recht (1878), S. 223 ff.

[27] *Thon*, Rechtsnorm und subjektives Recht (1878), S. 218.

Infolge der Imperativentheorie verliert das subjektive Recht auf den ersten Blick seine zentrale Bedeutung und Funktion im System des Privatrechts. Das einen Herrschaftsbereich zuweisende subjektive Recht wird als prägendes Element des Privatrechtssystems *prima vista* eliminiert.[28]

## B. Scheinbare Folge – Subjektive Rechte als Reflex der Imperative der objektiven Rechtsordnung

Die Folgen dieses theoretischen Ansatzes für das Privatrechtssystem sind auf den ersten Blick immens: So ist etwa die Befugnis des Eigentümers, seine Sache und deren Früchte zu genießen, nicht Ausdruck seines subjektiven Eigentumsrechts, sondern bloßer Reflex der an alle anderen Rechtssubjekte gerichteten Imperative, sich einer Einwirkung auf die Sache und den Genuss deren Früchte zu enthalten, welche durch die objektive Rechtsordnung statuiert werden.[29] Damit stellt die Imperativentheorie letztlich *prima vista* eine Abkehr vom naturrechtlich beeinflussten Denken in subjektiven Rechten dar.[30] Weiter noch: Die Befugnis des Eigentümers in Eingriffe in sein Eigentum „einzuwilligen" kann nicht den Inhalt und Umfang des subjektiven Eigentumsrechts modifizieren, sondern lediglich den Eintritt des durch das Schutzrecht gewährten Rechtsschutzes abwehren.[31] Die Dispositionsbefugnis einzelner Rechtssubjekte berührt also weder den Inhalt und Umfang des subjektiven Rechts als solches, noch die Art und Weise des Schutzes, da dieser ausschließlich Teil des objektiven Rechts ist. In der Folge seien der Inhalt des Schutzes einerseits und die Verfügungsmacht über ein subjektives Recht andererseits begrifflich streng voneinander zu unterscheiden.[32]

## *§ 3 Rechtsverhältnisse als zentrale Elemente der Privatrechtsordnung – Kooperationsbegriff*

Das Verständnis des Privatrechts als Zuweisungs- und Schutzordnung wurde im Laufe der Zeit immer wieder angezweifelt. Selbst *Friedrich Carl von Savigny* (21. Februar 1779–25. Oktober 1861) stellte sich die Frage, ob

---

[28] *Dörner*, Dynamische Relativität, S. 33; *Peukert*, Güterzuordnung, S. 857 f.; *Jansen*, Struktur des Haftungsrechts, S. 464.

[29] Vgl. exemplarisch die Ausführungen zur Stellung des Eigentümers bei *Thon*, Rechtsnorm und subjektives Recht (1878), S. 166 ff.

[30] Deutlich *Thon*, Rechtsnorm und subjektives Recht (1878), S. 108 f.; vgl. auch *Hoffmann*, Zession und Rechtszuweisung, S. 41 f.; *Dörner*, Dynamische Relativität, S. 21.

[31] *Thon*, Rechtsnorm und subjektives Recht (1878), S. 176 f.

[32] *Thon*, Rechtsnorm und subjektives Recht (1878), S. 327 f., 335.

wirklich das subjektive Recht oder nicht das Rechtsverhältnis die Grundlage des Privatrechts bildet, wenngleich er dieses Rechtsverhältnis sogleich wieder in ein Gegenüber gegenseitiger subjektiver Rechte auflöste.[33] Die Gegner des Verständnisses des Privatrechts als eine Zuweisungs- und Schutzordnung kritisierten insbesondere, dass durch das damit verbundene Denken in subjektiven Rechten nebst ihren Schutzinstrumenten die individuelle Freiheit des Einzelnen überbetont werde und in der Folge verkannt werde, dass dem Privatrecht neben der Abgrenzungsfunktion auch die Aufgabe zukomme, eine Kooperation der Privatrechtssubjekte zu ermöglichen.[34] Insbesondere lasse sich

> „das, was für die juristische Beurteilung eines Vertragsverhältnisses wesentlich ist, nicht in einem Gegeneinander von gegenseitigen Rechten einsehbar machen. Vielmehr [zeige] das Vertragsrecht, daß die Rechtsordnung es eben nicht nur mit der Abgrenzung und dem Schutz individueller Rechtspositionen zu tun hat, sondern auch damit, die Zusammenarbeit, die Kooperation, der Mitglieder der Rechtsgemeinschaft [...] zu gemeinsamen Zwecken vernünftig zu organisieren und sicherzustellen."[35]

Passender sei es daher, nicht das subjektive Recht, sondern das Rechtsverhältnis in das Zentrum des Privatrechtssystem zu stellen.[36] Nur so ließen sich Rechtsfiguren wie das Rechtsscheinsprinzip, der Gedanke der *culpa in contrahendo* oder die Lehre von der faktischen Gesellschaft erklären.[37]

## *§ 4 Subjektive Rechte als Normsetzungsbefugnis*

Die Lehre vom subjektiven Recht als Normsetzungsbefugnis geht auf *Eugen Bucher* (1. Juni 1929–26. Juli 2014) zurück, der sich in zentralen Teilen auf Vorarbeiten von *Hans Kelsen* (11. Oktober 1881–19. April 1973) stützte.[38]

---

[33] *V. Savigny*, System I (1840), S. 6 f. Vgl. dazu *Coing*, Geschichte des Privatrechtssystems, S. 48 f.

[34] *Coing*, in: FS Dölle, S. 25, 34; *ders.*, Geschichte des Privatrechtsystems, S. 53.

[35] *Coing*, Geschichte des Privatrechtsystems, S. 53.

[36] *Coing*, Geschichte des Privatrechtsystems, S. 53 f.; *Larenz/Wolf*, Allgemeiner Teil, 9. Auflage 2004, § 14 Rn. 3; *Habersack*, Mitgliedschaft, S. 66 f.; vgl. auch *Hadding*, in: FS Kroeschell, S. 293, 294 f.

[37] *Coing*, Geschichte des Privatrechtsystems, S. 53; *Wieacker*, Sozialmodell der klassischen Privatrechtgesetzbücher, S. 24; *Wiethölter*, Rechtswissenschaft, 1968, S. 195 ff.

[38] *Bucher*, Normsetzungsbefugnis, passim. Dabei gilt es darauf hinzuweisen, dass *Buchers* selbst nie den Anspruch erhoben hat das geltende Recht zu erfassen, sondern nur ein denkbares Recht aufzuzeigen, vgl. *Bucher*, Normsetzungsbefugnis, S. 14, 77 mit Fn. 26. Zur Rezeption vgl. *Bucher*, Normsetzungsbefugnis, S. 13.

## A. Grundlagen

*Bucher* geht – insoweit wie die Vertreter der Imperativentheorie – davon aus, dass sich das subjektive Recht nicht vom objektiven Recht unterscheiden lasse. Vielmehr sei das subjektive Recht vollständig in die objektive Rechtsordnung, welcher ausschließlich die Statuierung von Verhaltensvorschriften obliege,[39] zu integrieren.[40] Diese Integration versucht *Bucher* dadurch zu erreichen, dass er das subjektive Recht als Normsetzungsbefugnis begreift:[41] Die objektive Rechtsordnung bzw. die dadurch statuierten Verhaltensvorschriften dienten in letzter Konsequenz den einzelnen Individuen und würden daher nicht um ihrer selbst oder der staatlichen Gemeinschaft willen aufgestellt.[42] Dieser Umstand müsse auch im Rahmen der Konzeption des subjektiven Rechts berücksichtigt werden.[43]

Von diesem gedanklichen Ausgangspunkt her sieht sich *Bucher* vor zwei Aufgaben gestellt: Zum einen gilt es das subjektive Recht aus der objektiven Rechtsordnung bzw. deren Normen abzuleiten. Zum anderen muss er dem Umstand Rechnung tragen, dass die Normen ihrerseits nur im Interesse der Individuen existieren. Die einzig denkbare Kombination dieser widerstreitenden Punkte sieht *Bucher* darin, dass die *abstrakte* Norm des objektiven Rechts den Einzelnen ermächtige, nach freier Willkür selbst eine *individuelle* Norm zu setzen. Die Setzung der individuellen Norm erfolge dadurch, dass das Privatrechtssubjekt das Recht geltend macht. Das subjektive Recht sei also nicht die objektive Norm, sondern deren Ausübung, zu welcher die Rechtsordnung des Privatrechtssubjekt ermächtigt. Das subjektive Recht selbst sei nichts anderes als die von der Rechtsordnung verliehene Befugnis zur individuellen Normsetzung; das subjektive Recht sei eine Normsetzungsbefugnis.[44] Solange der Berechtigte von seinem subjektiven Recht bzw. seiner Normsetzungsbefugnis keinen Gebrauch gemacht habe, indem er auf sein Recht beharre, bestehe keine rechtliche Verhaltensnorm, so dass es keinen Verpflichteten geben könne.[45] Dem subjektiven Recht soll auf der Seite des Verpflichteten lediglich eine potentielle Pflicht entsprechen.[46]

---

[39] *Bucher*, Normsetzungsbefugnis, S. 5, 42.
[40] *Bucher*, Normsetzungsbefugnis, S. 14, 55.
[41] *Bucher*, Normsetzungsbefugnis, S. 56.
[42] *Bucher*, Normsetzungsbefugnis, S. 18 ff., 64 f.
[43] *Bucher*, Normsetzungsbefugnis, S. 19, 56.
[44] *Bucher*, Normsetzungsbefugnis, S. 56.
[45] *Bucher*, Normsetzungsbefugnis, S. 57 f.
[46] Vgl. dazu *Bucher*, Normsetzungsbefugnis, S. 61–63.

## B. Folgen der Lehre von der Normsetzungsbefugnis

Diese Sichtweise hat gravierende Auswirkungen auf die Struktur von Normsätzen. Während eine Norm üblicherweise die Struktur „wenn Tatbestand X verwirklicht ist, soll S sich gegenüber G so verhalten" aufweist, stellt sich die Struktur nach *Bucher* wie folgt dar: „Wenn G unter den Tatbestandsvoraussetzungen X den Willen W äußert, soll sich S gegenüber G entsprechend W verhalten".[47] Insoweit besteht auch ein erheblicher Unterschied zwischen der Auffassung *Buchers* und der Imperativentheorie. Die Imperativentheorie führt jedenfalls auf den ersten Blick zu einer Eliminierung des subjektiven Rechts, da für sie die Existenz des Reflexrechts als Resultat der Pflichten des objektiven Rechts, vom Willen eines Rechtssubjekts unabhängig ist. Demgegenüber sind die Pflichten, welche das Reflexrecht schaffen, nach der Auffassung *Buchers* gerade „vom Willen des Berechtigten abhängige variable Größen", so dass „im Rahmen des Privatrechts diese Pflichten gar nicht ohne Zuhilfenahme der Vorstellung des subjektiven Rechts bestimmt werden können".[48]

# *§ 5 Lehre vom Institutionenschutz*

Die Lehre vom Institutionenschutz[49] geht im Wesentlichen auf Arbeiten von *Ludwig Raiser* (27. Oktober 1904–13. Juni 1980) zurück.[50] *Raiser* unterscheidet zwischen primären und sekundären subjektiven Rechten.[51] Neben die „primären, die Rechtsordnung strukturierenden" subjektiven Rechte, wie insbesondere die anerkannten absoluten Rechte (etwa das Eigentum, aber auch Forderungen und Mitgliedschaftsrechte), treten Ansprüche und Gestaltungsrechte, welche als sekundäre subjektive Rechte nur ein „Werkzeug der Rechtstechnik" zum „Schutz" und zur „Verwirklichung" der primären Rechtsstellungen seien. Diese sekundären Rechte könnten – anders als nach traditionellem Verständnis – nicht nur dem Schutz primärer subjektiver Rechte, sondern auch dem Schutz von „Rechtsinstituten" dienen. Der

---

[47] Vgl. *Bucher*, Normsetzungsbefugnis, S. 59.

[48] *Bucher*, Normsetzungsbefugnis, S. 64.

[49] Der Begriff der „Institutionen" stammt aus der Soziologie und beschreibt Kommunikationsformen, in denen die Glieder der Gesellschaft zueinander normalerweise in die nach dem Gesetz menschlichen Zusammenlebens notwendigen Beziehungen treten. Vgl. *Löwisch*, Deliktsschutz, S. 123.

[50] Grundlegend *Raiser*, Institutionenschutz, passim; *ders.*, JZ 1961, 465, 465 ff.; ihm folgend *Löwisch*, Deliktsschutz, S. 122 ff., insb. S. 126; aus neuerer Zeit *Grosch*, Rechtswandel, S. 52 f.

[51] Diese Begrifflichkeiten wurden später von *K. Schmidt*, Kartellverfahrensrecht, S. 314 ff. übernommen.

Begriff des Rechtsinstituts sei dabei „im Sinne eines vom objektiven Recht geordneten typischen Lebensverhältnisses zu verstehen".[52] Der Schutz der objektiven Verhaltensordnung soll neben dem Schutz primärer subjektiver Rechte eine gleichwertige Aufgabe des Privatrechts sein.[53] Das normalerweise vorherrschende Konzept der Zuweisung und sich daran anschließendem Schutz sei lediglich bei primären subjektiven Rechten überzeugend. Im Rahmen sekundärer subjektiver Rechte sei der Rechtsschutz hingegen – in Ermangelung einer positiven Zuweisung und insoweit entsprechend der Gedanken der Imperativentheorie – einzig die Folge der Verhaltensregeln der objektiven Rechtsordnung.

Trotz eines gewissen Schulterschlusses mit der Imperativentheorie bestehen erheblich Unterschiede: Insbesondere erfolgt nach der Lehre vom Institutionenschutz die Annahme sekundärer subjektiver Rechte nicht zweckfrei. Vielmehr soll deren Zweck in dem Schutz der jeweiligen privatrechtlichen Institution als solcher liegen. Der Schutz der individuellen Interessen durch den Ausschluss oder die Verpflichtung Dritter rechtfertige sich aus der überindividuellen Ordnung, in die das Individuum eingefügt sei.[54] Die auf die Verhaltenspflichten des objektiven Rechts gerichteten sekundären subjektive Rechte werden dem Einzelnen nicht wegen seiner Individualinteressen, „sondern als Mittel zum Zweck des Institutsschutzes" gewährt.[55] Das Privatrechtssubjekt mache die sekundären subjektiven Rechte als „Funktionär der Gesamtrechtsordnung"[56] geltend bzw. die objektive Rechtsordnung „bedien[e]"[57] sich des Privatrechtssubjekts zur Beachtung seiner Verhaltensregeln.[58] Demnach ist es nach der Lehre vom Institutionenschutz für die Gewährung eines Schutzes weder erforderlich, dass ein subjektives Recht besteht, noch dass ein solches bereits verletzt wurde.

## *§ 6 Private Enforcement Gedanke*

Die Lehre vom Institutionenschutz erfährt im Rahmen der privaten Rechtsdurchsetzung (*private enforcement*) mit gewissen Detailmodifikationen neuerdings eine Renaissance. In Fällen, in denen die Lehre vom Institutionenschutz den Schutz von Individualinteressen lediglich aufgrund des Schutzes einer privatrechtlichen Institution für gerechtfertigt betrachtet,

[52] *Raiser*, Institutionenschutz, S. 148.
[53] *Raiser*, Institutionenschutz, S. 148, 167; *ders.*, JZ 1961, 465, 472.
[54] *Raiser*, JZ 1961, 465, 472.
[55] *Raiser*, Institutionenschutz, S. 159.
[56] *Raiser*, Institutionenschutz, S. 159.
[57] *Raiser*, Institutionenschutz, S. 155.
[58] *Löwisch*, Deliktsschutz, S. 126.

bezweckt das *private enforcement* eine punktuelle Instrumentalisierung der Privatrechtssubjekte zur Durchsetzung originärer Gemeinwohlbelange.[59] Insbesondere auf europäischer Ebene besteht die Tendenz, einem Privatrechtssubjekt subjektive Rechte einzuräumen, damit dieses dem Unionsrecht zur Anwendung in den Mitgliedstaaten verhilft.[60] Vergleichbare Entwicklungen finden sich beispielsweise auf dem Gebiet des Kartellrechts (EuGH, Rs. *Courage*[61] und *Manfredi*[62]), der Menschenrechte (Human Rights Litigation)[63] oder des Klimaschutzes (Climate Change Litigation)[64]. In allen diesen Bereichen stellt sich die Frage, wer zur Durchsetzung des Gemeinwohlbelangs eine subjektive Rechtsposition zugewiesen bekommen soll.

## *§ 7 Auseinandersetzung mit den verschiedenen Auffassungen*

### A. Hauptargumente gegen das tradierte Privatrechtssystem von Rechtszuweisung und Rechtsschutz

Das überkommene Verständnis des Privatrechts als Zuweisungs- und Schutzsystem wird – mehr oder weniger deutlich – im Wesentlichen aus zwei Richtungen angegriffen:

Erstens sei es mit dem tradierten Modell nicht möglich, neuere Erkenntnisse und bisweilen etablierte praktisch-juristische Lösungen, wie etwa die Haftung für *culpa in contrahendo* oder den Vertrag mit Schutzwirkung zugunsten Dritter, darzustellen oder zu erklären.[65] Zweitens – und dieser Einwand dürfte der wohl tragende Grund dafür sein, dass man das klassische Systemverständnis teilweise ohne große Widerstände aufgibt bzw. dem überkommenen System nicht zutraut, praktische Fälle sachgerecht zu lösen[66] – begreift man das Privatrecht in seiner Struktur als Zuweisungs- und Schutzordnung als ein Resultat eines zwischenzeitlich überholten Sozialmodells, eines mittlerweile überwundenen Denkens und Wertens, welches nicht mehr geeignet sei, die moderne Rechtswirklichkeit bzw. das

[59] *Hoffmann*, Zession und Rechtszuweisung, S. 45.

[60] *Hess*, JZ 2011, 66, 70 f.; *Hoffmann*, Zession und Rechtszuweisung, S. 46.

[61] EuGH, Urt. v. 20. 9. 2001 – C-453/99, *Courage/Crehan*, ECLI:EU:C:2001:465.

[62] EuGH, Urt. v. 13.07.2006 – C-295/04, *Manfredi*, ECLI:EU:C:2006:461.

[63] Vgl. etwa *Wendelstein*, RabelsZ 83 (2019), 111 ff.; *Weller/Kaller/Schulz*, AcP 2016, 387 ff.; *Wagner*, RabelsZ 80 (2016), 717 ff.; *Stürner*, in: FS Coester-Waltjen, S. 843 ff.; *Thomale/Hübner*, JZ 2017, 385 ff.

[64] Vgl. etwa *Lehmann/Eichel*, RabelsZ 83 (2019), 77 ff.

[65] *Wieacker*, Sozialmodell der klassischen Privatrechtgesetzbücher, S. 24; *Wiethölter*, Rechtswissenschaft, 1968, 195 ff.; *Coing*, Geschichte des Privatrechtsystems, S. 53.

[66] So auch die Einschätzung von *Lobinger*, Rechtsgeschäftliche Verpflichtung, S. 99; *Schapp*, Subjektives Recht, S. 23.

heutige Sozialmodell sinnvoll zu regeln.[67] Daher sei das tradierte System des Privatrechts zu Gunsten eines sozialeren, kollektivistischeren Systems aufzugeben. Das tradierte System des Privatrechts sei in erster Linie ein Kind des bürgerlichen Liberalismus des 19. Jahrhunderts.[68] Die „tragenden abstrakten Grundbegriffe [...] der Privatautonomie und [des] subjektiven Recht[s] bis zur Definition des Eigentums oder der Obligation [...] seien als Schlüsselformen für die Freiheits- und Rationalitätsbedürfnisse“ der Wirtschaftsgesellschaft der damaligen Zeit zu verstehen.[69] In jener Wirtschaftsgesellschaft habe die Klasse des besitzenden Bürgertums das gesamte der Kodifikation zugrunde gelegte Sozialmodell auf Kosten der übrigen Klassen und Berufsstände usurpiert und sich auf diesem Weg zum Repräsentanten der gesamten nationalen Rechtsordnungen aufgeschwungen.[70] Demnach stehe hinter dem überlieferten Systemverständnis des Privatrechts der gruppen- bzw. zeitspezifische Freiheitsethos der bürgerlichen Gesellschaft des 19. Jahrhunderts, „deren großartiges Selbstbewusstsein aus der Emanzipation des Bürgertums und dem europäischen Pioniertum auf dem ganzen Erdball entsprang.“[71]

Die zentrale Problematik dieser Argumentation besteht darin, dass sie von vornherein ungeeignet ist, das Privatrechtssystem als funktionales System anzugreifen, weil sie das Privatrecht als ein bloßes geistiges Wertesystem versteht, welches vor allem durch den einheitlichen Begriff der Freiheit zusammengehalten wird und keinen funktionalen Eigenwert besitzen soll. Jede noch so kleine Veränderung des Freiheitsbegriffs, jede noch so kleine Akzentverschiebung muss daher Zweifel an dem Privatrechtssystem als solchem schüren und Reformationsbemühungen und -bestrebungen den Weg ebnen. Jeder gesellschaftliche Wandel weg von der Freiheit hin zum Sozialen erscheint in diesem freiheitsbezogenen Wertesystem nicht ohne Veränderungen hinnehmbar.[72]

Freilich werden im Rahmen der Kritik des überkommenen Privatrechtsmodells nicht immer gleich derart umfassende, wie auch immer geartete, im Begriff des Ethos zusammengefasste Weltanschauungen oder gar Sozialmodelle ins Feld geführt. Andere Lehren bzw. Strömungen sind insoweit

---

[67] Sehr deutlich etwa *Wiethölter*, Rechtswissenschaft, S. 195: „Für ein subjektives Recht ist kein Platz mehr, aber wir haben uns so daran gewöhnt“; „Im bürgerlichen Vermögensrecht sind die alten Systemsäulen subjektives Recht und Privatautonomie verfallen, aber nicht zerbrochen. Sie erschweren die moderne Arbeit“.

[68] Vgl. nur *Zöllner*, Privatrechtsgesellschaft, S. 31.

[69] *Wieacker*, Bürgerliches Recht im Wandel, S. 37 f.

[70] *Wieacker*, Sozialmodell der klassischen Privatrechtgesetzbücher, S. 16.

[71] *Wieacker*, Sozialmodell der klassischen Privatrechtgesetzbücher, S. 31; vgl. auch *Raiser*, JZ 1961, 465, 465 f.; *Coing*, in: Coing/Lawson/Grönfors, Subjektives Recht, S. 7 ff., 22 f.

[72] *Schapp*, Subjektives Recht, S. 24.

zurückhaltender und begnügen sich damit, die überlieferten Rechtsinstitute aufgrund einer vermeintlichen Notwendigkeit mit neuen Inhalten zu füllen.[73] So wird etwa auch das bereits skizzierte, insbesondere von *Raiser* postulierte institutionelle Rechtsdenken[74] aus der Überzeugung gespeist, dass „die Wirklichkeit menschlichen Daseins in der Gesellschaft" im überlieferten, privatrechtlichen Ordnungsmodell nicht voll zu erfassen sei.[75] Auch die Lehre vom Institutionenschutz greift zur Begründung unmittelbar auf die Soziologie zurück,[76] wenn sie die „Rechtsordnung, die das Zusammenleben in der Rechtsgemeinschaft zu regeln hat" unmittelbar zur Regelung von „Handlungsschemata" und „auf Dauer angelegte[r] Beziehungsformen" [...], „die die Soziologie als ‚Institutionen' analysiert" fruchtbar machen will und deswegen davon ausgeht, dass das „Privatrecht nicht nur subjektive Rechte zuteilt und Handlungsräume sichert, sondern ebenso sehr Beziehungsformen ausgestaltet und damit kraft objektiven Rechts das rechtswirksame Handeln der Einzelnen normiert und gewissermaßen kanalisiert".[77]

## B. Subjektive Rechte als alternativloser Bestandteil jeder Privatrechtsordnung

Trotz aller dieser mit großem Aufwand geführter Angriffe auf das tradierte Privatrechtssystem, in dessen Zentrum das subjektive Privatrecht steht, wird nirgendwo begründet, warum das überkommene Privatrechtssystem *funktional* nicht in der Lage sein soll dem beobachteten gesellschaftlichen Wandel Rechnung zu tragen. Vielmehr soll das überkommene Privatrechtssystem bereits deshalb keine Geltung (mehr) beanspruchen können, weil es ein politischer und lobbyistischer Erfolg einer nicht mehr existenten Klasse sei.[78] Die Richtigkeit dieses Vorwurfs einmal unterstellt, beinhaltet er für sich genommen aber keine schlüssige Begründung dafür, dass das tradierte Privatrechtssystem seine Aufgabe und Funktion nicht mehr erfüllen kann. Denn trotz dieses Vorwurfs ist es denkbar, dass im Zuge der damaligen politischen Arbeiten nur ein funktionales Grundmuster aufgedeckt wurde, welches aufgrund seiner Systemrelevanz unabhängig von gesellschaftlichen Wandelungen Geltung beansprucht. Die weitere Argumentation derartiger Lehren spricht insoweit für sich: Es werden auf der Grundlage der dargestellten Überzeugungen zur Lösung praktisch vorhandener Proble-

[73] Insoweit exemplarisch etwa die Lehre vom faktischen Vertrag, vgl. dazu *Lambrecht*, Die Lehre vom faktischen Vertragsverhältnis, passim.
[74] Vgl. dazu Kapitel 2 § 5 (S. 27 f.).
[75] *Raiser*, Institutionenschutz, S. 146.
[76] So auch *Lobinger*, Rechtsgeschäftliche Verpflichtung, S. 101 f.
[77] *Raiser*, Institutionenschutz, S. 147.
[78] Vgl. *Schapp*, Subjektives Recht, S. 24, 118 f.

me vermeintlich neue Regeln auf neuer Grundlage und mit neuen Mitteln gesucht. Der als überwunden empfundene Freiheitsethos der bürgerlichen Gesellschaft des 19. Jahrhunderts wird durch einen (vermeintlich neuen) Ethos der heutigen Zeit ausgetauscht. Dieser wird als Ethos der Verantwortung begriffen,[79] das auf einem Sozialmodell basiert, in dem die Gesellschaft „keine Vielheit von Subjekten", sondern „eine ‚Genossenschaft' von Rechtsgenossen, die einander schon durch vorgegebene Aufgaben verbunden sind" darstellt.[80] Dementsprechend sei etwa eine Leistungsbeziehung zwischen zwei Parteien im Rahmen der juristischen Betrachtung zu ethisieren und um die Annahme weiterer Pflichten zu ergänzen, „die sich erst aus der Orientierung an der Sozialfunktion des Leistungsaustauschs" ergeben sollen.[81] Trotz aller derartiger Ausführungen bleibt im Dunkeln, warum ein verändertes Ethos oder ein verändertes Sozialmodell nicht mit der Gewährung subjektiver Rechte und sich daran anschließendem Schutz vereinbar sein soll. Vielmehr wird ohne nähere Begründung schlicht davon ausgegangen, dass das subjektive Privatrecht als Ausdruck eines liberalen Rechtsverständnisses *funktional* nicht in der Lage sei dem gesellschaftspolitischen Wandel hin zum Sozialen gerecht zu werden.[82]

Gerade diese Schlussfolgerung ist aber überaus zweifelhaft: Schon historisch ist festzustellen, dass das Verständnis des Privatrechts als eine Rechtszuweisungsordnung keinesfalls eine Erfindung des 19. Jahrhunderts und damit des Freiheitsethos darstellt. Insofern besteht von vorherein ein gewisser Verdacht, dass das subjektive Recht und der sich daran anschließende Schutz nicht nur innerhalb einer „asozialen" Privatrechtsordnung eine Schlüsselrolle einnimmt. Der Epoche des 19. Jahrhundert ist es allenfalls zu verdanken, dass sie die funktionalen Grundmuster, nach denen das Privatrecht seit jeher gedacht wird auf einen Begriff gebracht hat.[83]

Entscheidend ist allerdings, dass eine Privatrechtsordnung, welche den Privatrechtssubjekten einer Gesellschaft – wenn auch nur innerhalb bestimmter Grenzen – Freiheits- bzw Rechtssphären zubilligt und diese vor Eingriffen anderer Individuen der Gesellschaft schützt, *funktional* bereits auf der Annahme „subjektiver Rechte" aufbaut.[84] Dies gilt unabhängig davon, ob sich das Ordnungsmuster (primäre Zuweisung mit sich daran anschließendem Schutz) hinter einem wie auch immer konkret ausgestalteten aktionenrechtlichen Denken oder – wie insbesondere die Imperartiven-

[79] *Wieacker*, Sozialmodell der klassischen Privatrechtgesetzbücher, S. 31.
[80] *Wieacker*, Sozialmodell der klassischen Privatrechtgesetzbücher, S. 30.
[81] *Wieacker*, Sozialmodell der klassischen Privatrechtgesetzbücher, S. 25.
[82] *Schapp*, Subjektives Recht, S. 24.
[83] *Lobinger*, Rechtsgeschäftliche Verpflichtung, S. 103; *Schapp*, Subjektives Recht, S. 131.
[84] *Lobinger*, Rechtsgeschäftliche Verpflichtung, S. 103; *E. Picker*, in: FS Gernhuber, S. 315, 340.

theorien – Überlegungen, welche den Anspruch oder das objektive Recht mit seinen Pflichten in die Mitte des Systems stellt, verbirgt. Entscheidet sich eine Gesellschaft ihren Individuen einen individualisierten „Wirkungsbereich“ zuzusprechen, resultiert hieraus zwangläufig, dass die übrigen Mitglieder der Rechtsgemeinschaft diesen „Wirkungsbereich“ zu achten und zu respektieren haben. Jenes Achtungsgebot muss – will man den Wirkungsbereich nicht auf das Papier verbannen und damit die Zuweisungsentscheidung selbst konterkarieren – notfalls auch durchgesetzt werden können.[85] Insoweit ist die Methodik von Rechtszuweisung und sich daran anknüpfendem Rechtsschutz zeit- und alternativlos.[86] Zwar kann die rechtliche Zuweisung und Anerkennung individueller Freiheitssphären für sich genommen keine tatsächliche Freiheit sichern, jedoch trifft es gleichfalls zu, dass es ohne eine solche rechtliche Anerkennung keine verbürgte Freiheit und Würde für den Einzelnen geben kann.[87]

Bezeichnenderweise kommt die Ersatzlosigkeit dieser Methodik gerade in denjenigen Lehren zum Ausdruck, welche dem klassischen Verständnis des Privatrechts als Zuweisungs- und Schutzordnung entgegensetzt werden. Selbst die Imperativentheorie, nach der dem subjektiven Recht und damit auch seiner Zuordnungsfunktion keinerlei Bedeutung innerhalb des Privatrechtssystems zukommen soll, kommt funktional nicht ohne deren Annahme aus. Zwar wird das subjektive Recht als Normenklasse formal eliminiert,[88] gleichwohl besteht in anderem Gewand fort: Die Imperative der objektiven Rechtsordnung richten sich eben nicht an alle Rechtssubjekte gleichermaßen, sondern nur an alle unter Ausschluss einer gewissen Anzahl. Denjenigen, die nicht von den Imperativen erfasst werden, ist die Durchsetzung des objektiven Rechts zugewiesen. Sie selbst müssen hingegen keine Durchsetzung der Imperative ihnen gegenüber befürchten. Damit besitzen sie eine Stellung, welche funktional dem Innehaben eines subjektiven Rechts entspricht.[89] Ein oder mehrere Rechtssubjekte sind nicht Adressat der Imperative des objektiven Rechts, weil die Imperative ihren Interessen dienen.[90] Damit muss aber – jedenfalls gedanklich – bereits vor

---

85 Vgl. *E. Picker*, in: FS Gernhuber, S. 315, 340; *ders.*, in: FS Bydlinsky, S. 269, 285 f., 314; *Bernhard*, in: FS Picker, S. 83, 105; *Hartmann*, Anspruch auf das stellvertretende commodum, S. 22; *Kahl*, in: Summum ius, summa iniuria: Zivilrecht zwischen Rechtssicherheit und Einzelfallgerechtigkeit, S. 205, 213.

86 *Dulckeit*, Verdinglichung, S. 42 in Fn. 47; *E. Picker*, in: FS Canaris, Bd. 1, S. 1001, 1032; *Lobinger*, Rechtsgeschäftliche Verpflichtung, S. 59, 136 ff.; *Schapp*, Subjektives Recht, S. 131 f.

87 *Lobinger*, Rechtsgeschäftliche Verpflichtung, S. 104.

88 Vgl. dazu Kapitel 2 §2 (S. 22 ff.).

89 *Dörner*, Dynamische Relativität, S. 22, 27; *Engisch*, Einführung, S. 60.

90 Deutlich bereits *Thon*, Rechtsnorm und subjektives Recht (1878), S. 133: „Zum Privatrecht wird der *den Interessen eines Einzelnen* wider Einzelne gewährte Normenschutz dadurch, dass dem Geschützten im Falle der Normübertretung ein Mittel zur Be-

den Imperativen notwendigerweise ein Unterschied zwischen den Privatrechtssubjekten bestehen, da anderenfalls nicht festgestellt werden könnte, welchem Privatrechtssubjekt bzw. wessen Interessen die Imperative des objektiven Rechts dienen sollen bzw. welchem Privatrechtssubjekt die Aufgabe der Durchsetzung der Imperative der objektiven Rechtsordnung obliegen soll. Man muss erst wissen was und warum man etwas schützen will, bevor der Inhalt und Umfang des Schutzes sinnvoll bestimmen kann! Besitzen aber ein oder mehrere Rechtssubjekte innerhalb der Gesellschaft eine rechtlich anerkannte Sonderstellung, weil sie nicht an bestimmte objektive Imperative gebunden sind, haben sie funktional eine Position inne, die einem subjektiven Recht entspricht. Sie können in ihrem Interesse das objektive Recht durchsetzen ohne selbst zur Einhaltung der Imperative verpflichtet zu sein. Man kann diese Stellung zwar ohne das Wort subjektives Recht beschreiben, funktional entspricht es aber einem solchen. So macht es beispielsweise keinen Unterschied, ob man einer Person X positiv das Recht zuweist einen Garten exklusiv zu nutzen oder ob man allen Personen mit Ausnahme von X verbietet diesen Garten zu nutzen und allein X die Durchsetzung dieser Verbote überlässt. Im Ergebnis ist es ausschließlich X erlaubt den Garten zu nutzen. Rechtlich hat X demnach ein Exklusivrecht an diesem.

Die Nichteliminierbarkeit des subjektiven Rechts aus dem System des Privatrechts ist wenig überraschend: Solange eine Privatrechtsordnung dergestalt operiert, dass sie einzelnen Privatrechtssubjekten unter gewissen Voraussetzungen die Befugnis einräumt, das Verhalten oder Unterlassen anderer Privatrechtssubjekte zu bestimmen, ohne selbst an dieses Verhaltensge- oder -verbot gebunden zu sein, stellt sich zwangsläufig auch die Frage, warum gerade dieses Privatrechtssubjekt frei agieren kann und warum gerade ihm diese Befugnis eingeräumt ist. Diese Frage ist aber jene nach dem subjektiven Recht bzw. nach dessen Inhalt und Umfang.

Um Missverständnissen vorzubeugen, sei darauf hingewiesen, dass dieses Argument ausschließlich auf die materielle Privatrechtsordnung bezogen ist. Keinesfalls soll dadurch die Möglichkeit negiert werden, dass es

---

seitigung der Normwidrigkeit von der Rechtsordnung gegeben und zu beliebigem Gebrauche überlassen wird" (Hervorhebung durch den Verfasser). Ganz ähnlich *Kelsen*, Allgemeine Rechtslehre, S. 109: „Damit ist die Rechtspflicht als die allein wesentliche Funktion des objektiven Rechts erkannt. Jeder Rechtssatz muß notwendigerweise eine Rechtspflicht, er kann aber auch möglicherweise eine Berechtigung statuieren. Eine solche liegt dann vor, wenn unter die Bedingungen der Unrechtsfolge eine auf diese gerichtete, in der Form einer Klage oder Beschwerde abzugebende Willensäußerung des durch den Unrechtstatbestand in seinen Interessen Verletzten aufgenommen ist. Nur in der Beziehung zu diesem individualisiert sich die Rechtsnorm zur Berechtigung, wird sie – in diesem von der Rechtspflicht verschiedenen Sinne – subjektives Recht, das heißt Recht eines Subjektes, indem sie sich ihm zur Geltendmachung *seiner Interessen* zur Verfügung stellt".

Situationen geben kann, in denen Rechtssubjekten die gerichtliche Durchsetzung fremder subjektiver Rechte ausschließlich oder kumulativ obliegt. Die Besonderheit dieser Formen der Prozessstandschaft liegt darin, dass der Verpflichtung des Beklagten auf der Ebene des materiellen Rechts kein Anspruch des Klägers korrespondiert.

Auch soll nicht geleugnet werden, dass dem Hervorheben bzw. der Betonung subjektiver Rechte eine gewisse ideologische Funktion zukommen *kann*.[91] In besonderem Maße kommt dies zum Ausdruck, wenn man das subjektive Recht gegenüber der objektiven Rechtsordnung als *aliud* betrachtet und als von dieser unabhängig existierend begreift.[92] Subjektive Rechte stehen nicht außerhalb der objektiven Rechtsordnung, sondern bestehen nur innerhalb der von ihr gesetzten Grenzen. Wenn man es so will, entscheidet die objektive Rechtsordnung über die Existenz und den Inhalt und Umfang subjektiver Rechte. So kann etwa *Wieacker* auf der Grundlage des Ethos der Verantwortung fordern, dass eine Leistungsbeziehung zwischen zwei Rechtssubjekten im Rahmen der juristischen Betrachtung dergestalt zu ethisieren sei, dass weitere Pflichten, die sich aus der Orientierung an der Sozialfunktion des Leistungsaustauschs ergeben, angenommen werden.[93] Hierdurch wird aber nicht das Ordnungsmuster der subjektiven Rechtsgewährung und den sich daran anschließenden Schutz verändert, vielmehr werden lediglich die subjektiven Rechte in ihrem Inhalt und Umfang modifiziert oder sogar neue subjektive Rechte geschaffen. In der Folge muss sich auch der am Inhalt und Umfang ausgerichtete Schutz zwangsläufig mitverändern.

Darüber hinaus kann auch das von den Kritikern des überkommenen Privatrechtssystems ins Feld geführte – wie auch immer konkret zu definierende – ideologische Missbrauchspotential subjektiver Rechte nicht überzeugen: Dieses besteht unabhängig von der Anerkennung subjektiver Rechte.[94] Die Existenz sowie der Inhalt und Umfang subjektiver Rechte ist unbestritten von der objektiven Rechtsordnung und damit in weiten Teilen auch vom Gesellschaftsverständnis des Gesetzgebers und der die Gesetze anwendenden und konkretisierenden Rechtsprechung abhängig. Schafft man bei-

---

[91] Vgl. *Kelsen*, Allgemeine Rechtslehre, S. 106 ff.

[92] Klassisch insoweit *Dernburg*, Pandekten I, S. 85: „Rechte im subjektiven Sinne bestanden geschichtlich lange, ehe sich eine selbstbewußte staatliche Ordnung ausbildete. Sie gründeten sich in der Persönlichkeit der einzelnen und in der Achtung, welche sie für ihre Person und Güter zu erringen und zu erzwingen wußten. Erst durch Abstraktion mußte man allmählich aus der Anschauung der vorhandenen subjektiven Rechte den Begriff der Rechtsordnung gewinnen. Es ist daher eine ungeschichtliche und eine unrichtige Anschauung, daß die Rechte im subjektiven Sinn nichts seien als Ausflüsse des Rechts im objektiven Sinn".

[93] *Wieacker*, Sozialmodell der klassischen Privatrechtgesetzbücher, S. 25.

[94] A. A. *Kelsen*, Allgemeine Rechtslehre, S. 109.

spielsweise im Wege der Imperativentheorie die Normenklasse des subjektiven Rechs begrifflich ab, verlagert sich deshalb der Anknüpfungspunkt für Ideologisierungen lediglich auf die Ebene der objektiven Rechtsordnung. Es stellt sich dann die Frage, ob und bejahendenfalls welchem privaten Rechtssubjekt die Durchsetzung der objektiven Rechtsordnung zukommen soll bzw. warum dieses Privatrechtssubjekt nicht von den Imperativen des objektiven Rechts erfasst werden sollen. Die Missbrauchsmöglichkeit ist dadurch weder abgeschafft noch geschmälert. Vielmehr besteht sie auf anderen Ebene in gleichem Umfang fort.

Ein wesentlicher Grund, warum es dennoch immer wieder zu Angriffen auf das überkommene Privatrechtssystem mit seinen im Zentrum stehenden subjektiven Rechten kommt, liegt sicherlich darin, dass die subjektiven Rechte – allen voran das Eigentumsrecht – grundsätzlich als absolute und damit „unantastbare" Herrschaftssphäre verstanden werden: Eigentum sei die ausschließliche Herrschaft einer Person über eine Sache.[95] Dass dies nicht so ist, zeigt schon die Definition des Eigentumsrechts in § 903 BGB, wonach der Eigentümer eben nur innerhalb der gesetzlichen Grenzen und vor allem in den Grenzen der subjektiven Rechte Dritter mit der Sache nach Belieben verfahren darf. Es wird noch zu zeigen sein, dass diese Einsicht dadurch erschwert wird, dass ganz überwiegend nicht sauber zwischen dem subjektiven Recht und dessen Bezugsobjekt getrennt wird.[96] Ohne eine solche strikte Trennung erscheint jede gegenständliche Verletzung eines Bezugsobjekts als Verletzung des subjektiven Rechts an diesem. Und umgekehrt erscheint eine Verletzung des subjektiven Rechts ohne Verletzung des gegenständlichen Bezugsobjekts als Ausnahme. Auf diese Zusammenhänge wird später noch ausführlich einzugehen sein.[97]

Zusammenfassend lässt sich festhalten, dass es unmöglich ist, die subjektiven Rechte der Funktion nach aus einer Privatrechtsordnung zu eliminieren, solange die Gesellschaft ihren Individuen einen eigenen Wirkungsbereich zubilligt.[98] Man sollte sich darüber hinaus aber auch nicht dazu verführen lassen, deren Existenz etwa durch die Sichtweise der Imperativentheorie zu verdecken, denn ohne einen anerkannten, rechtlich gesicherten Raum individueller Freiheit, welcher im Konfliktfall auch durch den Richter

---

[95] Diese Denken geht zurück auf *v. Savigny*, System I (1840), S. 336; *Puchta*, Vorlesungen I (1854), § 144 (S. 316).

[96] Vgl. dazu bereits *Wendelstein*, RabelsZ 83 (2019), 111, 128 ff.

[97] Vgl. Kapitel 3 § 10 A. IV. (S. 105 ff.).

[98] Vgl. *Kelsen*, Allgemeine Rechtslehre, S. 109, der auf Basis der Imperativentheorie davon ausgeht, dass das subjektive Recht kein vom objektiven verschiedenes, vielmehr das objektive Recht selbst sei. Dennoch muss er anerkennen, dass in der Folge der Individualisierung einer Rechtspflicht auf eine konkrete Person ein subjektives Recht, „das heißt ein Recht eines Subjektes, indem sie sich ihm zur Geltendmachung seiner Interessen zur Verfügung stellt" entsteht.

zu achten und zu bewahren ist, drohen in einem wie auch immer politisierten materiellen Privatrecht die Freiheitsräume auf einen nur noch rudimentären Bereich zu schrumpfen. Der insoweit auch „politisch“ tätige Richter wird zur aktiven Schaffung einer wie auch immer zu definierenden „guten Ordnung“ geneigt sein, die individuellen Freiheitsräume innerhalb der jeweiligen Rechtsgemeinschaft nur dort anzuerkennen, wo er es nach *seinem* Verständnis für unabdingbar hält. Das aber heißt, dass es *die* individuelle Freiheit jedenfalls außerhalb eines engen Kernbereichs nicht mehr gibt, da Voraussetzung einer solchen Freiheit immer ist, dass die Grenzen und Konsequenzen des eigenen Handelns jederzeit vorausseh- und damit kalkulierbar sind. Es bedarf eines gewissen Grades an sozialtypischer Offenkundigkeit der Freiheits- bzw. Rechtsbereiche. In einer wie auch immer politisierten Privatrechtsordnung kann diese Voraussetzung jedoch stets nur in einem vergleichsweise begrenzten Maß bestehen, da das jeweilige Rechtssubjekt stets vor der Frage steht, ob sein konkretes Vorhaben der (gerade aktuellen) Politik entspricht. Zusätzliche Probleme bereitet die Beantwortung dieser Frage, wenn die jeweilige politische Ausgestaltung den Gerichten obliegt, da es häufig wohl nicht *die* politische Meinung der Rechtsprechung geben wird.

Vor diesem Hintergrund ist es um so erstaunlicher, dass die Kritik am überkommenen Verständnis des Privatrechts als primäre Rechtszuweisungsordnung gerade dort besonders forsch vorgetragen wird, wo man sich der Würde und der Freiheit des Menschen besonders verbunden sieht.[99] Entgegen der an sich nahe liegenden Annahme, dass ein funktionales Ordnungsmuster, dessen höchstes Ziel die Schaffung und Abgrenzung individueller Freiheitssphären ist, gerade bei einem solchen Verständnis auf Zustimmung stößt, scheint gerade das Gegenteil der Fall zu sein.

## C. Unzureichende Erfassung des Gestaltungsprinzips

Trotz der soeben geschilderten Alternativlosigkeit der Annahme subjektiver Rechte im Privatrecht wird die Präjudizialität des Inhalts und Umfangs des subjektiven Rechts für seine Schutzrechte nicht in allen Teilbereichen bzw. Subsystemen, allen voran im Deliktsrecht, hinreichend beachtet. In diesem Bereich wird – mehr oder weniger bewusst – die Verletzung des Bezugsobjekts und nicht die Verletzung des subjektiven Rechts an diesem als haftungsbegründendes Merkmal betrachtet.[100] In anderen Bereichen wird dem Zusammenhang von Rechtszuweisung und Rechtsschutz demgegenüber deutlich mehr Beachtung geschenkt. So erfährt die Präjudizilität des sub-

---

[99] Vgl. *Wiethölter*, Rechtswissenschaft, S. 180 f.

[100] Ausführlich dazu Kapitel 3 § 10 A. IV. (S. 105 ff.).

jektiven Rechts etwa auf dem Gebiet des Bereicherungsrechts durch diejenigen Lehren Anerkennung, die als zentrale Anspruchsvoraussetzung einen Eingriff in den „Zuweisungsgehalt" der betroffenen Rechtsposition verlangen.[101]

## D. Verfügungsobjekt als notwendiger Bestandteil der Privatrechtsordnung

Eliminiert man entsprechend der Gedanken der Imperativentheorie das subjektive Recht aus der Privatrechtsordnung, treten zudem schwerwiegende Probleme im Rahmen von Güterbewegungen auf. So setzt der Handel und die Übertragung aller Arten von „Gütern" voraus, dass man die zu übertragenden Bereiche als Übertragungsobjekt als selbständige, ideale Verfügungsposition begreift, welche unabhängig von der aktuellen Verletzung von Handlungs- oder Unterlassungsgeboten der objektiven Rechtsordnung besteht.[102] Zur Annahme eines Verfügungsgegenstandes, ist es aber notwendig dessen Inhalt und Umfang genau zu spezifizieren, sofern den Privatrechtssubjekten in einer auf Güteraustausch angewiesenen Gesellschaft die Möglichkeit zukommen soll, mit solchen Gegenstände zu handeln. Die Möglichkeit einer Verfügung über lediglich „reflexartig" existente Rechte wie sie nach der Imperativentheorie bestehen, ist kaum vorstellbar.[103]

---

[101] Vgl. BGHZ 20, 345, 353ff.; 81, 75, 75ff.; 68, 90, 99; 82, 299, 306; 99, 385, 387; 107, 117, 120f.; Grundlegend *Heck*, Schuldrecht, S. 421; maßgeblich weiterentwickelt von *Wilburg*, Ungerechtfertigte Bereicherung, S. 27ff.; *Reuter/Martinek*, Ungerechtfertigte Bereicherung, S. 29ff., 245ff.; *Larenz/Canaris*, Schuldrecht, Band II/2, §69 I 1, S. 169ff.; *P. Gebauer*, JURA 1998, 128, 131; *von Caemmerer*, in: FS Rabel, Bd. 1, S. 333, 353f., 379; *Thomale*, Leistung als Freiheit, S. 243ff.; *Ellger*, Bereicherung durch Eingriff, S. 175f., vgl. auch zur Entwicklung der Rechtsprechung die S. 353ff.

[102] *Peukert*, Güterzuordnung, S. 861.

[103] *Hoffmann*, Zession und Rechtszuweisung, S. 44.

Kapitel 3

# Materiell-rechtlicher Anspruchsbegriff

Der privatrechtliche Anspruch ist in § 194 Abs. 1 BGB legaldefiniert als das „Recht, von einem anderen ein Tun oder Unterlassen zu verlangen". Gesetzliche Anhaltspunkte über die Bedeutung und Funktion des Anspruchs finden sich nicht. Insoweit ist es wenig verwunderlich, dass im rechtswissenschaftlichen Schrifttum bis heute über die Funktion und Bedeutung des Anspruchs innerhalb des Systems des Privatrechts gestritten wird. Teilweise wird sogar etwas resigniert festgestellt, dass es „in der modernen Rechtsprache kaum einen Begriff [gibt], der nicht nur in der Literatur und Praxis, sondern auch in den Gesetzen in so verschiedenem Sinn gebraucht wird, als der des Anspruchs".[1] Von einem einheitlichen Anspruchsverständnis kann schon deshalb keine Rede sein, da bereits keine Klarheit über die Funktion des Anspruchs im System des Privatrechts und dementsprechend auch keine einheitliche dogmatische Erfassung des Anspruchs besteht.[2] So geht die heute wohl herrschende Auffassung außerhalb des Vertragsrechts davon aus, dass ein Anspruch dem Schutz eines subjektiven Rechts diene und daher dessen Verletzung zur Voraussetzung habe. Im Vertragsrecht soll hingegen anderes gelten, da hier der vertragliche Anspruch mit dem subjektiven Forderungsrecht identisch sei und daher nicht von dessen Verletzung abhängig sein könne. Auf dem Gebiet des Vertragsrechts soll der Anspruch somit nicht dem Schutz des subjektiven Forderungsrechts dienen. Die herrschende Meinung spricht dem Anspruch also je nach Regelungsbereich unterschiedliche Funktionen zu.[3]

Der historische Gesetzgeber will unter dem Begriff des Anspruchs „das Recht in seiner Richtung gegen eine bestimmte Person verstanden" wissen.[4] Dies ist ein deutlicher Hinweis auf den Einfluss von *Bernhard Windscheid* (26. Juli 1817–26. Oktober 1892) auf den Anspruchsbegriff.[5] Dieser mein-

---

1 *Hellwig*, Anspruch und Klagerecht, S. 5.

2 Diese Einschätzung teilen *Regelsberger*, Pandekten, Band 1, S. 213; *Rimmelspacher*, Materiellrechtlicher Anspruch, S. 35; *Georgiades*, Anspruchskonkurrenz, S. 129; *Hellwig*, Anspruch und Klagrecht, S. 5; *Nunner-Krautgasser*, Schuld, Vermögenshaftung und Insolvenz, S. 61; *Hoffmann*, Zession und Rechtszuweisung, S. 119.

3 Ausführlich zum heutigen Anspruchsverständnis Kapitel 3 § 7 (S. 69 ff.).

4 Mot. I, S. 291.

5 Der Einfluss des windscheidschen Anspruchsbegriffs auf denjenigen des BGB ist wohl unumstritten, vgl. nur *Ehrenzweig*, System I/1, S. 136; *Weller*, Vertragstreue,

te erkennen zu können, dass „für das heutige Rechtsbewusstsein […] das Recht das Prius, die Klage das Spätere, das Recht das Erzeugende, die Klage das Erzeugte“ ist.[6] Die gerichtliche Verfolgbarkeit eines Rechts sei dessen schlichte „Consequenz“[7]. Von diesem Verständnis ausgehend, führte er den Begriff des Anspruchs ein. Er bezweckte damit, das im klassischen römischen Recht unter *actio* Verstandene in die Sprache der modernen Rechtsordnung „umzugießen“[8] bzw. „zu übersetzen“[9].[10] Damit steht die Entwicklung des Anspruchsbegriffs des BGB in unmittelbarem Zusammenhang mit der Trennung von materiellem Privatrecht und Zivilprozessrecht.[11] Diese Trennung, durch welche dem gerichtlichen Prozess lediglich die Aufgabe der gerichtlichen Durchsetzung eines präexistenten materiellen Rechts zukommt, ist das „revolutionäre“ des windscheidschen Anspruchsbegriffs, da das klassische römische Recht eine derartige Trennung nicht kannte. Allerdings wird sich im Laufe der Untersuchung zeigen, dass *Windscheid* diese Trennung nicht so konsequent vornahm wie es zunächst den Anschein hat.

Um den Anspruchsbegriff und damit auch dessen Funktion innerhalb des Privatrechtssystems besser untersuchen und verstehen zu können, ist es hilfreich, zunächst einen Blick auf dessen historische Vorläufer und damit seine historischen Evolutionsstufen zu werfen (§§ 1–4). Daran anschließend wird der Anspruch *Windscheids* näher beleuchtet (§ 5) und dessen Wirkungen auf das BGB-Gesetzgebungsverfahren untersucht. Darauf aufbauend werden das heute herrschende Verständnis des Anspruchs und seine Funktion im Privatrechtssystem (§ 7) sowie alternative Verständnisformen dargestellt (§ 8), bevor die Ansichten ausführlich kritisiert werden (§ 9). Im Anschluss an diese Kritik wird ein funktional einheitlicher Anspruchsbegriff erarbeitet (§ 10) und sodann die Voraussetzungen eines funktional negatorischen Erfüllungsanspruchs untersucht (§ 11).

---

S. 374, *Neumann*, Leistungsbezogene Verhaltenspflichten, S. 21; *Hoffmann*, Zession und Rechtszuweisung, S. 113; *Rimmelspacher,* Materiellrechtlicher Anspruch, S. 16; *Dörner*, Dynamische Relativität, S. 29; *Fezer*, Teilhabe und Verantwortung, S. 104, 106; *Georgiades*, in: FS Buchner, S. 245, 250, 252; *Lehmann*, Unterlassungspflicht, S. 81; *Bruns*, in: FS Nipperdey, Band I, S. 3, 11; *Nunner-Krautgasser*, Schuld, Vermögenshaftung und Insolvenz, S. 63 f.; *Schapp*, Grundlagen, S. 26 jeweils m. w. N.

[6] *Windscheid*, Actio des röm. Civilrechts (1856), S. 3.

[7] *Windscheid*, Actio des röm. Civilrechts (1856), S. 3, 6.

[8] *Windscheid*, Actio des röm. Civilrechts (1856), Vorwort, S. IV.

[9] *Windscheid*, Actio des röm. Civilrechts (1856), S. 7.

[10] Auf die Schwierigkeiten, die aus diesen begrifflichen Ungenauigkeiten Windscheids resultieren, wird später noch ausführlichen zurückzukommen sein. Vgl. dazu unten Kapitel 3 § 5 C. (S. 58 ff.).

[11] *Weller*, Vertragstreue, S. 108 f.

# § 1 Klassisches römisches „Aktionensystem“

Den Ausgangspunkt seiner Überlegungen bildete für *Windscheid* die actio des klassischen römischen Rechts. Deshalb wird deren Funktion und Bedeutung im Folgenden näher untersucht.

## A. Actio im klassischen römischen Formularprozess

Das klassische römische Recht[12] trennte nicht konsequent zwischen materiellem Recht und dessen Durchsetzung im Prozess nach Maßgabe des Prozessrechts, wenngleich man sich der unterschiedlichen Funktion dieser beiden Rechtsbereiche bereits bewusst war.[13] Vielmehr wurden das vorgegebene, nur aufzudeckende[14] materielle Recht und der dazugehörige Prozess als Einheit verstanden.[15] Besonders eindrücklich zeigt sich dies am Begriff der *actio*. Dieser wurde ursprünglich ausschließlich prozessual verstanden und bezeichnete – entsprechend seiner wörtlichen Bedeutung[16] – eine Rechtshandlung des Klägers, die zur Einsetzung eines Spruchgerichts (iudicium) führte und daher nicht mit der heutigen Klage verwechselt werden darf. Hintergrund dieser Verfahrenshandlung bildeten die Vorgaben des sogenannten Formularprozesses, der seit Kaiser Augustus (lex Iulia iudiciorum privatorum, 17 v. Chr.) das allgemeine Verfahren der ordentlichen Gerichtsbarkeit für privatrechtliche Streitsachen darstellte.[17]

Der Formularprozess untergliederte sich in zwei Verfahrensabschnitte: Der erste fand vor dem Gerichtsmagistrat (in iure), der zweite vor dem eigentlichen Urteilsgericht (apud iudicem) statt. Der Kläger musste zunächst mit der mündlichen Ladung des zukünftigen Beklagten zum sofortigen Erscheinen vor Gericht (in ius vocatio) das Verfahren einleiten.[18] Hierdurch zwang der künftige Kläger den künftigen Beklagten, an der Gerichtsstätte zu erscheinen.

---

[12] Die nachfolgende Skizze zum römischen Aktionensystem kann nicht annähernd die gesamte Meinungsvielfalt der römischen Juristen wiedergeben. Es sollen lediglich die groben Züge des römischen Rechtssystems skizziert werden, um die darauf rekurrierenden Gedanken der zeitlich nachfolgenden Juristen besser einordnen und verstehen zu können.

[13] *Kaufmann*, JZ 1964, 482, 483 mit dem Verweis auf die Zwölftafeln und die Institutionen des Gaius; *Kaser/Knütel*, Römisches Privatrecht, § 4 Rn. 6 f.; *Auer*, AcP 208 (2008), 584, 589.

[14] *Boente*, Nebeneinander und Einheit, S. 13.

[15] *Dorn*, in: HKK-BGB, § 241 BGB Rn. 8.

[16] Actio wird herkömmlicherweise übersetzt als „Ausführung“, „Verrichtung“, vgl. Langenscheidts Taschenwörterbuch Latein.

[17] *Kaser*, Römisches Zivilprozessrecht, § 23 S. 117.

[18] *Kaser/Knütel*, Römisches Privatrecht, § 82 Rn. 2.

Nach Erscheinen des potentiell Beklagten hatte der künftige Kläger vor dem Gerichtsmagistrat das Begehren vorzutragen, welches er zum Gegenstand des Prozesses machen wollte. Zudem hatte der künftige Kläger beim Magistrat die Erteilung einer bestimmten *actio* zu beantragen. Neben die sogenannten *actiones civiles*, also diejenigen Begehren, welche durch das *ius civile* anerkannt waren, traten die sogenannten *actiones honorariae*. Bei den Zweitgenannten handelte es sich um durch den Prätor gewährte Klagen, welche dieser zu Beginn seines Amtsjahres in seinem Edikt festlegte.[19] Der Prätor konnte aber auch unabhängig von seinem Edikt im Einzelfall eine neue *actio* schaffen, sofern er das Begehren des potentiellen Klägers als rechtsschutzwürdig empfand.[20] Auch umgekehrt konnte aus dem Inhalt des Edikts nicht mit absoluter Sicherheit geschlossen werden, dass die dort genannten *actiones* auch im konkreten Einzelfall tatsächlich gewährt wurden, da sich der Prätor regelmäßig eine Ermessensprüfung (*causae cognitio*) vorbehielt.[21] Alles in allem war die Erteilung einer *actio* mehr oder weniger in das freie Belieben des Prätors gestellt.[22]

Erachtete der Prätor die vom potentiellen Kläger beantragte *actio* für nicht prozesswürdig, wies er den Antrag des Klägers zurück (*denegatio actionis*).[23] Hielt er es hingegen für prozesswürdig und ließ sich der Beklagte auf die Klage ein,[24] ließ der Prätor die Klage zu und setzte das Spruchgericht ein. Die Zulassung der Klage erfolgte durch Niederlegung des Streitgegenstandes in der Prozessformel (*formula*). Diese enthielt das eigentliche „Streitprogramm", also diejenigen Rechtsfragen, über welche der Richter gemäß der *actio* nach gegebenenfalls erfolgter Beweiserhebung durch Urteilsspruch zu entscheiden hatte.[25] Dabei war das Streitprogramm auf einen Satz zusammengefasst und nannte die Voraussetzungen, unter denen der

---

[19] *Kaser*, Römisches Zivilprozessrecht, § 47 II S. 251 ff.

[20] *Kaser/Knütel*, Römisches Privatrecht, § 82 Rn. 4.

[21] *Kaser/Knütel*, Römisches Privatrecht, § 82 Rn. 4.

[22] *De Boor*, Gerichtsschutz und Rechtssystem, S. 10. Diese Beliebigkeit bestand nicht von Anfang an. Vielmehr stand ursprünglich wohl nur eine eng begrenze Anzahl von *actiones* zur Verfügung. Mit dem stetigen Wachstum des römischen Imperiums und der damit einhergehenden Ausdifferenzierung des Verkehrs traten neue Klageziele auf, welche mit den vorhandenen *actiones* nicht mehr gelöst werden konnten. Folge war die Anerkennung neuer und die Ausdehnung bestehender *actiones*. Vgl. zu diesem – hier fast unzulässig verkürzten Prozess – etwa *Honsell*, in: FS Kramer, S. 193, 193 ff.; *Leist*, Geschichte der Römischen Rechtssysteme, S. 3; *Windscheid*, Lehrbuch I, 1. Auflage 1862, S. 99 f.

[23] *Kaser/Knütel*, Römisches Privatrecht, § 82 Rn. 5.

[24] Die „Einlassung" des Beklagten konnte auf zwei Arten geschehen: Entweder er bestritt das Recht, welches der beantragten *actio civilis* zugrunde lag, oder er bestritt den Sachverhalt, welcher der *actio honoraria* zugrunde lag. Vgl. dazu näher *Kaser/Knütel*, Römisches Privatrecht, § 82 Rn. 7.

[25] *Kaser/Knütel*, Römisches Privatrecht, § 82 Rn. 18.

Richter den Beklagten zu verurteilen hatte.[26] Das erkennende Gericht war an die in der *formula* enthaltenen oder in Bezug genommenen Regeln dergestalt gebunden, dass es nur über diese entscheiden durften. Mithin legte sich der Kläger durch die Auswahl einer bestimmten *actio* auch auf eine bestimmte *formula* und damit zugleich auf einen bestimmten Grund seines Klagebegehrens fest. Eine Verurteilung des Beklagten erfolgte nur, wenn die in der *formula* verkörperten Rechtsregeln das Begehren begründeten. Anderenfalls wurde die Klage abgewiesen, selbst wenn nach der *formula* einer anderen *actio* das Klagebegehren begründet gewesen wäre.[27]

Wegen der großen Bedeutung der *actio* und des weiten Ermessensspielraums des Prätors bei der Erteilung derselben, stand sowohl für die römischen Juristen als auch für die rechtssuchenden Kläger verstärkt die Frage im Fokus, unter welchen Voraussetzungen der Prätor eine *actio* und damit ein Klagerecht gewährt.[28] Die *actio* wurde auf diesem Weg zum Kristallisationspunkt römischen Rechtsdenkens.[29] Demgegenüber trat die Frage nach der Rechtmäßigkeit oder Widerrechtlichkeit des Handelns oder Unterlassens des Beklagten, also die Frage nach dem materiellen Privatrecht, stark in den Hintergrund.[30] Auch das subjektive Privatrecht spielte aufgrund der Fokussierung auf den gerichtlichen Prozess rechtstheoretisch nur eine untergeordnete Rolle.[31]

Durch die Verknüpfung von „materiellem" Recht und bestimmten Rechtsbehelfen musste das Privatrecht mehr oder weniger zwangsweise als ein System verschiedener Klagen erscheinen. Jedenfalls war der Blick auf ein einheitliches materielles Recht, das im Wege der Klage gerichtlich durchgesetzt werden kann, durch das Aktionensystem des klassischen römischen Rechts versperrt.[32]

---

[26] Exemplarisch lautete etwa die Formel der *rei vindicatio*: „Si paret rem [konkrete Bezeichnung] qua de agitur ex iure Quiritium $A^i$. $A^i$. esse neque ea res (arbitrio tuo?) restituere, quanti ea res erit, tantam pecuniam iudex $N^{um}$. $N^{um}$. $A^o$. $A^o$. c. s. n. p. a." = Wenn es sich erweist, daß die Sache, um die es hier geht, nach dem Recht der Quiriten dem Kläger gehört, und wenn diese Sache nicht (gemäß deiner Entscheidung?) herausgegeben werden wird verurteile, Richter, den Beklagten dem Kläger in den Geldbetrag, den der Gegenstand wert sein wird; wenn es sich nicht erweist, sprich frei", vgl. *Kaser/Knütel*, Römisches Privatrecht, § 82 Rn. 18.

[27] *Georgiades*, Anspruchskonkurrenz, S. 13.

[28] *Schulz*, Prinzipien des römischen Rechts, S. 28f.; *Kaufmann*, JZ 1964, 482, 483; *J. Esser*, Einführung, S. 161; *Weller*, Vertragstreue, S. 372.

[29] *Hesselberger*, Streitgegenstand, S. 41; *Boente*, Nebeneinander und Einheit, S. 15; vgl. auch *Neussel*, Anspruch und Rechtsverhältnis, S. 40; *Lenze*, Actio zum Streitgegenstand, S. 40; *Hattenhauer*, Private Rechtsgestaltung, S. 38; *Althammer*, Streitgegenstand und Interesse, S. 11.

[30] *Windscheid*, Actio des röm. Civilrechts, S. 4.

[31] *Weller*, Vertragstreue, S. 372; *Coing*, in: Coing/Lawson/Grönfors, Subjektives Recht, S. 9ff.; *Auer*, AcP 208 (2008), 584, 589; *Kaufmann*, JZ 1964, 482, 483f.

[32] *Sohm/Mitteis/Wenger*, Institutionen, § 115, S. 685.

## B. Geändertes Verständnis der actio im römischen Kognitionsprozess

Ab der Zeit von Kaiser Augustus entwickelte sich der sogenannte Kognitionsprozess (die „Beamtenkognition"). Diese Prozessform zeichnete sich dadurch aus, dass das gesamt Verfahren bis zum Urteil vor verbeamteten Richtern stattfand und, im Gegensatz zum Formularprozess, nicht mehr zweigeteilt war.[33] Die bisherige Unterscheidung der Abschnitte *in iure* und *apud iudicem* wurde aufgegeben, so dass auch der Begriff der *actio* einen neuen Sinngehalt erlangte. Er wurde fortan eher untechnisch gebraucht und bezeichnete das Klagebegehren, welches sich – wegen des Wegfalls der Zweiteilung des Verfahrens – nur nach den Regeln des materiellen Rechts beurteilte.[34] Dementsprechend wurde der rechtswissenschaftliche Blick immer weniger auf die *actio* gerichtet. Vielmehr rückte die Betrachtung der Privatrechtsordnung als normatives System stärker in den Vordergrund. Allerdings fand dieses neue Denken an den auf die große römische Rechtsvergangenheit gerichteten Idealen der oströmischen Spätantike ein nicht zu überwindendes sprachliches Hindernis[35]. So fand die neue Denkweise insbesondere kaum Niederschlag in dem *corpus iuris civilis* des Justinian.

## *§ 2 Entwicklungen im Mittelalter*

Dies erklärt auch, wie das Aktionendenken des klassischen römischen Rechts in Deutschland Einzug halten konnte: Die mittelalterlichen Dekretisten und Legisten bearbeiteten das justinianische Recht ab dem 11. Jahrhundert und übernahmen den römisch-italienischen Prozess im Verlaufe des 15. und 16. Jahrhunderts. Damit hielt auch die Libelliteratur und das aktionsrechtliche Denken Einzug in den deutschsprachigen Raum.[36] Jedoch führte der *usus modernus pandectarum* bereits zu einer Auflockerung der Prozesspraxis, da nunmehr angenommen wurde, dass der Kläger die ihm günstigste *actio* geltend machen wollte.[37] Zudem gab es spätestens mit dem jüngsten Reichsabschied aus dem Jahr 1654 keinen Zwang mehr für den

---

[33] *Kaser/Knütel*, Römisches Privatrecht, § 87 Rn. 1 sowie unter Rn. 2 zu den Ursprüngen dieses Verfahrenstypus.

[34] *Kaser/Knütel*, Römisches Privatrecht, § 82 Rn. 7.

[35] *Kaufmann*, JZ 1964, 482, 483; *Georgiades*, in: FS Buchner, S. 245, 247; vgl. auch *Schulz*, Prinzipien des römischen Rechts, S. 29.

[36] *Auer*, AcP 208 (2008), 584, 589; *Kaufmann*, JZ 1964, 482, 487; *Wieacker*, Privatrechtsgeschichte, S. 187.

[37] *Kaufmann*, JZ 1964, 482, 487.

Kläger, sich durch die Wahl einer bestimmten *actio* auf einen bestimmten Rechtssatz verbindlich festzulegen.[38]

Entscheidender für eine dogmatische Verortung der *actio* im materiellen Recht war jedoch, dass die Glossatoren bei ihrer grammatikalisch-logischen Interpretation des *corpus iuris civilis* eine scharfe Unterscheidung zwischen der *actio*, verstanden als Klagerecht, und dem *ius*, dem materiell-subjektiven Recht, einführten.[39] In Anlehnung an die Ursachenlehre von Aristoteles[40] von den vier *causae* verstanden sie das materielle subjektive Recht als Ursache (*causa*) der *actio*. In der Heranziehung der Kategorie der *causa materialis* kommt zum Ausdruck, dass das hinter der Klage stehende subjektive Recht den Wesensinhalt und die Individualität der Klage bestimmen sollte.[41] Konsequenterweise übertrugen die Glossatoren die Dogmatik der *actiones*, welche sie in den römischen Quellen vorfanden, auf die subjektiven Rechte und machten damit „einen wichtigen Schritt in Richtung einer materiellrechtlichen Betrachtungsweise" des Privatrechts.[42] Im Laufe der Zeit bildete sich so parallel zu dem übernommenen Aktionensystem ein System materieller subjektiver Rechte heraus, welches jedoch noch nicht die Oberhand gewann.[43] Deutlich wird diese Entwicklung etwa in einer Äußerung *Pufendorfs* zum römischen Recht aus dem Jahr 1712: „(...) la vertu de donner action en Justice étant quelque chose d'extérieur, qui ne concerne point le fond même des Engagements"[44].

## *§3 Einfluss der vernunfts- und naturrechtlichen Lehren*

Ein erster großer Schritt zur Ausbildung eines prozessunabhängigen materiellen Privatrechts gelang erst unter dem Einfluss der vernunftrechtlichen Lehren im 17. und 18. Jahrhundert. Diese Lehren gründen auf dem philosophischen Gedanken eines durch die menschliche Vernunft erkannten, von staatlicher Setzung unabhängigen Rechts. Mittels der Übertragung naturwissenschaftlicher Methoden sollte das für die Gesellschaft bestehende, ge-

---

[38] *Kaufmann*, JZ 1964, 482, 487.

[39] *Coing*, in: Coing/Lawson/Grönfors, Subjektives Recht, S. 13 unter Verweis auf die Glosse quam ius zu Institutionen 4.6. pr.: „Nota quod actio est ius, quo persequimur, sed obligatio est ius, propter quod persequimur"; vgl. auch *Weller*, Vertragstreue, S. 372.

[40] 1. Formursache (causa formalis); 2. Stoffursache (causa materialis); 3. Wirkungsursache (causa efficiens); 4. Zweckursache (causa finalis). Vgl. *Aristoteles*, Physik, Kap. II 3.

[41] *Coing*, in: Coing/Lawson/Grönfors, Subjektives Recht, S. 14.

[42] *Coing*, in: Coing/Lawson/Grönfors, Subjektives Recht, S. 13; vgl. auch *Weller*, Vertragstreue, S. 373.

[43] *Coing*, in: Coing/Lawson/Grönfors, Subjektives Recht, S. 14ff., insb. S. 16.

[44] *Pufendorf*, Le Droit de la Nature et des Gens, Buch III, Kapitel II, §3. Frei übersetzt: „Die Tugend eine Klage zu erheben ist etwas Äußerliches und nicht der Inhalt der eigentlichen Verpflichtung".

schlossene System von „Naturgesetzen der sozialen Welt“ ergründet werden. Diese Grundüberzeugung ermöglichte erstmals eine kritische Auseinandersetzung mit dem überlieferten Privatrecht und seinem System, da das klassische römische Recht nunmehr nicht mehr als autoritäres staatlich gesetztes, sondern als aus der Vernunft resultierendes Gebilde verstanden wurde und als solches einer vollumfänglichen Prüfung zugänglich war. Damit ging eine Betrachtung des Rechts aus der Sicht eines Gelehrten, jenseits seiner praktischen Bedeutung, einher. In der Folge dieses Perspektivwechsels erschien das Privatrecht nicht mehr als ein System gerichtlicher Rechtsbehelfe, sondern als ein normatives System sozialer Verhaltensregeln, aus welchen prozessunabhängige freiheitssichernde Rechte aber auch Pflichten der einzelnen Privatrechtssubjekte resultierten. Dem Prozessrecht kam funktional die Aufgabe zu, diese Verhaltensregeln gerichtlich durchzusetzen.[45]

## *§4 Von Savignys materielles Aktionenrecht und dessen Rezeption*

### A. Von Savignys materielles Aktionensystem

Dieses Grundverständnis prägte auch die Privatrechtstheorie *v. Savignys* (21. Februar 1779–25. Oktober 1861).[46] Den Ausgangspunkt seiner Überlegungen bildete der Gedanke, dass jeder Mensch zwangsläufig mit anderen Menschen, „die ihm gleich sind durch ihre Natur und Bestimmung“ in Kontakt tritt.[47] Um durch diese ständig geschehenden tatsächlichen Kontakte nicht in seiner Entwicklung gehemmt, sondern gefördert zu werden, sei es notwendig, dass jedem Menschen ein Freiraum für seine Existenz und Entfaltung zukomme. Dieser Freiraum werde durch eine unsichtbare, vom Privatrecht gezogene Grenze geschaffen.[48] Das Privatrecht trete in dieser objektiven Form jedoch nicht in Erscheinung, sondern existiere lediglich in „übereinstimmenden Gefühlen, Gedanken und Sitten“[49], im „gemeinsamen Volksgeist“[50]. Nach außen erkennbar und durchsetzbar würde das Privatrecht – insoweit gänzlich in römisch-rechtlichen Denkmustern verhaftet – erst dadurch, dass es mit staatlichem Rechts- bzw. Durchsetzungszwang ausgestattet werde. Die „erste und unabweisliche Aufgabe [des Staates sei] die Idee das Recht in der sichtbaren Welt herrschend zu machen“[51]. Damit war es notwendig, festzulegen, wem die Rechtdurchsetzung

[45] *De Boor,* Gerichtsschutz, S. 13.
[46] *Vossius,* Rechtsschutzlehre, S. 48, 99.
[47] *V. Savigny*, System I, S. 331.
[48] *V. Savigny*, System I, S. 331 f.
[49] *V. Savigny*, System I, S. 23.
[50] *V. Savigny*, System I, S. 24.
[51] *V. Savigny*, System I, S. 25.

obliegen sollte. Diese Aufgabe übernimmt bei *v. Savigny* das subjektive Recht. Werde ein subjektives Recht verletzt, habe der Staat die Pflicht, dem Verletzten gerichtlichen Schutz gegen die Verletzung zu gewähren.[52] Die für diesen Schutz maßgeblichen Regelungen enthalte das Prozessrecht, welches nach seinem Wesen dem Staatsrecht[53] und damit dem öffentlichen Recht zuzuordnen sei[54]. Die zentrale Aufgabe des Staates besteht nach *v. Savigny* also darin, den Träger eines subjektiven Rechts vor Verletzung desselben zu schützen, indem das verletzte subjektive Recht mit staatlichem Durchsetzungszwang ausgestattet wird.

Somit ist das subjektive Recht für das Verständnis der *savignyschen* Rechtstheorie von ganz zentraler Bedeutung, da es den Inhalt und Umfang des gerichtlichen Rechtsschutzes mittelbar bestimmt. Im Folgenden wird daher das subjektive Recht und dessen Funktion nach dem Verständnis von *v. Savigny* genauer beleuchtet.

### *I. Subjektive Rechte bei von Savigny*

Für *v. Savigny* besteht, wie aufgezeigt, der Sinn und Zweck des Privatrechts in der Freiheitssicherung unter gleichen, freien und selbstbestimmten Rechtssubjekten.[55] Es diene „der Sittlichkeit, aber nicht indem es ihr Gebot vollzieht, sondern indem es die freye Entfaltung ihrer, jedem einzelnen Willen inwohnenden, Kraft sichert".[56]

Innerhalb des durch das Privatrecht geschaffenen Freiraumes soll der Einzelne seinen Willen frei und damit unbeschränkt durch zwingende gesetzliche Vorgaben (*ius cogens*) ausbilden und gebrauchen können. Da die objektive Rechtsordnung als solche nicht in Erscheinung tritt, bedarf es nach dem Verständnis *v. Savignys* eines Gebietes, in dem das objektive Recht auch tatsächlich existiert und mittels staatlichen Zwangs durchgesetzt werden kann. Diesen Bereich begreift *v. Savigny* unter dem Eindruck der Rechtsphilosophie *Kants*[57] als subjektives Recht und definiert dieses wiederum unter dem zentralen Gesichtspunkt der Freiheit als „die der einzelnen Person zustehende Macht: ein Gebiet, worin ihr Wille herrscht, und mit unsrer Übereinstimmung herrscht".[58]

Darüber hinaus unterteilt *v. Savigny* die subjektiven Rechte in zwei Gruppen: In Sachenrechte (dingliche Rechte) und Obligationenrechte. Die dinglichen subjektiven Rechte beinhalten nach *v. Savigny* die Herrschaft

[52] *V. Savigny*, System I, S. 25 f.
[53] *V. Savigny*, System I, S. 26.
[54] *V. Savigny*, System I, S. 27.
[55] *V. Savigny*, System I, S. 331.
[56] *V. Savigny*, System I, S. 332.
[57] Vgl. zu diesem Aspekt *Röhl/Röhl*, Allgemeine Rechtslehre, S. 356 f.
[58] *V. Savigny*, System I, S. 7.

einer Person über eine *Sache*.[59] Anders sollen die obligatorischen subjektiven Rechte fungieren: Diese begreift *v. Savigny* als Herrschaft über die *Handlung* einer fremden Person. Diese Handlung werde aus der Freiheit des Handelnden ausgeschieden und dem Willen des Rechtsinhabers unterworfen.[60]

### *II. Savignysches materielles Aktionenrecht – Lehre von der Rechtsverletzung*

*V. Savigny* ging – wie gesehen – davon aus, dass existentes, also nach außen in Erscheinung tretendes Privatrecht lediglich besteht, sofern es mit staatlichem Zwang durchgesetzt werden kann. Die Frage der Durchsetzbarkeit materiellen Rechts im Gerichtswege werde jedoch nicht im Privatrecht festgelegt, sondern sei mittels des Prozessrechts zu beantworten.[61] Das Privatrecht habe keinen inneren Bezug zu dem Prozess bzw. zu seiner eigenen Durchsetzung. Alles andere würde bedeuten, dass man bei der Bestimmung des „Begriff[s] des Rechts" vom „Begriff des Unrechts" ausgehe, ein Gedanke der vehement abzulehnen sei. Anderenfalls würde man „das Negative an die Spitze" stellen und somit „vom Zustand der Krankheit ausgehen" um „die Gesetze des Lebens zu erkennen".[62] In der Folge erschien *v. Savigny* der Staat als ein der Notwehr vergleichbares Institut, welches „unter Voraussetzung einer verbreiteten gerechten Gesinnung als überflüssig verschwinden" könne.[63] Folgerichtig ging er davon aus, dass eine vollständige Trennung von materiellem Privatrecht und staatlichem Durchsetzungsrecht, also Prozessrecht, denklogisch nicht durchführbar sei.[64] Damit sah sich *v. Savigny* mit der Aufgabe konfrontiert, das System der subjektiven Rechte, welches die naturrechtlichen Lehren geschaffen hatten, mit dem überkommenen römischen Aktionensystem verbinden zu müssen.[65]

Zur Bewältigung dieser Aufgabe entwickelte *v. Savigny* in Anlehnung an die Lehre von *Donellus*[66] die Lehre von der „Metamorphose"[67] subjektiver

---

[59] *V. Savigny*, System I, S. 345, 367.
[60] *V. Savigny*, System I, S. 339.
[61] *V. Savigny*, System I, S. 26f.
[62] *V. Savigny*, System I, S. 333.
[63] *V. Savigny*, System I, S. 333.
[64] *V. Savigny*, System I, S. 27.
[65] *Fezer*, Teilhabe und Verantwortung, S. 109; *De Boor*, Gerichtsschutz, S. 14; *Hoffmann*, Zession und Rechtszuweisung, S. 109.
[66] *Coing*, in: Coing/Lawson/Grönfors, Subjektives Recht, S. 15; *Fezer*, Teilhabe und Verantwortung, S. 157; *Hoffmann*, Zession und Rechtszuweisung, S. 109; vgl. zur Lehre von Donellus etwa die knappe Darstellung bei *Althammer*, Streitgegenstand und Interesse, S. 256f.
[67] *V. Savigny*, System V, S. 3 nutzt diesen Begriff selbst.

Rechte.[68] Nach dieser nimmt das subjektive Recht erst durch seine Verletzung die Gestalt eines Klagerechts an.[69] Damit ist das Klagerecht bei *v. Savigny* kein eigenständiges Recht, sondern ein Teil des „Entwicklungsprozesses“ des subjektiven Rechts und damit letztlich das subjektive Recht selbst.[70] Erst nach der Verletzung seiner selbst, gewähre das subjektive Recht dem Rechtsinhaber das Recht, von dem Verletzter die Beseitigung der Verletzung verlangen zu können.[71] Diese Situation bezeichnet *v. Savigny* als „Klagerecht“ oder schlicht „Klage“, die „eine den Obligationen ähnliche Natur“ besitze.[72] Trotz der Verwendung des Begriffs der „Klage“ bzw. des „Klagerechts“ darf dies nicht darüber hinwegtäuschen, dass *v. Savigny* streng zwischen Prozess- und materiellem Recht unterschied und das Klagerecht dem materiellen Recht zuordnete:[73]

„Das hier beschriebene, aus der Rechtsverletzung entspringende Verhältnis heißt Klagerecht oder auch Klage, wenn man diesen Ausdruck auf die bloße Befugnis des Verletzten bezieht; denn allerdings wird derselbe auch gebraucht, um die in bestimmter Form erscheinende wirkliche Thätigkeit des Verletzten zu bezeichnen, in welchem Sinn der Ausdruck die Klagehandlung bezeichnet, also (unter Voraussetzung des schriftlichen Prozesses) mit Klageschrift oder Klaglibell gleichbedeutend ist. Hier kann blos von der Klage in jener ersten (materiellen) Bedeutung die Rede sein, also vom dem Klagerecht“.[74]

Im Folgenden wird daher, um Missverständnissen vorzubeugen, der heute gebräuchlichere Begriff des „Anspruchs“, den übrigens auch *v. Savigny* bereits an anderer Stelle derart verwendete,[75] anstelle der heute prozessrechtlich geprägten Begriffe „Klage“ oder „Klagerecht“ verwendet.

Nach der bisherigen Untersuchung hat im System *v. Savignys* jeder Anspruch zwei Bedingungen: zum einen die Existenz eines subjektiven Rechts und zum anderen dessen Verletzung.[76] Fehle „das erste, so [sei] eine Rechtverletzung undenkbar; fehle das zweyte, so [könne] das Recht nicht die besondere Gestalt eines Anspruchs annehmen“.[77]

---

[68] Ähnliche Überlegungen finden sich auch schon bei *Kierulff*, Theorie des Gemeinen Civilrechts, S. 154 ff.

[69] *V. Savigny*, System V, S. 2 f.

[70] *V. Savigny*, System I, S. 393; *ders.*; System V, S. 3.

[71] *V. Savigny*, System V, S. 5.

[72] *V. Savigny*, System V, S. 5.

[73] *Lenze*, Actio zum Streitgegenstand, S. 45; *Althammer*, Streitgegenstand und Interesse, S. 24.

[74] *V. Savigny*, System V, S. 5 f.

[75] *V. Savigny*, System V, S. 5. Vor diesem Hintergrund sollte man, entgegen *Weller*, Vertragstreue, S. 374, die Aussage vermeiden, *Windscheid* habe den „Begriff des ‚Anspruchs‘ in die Privatrechtswissenschaft ein[geführt]“.

[76] *V. Savigny*, System V, S. 6, 281.

[77] *V. Savigny*, System V, S. 6.

Damit nimmt das subjektive Recht und die von dessen Inhalt und Umfang abhängige Verletzung, welche auf unterschiedliche Art und Weise erfolgen könne,[78] den zentralen Platz im Privatrechtssystem *v. Savignys* ein.[79]

> „Es kommt Alles darauf an, diese, die Klage bedingende, Rechtsverletzung richtig aufzufassen; die meisten Streitigkeiten in dieser Lehre entstehen aus Missverständnissen über die Natur derselben, und wenn es gelingt, hierüber eine Verständigung herbey zu führen, so möchten wohl jene Streitigkeiten über den Anfangspunkt der Verjährung verschwinden".[80]

Die korrekte Definition der Rechtsverletzung sei „[d]as Wichtigste und Schwierigste"[81]. Dabei müsse zwischen „Klagen in rem" und den „persönlichen Klagen" unterscheiden werden. So sei die Rechtsverletzung bei „der Vindication und der mit ihr gleichartigen Klagen" die Inbesitznahme durch einen anderen „ohne den Willen des Berechtigten".[82] Demgegenüber liege die für eine „persönliche Klage" erforderliche Rechtsverletzung vor, „wenn die Erfüllung der Obligation unterbleibt ohne den Willen des Berechtigten, das heißt gegen die durch die Natur des Rechtsverhältnisses begründete Erwartung"[83]. Wobei es für die Annahme einer Rechtverletzung – gleich ob in Gestalt einer Verletzung eines subjektiven Rechts *in rem* oder *in personam* – nicht erforderlich sei, „daß der Schuldner zur Erfüllung aufgefordert sey und dieselbe verweigert habe".[84] So werde etwa eine einfache, „nicht durch Bedingung oder Zeit" beschränkte Obligation bereits dadurch verletzt, dass die „augenblicklich" zu erbringende Leistung nicht erbracht wird.[85]

### *III. Zusammenfassung*

Das Verständnis *v. Savignys* kann folgendermaßen beschrieben werden: Der Begriff der Rechtsverletzung bildet das Bindeglied zwischen den subjektiven Rechten und dem Anspruch. Der Anspruch ist das subjektive Recht „im Zustand seiner Verteidigung"[86], also nach seiner Verletzung. Er besteht sowohl aus einem materiell-rechtlichen „Wiederherstellungsrecht" als auch aus der materiell-rechtlichen Befugnis, dieses Recht gerichtlich geltend zu machen.[87] Beide Elemente sind – trotz ihrer unterschiedlichen Funktion –

[78] Vgl. *v. Savigny*, System V, S. 5.
[79] *Althammer*, Streitgegenstand und Interesse, S. 23, spricht daher zu Recht davon, dass *v. Savigny* „das materielle Privatrecht als System einzelner subjektiven Rechte" begriffen hat.
[80] Vgl. *v. Savigny*, System V, S. 281.
[81] *V. Savigny*, System V, S. 283.
[82] *V. Savigny*, System V, S. 283 f.
[83] *V. Savigny*, System V, S. 285.
[84] *V. Savigny*, System V, S. 285.
[85] *V. Savigny*, System V, S. 287.
[86] *V. Savigny*, System V, S. 2.
[87] *Kollmann*, Problemgeschichte, S. 531.

sowohl rechtssystematisch als auch begrifflich ineinander verwoben.[88] Der Anspruch ist die Fortsetzung des subjektiven Rechts und als solche von diesem nicht trennbar. Schematisch stellt sich das Verhältnis von Anspruch und subjektivem Recht bei *v. Savigny* wie folgt dar:

*Subjektives Recht – Rechtsverletzung – Anspruch (Klagerecht/Klage)*

## B. Zeitgenössische Rezeption des Systems v. Savignys

Das Verständnis und die Konzeption des Systems des Privatrechts durch *v. Savigny* war bereits zu seiner Lebzeit nicht unumstritten. Insbesondere der Aufbau seines Systems um das subjektive Recht und damit verbunden die zentrale Stellung der Rechtsverletzung erfuhr neben Zuspruch auch Kritik.

### *I. Ähnliche Konzepte – Anerkennung der zentralen Stellung der Rechtsverletzung im System*

Der wohl überwiegende Teil der zeitgenössischen Autoren teilte die Auffassung *v. Savignys*, dass jedes materiell-rechtliche Klagerecht bzw. jeder Anspruch[89] ein verletztes subjektives Recht zur Voraussetzung habe.[90] *Georg Friedrich Puchta* (31. August 1798–8. Januar 1846) wehrte sich zwar gegen die Vorstellung von einer „Metamorphose" subjektiver Rechte und ging stattdessen davon aus, dass das Klagerecht als Annex des subjektiven Rechts stets in diesem enthalten sei. Eine gerichtliche Klage konnte jedoch auch aus seiner Sicht nur im Falle der Verletzung des subjektiven Rechts erfolgreich erhoben werden.[91] Eine Verletzung eines subjektiven Rechts liege vor, wenn und solange ein Rechtssubjekt die Rechtsmacht des Rechteinhabers nicht anerkennt.[92] Bei persönlichen Klagen liege eine Rechtsverletzung[93] entsprechend vor, sobald „der Gläubiger fordern *kann* und der Schuldner die Leis-

---

88 *Kollmann,* Problemgeschichte, S. 531.

89 Vgl. dazu oben bei und in Fn. 75.

90 *Kierulff,* Theorie des Gemeinen Zivilrechts, S. 156 f.; 192; *Wetzell*, System des ordentlichen Civilprocesses, § 1 (S. 2); *v. Wächter*, Handbuch II, § 32 (S. 192); *Böcking*, Pandekten, § 131, S. 501; *Dernburg*, Pandekten I, § 127 (S. 296), wenngleich dieser nicht von Rechtsverletzung, sondern von Nichtbefriedigung sprechen möchte, da dem Begriff der Rechtsverletzung ein subjektives Unrecht inne wohne; wohl auch *Thibaut*, Besitz und Verjährung, S. 122.

91 *Puchta*, Pandekten, § 81 (S. 126); *ders.*, Vorlesungen I, § 81 (S. 185 f.).

92 *Puchta*, Vorlesungen I, § 78 (S. 179).

93 *Puchta*, Pandekten I, § 90 (S. 138); *ders.*, Vorlesungen I, § 90 (S. 204), spricht insoweit von *actio nata*. Dabei handelt es sich um einen zeitgenössischen Begriff aus dem Verjährungsrecht, welcher den Zeitpunkt kennzeichnet, in dem das Klagerecht entsteht, vgl. etwa *v. Savigny*, System des heutigen römischen Rechts, Bd. 5, § 239 (S. 204).

tung unterläßt".[94] Einer Aufforderung des Schuldners durch den Gläubiger solle es nicht bedürfen.[95] Diese Auffassung teilten *Franz Förster* (1819–1878) und *Carl Ludwig Arndts von Arnesberg* (1803–1878).[96]

### *II. Ablehnung einer zentralen Rolle der Rechtsverletzung im System*

Das zentrale Erfordernis einer Rechtsverletzung im Sinne *v. Savignys* blieb jedoch nicht unwidersprochen. So war *Gustav Lenz* (1818–1888) etwa der Auffassung, dass das Postulat der Rechtsverletzung lediglich im Rahmen von dinglichen und deliktischen Klagen von Relevanz sei, da bei diesen vor der Rechtsverletzung noch keine Obligation bestehe. Demgegenüber sei im Rahmen von Obligationen die einzige Voraussetzung eines Anspruchs das Bestehen der *obligatio*.[97] Diese Auffassung teilten *Eduard Hölder* (1847–1911), *Otto Wendt* (1846–1911) und *Gustav Demelius* (1831–1891).[98] *Demelius* stützte seine Auffassung insbesondere darauf, dass der obligatorische Anspruch genau denselben Inhalt wie das Forderungsrecht besitze.[99] Die Konzeption *v. Savignys* sei daher überflüssig, „entbehr[e] [...] jedes dogmatischen Werthes" und habe etwas „illusorisches".[100] Entgegen der Auffassung *v. Savignys* entstehe der obligatorische Anspruch zusammen mit dem Forderungsrecht.[101]

## *§ 5 Anspruchsbegriff nach Windscheid*

*Windscheid* beschäftigte sich ganz in der Tradition *v. Savignys* mit dem „gemeinen deutschen Privatrecht römischen Ursprungs"[102]. Unter dem Begriff des materiellen Rechts verstand er den „Inbegriff der Bestimmungen darüber, inwiefern jedes Individuum seinen Willen den übrigen Individuen zur Geltung bringen dürfe".[103] Doch bereits das Verständnis vom objektiven

---

[94] *Puchta*, Pandekten I, § 90 (S. 138).

[95] *Puchta*, Vorlesungen I, § 90 (S. 204).

[96] Vgl. *Förster*, Preußisches Privatrecht I, § 47 (S. 224), § 50 (S. 250); *Arndts*, Pandekten, § 96 (S. 162), wenngleich festzustellen ist, dass *Arndts* das Erfordernis einer Rechtsverletzung wohl nicht in aller Konsequenz durchhält. So unterscheidet er zwischen dinglichen und persönlichen Klagen, bringt aber an dieser Stelle nur die Klage in rem in die Verbindung zur Rechtsverletzung (a. a. O., § 97 [S. 165 ff.]).

[97] *Lenz*, Studien und Kritiken, S. 239 f., 246.

[98] Vgl. *Hölder*, Pandekten, § 68 (S. 323); *Wendt*, Pandekten, § 94 (S. 252); *Demelius*, Untersuchungen aus dem römischen Civilrechte, Band 1, S. 147.

[99] *Demelius*, Untersuchungen aus dem römischen Civilrechte, Band 1, S. 140, 144.

[100] *Demelius*, Untersuchungen aus dem römischen Civilrechte, Band 1, S. 140, 144 f.

[101] *Demelius*, Untersuchungen aus dem römischen Civilrechte, Band 1, S. 147.

[102] *Windscheid*, Pandekten I, 1. Auflage 1862, S. 1.

[103] *Windscheid*, Abwehr gegen Muther, S. 11.

Recht – *Windscheid* spricht insoweit von Rechtsordnung[104] – wich grundlegend von der Sichtweise *v. Savignys* ab. Während der savignysche Begriff vom objektiven Recht auf der natürlichen Freiheit der Privatrechtssubjekte im verfassten Staat aufbaute,[105] billigte *Windscheid* allen Privatrechtssubjekten grundsätzlich unbeschränkte Freiheitssphären zu. In der Folge konnte er das subjektive Recht nicht als Erweiterung, sondern musste es als „Anerkennung" bzw. „Einschränkung" dieser grundsätzlich unbeschränkten Freiheitssphäre begreifen.[106] Bis auf diesen Unterschied bestand der Zweck der Rechtssätze für *Windscheid* aber, wie bereits für die durch *Kant* geprägten Juristen *v. Savigny* und *Puchta*,[107] darin,

> „daß bestimmt werden soll, wie sich auf Grundlage der verschiedenen thatsächlichen Voraussetzungen die Grenzen der Willensherrschaft der sich gegenüberstehenden Individuen gestalten, für welchen Willensinhalt ein jedes Individuum von allen anderen Individuen Anerkennung verlangen könne".[108]

Ursprünglich geschah dies nach *Windscheid* durch sogenannte „berechtigende Rechtssätze", die „an einen gewissen Thatbestand eine Willensherrschaft, eine Berechtigung anknüpfen".[109] Wie auch in den überkommenen Willenstheorien treten in dieser Sichtweise deutlich die Gedanken *Kants*, des Liberalismus und des Individualismus hervor.[110] Unter dem Eindruck und dem Einfluss der Imperativentheorie *Thons*[111] änderte *Windscheid* seine Auffassung jedoch später dahingehend, dass der Zweck des Rechts „durch den Erlass von Geboten und Verboten – gebietende und verbietende Rechtssätze"[112] erreicht werde.

## A. Integration der römischen actio in das materielle Recht – Geburtsstunde des heutigen Anspruchs

*Windscheid* wandte sich ganz entschieden gegen das römisch-rechtlich geprägte Verständnis des Begriffs der *actio* durch *v. Savigny*.[113] Die römische *actio* sei weder „das durch die Verletzung eines Rechts entstandene Recht

---

104 *Windscheid*, Pandekten I, 1. Auflage 1862, S. 81.

105 Vgl. dazu bereits Kapitel 3 §4 A. (S. 46f.).

106 *Windscheid*, in: Rectoratswechsel, S. 19; diesem Umstand trägt *Rimmelspacher*, Materiellrechtlicher Anspruch, S. 16f., nicht hinreichend Rechnung, wenn er die Auffassung vertritt, Windscheid habe mit dem subjektiven Recht einer Person einen Herrschaftskreis *zu*weisen wollen.

107 *Kasper*, Subjektives Recht, S. 69.

108 *Windscheid*, Pandekten I, 1. Auflage 1862, S. 60.

109 *Windscheid*, Pandekten I, 1. Auflage 1862, S. 60f.

110 *Kasper*, Subjektives Recht (1967), S. 69; *De Boor*, Gerichtsschutz, S. 17.

111 Vgl. Kapitel 2 §2 (S. 22ff.).

112 *Windscheid*, Pandekten I, 6. Auflage 1887, S. 71f.

113 Vgl. zum Verständnis *v. Savignys* Kapitel 3 §4 A. II. (S. 48ff.).

auf Schutz in demselben“ noch „die Befugnis, Schutz für das Recht auf den Fall der Verletzung zu verlangen“[114]. Vielmehr sei *actio* „die Befugnis, seinen Willen durch *gerichtliche* Verfolgung durchzusetzen“.[115]

> „Man darf nicht sagen, die römische actio sei unser Anspruch; in dem Begriffe actio wird ein Element mitgedacht, welches in unserem Begriff Anspruch *nicht enthalten* ist, das Element des Gerichts, des gerichtlichen Gehörs und des gerichtlichen Schutzes, der Möglichkeit der Erlangung richterlicher Zuerkennung für das Begehren, welches man hat.“[116]

Der in diesem Ergebnis mündende Gedankengang lässt sich wie folgt skizzieren: Aufgrund der speziellen und exponierten Stellung des Prätors im römischen Formularprozess[117] konnte dieser nach der Auffassung *Windscheids* frei über Recht und Unrecht entscheiden. Im Mittelpunkt habe für den Rechtssuchenden und den Rechtsanwender deshalb die Frage gestanden, ob der Prätor das jeweilige Begehren durch Gewährung einer *actio* anerkannte.[118] Recht sei nach römischem Verständnis daher nur das gewesen, was der Prätor auch anerkannte.[119] Der Prätor habe die *actio* nicht gewährt, weil dies dem Recht entsprach, sondern vielmehr habe der Prätor durch die Gewährung der *actio* das Recht erst geschaffen. So habe sich im Laufe der Zeit der Begriff der *actio* zu einem selbstständigen Terminus für den Umstand entwickelt, dass jemand etwas von einem anderen verlangen kann, ohne dass dabei auf dem Moment der gerichtlichen Verfolgbarkeit besonders Gewicht gelegen habe.[120] *Actio* sei vielmehr „der Ausdruck für dasjenige, was man von einem anderen verlangen kann“. Suche man „nach einer kurzen Bezeichnung“ hierfür, werde man „passend sagen können: Actio ist der Ausdruck für den Anspruch“.[121]

Den Anspruch leitete *Windscheid* dabei aus dem subjektiven Recht ab. Ein subjektives Recht sei die Voraussetzung eines jeden Anspruchs.[122] Der Anspruch als Teil des materiellen Rechts gebe lediglich „die Richtung des Rechts auf Unterwerfung fremden Willens“[123] an. Neben ihn trete das prozessrechtlich zu qualifizierende Recht, den Anspruch gerichtlich geltend zu machen.[124] Dieses Recht sei von dem Anspruch zu trennen. Eine erfolg-

---

114 *Windscheid*, Actio des röm. Civilrechts, S. 3.
115 *Windscheid*, Actio des röm. Civilrechts, S. 3 (Hervorhebung nicht im Original).
116 *Windscheid*, Pandekten I, 5. Auflage 1879, § 44 S. 106 (Hervorhebung nicht im Original).
117 Vgl. dazu Kapitel 3 § 1 A. (S. 38 ff.).
118 *Windscheid*, Actio des röm. Civilrechts, S. 4.
119 *Windscheid*, Actio des röm. Civilrechts, S. 13 f.
120 *Windscheid*, Actio des röm. Civilrechts, S. 3 ff.
121 *Windscheid*, Actio des röm. Civilrechts, S. 5.
122 *Windscheid*, Actio des röm. Civilrechts, S. 14 f.
123 *Windscheid*, Pandekten I, 4. Auflage 1873, S. 95.
124 *Windscheid*, Abwehr gegen Muther, S. 26, 29.

reiche Klage setze im deutschen Privatrecht, anders als noch im römischen Recht, ein materiell-rechtliches Substrat in Gestalt eines Anspruchs voraus. Insoweit habe sich die Aufgabe des Richters verändert. Dieser schaffe kein Recht, sondern sei dessen „Diener", der es lediglich in seiner vorgegebenen Gestalt erkennen müsse.[125]

## B. Subjektive Rechte nach Windscheid

Für *Windscheid* war ein subjektives Recht also die Voraussetzung jedes Anspruchs, so dass sich ein Blick auf das windscheidsche Verständnis des subjektiven Rechts und dessen Verhältnis zum Anspruch lohnt. Es wird sich zeigen, dass *Windscheids* Verständnis des subjektiven Rechts sowohl Gemeinsamkeiten als auch Unterschiede zum Begriffsverständnis von *v. Savigny* aufweist. Die Unterschiede sind teilweise das Ergebnis der Auseinandersetzung *Windscheids* mit der Imperativentheorie *Thons*.

### *I. Willenstheorie im Anschluss an v. Savigny und deren Konkretisierung*

Wie schon für *v. Savigny*[126] war auch für *Windscheid* das subjektive Recht eine von der Rechtsordnung verliehene Willensmacht oder -herrschaft.[127] Der Glaube *Windscheids*, auch ohne metaphysische Grundlegung etwas über das „Wesen des Rechts" aussagen zu können, ja weiter noch, ein dogmatisch verbindliches System als Ausdruck von Wahrheit entwickeln zu können, führte zu einem erstaunlich durchgeformten Begriffssystem, welches auf empirische Beobachtungen und auf natürliche sowie soziale Bedingungen kaum Rücksicht nahm.[128] Den Kristallisationspunkt dieses Systems bildete das „subjektive Recht".[129]

Eine Neuerung gegenüber *v. Savignys* Definition des subjektiven Rechts erhält diejenige *Windscheids* dadurch, dass Letzterer dem Begriff einen analytischen Hinweis auf seine Bedeutungsmehrheit hinzufügt: „Von Recht im Sinne von Berechtigung (Recht im subjectiven Sinne, subjectives Rechts)" spreche man „in doppelter Bedeutung".[130] Erstens könne das subjektive Recht als ein Recht „auf ein gewisses Verhalten, Tun oder Unterlassen" des dem Berechtigten gegenüberstehenden Rechtssubjekts verstanden werden. „Die Rechtsordnung (das Recht im objectiven Sinne, das objective Recht) [habe] auf Grund eines concreten Tatbestandes einen Befehl zu einem Ver-

[125] *Windscheid*, Actio des röm. Civilrechts, S. 4.
[126] Vgl. Kapitel 3 § 4 A. I. (S. 47 ff.).
[127] *Windscheid*, Pandekten I, 1. Auflage 1862, S. 81.
[128] *Kasper*, Subjektives Recht, S. 75.
[129] *Kasper*, Subjektives Recht, S. 75.
[130] *Windscheid/Kipp*, Pandekten I, 9. Auflage 1906, S. 155.

halten bestimmter Art erlassen und diesen Befehl demjenigen, zu Gunsten dessen sie ihn erlassen hat, zur freien Verfügung hingegeben".[131] Diese erste Bedeutung versteht das subjektive Recht demnach als Anspruch.[132]

Eine zweite, andere Bedeutung habe der Begriff des subjektiven Rechts hingegen, „wenn man z. B. sagt, der Eigentümer habe das Recht, seine Sache zu veräußern, der Gläubiger das Recht, seine Forderung zu cediren, einem Vertragsschließenden stehe das Rücktrittsrecht oder das Kündigungsrecht zu u. a." Man meine „in diesen und ähnlichen Redewendungen mit dem Worte Recht, daß der Wille des Berechtigten maßgebend sei für die Entstehung von Rechten der zuerst gedachten Art, oder für den Untergang oder die Veränderung entstandener" Rechte. Es werde „dem Berechtigten ein maßgebender Wille zugeschrieben nicht für die Durchsetzung, sondern für das Sein von Befehlen der Rechtsordnung".[133] Diese zweite Bestimmung des subjektiven Rechts ist weniger deutlich. Teils versteht sie das subjektive Recht als eine Art Stammrecht, teils als unsere heutigen Gestaltungsrechte.[134]

In beiden Bedeutungen war das subjektive Recht jedoch auch für *Windscheid* „in erster Linie nicht Einschränkung, sondern Anerkennung der menschlichen Freiheit". Die Einschränkung der Freiheit einer Person war aus seiner Sicht „nur die andere Seite der gewährten Anerkennung".[135] Folglich überließ er es dem Inhaber eines subjektiven Rechts im ersteren Sinne, also dem Anspruchsinhaber, „ob er von dem Befehl Gebrauch machen, und im Besonderen, ob er die ihm gegen den Widerstrebenden von der Rechtsordnung gewährten Mittel zur Anwendung bringen will, oder nicht"[136].

Anders als bei *v. Savigny* waren nach *Windscheid* aber „alle Rechte in letzter Linie auf die Unterwerfung menschlichen Willens gerichtet".[137] Zur Bezeichnung dieser aus der Unterwerfung resultierenden „Willensgebundenheit" des Schuldners empfahl er den Ausdruck „Verbindlichkeit"[138], der so neben das subjektive Recht trat.[139] Der Unterschied zur Sichtweise *v. Savignys* liegt dabei im Detail: *V. Savigny* unterschied zwei Gruppen von subjektiven Rechten[140]: Sachenrechte und Obligationenrechte. Die dinglichen subjektiven Rechte beinhalteten nach *v. Savigny* die Herrschaft einer Person über eine Sache, während die obligatorischen subjektiven Rechte die Herr-

131 *Windscheid/Kipp*, Pandekten I, 9. Auflage 1906, S. 155 f.
132 So etwa auch *Röhl/Röhl*, Allgemeine Rechtslehre, S. 359.
133 *Windscheid/Kipp*, Pandekten I, 9. Auflage 1906, S. 156.
134 *Röhl/Röhl*, Allgemeine Rechtslehre, S. 359.
135 *Windscheid,* in: Rectoratswechsel, S. 19.
136 *Windscheid/Kipp*, Pandekten I, 9. Auflage 1906, S. 156.
137 *Windscheid*, Pandekten I, 4. Auflage 1873, S. 95.
138 *Windscheid*, Pandekten I, 1. Auflage 1862, S. 92.
139 *Boente*, Nebeneinander und Einheit, S. 88.
140 Vgl. Kapitel 3 § 4 A. I. (S. 47 ff.).

schaft über eine einzelne Handlung einer fremden Person bedeuteten. Von diesem Verständnis wich *Windscheid* in zweierlei Hinsicht ab: Erstens beschrieb er das dingliche subjektive Recht nicht als Herrschaft einer Person über eine Sache, sondern als eine Rechtsbeziehung zwischen Privatrechtssubjekten (*inter personae*).[141] Das wesentliche Merkmal des subjektiven Eigentumsrechts sei nicht das Recht mit der Sache nach Belieben zu verfahren, sondern die Befugnis, andere von der Sache fernzuhalten.[142] Zweitens lehnte *Windscheid* die Auffassung *v. Savignys* ab, aus dem relativen subjektiven Forderungsrecht resultiere eine Willensherrschaft *über* die Handlung einer Person. Vielmehr seien Forderungsrechte der Befehl *auf* eine Handlung. Daraus resultiere, „daß derjenige, an welchen der Befehl ergeht, seinen Willen in gewisser Weise zu einem äußeren Verhalten bestimme, daß er in gewisser Weise handele“.[143]

Dadurch dass *Windscheid* auf diesem Weg alle subjektiven Rechte als Willensherrschaft verstand, lehnte er zugleich die Ansicht ab, wonach dem subjektiven Recht ein substantielles Moment innewohne.[144] Das praktische Ziel, um dessen Willen subjektive Rechte verliehen werden, sei nicht Bestandteil des subjektiven Rechts selbst, sondern werde durch das objektive Recht, also die Rechtsordnung, festgelegt.[145] Nach der Konzeption *Windscheids* wurden subjektive Rechte demnach verliehen, um ein außerhalb seiner selbst liegendes Interesse zu befriedigen.[146]

## *II. Einflüsse der Imperativentheorie Thons*

Ein weiterer Unterschied zwischen dem Verständnis *Windscheids* von subjektiven Rechten zu demjenigen *v. Savignys* ist das Resultat des Umstandes, dass *Windscheid* in Reaktion auf die bereits oben ausführlich dargestellte[147] Imperativentheorie *Thons* versuchte, das subjektive Recht in einer Verknüpfung von einem Imperativ der Rechtsordnung und der Willensmacht des Berechtigten nachzuweisen. Dieser Versuch mündete in dem Satz: Der „Wille“ des Rechtsinhabers „ist maßgebend für das Verhalten der ihm Gegenüberstehenden, weil er maßgebend ist für einen für ihr Verhalten maßgebenden Rechtsbefehl“.[148]

---

141 *Windscheid*, Pandekten I, 4. Auflage 1873, S. 95.

142 *Windscheid/Kipp*, Pandekten I, 9. Auflage 1906, S. 167.

143 *Windscheid*, Pandekten II, 6. Auflage 1887, S. 2 mit Fn. 2.

144 *Windscheid/Kipp*, Pandekten I, 9. Auflage 1906, S. 156 f. mit Fn. 3 insb. gegen die Auffassung von v. Jhering.

145 *Windscheid*, Actio des röm. Civilrechts, S. 179; *Windscheid/Kipp*, Pandekten I, 9. Auflage 1906, S. 157 Fn. 3.

146 *Neumann*, Leistungsbezogene Verhaltenspflichten, S. 23.

147 Vgl. Kapitel 2 § 2 (S. 22 ff.).

148 *Windscheid/Kipp*, Pandekten I, 9. Auflage 1906, S. 158.

Durch die Imperativentheorie *Thons* und der damit einhergehenden formalen Verdeckung des subjektiven Rechts wurde das gesamte System *Windscheids* sowohl in seinen grundlegenden Gedanken, welche in dem Begriff des subjektiven Rechts zusammengefasst werden, wie auch in den damit verknüpften Begriffszweigen in Frage gestellt.[149] Durch den Angriff *Thons* auf die Willenstheorie und damit auch auf das subjektive Recht als Zentralpfeiler des Privatrechtssystems, wurde eine rechtsphilosophische Grundlegung erforderlich, welche *Windscheid* bis dahin mittels des „subjektiven Rechts" als Willensmacht vermieden hatte.[150] Das subjektive Recht im Sinne *Thons*[151] war schon deshalb nicht geeignet, den Platz des subjektiven Rechts im System *Windscheids* einzunehmen, weil er die Herrschaftssphären der Berechtigten überhaupt nicht berücksichtigte und sie daher auch nicht voneinander abgrenzte. *Thons* Begriff schildert lediglich eine „Macht" des Berechtigten, die *Windscheid* erst kurz zuvor als Ausbildung des Rechts unter Ablegung ihres actionsrechtlichen Kleides herausgearbeitet hatte und mit dem Begriff des Anspruchs umschrieb. Eben dieser Anspruch hängt aber „in der Luft", wenn man das subjektive Recht im Sinne *Thons* begreift.

Um sein System gegen den zentralen Angriff der Imperativentheorie zu verteidigen, musste *Windscheid* die Existenz des „subjektiven Rechts" trotz der erhobenen Einwände der Imperativentheorie nachweisen. Hierzu versuchte er, die Willensmacht des Berechtigten mit dem Imperativ des objektiven Rechts zu verknüpfen, damit der Imperativ der Rechtsordnung als Auswuchs der Willensmacht des Berechtigten und damit als dessen „subjektives Recht" erschien.

Den Ausgangspunkt dieser Überlegungen bildete die Billigung der grundlegenden These *Thons*, dass der im „subjektiven Recht" verankerte Wille nicht der Wille des Berechtigten, sondern derjenige der objektiven Rechtsordnung sei.

> „Selbst wenn die Rechtsordnung den Inhalt ihres Befehls aus dem Wollen einer Person entnimmt, befielt doch sie allein, nicht diese Person. Aber für diesen zugunsten des Berechtigten erlassenen Befehl hat die Rechtsordnung den Willen des Berechtigten selbst entscheidend gemacht. Sein Wille ist maßgebend für das Verhalten der ihm Gegenüberstehenden, weil er maßgebend ist für einen für ihr Verhalten maßgebenden Rechtsbefehl".[152]

Diese Lösung *Windscheids* ist oft als unklar kritisiert worden. Bereits das Zugeständnis *Windscheids* an *Thon* hilft nicht weiter, da letztlich jede von der Rechtsordnung geschaffene oder auch nur anerkannte Macht eines Rechtssubjekts gegenüber einem anderen „rechtens" im Sinne des objekti-

149 *Kasper*, Subjektives Recht, S. 70.
150 Vgl. *Kasper*, Subjektives Recht, S. 71; *Wieacker*, Privatrechtsgeschichte, S. 262f.
151 Vgl. Kapitel 2 §2 (S. 22ff.).
152 *Windscheid*, Pandekten I, 6. Auflage 1887, S. 99 Fn. 3.

ven Rechts ist. Und natürlich ist jedes Rechtssubjekt kraft des Rechts gehalten, eine wie auch immer zu definierende „Willensmacht" des Berechtigten zu respektieren und seinem von dieser Macht gedeckten Verlangen zu entsprechen. Dies ist aber nicht zwangsläufig das Resultat eines irgendwie gearteten Respekts vor der Willensmacht des berechtigten Rechtssubjekts, sondern kann auch schlicht das Ergebnis des Respekts vor der objektiven Rechtsordnung sein.[153] Dies kommt bereits darin zum Ausdruck, dass nicht aus jedem Willen eines vermeintlich Berechtigten eine „Macht" entspringen kann. Vielmehr kann jene Macht nur aus einem von der Rechtsordnung anerkannten und folglich geschützten Willen des Berechtigten resultieren.

Ist nach alledem der Weg für einen überzeugenden Beweis der Maßgeblichkeit einer konkreten Willensmacht eines berechtigten Rechtssubjekts für die Erzeugung von Imperativen durch die Rechtsordnung versperrt, bleibt – sofern man an der Alleinmaßgeblichkeit des Willens festhalten will – nichts anderes übrig, als von der individuell-realen Willensmacht auf eine abstrakt-durchschnittliche Willensmacht zu abstrahieren.[154] Es muss auf den Durchschnittswillen aller potentiell Begünstigten abgestellt werden, um zu ermitteln, ob dieser den Rechtsschutzwillen des objektiven Rechts und damit dessen Imperative trägt.

Nach der Vorstellung *Windscheids* bestand somit zwischen dem dinglichen und dem relativen subjektiven Recht kein struktureller Unterschied.[155] Vielmehr richtete sich bei beiden subjektiven Rechten die Willensmacht des Rechtsinhabers gegen mindestens ein Privatrechtssubjekt, und bei beiden gehörte das praktische Ziel, um dessen Willen subjektive Rechte verliehen werden, nicht zum subjektiven Recht selbst.

## C. Verhältnis von Anspruch und subjektivem Recht

*Windscheid* verwendete den Begriff des Anspruchs somit als selbstständigen Ausdruck für das subjektive Recht in seiner Richtung auf die Unterwerfung eines fremden Willens.[156] Da er den Anspruch aus der römischen *actio* herleitete, übertrug er auch die überkommene Einteilung der römischen *actiones* auf seine Ansprüche und unterschied entsprechend zwischen solchen *in rem* und solchen *in personam.*[157] Darüber hinaus übertrug er diese Unterscheidung auch auf die subjektiven Rechte und teilte diese in solche

---

[153] Vgl. *Kasper*, Subjektives Recht, S. 73.

[154] *Kasper*, Subjektives Recht, S. 74.

[155] So auch *Neumann*, Leistungsbezogene Verhaltenspflichten, S. 23, 29; *Kaspers*, Subjektives Recht, S. 71.

[156] Vgl. Kapitel 3 § 5 A. (S. 53 ff.).

[157] *Windscheid*, Actio des röm. Civilrechts, S. 14.

an Sachen und an Personen (*obligationes*) ein.[158] Dies war konsequent, weil nach *Windscheid* ein Anspruch nichts anderes ist als das subjektive Recht in seiner Richtung auf die Unterwerfung eines fremden Willens. Damit setzt jeder Anspruch ein subjektives Recht voraus und kann nur auf das gerichtet sein, auf das auch das subjektive Recht gerichtet ist.[159]

Indem *Windscheid* den Anspruch aus der römischen *actio* entwickelte, dem materiellen Privatrecht zuordnete und auf diesem Weg – jedenfalls systematisch[160] – vom Prozessrecht ablöste, entstand ein neuartiges Koordinationsproblem: Auf der Ebene des materiellen Rechts existierte mit dem subjektiven Recht – wie gesehen[161] – nämlich bereits ein Systemelement, welches einem einzelnen Rechtssubjekt losgelöst von dessen prozessualer Durchsetzung bestimmte Rechte einräumte. Zu denken ist insbesondere an dingliche Rechte wie das Eigentum oder an Forderungen bzw. Obligationen. *Windscheid* sah sich daher mit der Frage konfrontiert, in welchem Verhältnis sein herausgearbeiteter Anspruch zu den subjektiven Rechten steht. Gerade dieses, auch für die Funktion des Anspruchs im System des Privatrechts, ganz zentrale Verhältnis, ist jedoch alles andere als eindeutig. Es hängt maßgeblich davon ab, ob *Windscheid* im Anschluss an *v. Savigny*[162] der Auffassung war, dass sein Anspruch von einer Verletzung eines subjektiven Rechts abhängig ist. Wäre dies der Fall, würde dies dafür sprechen, dass dem Anspruch im System *Windscheids* die Funktion zukommen sollte, die subjektiven Rechte zu schützen.

Die diesbezügliche Haltung *Windscheids* wird bei dessen Rezeption nur selten näher beleuchtet. Diejenigen, welche dieser Frage nachgehen, kommen nicht zu konsistenten Ergebnissen: Überwiegend wird davon ausgegangen, dass *Windscheid* die Verletzung subjektiver Rechte als konstitutive Voraussetzung des Anspruchs vollständig eliminieren wollte.[163] Andere sind hingegen der Auffassung, dass die Rechtsverletzung auch im System *Windscheids* Voraussetzung für einen Anspruch war.[164]

---

158 *Windscheid*, Actio des röm. Civilrechts, S. 14 f.

159 *Windscheid*, Actio des röm. Civilrechts, S. 15.

160 Eine echte Trennung von materiellem Recht und Prozessrecht ist ihm im Ergebnis freilich gar nicht gelungen. Vgl. dazu noch in diesem Kapitel bei und in Fn. 187.

161 Vgl. Kapitel 3 § 5 B. (S. 55 ff.).

162 Vgl. zur Auffassung *v. Savignys*, oben Kapitel 3 § 4 A. II. (S. 48 ff.).

163 *Henckel*, AcP 174 (1974), 97, 140; *J. Schmidt*, in: FS Jahr, S. 401, 404, 408, 410; *Simshäuser*, Materielles Recht und Prozessrecht, S. 78; *Weller*, Vertragstreue, S. 379 ff. (in Bezug auf Obligationen); *Georgiades*, in: FS Buchner, S. 245, 250; *Wagner*, Prozessverträge, S. 401; *Kaufmann*, JZ 1964, 482, 488; *Nunner-Krautgasser*, Schuld, Vermögenshaftung und Insolvenz, S. 73 ff., vgl. aber auch S. 78 f. mit den Ausführungen zum Klagrecht im materiellen Sinn.

164 *Rimmelspacher*, Materiellrechtlicher Anspruch, S. 19; *Hoffmann*, Zession und Rechtszuweisung, S. 116 f.; vgl. auch *Vossius*, Rechtsschutzlehre, S. 106; *De Boor*, Gerichtsschutz, S. 20. Im Ergebnis ganz ähnlich *Neumann*, Leistungsbezogene Verhaltens-

Diese Unstimmigkeiten im Rahmen der Rezeption *Windscheids* lassen sich im Wesentlichen auf zwei Ursachen zurückzuführen: Erstens ist bereits der Anspruchsbegriff *Windscheids* nicht eindeutig.[165] Zweitens wird die Rezeption dadurch erschwert, dass in den Werken *Windscheids* die Grenze zwischen bloßer „Übersetzung“[166] klassisch römischer Rechtsfiguren in sein System und der „Umgestaltung“ dieser Rechtsfiguren streckenweise kaum erkennbar ist.[167]

Anders als *v. Savigny* ging *Windscheid* im Ausgangspunkt davon aus, dass die römische *actio* keine Verletzung eines subjektiven Rechts zur Voraussetzung gehabt habe.[168] „Übersetzt“ würde dies bedeuten, dass auch für seinen Anspruch eine solche Verletzung nicht konstitutiv ist. Andererseits betonte *Windscheid* ausdrücklich, dass sich sein Anspruch von der römischen *actio* unterscheide und mit dieser nicht identisch sei.[169] Dementsprechend spricht er stellenweise auch nicht von „Übersetzung“, sondern von „Übertragung“[170] oder „Umgießung“[171] und einer damit verbundenen Möglichkeit der Anpassung bzw. Veränderung. Diese Aussagen machen es jedenfalls denkbar, dass auch der Anspruch *Windscheids* eine Verletzung eines subjektiven Rechts voraussetzt. Insoweit ist es wenig hilfreich, wenn zahlreiche Autoren[172] trotz dieser Ungenauigkeiten *Windscheids* dessen Aussagen zur römischen *actio* unbesehen und ohne zusätzliche Anhaltspunkte auf seinen Anspruch übertragen.[173] Eine solche Übertragung verstößt sogar gegen

pflichten, S. 27 f., die davon ausgeht, dass nach Windscheid zwar das Entstehen des Anspruchs keine Rechtsverletzung voraussetze, aber dessen Fortbestehen davon abhänge. Im Ergebnis läuft das freilich auf dasselbe hinaus, was auch Neumann selbst erkennt (a. a. O.).

165 Dies konstatieren etwa auch *Dubischar*, Grundlagen der schulsystematischen Zweiteilung der Rechte, S. 109; *Neumann*, Leistungsbezogene Verhaltenspflichten, S. 26 f.; *Neussel*, Anspruch und Rechtsverhältnis, S. 20; *Hoffmann*, Zession und Rechtszuweisung, S. 115.

166 *Windscheid*, Actio des röm. Civilrechts, S. 6 wörtlich nimmt: „Jemand hat eine Actio, heißt, in der Sprache unserer Rechtsanschauung [...] *übersetzt*: Jemand hat einen rechtlich anerkannten Anspruch“. (Hervorhebung nicht im Original).

167 Diese Einschätzung teilt *Hoffmann*, Zession und Rechtszuweisung, S. 115.

168 *Windscheid*, Actio des röm. Civilrechts, S. 2 f.

169 *Windscheid*, Abwehr gegen Muther, S. 25; *Windscheid*, Actio des röm. Civilrechts, S. 7: „Man würde sehr Unrecht thun, wenn man über dem in der vorstehenden Darstellung Hervorgehobenen die prozessualische Seite des Begriffs der Actio ganz übersehen wollte. Wenn es wahr ist, daß der Satz: Jemand hat eine Actio, in die Sprache unserer Rechtsanschauung übersetz, heißt: Jemand hat einen Anspruch; so ist es nicht minder wahr, daß Actio zunächst nicht die Bezeichnung für den Anspruch, sondern für die gerichtliche Geltendmachung desselben ist“.

170 *Windscheid*, Abwehr gegen Muther, S. 25.

171 Vgl. dazu *Windscheid*, Actio des röm. Civilrechts, Vorwort, S. IV.

172 Vgl. nur *Henckel*, AcP 174 (1974), 97, 140; *Unberath*, Vertragsverletzung, S. 198 mit Fn. 73; *Wagner*, Prozessverträge, S. 401; *Weller*, Vertragstreue, S. 379 ff., 389, 395; *Schapp*, Subjektives Recht, S. 70, 73; *J. Schmidt*, in: FS Jahr, S. 401, 405 f.

173 Dies konstatiert auch *Hoffmann*, Zession und Rechtszuweisung, S. 116.

die Auffassung *Windscheids* im Bereich der dinglichen Rechte. Seine dortigen Ausführungen lassen auch gewisse Rückschlüsse auf das Verhältnis von subjektivem Recht und Anspruch im Bereich der obligatorischen Rechte zu.

### *I. Verhältnis im Bereich der dinglichen Rechte*

Die Übertragung der Aussagen *Windscheids* zur römischen *actio* auf seinen Anspruch ist jedenfalls im Bereich der dinglichen Rechte vorschnell, weil sich *Windscheid* hinsichtlich dieser Rechte ursprünglich ganz offen dazu bekannte, dass der Anspruch eine Verletzung des subjektiven Rechts zur Voraussetzung hat.[174] Erst als Reaktion auf die Kritik *Muthers*[175] nahm *Windscheid* einen von einer Verletzung des subjektiven Eigentumsrechts unabhängigen „allgemeinen Anspruch“ des Eigentümers „gegen alle anderen Mitmenschen auf thatsächliche Anerkennung der Macht des Berechtigten über die Sache“ an.[176] Dieser Anspruch „gegen jedermann“[177] individualisiere sich zwar erst durch eine Verletzung zu einem Anspruch gegen eine bestimmte Person auf Aufhebung der Verletzung, sei aber im Übrigen wie dieser ein Anspruch.[178] Das Bündel dieser Ansprüche sei das subjektive dingliche Recht.[179]

Damit scheint jedenfalls im Bereich der dinglichen Rechte die Verletzung eines subjektiven Rechts als zentrales Element aus dem System *Windscheids* eliminiert zu sein, weil bereits vor der Verletzung eines subjektiven Rechts Ansprüche vorhanden sein sollen. Allerdings gilt es hier zu beachten, dass nach *Windscheid* diese verletzungsunabhängigen dinglichen Ansprüche im Gegensatz zu obligatorischen Ansprüchen nur auf ein Unterlassen gerichtet sein können, da ihr Inhalt und Umfang von den dinglichen subjektiven Rechten abhängig sei, welchen lediglich eine Ausschlussfunktion zukomme.[180]

---

[174] *Windscheid*, Actio des röm. Civilrechts, S. 223: „Eine fernere Frage ist, ob sich für das Recht auf Wiederaufhebung der Rechtsverletzung eine allgemeine Theorie aufstellen läßt. Ueber die Voraussetzungen desselben läßt sich nichts Anderes sagen, als daß es 1) ein Recht, 2) eine Verletzung voraussetze. Ueber den Inhalt desselben läßt sich die allgemeine Bemerkung machen, daß es möglicherweise denselben Inhalt haben könne, wie das verletzte Recht, wie z. B. wenn bei einem obligatorischen Rechte nichts vorliegt, als die Verweigerung der Leistung, möglicherweise aber auch einen verschiedenen. In dieser letzteren Hinsicht ist namentlich die Bemerkung von Wichtigkeit, daß alle dinglichen Rechte (Rechte an Gegenständen) *durch ihre Verletzung* eine persönliche Beziehung gewinnen, welche sie bis dahin nicht hatten, sich zu einem Forderungsrechte, oder wie es im Laufe dieser Schrift genannt worden ist, zu einem *Anspruche* gegen den Verletzer gestalten.“ (Hervorhebung nicht im Original).

[175] *Muther*, Kritik, passim.

[176] *Windscheid*, Abwehr gegen Muther, S. 28.

[177] So die spätere Konkretisierung durch *Windscheid*, Pandekten I, 4. Auflage 1873, S. 96.

[178] *Windscheid*, Abwehr gegen Muther, S. 28.

[179] *Windscheid*, Pandekten I, 6. Auflage 1887, S. 111.

[180] *Windscheid*, Actio des röm. Civilrechts, S. 15; vgl. auch *Neumann*, Leistungsbezogene Verhaltenspflichten, S. 28.

„[D]ie dem Berechtigten Gegenüberstehenden sollen sich der Einwirkung auf die Sache – aller oder einer bestimmten – enthalten, und sie sollen durch ihr Verhalten zur Sache die Einwirkung des Berechtigten auf die Sache – eine beliebige oder bestimmte – nicht verhindern".[181]

Wirke aber eine Person entgegen eines subjektiven dinglichen Rechts auf eine Sache ein und setzte sich auf diesem Weg „in Widerspruch zum Recht", verwandele sich der bislang gegen jedermann bestehende Unterlassungs*anspruch* „in einen Anspruch auf Wiederaufhebung der Verletzung"[182], der sowohl auf ein Unterlassen als auch ein positives Tun gerichtet sein kann[183].

Damit kommt der Verletzung eines subjektiven Rechts im System *Windscheids* auch nach dem Zugeständnis an die Kritik *Muthers* nach wie vor eine zentrale Stellung zu, denn sie führt zu einer Art „Metamorphose": Zwar verwandelt die Verletzung eines subjektiven Rechts nicht – wie bei *v. Savigny* – das subjektive Recht in einen Anspruch, jedoch verändert diese Verletzung den Inhalt und Umfang des Anspruchs. Während vor der Verletzung aus dem subjektiven dinglichen Recht lediglich ein Unterlassungsanspruch gegen jedermann resultiere, sei der Anspruch nach der Verletzung auf die Wiederaufhebung der selbigen durch den Verletzer gerichtet. Das Element der Verletzung eines subjektiven Rechts besitzt also auch im System *Windscheids* eine zentrale Bedeutung.

Bei genauerer Analyse des Systems *Windscheids* zeigt sich zudem, dass der Verletzung des subjektiven Rechts darüber hinaus sogar noch eine weitere Funktion zukommt. Dies bedarf jedoch, um Missverständnissen vorzubeugen, einer kurzen Grundlegung: *Windscheid* kannte nicht nur den Anspruch, sondern daneben noch zwei Arten von Klagerechten: ein materiell-rechtliches und ein prozessuales. Unter dem prozessualen Klagerecht verstand er dasjenige „auf Staatshülfe".[184] Voraussetzung eines solchen sei die Verletzung eines fremden subjektiven Rechts.[185] Indem er dieses Klagerecht dem publizistischen Prozessrecht zuordnete, verschaffte er der Prozessrechtslehre das bis heute fortdauernde, eigenständige Betätigungsfeld.[186] Daneben kannte *Windscheid* ein materiell-rechtliches Klagerecht.[187]

---

[181] *Windscheid/Kipp*, Pandekten I, 9. Auflage 1906, S. 167.

[182] *Windscheid/Kipp*, Pandekten I, 9. Auflage 1906, S. 188.

[183] *Windscheid/Kipp*, Pandekten I, 9. Auflage 1906, S. 186ff.

[184] *Windscheid*, Abwehr gegen Muther, S. 26; *ders.*, Pandekten I, 1. Auflage 1862, S. 296 Fn. 4.

[185] *Windscheid*, Abwehr gegen Muther, S. 26f.

[186] *Münch*, Prozessualer Anspruch, S. 44.

[187] Vgl. *Windscheid*, Actio des röm. Civilrechts, S. 222 in Zusammenschau mit *ders*, Abwehr gegen Muther, S. 29: „[W]eil ich bei meiner Bekämpfung der unrichtigen Bestimmung des Wesens der Actio nur mit derjenigen Auffassung in Berührung kam, welche in dem Klagerecht *ein Privatrecht* sieht. Das Klagerecht *in diesem Sinne* gefaßt, habe ich gesagt (S. 222): Klagerecht kann nur dasjenige Recht genannt werden, zu welchem die Klagbarkeit, die allen Rechten zukommt, in einem ganz besonderen Verhältnis steht.

Dieses verstand er ganz im Sinne der damaligen Vorstellung[188] als materiell-rechtliche Befugnis des Gläubigers gegenüber dem Schuldner, diesen im Klagewege in Anspruch zu nehmen.[189] Dieses materiell-rechtliche Klagerecht solle, jedenfalls im Fall von Ansprüchen wegen der Verletzung dinglicher Rechte, nicht mit dem daraus resultierenden Anspruch identisch sein. Vielmehr entstehe das materiell-rechtliche Klagerecht erst durch die Verweigerung des Schuldners, den Anspruch des Gläubigers zu erfüllen.[190] Damit stellt sich jedenfalls hinsichtlich der dinglichen Rechte das System *Windscheids* wie folgt dar:

Subjektives Recht – Rechtsverletzung – Anspruch – Verletzung des Anspruchs – materielles Klagerecht[191]

Die Folgen des von einer Verletzung eines Anspruchs abhängigen, materiellen Klagerechts für das System *Windscheids* und die Funktion dessen Anspruchs innerhalb dieses Systems sind vielschichtig. Zum einen ist es *Windscheid* in letzter Konsequenz überhaupt nicht gelungen, das materielle Privatrecht streng von dem Prozessrecht zu scheiden.[192] So findet spätestens durch das materielle Klagerecht eine Ausrichtung des materiellen Rechts auf

---

Von dieser Art ist nicht schon das Recht auf Aufhebung einer Rechtsverletzung an sich, sondern das Recht auf Aufhebung einer Rechtsverletzung, wenn ihm Widerspruch entgegengesetzt worden ist" (Hervorhebung nicht im Original). Vgl. auch *Windscheid/Kipp*, Pandekten I, 9. Auflage 1906, S. 614 Fn. 5. Die Existenz dieses materiellen Klagerechts in dem System Windscheids und das daraus resultierende Ergebnis, dass Windscheid eine absolute Trennung von materiellem Recht und Prozessrecht gerade nicht geglückt ist, wird leider meist übersehen, vgl. etwa *Georgiades*, Anspruchskonkurrenz, S. 30, 130; *ders.*, in: FS Buchner, S. 245, 251; *Unberath*, Vertragsverletzung, S. 197; *Hoffmann*, Zession und Rechtszuweisung, S. 114; *Weller*, Vertragstreue, S. 380, der jedenfalls hinsichtlich Obligationen davon ausgeht, dass die Klagebefugnis und damit das materiell-rechtliche Klagerecht bei *Windscheid* in der Forderung als subjektives Recht enthalten sei; auf alle subjektiven Rechte erweiternd dann aber *Weller*, JZ 2008, 764, 766. Die Existenz des materiellen Klagerechts im windscheidschen System erkennen *Münch*, Prozessualer Anspruch, S. 44 f.; *Simshäuser*, Materielles Recht und Prozessrecht, S. 78; *Roth*, Einrede, S. 295; Mit Einschränkungen auch *Wagner*, Prozessverträge, S. 400 ff., insb. S. 401 f. mit Fn. 60; Vgl. auch *De Boor*, Gerichtsschutz, S. 18 der ebenfalls davon ausgeht, dass das aktionenrechtliche Denken von Windscheid nicht überwunden wurde.

188 Vgl. etwa die Auffassung *v. Savignys* oben Kapitel 3 § 4 A. II. (S. 48 ff.).

189 Dies zeigt sich etwa deutlich an der Aussage *Windscheids*, Pandekten I, 1. Auflage 1862, S. 262 Fn. 4, wonach die Klage im Falle des Fehlens des materiellen Klagerechts als unbegründet abzuweisen ist.

190 Deutlich *Windscheid*, Actio des röm. Civilrechts, S. 222: „Die Verletzung meines Eigentums erzeugt also für mich nicht ein Klagerecht, sondern ein Recht, die Wiederaufhebung der Verletzung zu fordern, und dieses Forderungsrecht gestaltet sich dadurch, dass seine Befriedigung verweigert wird, zum Klagerecht." *Windscheid*, Abwehr gegen Muther, S. 29 (dazu bereits Fn. 187).

191 So bereits *Funcke*, Quasinegatoria, S. 45; *Hoffmann*, Zession und Rechtszuweisung, S. 116.

192 Vgl. bereits die Nachweise in Fn. 187.

den Prozess statt.[193] Im Zentrum des hiesigen Interesses steht jedoch ein Folgeproblem: In welchem Verhältnis steht im System *Windscheids* das materiellem Klagerecht zum subjektiven Recht und zum materiell-rechtlichen Anspruch?

*Windscheid* selbst trifft diesbezüglich keine eindeutige Aussage. Er teilt lediglich mit, dass das materielle Klagerecht nichts anderes sei „als ein Schatten des Rechts, ein Ding, das in diesem aufgeht, nur von ihm sein Leben herleitet".[194] Insbesondere hieraus wird innerhalb des rechtswissenschaftlichen Schrifttums häufig geschlossen, dass das materielle Klagerecht im Anspruch *Windscheids* enthalten sei.[195] Unabhängig davon, ob diese Deutung überzeugt,[196] ist festzuhalten, dass unter Zugrundelegung dieser Sichtweise der *einklagbare* dingliche Anspruch unter den Systemparametern *Windscheids* stets von einer Verletzung eines dinglichen Rechts abhängig wäre. Das materielle Privatrecht wäre über das Merkmal der Verletzung eines subjektiven Rechts als konstitutive Voraussetzung eines einklagbaren dinglichen Anspruchs mit dem Prozess verbunden, wenngleich dieser Umstand durch die Inkorporation des materiellen Klagerechts in den Anspruch verschleiert würde. Im Ergebnis wäre in dem windscheidschen System der dinglichen Rechte die Rechtsverletzung als zentrales Element nicht verschwunden, sondern allenfalls etwas in den Hintergrund gedrängt. Systematisch würde sich die Auffassung *Windscheids* hinsichtlich dinglicher Rechte dann wie folgt darstellen:

Subjektives Recht – Rechtsverletzung – klagbarer Anspruch

[193] Vgl. hierzu auch *De Boor*, Gerichtsschutz. S. 16 ff. welcher der Auffassung ist, dass es Windscheid nie gelungen sei, die actio aus dem Begriff des subjektiven Rechts auszuscheiden. Vielmehr sei die actio lediglich hinweggedacht bzw. darstellungsmäßig getrennt worden.

[194] *Windscheid*, Actio des röm. Civilrechts, S. 229.

[195] Von der Klagebefugnis als Bestandteil des materiell-rechtlichen (Erfüllungs-)Anspruchs gehen etwa aus, *Weller*, Vertragstreue, S. 372, 376, 382; *ders.*, JZ 2008, 764, 766; *Simshäuser*, Materielles Recht und Prozessrecht, S. 78; *Münch*, Prozessualer Anspruch, S. 45; Hofmann, Unterlassungsanspruch, S. 56; *Hartmann*, Unterlassene Mitwirkung, S. 55; *Hübner*, BGB AT, Rn. 427; *Siber*, Rechtszwang, S. 78; *Kohler*, AcP 80 (1893), 141, 234; besonders deutlich auch *Funcke*, Quasinegatoria, S. 102 f.: „Der Anspruch ist die Befugnis, durch die Inanspruchnahme der Gerichte zu erzwingen, dass ein anderer eine bestimmte Handlung vornimmt oder unterlässt." Diese Blickrichtung auf den Prozess bewirkt in der Folge, dass die Existenz eines Anspruchs davon abhängig sein soll, ob ein Rechtssubjekt gegenüber einem anderen Rechtssubjekt berechtigt ist, es zu verklagen (vgl. etwa a. a.O, S. 330 im Hinblick auf Ansprüche aus dem GewSchG); a. A. etwa *Roth*, Einrede, S. 295. Vgl. zur weiteren Argumentation, die dieser Auffassung zu Grunde liegt, exemplarisch etwa *Weller*, Vertragstreue, S. 382 ff. mit zahlreichen Nachweisen.

[196] Dagegen spricht, dass *Windscheid* in seinem Anspruchsbegriff das nach seiner Meinung noch in der römischen actio enthaltene Element des Gerichts bzw. des gerichtlichen Rechtsschutzes nicht haben wollte. Vgl. oben Kapitel 3 bei Fn. 116.

## II. Verhältnis im Bereich der obligatorischen Rechte

Noch komplizierter und undurchsichtiger gestaltet sich die Untersuchung des Systems *Windscheids* und die Funktion des Anspruchs in diesem in Bezug auf obligatorische Rechte. Die Übertragung der im Rahmen dinglicher Rechte erarbeiteten Systematisierung (subjektives Recht – Rechtsverletzung – Anspruch – Verletzung des Anspruchs – materielles Klagerecht) bereitet schon deshalb Schwierigkeiten, weil *Windscheid* bezogen auf den obligatorischen Anspruch feststellt, dass dieser „vollkommen“ mit dem subjektiven Forderungsrecht zusammenfalle.[197] Das subjektive Forderungsrecht habe im Anspruch seinen „vollkommen erschöpfenden Ausdruck“ gefunden.[198] Hieraus ließe sich folgern, *Windscheid* sei der Auffassung gewesen, der schuldrechtliche Anspruch sei mit dem subjektiven Forderungsrecht identisch. Hierfür ließe sich auch ins Feld führen, dass *Windscheid* davon ausging, die Verjährung führe zu einer „Beseitigung“ des Erfüllungsanspruchs und damit denklogisch auch der Forderung.[199] In der Folge könnte die im Rahmen dinglicher Rechte erarbeitete Systematisierung nicht übertragen werden, da der einklagbare obligatorische Anspruch dann nicht von der Verletzung des subjektiven Forderungsrechts bzw. seiner selbst abhängig wäre.[200]

Jedoch kommen an dieser Deutung der Ausführungen *Windscheids* bei genauer und unvoreingenommener Analyse Zweifel auf. So führt *Windscheid* an anderer Stelle aus, dass die

> „Betrachtung der Rechte *im Allgemeinen* […] nothwendigerweise auch zu der Frage [führe]: welchen Einfluß die Verletzung auf sie ausübe? Die Antwort auf die Frage ist nun die, daß durch *die Verletzung das Recht* sich zu einem Recht auf Wideraufhebung der Verletzung gestaltet. […] Nun aber ha[be] nicht jede Rechtsverletzung eine unmittelbare Gewährung richterlicher Hülfe zur Folge, sondern nur diejenige, in welcher zugleich ein Sichinwiderspruchsetzen des Willens des Verletzten mit dem Willen des Berechtigten enthalten ist“.[201]

Dies abstrakten Ausführungen deuten eher darauf hin, dass *Windscheid* der Verletzung eines subjektiven Rechts generell und damit auch im Bereich der Obligationen eine zentrale Funktion beigemessen hat.

Auch im Kontext der Gefahrtragungsregeln finden sich Aussagen *Windscheids*, die deutlich darauf hindeuten, dass er der Verletzung des subjektiven Forderungsrecht eine Schlüsselrolle beigemessen hat.

---

[197] *Windscheid*, Actio des röm. Civilrechts, S. 39.

[198] *Windscheid*, Actio des röm. Civilrechts, S. 39.

[199] *Windscheid*, Actio des röm. Civilrechts, S. 41.

[200] Vgl. stellvertretend für diese Deutung Windscheids durch die vorherrschende Meinung *Weller*, Vertragstreue, S. 378 ff.

[201] *Windscheid*, Actio des röm. Civilrechts (1856), S. 222.

„Unter einer Entäußerungserklärung verstehe ich die Erklärung, daß man sich einer Sache entäußere, im Gegensatz zu dem Versprechen, daß man sich ihrer entäußern wolle. Eine Entäußerungserklärung ist z. B. die Erklärung des Verkäufers; im Verkaufe wird die verkaufte Sache weggegeben (venum datur), nicht bloß die Verpflichtung übernommen, sie wegzugeben, *eine Verpflichtung entsteht für den Verkäufer erst dadurch, daß der thatsächliche Zustand seiner Erklärung nicht entspricht.*“[202]

Für die Deutung, dass obligatorische Ansprüche auch im System Windscheids von einer Rechtsverletzung abhängig sein sollten, spricht ferner, dass *Windscheid* an anderer Stelle der Auffassung ist, der Erfüllungsanspruch sei die Folge einer Rechtsverletzung, wenngleich er in der Rechtspraxis mit dem verletzten Forderungsrecht zusammenfalle.[203]

„Die Folge der Rechtverletzung ist, daß der Verletzte von dem Verletzer Wiederaufhebung der Verletzung verlangen kann; das Recht gestaltet sich durch seine Verletzung zum Anspruch auf Wiederaufhebung der Verletzung. Dieser Anspruch kann in seinem practischen Gehalt möglicherweise mit dem verletzten Rechte ganz zusammenfallen, möglicherweise kann sein practischer Gehalt ein anderer oder doch weitergehender sein. Wird die Befriedigung dieses Anspruchs verweigert, so kann sich der Berechtigte klagend an den Staat wenden, und von demselben verlangen, daß er den Verpflichteten zur Befriedigung des Anspruchs zwinge; sein Recht gestaltet sich zum Klagerecht.“[204]

Alle diese Ausführungen sprechen dafür, dass *Windscheid* seine Systematisierung und damit auch sein durch eine Verletzung des subjektiven Rechts bedingtes materielles Klagerecht nicht nur auf die dinglichen Rechte, sondern auch auf die obligatorischen Rechte angewendet wissen wollte. Unter dieser Prämisse würde sich die Systematik *Windscheids* bei obligatorischen Rechten wie folgt darstellen:

Subjektives Forderungsrecht – Verletzung – Erfüllungsanspruch – Verletzung – materielles Klagrecht[205]

Geht man hingegen entsprechend der wohl herrschenden Auffassung[206] davon aus, dass das materielle Klagerecht im Anspruch enthalten ist *und* dass Anspruch und subjektives Forderungsrecht identisch sind, verbliebe aus dem Schema nur das subjektive Forderungsrecht alias der Anspruch,

202 *Windscheid*, Pandekten II, 3. Auflage 1870, § 321, 3, S. 211 Fn. 18 (Hervorhebung nicht im Original).

203 *Windscheid*, Pandekten I, 1. Auflage 1862, S. 295 f. mit Fn. 3, 4.

204 *Windscheid*, Pandekten I, 1. Auflage 1862, S. 295 f.

205 Diese Systematik wird später auch durch *Windscheid*, Pandekten I, 1. Auflage 1862, S. 296 f. in Fn. 4. selbst bestätigt: „Das practisch Wichtige ist 1) daß folgende Scala richtig erkannt werde: a) Recht mit demselben entsprechenden Anspruch, b) Nichtbefriedigtheit dieses Anspruchs, c) Nichtbefriedigtheit, trotz dem, daß er befriedigt sein sollte (Rechtsverletzung), d) Weigerung, die Rechtsverletzung wieder gut zu machen“.

206 Vgl. dazu in diesem Kapitel bei und in Fn. 195.

der seine gerichtliche Durchsetzbarkeit dann aber erst durch die Verletzung seiner selbst erlangt.

Nach alledem verbleiben erhebliche Zweifel, dass *Windscheid* – wie von der herrschenden Auffassung angenommen – tatsächlich davon ausging, dass klagbare obligatorischer Ansprüche ohne eine Verletzung des subjektiven Forderungsrechts existieren können. Vielmehr sprechen gute Gründe dafür, dass *Windscheid* davon ausging, dass auch obligatorische Erfüllungsansprüche von einer Verletzung des subjektiven Forderungsrechts abhängig sein sollen.

Diese Zweifel lassen sich entgegen anderer Stimmen nicht durch Heranziehung späterer Auflagen des Pandektenlehrbuchs widerlegen. Zwar findet sich dort ab der 8. Auflage[207] des ersten Bandes des Lehrbuchs von Windscheid/Kipp die folgende Aussage:

> „Die relativen Rechte sind Ansprüche, die absoluten Rechte ergeben Ansprüche in Verbindung mit ihrer Verletzung. Grund des Anspruchs ist im ersteren Falle das subjektive Recht, im letzten Falle das verletzte subjektive Recht".[208]

Hierbei handelt es sich jedoch ausweislich der Klammerung weiter Teile der in Rede stehenden Fußnote, um Ergänzungen durch *Kipp*,[209] so dass aus ihnen nicht ohne weitere Anhaltspunkte auf eine entsprechende Auffassung *Windscheids* geschlossen werden kann.[210] Die insbesondere von *Weller* zitierten weiteren Aussagen *Windscheids* beziehen sich allesamt auf die römische *actio* und können daher nicht ohne Weiteres auf den Anspruch übertragen werden.[211]

## D. Zusammenfassung

Die Untersuchung des Systems *Windscheids* und die Funktion von subjektiven Rechten und Ansprüchen innerhalb desselben hat keine eindeutigen Ergebnisse geliefert. Insbesondere kann die Funktion des Anspruchs nicht eindeutig bestimmt werden, weil das Verhältnis von subjektiven Rechten und Ansprüchen nicht zweifelsfrei festgestellt werden kann. So konnte nicht ab-

---

[207] In der von *Weller*, Vertragstreue, S. 379 in Fn. 65 zitierten 9. Auflage findet sich das nachfolgende Zitat auf S. 183 in Fn. 2.

[208] *Windscheid/Kipp*, Pandekten I, 8. Auflage 1900, S. 155 Fn. 2.

[209] Vgl. dazu *Windscheid/Kipp*, Pandekten I, 8. Auflage 1900, Vorrede, S. IX: „Sämtliche vom Herausgeber herrührende Zusätze sind mit [] bezeichnet worden." Dieser Hinweis findet sich auch noch in der von *Weller* verwendeten 9. Auflage, Vorrede, S. X unten. Vgl. zu der recht „ausgefeilten" Klammerungstechnik zur Kenntlichmachung eigenen und fremden Gedankenguts im Pandektenlehrbuch von *Windscheid/Kipp* auch noch a. a. O., Seiten VI und VII.

[210] Dies übersieht etwa *Weller*, Vertragstreue, S. 379 mit Fn. 65.

[211] Vgl. dazu bereits in diesem Kapitel im Text ab Fn. 168.

schließend geklärt werden, ob die Verletzung eines subjektiven Rechts konstitutiv für einen Anspruch ist, was dafür streiten würde, dass *Windscheid* die Funktion des Anspruchs im Schutz subjektiver Rechte gesehen hat. Festgehalten werden kann aber, dass ein gerichtlich einklagbarer Anspruch eine Verletzung eines subjektiven Rechts zur Voraussetzung hat.

## *§6 Anspruchsbegriff in den Gesetzesmaterialien zum BGB*

Der Begriff des Anspruch wird in §194 Abs.1 BGB legaldefiniert. Im Übrigen enthält das Gesetz jedoch keine unmittelbare Aussage über dessen Funktion innerhalb des Privatrechtssystems oder dessen dogmatische Struktur. Insbesondere kann dem Gesetz nicht unmittelbar entnommen werden, in welchem Verhältnis der Anspruch zum subjektiven Recht steht, insbesondere, ob der Anspruch die Verletzung eines solchen voraussetzt.

Den Gesetzesmaterialien lässt sich entnehmen, dass es sich die Väter des BGB ganz im Sinne *Windscheids* zur Aufgabe gemacht hatten, „das, was in der Sprache der Aktionen ausgedrückt ist, in die Sprache der Rechte“[212] zu übersetzen. Entsprechend der Arbeiten *Windscheids* wird der Anspruch in den Gesetzesmaterialien zum BGB als das subjektive „Recht in seiner Richtung gegen eine bestimmte Person verstanden“. „Das obligatorische Recht erschöpf[e] sich in dieser persönlichen Richtung, es geh[e] auf in dem Anspruche oder in den Ansprüchen, welche es erzeugt.“ Demgegenüber erstrecke „sich das dingliche Recht über den aus ihm erwachsenden Anspruch hinaus, das Erlöschen des letzteren [lasse] das Recht selbst unberührt“.[213]

## *§7 Heutiges Verständnis von der Funktion des Anspruchs*

In Ermangelung eindeutiger gesetzlicher Anhaltspunkte ist es wenig verwunderlich, dass im rechtswissenschaftlichen Schrifttum bis heute über die Funktion und Bedeutung des Anspruchs innerhalb des Systems des Privatrechts keine Einigkeit herrscht. Teilweise wird sogar etwas resigniert festgestellt, dass es „in der modernen Rechtsprache kaum einen Begriff [gibt], der nicht nur in der Literatur und Praxis, sondern auch in den Gesetzen in so verschiedenem Sinn gebraucht wird, als der des Anspruchs“.[214] Von einem einheitlichen Anspruchsverständnis kann schon deshalb nicht gesprochen werden, da bereits keine Klarheit über die Funktion des Anspruchs im System des Privatrechts und dementsprechend auch keine einheitliche dogmatische

---

212 So unter Berufung auf Windscheid, *Gebhard*, Vorentwurf AT/2, S. 438.
213 Motive I, S. 291 = Mugdan I, S. 512.
214 *Hellwig*, Anspruch und Klagerecht, S. 5.

Erfassung des Anspruchs besteht.[215] Breiter angelegte Untersuchungen sind rar und beschränken sich meistens auf Teilausschnitte bzw. Einzelaspekte.[216]

Im Folgenden wird das herrschende Verständnis von der Funktion des Anspruchs im System des Privatrechts dargestellt. Hierdurch soll aufgezeigt werden, dass die herrschende Meinung dem Anspruch keine einheitliche Funktion innerhalb des Systems des Privatrechts beimisst, sondern zwei funktional verschiedene Arten von Ansprüchen kennt. Insoweit dient die Darstellung auch dem Beleg der soeben gemachten Aussage von der weitestgehend ungeklärten Funktion der Ansprüche.

## A. Identität von Forderungsrecht und obligatorischem Anspruch

Die herrschende Lehrmeinung[217] geht – zumeist unter jedenfalls zweifelhafter Berufung auf *Windscheid*[218] – davon aus, dass der (klagbare) Erfüllungsanspruch mit dem subjektiven Forderungsrecht (Obligation) übereinstimmt.

[215] Diese Einschätzung teilen *Regelsberger*, Pandekten, Band 1, S. 213; *Rimmelspacher*, Materiellrechtlicher Anspruch, S. 35; *Georgiades*, Anspruchskonkurrenz, S. 129; *Hellwig*, Anspruch und Klagrecht, S. 5; *Nunner-Krautgasser*, Schuld, Vermögenshaftung und Insolvenz, S. 61; *Hoffmann*, Zession und Rechtszuweisung, S. 119.

[216] Vgl. aber zum österreichischen Privatrecht *Nunner-Krautgasser*, Schuld, Vermögenshaftung und Insolvenz, S. 60ff.; zum deutschen Recht *Weller*, Vertragstreue, S. 371–463.

[217] *Medicus/Petersen*, Allgemeiner Teil, § 11 Rn. 75; *Hellwig*, Anspruch und Klagrecht, S. 5, 30; *Weller*, Vertragstreue, S. 231f., 566f.; *ders.*, JZ 2008, 764, 765; *Bachmann*, in: MüKo, § 241 BGB Rn. 6; *ders.*, Elektive Konkurrenz, S. 82 f; *Unberath*, Vertragsverletzung, S. 167ff., 195; *Ehrenzweig*, System I/1, S. 42; *Aicher*, Eigentum als subjektives Recht, S. 63; *Peters/Jacoby*, in: Staudinger, BGB, 2014, § 194 BGB Rn. 7; *Huber*, Leistungsstörungen II, § 35 II 1, S. 148; *P. Neumann*, Erfüllungszwang, S. 241; *Gernhuber*, in: Handbuch des SR, Band 8, Das Schuldverhältnis, § 3 I 1. (S. 30) und § 3 I 5. (S. 34f.); *Hedemann*, Schuldrecht, S. 22; *Hübner*, BGB AT, Rn. 420; *Larenz/Wolf*, BGB AT, § 15 IV 1. A) (S. 264 Rn. 56); *Blomeyer*, Allgemeines Schuldrecht, § 2 III., (S. 10); *Bork*, BGB AT, § 9 B. II. 2., Rn. 290; *Enneccerus/Nipperdey*, Allgemeiner Teil, Halbband 2, § 222 II. 2., S. 1365; *Esser/Schmidt*, Schuldrecht AT I/1, § 5 I. 2. (S. 85); *Peukert*, Güterzuordnung, S. 50; *Henckel*, Parteilehre und Streitgegenstand, S. 263; *Münch*, Prozessualer Anspruch, S. 56; *Okuda*, AcP 164 (1964), 536, 541f.; *Unger*, System II, S. 324f. mit Fn. 3; *Georgiades*, Anspruchskonkurrenz, S. 133f.; *Hadding*, in: FS Kroeschll, S. 293, 300; *Schur*, Leistung und Sorgfalt, S. 3; *E. Schmidt*, ZIP 1991, 629, 630f.; *Scholz*, Gestaltungsrecht, S. 70 in Fn. 314; *Leonhard*, Allgemeines Schuldrecht, Bd. 1, S. 53f., 55; *Samhat*, Abgrenzung, S. 118; *Minnerop*, Materielles Recht und einstweiliger Rechtsschutz, S. 60; *Gröschel*, in: FS Konzen, S. 109, 113f.; wohl auch *Neussel*, Anspruch und Rechtsverhältnis, S. 35; *Dörner*, Dynamische Relativität, S. 27 Fn. 27 spricht davon, dass der Anspruch neben anderen Befugnissesn „das Herzstück des Forderungsrechts" darstelle.

[218] Vgl. etwa *Weller*, Vertragstreue, S. 232f. mit dem wörtlichen Verweis auf das Pandektenlehrbuch von Windscheid/Kipp in Fn. 95. Das wörtliche Zitat, welche *Weller* als Beleg für Windscheids Auffassung ins Feld führt, stammt ausweislich des Klammerzusatzes allerdings von Kipp (vgl. dazu bereits in diesem Kapitel Fn. 209) und lässt demnach keine Rückschlüsse auf die Sichtweise Windscheids zu. Vgl. zu dieser bereits oben Kapitel 3 § 5 C. II. (S. 61ff.).

Auch die Rechtsprechung[219] folgt diesem Verständnis, wenngleich naturgemäß keine tiefergehenden dogmatischen Auseinandersetzungen mit der Thematik stattfinden. Mit anderen Worten soll das subjektives Forderungsrecht und der daraus resultierende Anspruch inhaltsgleich sein. Der allgemeinere Begriff sei der „Anspruch"; der Begriff „Forderung" sei demgegenüber enger. Hierdurch erkläre sich auch, warum der Anspruch als Oberkategorie im Allgemeinen Teil des BGB in § 194 BGB zu finden sei. Entsprechend dieses Grundverständnisses soll der obligatorische Erfüllungsanspruch nicht von der Verletzung des subjektiven Forderungsrechts abhängig sein, sondern bereits mit Vertragsschluss und damit mit dessen „Geburt" entstehen.[220]

### B. Verhältnis von subjektivem Recht und Anspruch außerhalb des Obligationenrechts

Anders soll sich hingegen das Verhältnis von Anspruch und subjektivem Recht im Bereich der dinglichen subjektiven Rechte darstellen. Hier besäßen subjektives Recht und Anspruch keinen identischen Inhalt. Vielmehr bekomme das subjektive Recht erst durch seine Verletzung seine Richtung auf das verletzende Privatrechtssubjekt und werde dadurch zum Anspruch.[221] Schematisch soll sich die Lage außerhalb des Obligationenrechts demnach wie folgt darstellen:

Subjektives Recht – Rechtsverletzung – Anspruch

## *§ 8 Alternative Verständnisformen des Anspruchs*

### A. Imperativentheorien

Der auf den ersten Blick wohl radikalste Gegenentwurf zur herrschenden Auffassung über die Funktion von Ansprüchen und deren Verhältnis zu subjektiven Rechten resultiert aus der bereits mehrfach erwähnten Imperati-

---

[219] Vgl. etwa die Entscheidungen BGHZ 89, 189, 192; BGH, NJW 2006, 2773, 2774; ZIP 2001, 2055, 2056 in denen die Begriffe Forderung und Anspruch synonym verwendet werden.

[220] BGH NJW 2006, 1198, 1199; *Weller*, Vertragstreue, S. 372, 389 ff.; *P. Neumann*, Erfüllungszwang, S. 241; *Langheineken*, Anspruch und Einrede, S. 23; *Unberath*, Vertragsverletzung, S. 200; *Medicus/Petersen*, Bürgerliches Recht, Rn. 205; *Huber*, in: Handbuch des SR, Band 9/II, Leistungsstörungen, § 35 II 1, S. 147 f.; *Kandler*, Kauf und Nacherfüllung, S. 142; *Regelsberger*, Pandekten, Band 1, S. 217 f.

[221] *Von Tuhr*, Allgemeiner Teil, Bd. 1, S. 243; *Regelsberger*, Pandekten, Band 1, S. 216; *Unger*, System II, S. 324; *Hübner*, BGB AT, Rn. 417; *Okuda*, AcP 164 (1964), 536, 537 f., 542 f.

ventheorie.[222] Entsprechend des grundlegenden Verständnisses der Rechtsordnung als Sammlung von verhaltenssteuernden Imperativen, verstehen deren Vertreter auch den Anspruch in erster Linie als Imperativ. Einen Anspruch zu haben bedeutet nach *Thon*,

> „dass neue Imperative erlassen werden – Imperative an bestimmte staatliche Organe, zumeist Gerichte, wonach dieselben auf Anrufen des Berechtigten in bestimmter Weise gegen den Verpflichteten einschreiten und schliesslich den Zustand, welchen die Rechtsordnung mittels ihres Gebotes erreichen oder mittels ihres Verbotes erhalten wollte, da nöthig zwangsweise herstellen sollen“.[223]

Oder – so eine Formulierung an anderer Stelle – der Anspruch bedeute

> „die von der Rechtsordnung verliehene Macht, die Vorbedingung für den Eintritt der Imperative zu setzen, welche bestimmten staatlichen Organen (zumeist Gerichten) die Gewähr von Rechtshülfe befehlen – d. h. ein Vorgehen gegen den Pflichtigen behufs Herbeiführung oder Wiederherstellung des Zustandes, welchen zu erreichen oder festzuhalten das übertretene Gebot oder Verbot bezweckte“.[224]

Wie bereits oben herausgearbeitet wurde, eliminiert die Imperativentheorie das subjektive Recht begrifflich und als Normenklasse, gleichwohl besteht es im Gewand der Frage fort, welches Privatrechtssubjekt in welchem Umfang von den Imperativen der objektiven Rechtsordnung ausgenommen ist und warum diese Ausnahme besteht.[225] Ist dies zutreffend, ist nach der Imperativentheorie die Verletzung eines subjektiven Rechts Voraussetzung eines Anspruchs. Erst infolge der Verletzung des Imperativs, des Ge- oder Verbots der objektiven Rechtsordnung, kann der Pflichtbegünstigte/der Pflichtungebundene (also der Inhaber des subjektiven Rechts) erfolgreich Klage gegen den Pflichtigen erheben.

Nach *Thon* kann sich das „Dasein eines Anspruchs“ daneben aber noch anders „offenbaren“.[226] Infolge eines Anspruchs sei es denkbar, dass gewisse Imperative, insbesondere Verbote, welche die objektive Rechtsordnung bisher dem Anspruchsberechtigten auferlegt hatte, „fernerhin dessen Verhalten nicht mehr beschränken“. Dem anspruchsberechtigten Privatrechtssubjekt wird gestattet, was ihm ohne Anspruch verboten war. Diese Gestattung erfolge zu „dem Zwecke, damit es dem [Anspruchsberechtigten] frei stehe, durch sein nunmehr unverbotenes Vorgehen zu erreichen, was, wenn auch vergeblich, die ihn schützende Norm erstrebte“.[227] *Thon* denkt bei dieser Form des Anspruchs insbesondere an die Selbsthilfe, aber auch an das

---

222 Vgl. Kapitel 2 § 2 (S. 22 ff.).
223 *Thon*, Rechtsnorm und subjektives Recht, S. 226.
224 *Thon*, Rechtsnorm und subjektives Recht, S. 228.
225 Ausführlich dazu Kapitel 2 § 7 B. (S. 31 ff.).
226 *Thon*, Rechtsnorm und subjektives Recht, S. 224.
227 *Thon*, Rechtsnorm und subjektives Recht, S. 224 f. Dort finden sich auch die wörtlichen Zitate.

„Ansprechen“, „Mahnen- und Fordern-Dürfen“.[228] Auch diese Form des Anspruchs diene der Verwirklichung des mittels des Imperativs „Erstrebten für den Fall der Normwidrigkeit“.[229] Auch diese Art des Anspruchs ist also – entsprechend der Ausführungen zur anderen Form des Anspruchs – von einer zugunsten des Anspruchsberechtigten bestehenden Pflicht und damit der Verletzung seines subjektiven Rechts abhängig.

## B. Aktionendenken – Anspruch in der Theorie Buchers vom subjektiven Recht als Normsetzungsbefugnis

Die Theorie *Buchers* vom subjektiven Recht als Normsetzungsbefugnis unterscheidet, wie oben dargestellt[230], streng zwischen dem subjektiven Recht und dem Anspruch. Während das subjektive Recht die Befugnis zur individuellen Normsetzung sei, stelle der Anspruch die aufgrund dieser Befugnis im Wege der Anspruchserhebung gesetzte Norm dar.[231] Damit kann es „kein subjektives Recht ohne die Möglichkeit der Anspruchserhebung geben“.[232] Auf diesem Weg rückt für *Bucher* der Akt der Anspruchserhebung[233] und dessen Voraussetzungen ins Zentrum seines Systems. Deutlich zeigt sich dies auf der Pflichtenseite: Die vor der Anspruchserhebung als Gegenstück zum subjektiven Recht lediglich potentiell bestehende Pflicht verwandelt sich im System *Buchers* erst durch die Inanspruchnahme und die damit einhergehende Anspruchserhebung durch den Pflichtbegünstigten in eine aktuelle Pflicht.[234] Erst die Nutzung der durch das subjektive Recht gewährten Normsetzungsbefugnis schafft die im imperativen System *Buchers* so zentralen Imperative. Von besonderer Bedeutung für die hier im Mittelpunkt des Interesses stehende Frage nach der Funktion des Anspruch ist somit, von welchen Voraussetzungen die Möglichkeit der Anspruchserhebung abhängig ist. Insbesondere stellt sich die Frage, ob insoweit die Verletzung eines subjektiven Rechts konstitutiv ist.

[228] *Thon*, Rechtsnorm und subjektives Recht, S. 225 f. Die wörtlichen Zitate finden sich auch S. 226.

[229] *Thon*, Rechtsnorm und subjektives Recht, S. 223.

[230] Vgl. dazu Kapitel 2 § 4 (S. 25 ff.).

[231] *Bucher*, Normsetzungsbefugnis, S. 67, 77.

[232] *Bucher*, Normsetzungsbefugnis, S. 67.

[233] Nur hingewiesen sei darauf, dass in der Diktion *Buchers* insoweit eigentlich nicht von Anspruchserhebung gesprochen werden kann, da der Anspruch erst die in Folge der Normsetzung gesetzte Norm umschreibt. Vor diesem Zustand existiert demnach eigentlich kein Anspruch der erhoben werden könnte. Vielmehr müsste man an sich von Erhebung des subjektiven Rechts sprechen. Dies wird hier jedoch im Interesse der Verständlichkeit und in Übereinstimmung mit *Bucher*, Normsetzungsbefugnis, S. 67 selbst vermieden.

[234] *Bucher*, Normsetzungsbefugnis, S. 61–63, 77 f.

## *I. Verletzung subjektiver Rechte als integraler Bestandteil des Anspruchs*

Subjektive Rechte konstituieren, wie bereits erläutert,[235] im Imperativensystem *Buchers* keine aktuellen Verhaltensvorschriften, sondern lediglich potentielle Pflichten. Erst durch die Anspruchserhebung im Streitfall werden diese Pflichten dergestalt aktualisiert, dass sie rechtliche Verbindlichkeit für sich in Anspruch nehmen können:

„Wenn der durch ein subjektives Recht Belastete nicht durch die bloße Existenz dieses Rechts zu einem bestimmten Verhalten verpflichtet wird, sondern erst durch die Anspruchserhebung, so kann nicht das Recht, sondern lediglich dieser Anspruch verletzt werden, da nur bezogen auf diesen Anspruch der Tatbestand der Normverletzung angenommen werden kann. Mißachtet oder ‚verletzt' werden demnach nicht subjektive Rechte, sondern die gestützt auf diese erhobenen Ansprüche, die ihrerseits Normen sind. Rechtsverletzung ist Anspruchsverletzung."[236]

Die Verletzung eines subjektiven Rechts ist nach *Bucher* also an sich nicht Voraussetzung eines Anspruchs. Weiter noch: Das subjektive Recht kann im Imperativensystem *Buchers* überhaupt nicht verletzt werden, da aus ihm keine aktuellen Pflichten erwachsen.

Allerdings kann und darf dies nicht darüber hinwegtäuschen, dass auch nach dieser Konzeption keine Ansprüche existieren, die nicht auf einem subjektiven Recht beruhen, da die subjektiven Rechte im System *Buchers* nur soweit eine Normsetzungsbefugnis gewähren, als sie selbst inhaltlich reichen.

„Soweit der Träger eines subjektiven Rechts über die in seinem Recht enthaltene Normsetzungsbefugnis hinausgeht, liegt nicht die Ausübung eines Rechts, sondern bloße Behauptung eines Rechts, Anmaßung eines Rechts vor. Derartige Willensäußerungen haben keine rechtlich-normative Wirkung;"[237]

Ohne die Grundlage eines subjektiven Rechts können im Imperativensystem *Buchers* somit keine aktuellen Pflichten durch Anspruchserhebung statuiert werden. Ohne subjektives Recht bleibt es vielmehr bei den rechtlich-normativ wirkungslosen potentiellen Verhaltenspflichten, und eine im Imperativensystem *Buchers* zentrale Pflichtverletzung ist ausgeschlossen. Insoweit kommt dem subjektiven Recht und dessen Verletzung im Sinne einer Zuwiderhandlung gegen die aus ihm erwachsende, potentiell zu setzende Norm auch im System *Buchers* eine essentielle Bedeutung zu. Die Zuordnung an ein Rechtssubjekt erfolgt auch im System *Buchers* letztlich durch das subjektive Recht. Besonders deutlich zeigt sich dies in der Konzeption der Anspruchserhebung, die im Folgenden näher beleuchtet wird.

---

[235] Vgl. Kapitel 2 §4 (S. 25ff.).
[236] *Bucher*, Normsetzungsbefugnis, S. 107.
[237] *Bucher*, Normsetzungsbefugnis, S. 71.

### II. Anspruchserhebung und deren Vermutung

*Bucher* geht davon aus, dass die Anspruchserhebung als pflichtenauslösender Akt der Normsetzung dem zu Verpflichtenden bekannt gemacht werden muss.[238] Dies könne grundsätzlich sowohl formlos als auch konkludent geschehen.[239] Allerdings sei in vielen Fällen keine Willenskundgabe durch den Berechtigten notwendig, damit eine Aktualisierung der Pflichten stattfinde, da der erforderliche Normsetzungswille des zur Normsetzung befugten Privatrechtssubjekts aufgrund einer „bis auf weiteres geltende[n] Norm" widerlegbar vermutet werde.[240] So müsse etwa der Eigentümer einer Sache niemandem mitteilen, dass er eine Beschädigung oder Zerstörung seiner Sache nicht haben wolle, damit eine dahingehende aktuelle Pflicht der übrigen Privatrechtssubjekte bestehe.[241] Gleiches gelte regelmäßig auch im Bereich der übrigen, auf eine Sachherrschaft gerichteten absoluten Rechte sowie bei den Persönlichkeitsrechten.[242] „Eine Vermutung der Ausübung der im subjektiven Recht enthaltenen Normsetzungsbefugnis" könne „immer dann angenommen werden, wenn der Inhalt der Normsetzungsbefugnis und die Interessenlage des Berechtigten Unsicherheiten nicht aufkommen lassen".[243]

In den Fällen der vermuteten Anspruchserhebung korrespondiert im System *Buchers* demnach bereits den subjektiven Rechten ein aktueller Imperativ. Dass insoweit kein inhaltskonkretisierender Wille des Gläubigers vorliegt, zeigt deutlich, dass auch im System *Buchers* die Zuordnung und damit der Inhalt und Umfang der Imperative nicht durch den Gläubigerwillen, sondern durch das subjektive Recht erfolgt.

## C. Schuldverhältnis „im weiteren Sinn" als Grundlage von Ansprüchen

Ein Teil der Lehre versucht dem dinglichen und dem obligatorischen Anspruch – entgegen der vorherrschenden Auffassung – eine einheitliche Funktion als Schutzinstrument beizumessen. Entsprechend wird dem obligatorischen Anspruch ein „Schutzobjekt" zugeordnet, wie es mit dem subjektiven Eigentumsrecht für den dinglichen Anspruch vorliegt. Dieses Schutzobjekt soll das Schuldverhältnis „im weiteren Sinne" sein, welches

238 *Bucher*, Normsetzungsbefugnis, S. 68 sowie S. 74–76 zur Frage, ob die Ausübung subjektiver Rechte eine Willenserklärung oder lediglich eine nicht rechtsgeschäftliche Willensäußerung darstellt.
239 *Bucher*, Normsetzungsbefugnis, S. 68.
240 *Bucher*, Normsetzungsbefugnis, S. 68.
241 *Bucher*, Normsetzungsbefugnis, S. 68.
242 *Bucher*, Normsetzungsbefugnis, S. 69.
243 *Bucher*, Normsetzungsbefugnis, S. 69.

vom Schuldverhältnis „im engeren Sinne“ streng zu unterscheiden sei.[244] Während das Schuldverhältnis im engeren Sinn nichts anderes sei als das subjektive Forderungsrecht und damit der obligatorische Anspruch mit der korrespondierenden Pflicht,[245] soll sich der obligatorische Anspruch zum Schuldverhältnis „im weiteren Sinne“ verhalten wie der dingliche Anspruch zum Eigentum.[246] Das Schuldverhältnis im weiteren Sinn bilde das Schutzobjekt des obligatorischen Anspruchs. Weil das Eigentumsrecht infolge seiner Verletzung zum Rechtsverhältnis werde, lasse sich der allgemeine Satz aufstellen, dass Rechtsverhältnisse „im weiteren Sinn“ im Falle ihrer Verletzung solche „im engeren Sinn“, also Ansprüche, begründen.[247]

## D. Lehre vom Institutionenschutz

Die Lehre vom Institutionenschutz ist insbesondere mit dem Namen *Raiser* verbunden.[248] Nach dieser Lehre orientiert sich das System des Privatrechts nicht an einem einheitlichen, sondern an zwei Systemgedanken:[249] Einerseits sollen – entsprechend der herkömmlichen Sichtweise – positiv zugewiesene subjektive Rechte mit ihren Schutzrechten existieren. Andererseits gebe es neben den subjektiven Rechten weitere, lediglich im Wege objekti-

[244] Vgl. zur verbreiteten Unterscheidung zwischen Schuldverhältnissen „im weiten“ und solchen „im engen Sinn“, die nicht zwingend mit einem Verständnis des schuldrechtlichen Anspruchs als Mittel zum Schutz des Schuldverhältnisses „im weiteren Sinn“ einhergeht, stellvertretend nur *Medicus/Lorenz*, Schuldrecht I, Rn. 7f.; Dorn, in: HKK-BGB, §241 BGB Rn. 3, 71ff. Teilweise wurde das Schuldverhältnis „im weiteren Sinn“ auch mit anderen Begriffen umschrieben. So sprach etwa *Siber*, in: Planck, BGB, Vorbem. I 1 b) zu §249 BGB; *ders.*, Schuldrecht, S. 1 vom Schuldverhältnis „als Organismus“. Diese Formulierung übernahm später *H. Lange*, Vom alten zum neuen Schuldrecht, S. 70; Demgegenüber bevorzugte *Hellwig*, Anspruch und Klagrecht, S. 41 – vergleichsweise unglücklich – den Begriff „Gesamtschuldverhältnis“. *Hertholz*, AcP 130 (1929), 257, 257ff. führt den Begriff des Schuldverhältnisses als „konstante Rahmenbeziehung“ ein.

[245] *Enneccerus/Lehmann*, Schuldrecht, Band 2, §1 III, S. 4; *Schapp*, JuS 1992, 537, 544; *Hadding*, in: FS Kroeschell, S. 293, 293f.; *Fickentscher/Heinemann*, Schuldrecht, Rn. 25f.; *Medicus/Lorenz*, Schuldrecht I, Rn. 7f.; *Looschelders*, Schuldrecht AT, Rn. 8.

[246] *Enneccerus/Lehmann*, Schuldverhältnisse, Band 2, §1 III, S. 4; *Enneccerus/Nipperdey*, Allgemeiner Teil, Halbband 2, §222 II 2., S. 1365; *Schapp*, JuS 1992, 537, 539 f; *Schapp/Schur*, Einführung in das bürgerliche Recht, Rn. 67, 90; *Schur*, Anspruch, absolutes Recht und Rechtsverhältnis, S. 47, 66; *Henke*, JA 1989, 186, 188; *E. Schmidt*, ZIP 1991, 629, 630; *Okuda*, AcP 164 (1964), 536, 537f.; *Hadding*, in: FS Kroeschell, S. 293, 294f.; *Mager*, AcP 193 (1993), 68, 73; wohl auch *Fickentscher/Heinemann*, Schuldrecht, Rn. 25f.; Vgl. auch *Roth*, AcP 180 (1980), 265, 266f.; *C. Peters*, AcP 153 (154), 454, 460.

[247] Der Sache nach bereits *Neussel*, Anspruch und Rechtsverhältnis, S. 31; *Schapp*, JuS 1992, 537, 544; *Schur*, Anspruch, absolutes Recht und Rechtsverhältnis, S. 45, 98.

[248] Grundlegend *Raiser*, JZ 1961, 465, 465ff., insb. 470ff.; *ders.*, Institutionenschutz, passim; ähnlich auch *K. Schmidt*, Kartellverfahrensrecht, S. 344ff.; Vgl. Kapitel 2 §5 (S. 27ff.).

[249] Dazu *Raiser*, Institutionenschutz, S. 148ff.

ver Pflichten konturierte Rechtskreise. Das normalerweise vorherrschende Konzept von Zuweisung und sich daran anschließendem Schutz sei lediglich im Rahmen des ersten Systems der subjektiven Rechte, also bei Rechtspositionen mit „Zuweisungsgehalt“ bzw. „Machtpositionen“,[250] überzeugend. Im Rahmen von lediglich geschützten Interessen sei der Rechtsschutz hingegen nicht Folge einer Zuweisung, sondern Folge eines Ausschlusses gewisser Rechtssubjekte. In diesem Bereich gewähre die Rechtsordnung einzelnen Rechtssubjekten Ansprüche nicht zum Schutz ihrer subjektiven Rechte und damit zur Durchsetzung von Individualinteressen, sondern zur Durchsetzung von Pflichten der objektiven Rechtsordnung[251] im Interesse des Institutionenschutzes.[252] Damit setzt der privatrechtliche Rechtsschutz nicht zwingend die Existenz einer subjektiven Rechtsposition oder gar deren Verletzung voraus.[253] Vielmehr ist dies nur im erstgenannten Bereich der Fall.

## E. Ansatz Muthers – Eliminierung des materiell-rechtlichen Anspruchs

*Muther* gelangte bei seinem Angriff auf das System *Windscheids* zu dem Ergebnis, dass das Systemelement „materiell-rechtlicher Anspruch“ überflüssig sei.[254] Vielmehr könne das Privatrechtssystem bereits aus den Strukturelementen „verletztes subjektives Recht“ und „Klage“ gebildet werden. *Muther* argumentierte, dass die Hilfe gegen den Staat erfolgreich nur gegen einen Verletzer angerufen werden könne. Dies gelte sowohl bei absoluten wie auch bei relativen Rechten. Der Rechteinhaber könne lediglich die Anerkennung seines Rechts fordern. Achte ein Rechtssubjekt eine fremde Rechtsposition nicht, liege eine Rechtsverletzung vor. Da nach der Rechtsverletzung sowohl das absolute als auch das relative Recht fortbestehe, werde vom Staat mit der Klage lediglich eingefordert, die Rechtsverletzung durch eine entsprechende Verpflichtung des Verletzers aufzuheben.[255] Ferner sei

> „[d]ie Rechtsverletzung […] nichts Anderes, als eine Collision des factischen Zustands mit dem rechtlichen. Dadurch [könne] das Recht selbst nicht verändert werden. Allerdings können aus der Rechtsverletzung auch neue Rechte des Verletzten

---

[250] Vgl. *Raiser*, Institutionenschutz, S. 155 mit Fn. 21.

[251] Deutlich *K. Schmidt*, Kartellverfahrensrecht, S. 346: „[D]ie Funktion solcher ‚Ansprüche‘ [gemeint sind solche, welche eine objektive Pflicht durchsetzen sollen] erschöpft“ sich darin, „den Kreis der zur subjektivrechtlichen Normdurchsetzung Befugten abzugrenzen.

[252] *Raiser*, Institutionenschutz, S. 159 unter Verweis auf Kelsen.

[253] *Raiser*, Institutionenschutz, S. 153 ff.

[254] *Muther*, Kritik (1857), § 12.

[255] *Muther*, Kritik (1857), § 13, S. 43 f.

gegen den Verletzter entstehen [...], das alte Recht aber wird nicht verändert, es besteht unzweifelhaft unverändert fort."[256]

An die Stelle des *windscheidschen* Anspruchs treten nach *Muther*

„zwei einander correspondierende Rechte, beide publicistischer Natur: Das Recht des Verletzten gegen den Staat auf Gewährung von Staatshülfe (das Klagerecht) und das Recht des Staates gegen den Verletzter auf Aufhebung der Verletzung"[257].

Durch die Rechtsverletzung, also die „Collision des factischen Zustands mit dem rechtlichen",[258] „wird der Verletzer *dem Staat* gegenüber [...] verpflichtet, die Rechtsverletzung aufzuheben"[259]. Der Verletzte selbst habe hingegen „nicht einmal einen besonderen Anspruch auf Aufhebung der Verletzung gegen den Verletzter".[260] Allerdings stellt *Muther* an späterer Stelle fest, dass „[i]n Bezug auf das verpflichtete Subject [...] das ursprüngliche Recht des Verletzten und das Recht des Staates gegen den Verletzer [...] völlig gleich" sei und dass „das Recht des Staates auch seinem Inhalt nach" mit dem ursprünglichen Recht des Verletzen „identisch" sei.[261]

Was *Muther* mit diesen letzten Ausführungen zum Ausdruck bringen wollte, wird nicht abschließend deutlich. Fest steht jedoch, dass *Muther* bei seinen Ausführungen im Wesentlichen auf Handlungspflichten des Schuldners fixiert war. So exemplifiziert er die Verneinung des materiellen Anspruchs etwa mit einem Beispiel, in dem B dem A 100 schuldig ist und sich zunächst weigert, seine Schuld zu begleichen, später dann aber doch freiwillig zahlt.[262] Durch die spätere Zahlung befriedige B nicht etwa einen aus einer Rechtsverletzung resultierenden Anspruch des A, „sondern er erkennt das ursprüngliche Recht des A an und respectiert es durch die That".[263] Auch *Muthers* bereits skizzierte Ausführungen zur Identität des Rechts des Staates gegen den Verletzer und dem ursprünglichen Recht des Verletzten werden mit einer auf Handlungsverpflichtungen zentrierten Argumentation begründet: Das ursprüngliche Recht sei auf eine Handlung des Verletzers gerichtet gewesen.

„Dadurch dass diese Handlung unterblieb, [sei] die Rechtsverletzung eingetreten; die eingetretene Verletzung [könne] bloß dadurch wieder gut gemacht werden, daß jene Handlung vorgenommen [werde]".[264]

256 *Muther*, Kritik (1857), § 12, S. 42.
257 *Muther*, Kritik (1857), § 12, S. 43.
258 *Muther*, Kritik (1857), § 12, S. 42, vgl. auch die Anmerkung *Muthers* auf S. 41.
259 *Muther*, Kritik (1857), § 13, S. 44 (Hervorhebung nicht im Original).
260 *Muther*, Kritik (1857), § 12, S. 42.
261 *Muther*, Kritik (1857), § 13, S. 44 f.
262 *Muther*, Kritik (1857), § 12, S. 42.
263 *Muther*, Kritik (1857), § 12, S. 42.
264 *Muther*, Kritik (1857), § 13, S. 45.

Allerdings sollen auch im System *Muthers* Situationen existieren, in denen „aus der Rechtsverletzung [...] neue Rechte des Verletzten gegen den Verletzter entstehen".[265] *Muther* hatte dabei insbesondere an Deliktsobligationen, also auf Schadensersatz gerichtete Ansprüche gedacht.

## *§ 9 Notwendigkeit eines funktional einheitlichen Anspruchsbegriffs*

### A. Kritik an dem herrschenden Anspruchsverständnis

#### *I. Verzicht auf einen einheitlichen Anspruchsbegriff durch die h. M.*

Die herrschende Meinung geht – wie gesehen[266] – unter jedenfalls zweifelhafter Berufung auf Windscheid davon aus, dass innerhalb des Privatrechtssystems kein funktional einheitlicher Anspruch besteht.[267] Vielmehr sollen zwei funktional verschiedene Arten von Ansprüchen existieren: dingliche und obligatorische. Für die Erstgenannten sei die Verletzung eines dinglichen subjektiven Rechts konstitutiv, während die Zweitgenannten auch ohne die Verletzung eines Forderungsrechts existieren sollen.[268]

Ganz unabhängig davon, dass dieses Verständnis obligatorischer Ansprüche jedenfalls dann nicht mit den Aussagen *Windscheids* im Einklang steht, wenn man die Klagbarkeit entsprechend der wohl herrschenden Auffassung[269] als anspruchsimmanent begreift, werden den dinglichen und den obligatorischen Ansprüchen durch dieses Verständnis zwei verschiedene Funktionen beigemessen: Die Funktion des außervertraglichen, insbesondere des dinglichen Anspruchs soll im Schutz eines subjektiven Rechts bestehen. Aus der Sicht des Schutzrechts „Anspruch" wäre das dingliche subjektive Recht somit eine Art Substanzrecht. Demgegenüber soll der obligatorische Anspruch nach dem Verständnis der herrschenden Auffassung beides, zuordnendes subjektives Recht und rechtsverletzungsunabhängiges Schutzrecht, sein. Der obligatorische Anspruch bestimme, was der Gläubiger erhalte und sichere diese Zuordnung zugleich ab.[270]

---

[265] *Muther*, Kritik (1857), § 12, S. 42 (dort findet sich das wörtliche Zitat); vgl. auch § 13 S. 43.

[266] Vgl. dazu Kapitel 3 § 7 (S. 69 ff.).

[267] Besonders deutlich *Okuda*, AcP 164 (1964), 536, 537 f.

[268] Exemplarisch etwa *Okuda*, AcP 164 (1964), 536, 541–543.

[269] Vgl. dazu in diesem Kapitel die Nachweise in Fn. 195.

[270] *Rimmelspacher*, Materiellrechtlicher Anspruch, S. 24 f.; besonders deutlich wird dies etwa auch bei *G. Hager*, Gefahrtragung, S. 67: „Mit dem Vertragsschluß erwächst dem Käufer zunächst nur ein *Anspruch auf Lieferung* der Kaufsache. *Diese* schuldrechtliche *Zuordnung* der Sache reicht nun aus, ihm die Sache auch vermögensmäßig zu-

### II. Zuordnung und deren Schutz als funktional verschiedene Aufgaben

Bei der Zuordnung und deren Schutz handelt es sich jedoch um zwei funktional vollkommen verschiedene Dinge.[271] Abstrakt dient jedes subjektive Recht der Zuordnung eines Herrschaftsbereichs an ein Privatrechtssubjekt. So wird etwa durch das subjektive Eigentumsrecht einem Privatrechtssubjekt eine Sache zum weitestgehenden Alleingebrauch und zur freien Verfügung zugeordnet. Kraft dieser Zuordnung darf der Eigentümer mit der Sache innerhalb der Grenzen des Eigentumsrechts nach freiem Belieben verfahren. Das subjektive Eigentumsrecht ordnet also eine Sache einer Person zu.

Demgegenüber zielt der Schutz dieser Zuordnung nicht auf eine Sache oder einen Herrschaftsbereich, sondern auf das Verhalten der übrigen Privatrechtssubjekte ab.[272] So muss etwa dasjenige Privatrechtssubjekt, welches zuordnungswidrig den Eigentumsgegenstand in Besitz hat, die Sache entsprechend der durch das subjektive Eigentumsrecht vorgenommenen Zuweisung gemäß § 985 BGB an den Eigentümer herausgeben.

Aber auch im Bereich der subjektiven Forderungsrechte tritt der Unterschied zwischen Zuweisung und deren Schutz deutlich zu Tage: Auch dort bezieht sich die Zuordnung auf den Vertragsgegenstand, etwa eine Sache oder Dienstleistung, während den Inhalt des Schutzes die Leistung und damit ein bestimmtes Verhalten des Schuldners bildet.[273] Der einzige Unterschied besteht darin, dass die Zuordnung nur im Verhältnis der Vertragspartner oder darin „einbezogener" Personen existiert.[274] Dies ändert jedoch nichts an dem Umstand, dass durch die Annahme einer Inhaltsgleichheit von Forderung und obligatorischem Anspruch, wie sie die herrschende Auf-

---

zurechnen, mit der Folge, daß der Käufer mit der Gefahr belastet wird, daß ihm dafür aber auch nie Nutzungen an der Sache zustehen." (Hervorhebung nicht im Original).

[271] Auch *Ehrenzweig*, System I/1, S. 124 geht davon aus, dass nach den Regeln der Logik die Zuweisung vorrangig gegenüber dem Schutz ist.

[272] Dass Zuordnung und Schutz zwei verschieden Bezugspunkte besitzen, wird nur selten erkannt. Vgl. aber *Nunner-Krautgasser*, Schuld, Vermögenshaftung und Insolvenz, S. 63 f.

[273] *Dulckeit*, Verdinglichung, S. 43.

[274] Vgl. bereits *Dulckeit*, Verdinglichung, S. 32 f., 42 f.; *Michaels*, Sachzuordnung, S. 56, die beide von einer relativen Eigentumsübertragung ausgehen. Hiergegen etwa *Krause*, AcP 145 (1939), 312, 325 f. oder *Stadler*, RabelsZ 72 (2008), 423, 431 f. Nur von „Zuordnung" spricht *E. Picker*, JZ 1987, 1041, 1044; vgl. auch ders., in: FS Canaris, Bd. 1, S. 1001, 1029; ähnlich auch *Fickentscher/Heinemann*, Schuldrecht, Rn. 27. *Hoffmann*, Zession und Rechtszuweisung, S. 131, geht davon aus, dass „[d]ie Vermögensverschiebung [...] bereits durch die Forderung angeordnet [ist]". Dies ist das Resultat der Auffassung *Hoffmanns*, dass durch einen Vertragsschluss nicht nur der Leistungsgegenstand zugeordnet, sondern auch ein Recht auf die Leistungshandlung begründet wird (a. a. O. S. 100 ff.). Ob es sich tatsächlich um eine relative Eigentumsübertragung handelt, oder ob „lediglich" eine relative Zuordnung bzw. Anordnung der Vermögensverschiebung vorliegt, kann und soll hier dahingestellt bleiben.

fassung vornimmt, zwei funktional verschiedene Dinge mit ein und demselben Begriff beschrieben werden. Dies ist kein Zeichen sauberer Begriffsbildung.[275] Es verwundert daher nicht, dass gelegentlich versucht wird, diese Funktionsverschiedenheit durch Ergänzung eines Adjektivs an den Anspruchsbegriff zum Ausdruck zu bringen. So soll zwischen „selbstständigen" bzw. „primären" und „unselbstständigen" bzw. „sekundären" Ansprüchen zu differenzieren sein.[276] Unter Ersteren seien solche Ansprüche zu verstehen, die sowohl Zuordnungs- als auch Schutzrecht sind, während unter den Zweitgenannten diejenigen Ansprüche zu verstehen seien, die ausschließlich ein auf ein Substanzrecht bezogenes Schutzrecht sind und dessen Verletzung zur Voraussetzung haben.[277] Diese Auffassung anerkannt zwar das Strukturproblem dem Grunde nach, löst es aber nicht. Vielmehr wird es lediglich verbal verdeckt. Trotz dieser Verdeckung formiert aber nach wie vor funktional Verschiedenes unter dem Begriff des Anspruchs. Ein funktional einheitlicher Anspruch mit einheitlichen Voraussetzungen besteht nach wie vor nicht.

### *III. Verstoß gegen das Prinzip der Parsimonie und Ausweichbewegungen*

Geht man entsprechend dem vorherrschenden Verständnis davon aus, dass subjektives Forderungsrecht und obligatorischer Anspruch denselben Inhalt und Funktion besitzen, ist entweder das Systemelement „subjektives Forderungsrecht" oder aber der obligatorische Anspruch funktional überflüssig.[278] Nach dem auf *Wilhelm von Ockham* zurückgehenden heuristischen Prinzip der Parsimonie (teilweise wird auch von *Ockhams* Rasiermesser gesprochen) wäre daher – im Interesse eines möglichst „schlanken" aber gleich effektiven Systems – eines der beiden Systemelemente im Rahmen der obligatorischen Forderungsrechte aufzugeben.[279]

Eine Konsequenz, die freilich unter der Herrschaft des BGB nicht möglich ist, da dieses von der parallelen Existenz eines subjektiven Forderungs-

---

[275] *Hoffmann*, Zession und Rechtszuweisung, S. 120; *J. Schmidt*, in: FS Jahr, S. 401, 406f.; *Henckel*, AcP 174 (1974), 97, 139f. Den Unterschied zwischen Zuordnung und deren Schutz anerkennt auch *Nummer-Krautgasser*, Schuld, Vermögenshaftung und Insolvenz, S. 96ff. Dennoch geht sie im Anschluss an *Rimmelspacher*, Materiellrechtlicher Anspruch, S. 168f., davon aus, dass der Anspruch beide Vorgänge umfasse.

[276] Vgl. etwa *Wolf/Neuner*, Allgemeiner Teil, § 20 Rn. 22ff.; *Georgiades*, Anspruchskonkurrenz, S. 134f., mit einer Unterteilung in „selbständig und unselbständig" und *Langheineken*, Anspruch und Einrede, S. 26ff., mit einer Unterscheidung zwischen „primären" und „sekundären" Ansprüchen.

[277] Besonders deutlich *Okuda*, AcP 164 (1964), 536, 545ff.; *Georgiades*, Anspruchskonkurrenz, S. 134f.

[278] *Okuda*, AcP 164 (1964), 536, 542.

[279] Vgl. zum Parsimonieprinzip in der Wissenschaft, *Gauch*, Scientific Method in Practice, S. 269ff.

rechts und eines obligatorischen Anspruchs ausgeht (§§ 194 Abs. 1, 241 Abs. 1 BGB) und beide als Bezugspunkt für verschiedene Rechtsregeln nutzt: So knüpft etwa die Verjährung nach § 194 Abs. 1 BGB an den Anspruch an, während beispielsweise mittels der Zession nach § 398 BGB nicht etwa ein Anspruch, sondern eine Forderung übertragen wird[280], oder nach § 387 BGB mit Forderungen aufgerechnet wird. Insoweit verstößt die herrschende Auffassung bei konsequenter Anwendung ihrer These von der inhaltlichen und funktionalen Identität des „subjektivem Forderungsrechts" und des „obligatorischen Anspruchs" entweder gegen das Prinzip der Parsimonie oder gegen das geschriebene Recht.

Die Erkenntnis von der „funktionalen Doppelung" und der damit einhergehende Bruch mit dem Parsimonieprinzip hat schon früh dazu beigetragen, dass dem obligatorischen Anspruch ein graduell andersartiger Inhalt als dem subjektiven Forderungsrecht beigemessen wurde, um die vollständige Funktionsgleichheit und damit die Überflüssigkeit eines der beiden Systemelemente zu vermeiden. So sei der Anspruch etwa „die thatsächliche Verfolgung einer (dem Kläger) wirklich oder angeblich zustehenden Befugniß, etwas zugesprochenes zu erlangen bei dem Gericht (oder einem gleichstehenden Organ)".[281] Erst mittels des Anspruchs sei es dem Inhaber eines subjektiven Rechts demnach möglich, sein subjektives Recht *gerichtlich* geltend zu machen. Der Anspruch sei dasjenige, was die Pandektisten früher als privatrechtliches Klagerecht, also das Recht des Klägers gegen den Staat auf ein ihm günstiges Urteil gegenüber dem Beklagten, bezeichnet haben.[282]

Diese Auffassung implementiert also zur Vermeidung der funktionalen Doppelung eines Systemelements den Aspekt der gerichtlichen Rechtsverfolgung in den materiell-rechtlichen Anspruchsbegriff. Die Klagbarkeit wird konstitutives Element des obligatorischen Anspruchs. Erst der obligatorische Anspruch soll es dem Gläubiger ermöglichen, den Schuldner gerichtlich in Anspruch zu nehmen. Eine Auffassung, die sich bis heute darin zeigt, dass zahlreiche Autoren die Klagbarkeit jedenfalls auf dem Gebiet des Vertragsrechts als anspruchsimmanent begreifen.[283] Auf dem Gebiet des Vertragsrechts wäre damit die von *Windscheid* angestrebte Trennung von materiellem Recht und dessen gerichtlicher Verfolgbarkeit nicht erfolgreich gewesen.

---

[280] *Hoffmann*, Zession und Rechtszuweisung, S. 129; jedenfalls missverständlich *Samhat*, Abgrenzung, S. 119; *Peters/Jacoby*, in: Staudinger, BGB, § 194 BGB Rn. 14; *Regelsberger*, Pandekten, Band 1, S. 215, 217 f., ging noch davon aus, dass Ansprüche den Gegenstand der Zession begründen. So ausdrücklich heute noch *Schapp*, JuS 1992, 537, 542 f.; *ders.*, JZ 2001, 583, 584.

[281] *Bolze*, Gruchot 46 (1902), 753, 757.

[282] *Bolze*, Gruchot 46 (1902), 753, 757.

[283] Siehe die Nachweise in Fn. 195 in diesem Kapitel.

## *IV. Regelungen über Forderungen passen nicht für Ansprüche*

Die herrschende Meinung zieht aus ihrer Prämisse, der Anspruch sei als das allgemeinere Rechtsinstitut mit dem subjektives Forderungsrecht verwandt[284], konsequenterweise den Schluss, dass die gesetzlichen Regelungen über Forderungen auch auf die Ansprüche entsprechend anzuwenden seien.[285] Wäre diese These richtig, wären das Substanz- und das Schutzrecht miteinander verwandt. Konsequenterweise müsste dann auch der dingliche Anspruch mit der obligatorischen Forderung verwandt sein.[286] Entsprechend dieser Überlegung wurde bereits kurz nach Inkrafttreten des BGB die Frage diskutiert, ob nicht jeder dingliche Anspruch eine Forderung sei und ein Schuldverhältnis begründe.[287]

Die aufgeworfenen Fragestellungen sind bis heute weitestgehend ungeklärt. Zwar werden derartige Streitigkeiten heute aufgrund der Durchsetzung der Interessenjurisprudenz nicht mehr anhand von Begrifflichkeiten, sondern anhand von Interessenlagen geführt. Maßgebender Ausgangspunkt ist jedoch nach wie vor die Prämisse von der Identität oder zumindest der Verwandtschaft von Forderung und dinglichem Anspruch. So sei etwa im Einzelfall zu prüfen, ob die Regelungen über Forderungen auf den konkreten dinglichen Anspruch angewendet werden können. Dass die Anwendung der Regelungen über Forderungsrechte auf die dinglichen Ansprüche bereits bei dem Vindikationsanspruch und damit dem dinglichen Anspruch par excellence eine Illusion ist, wird heute zwar offen eingestanden,[288] Konsequenzen für die grundlegende Frage der Identität oder Verwandtschaft von obligatorischer Forderung und obligatorischem Anspruch werden daraus mehrheitlich aber nicht gezogen.

## *V. Keine kohärente Systematik im Rahmen der Verjährung*

Die Gleichsetzung von Anspruch und obligatorischer Forderung ohne Korrekturen ist darüber hinaus auch nicht mit dem geschriebenen Verjährungs-

---

[284] *Wolf/Neuner*, Allgemeiner Teil, § 20 Rn. 14ff.

[285] Vgl. nur *Enneccerus/Lehmann*, Schuldverhältnisse, S. 3f.; *Medicus/Petersen*, Allgemeiner Teil, § 11 Rn. 75; *Hellwig*, Anspruch und Klagerecht, S. 30f.; etwas zurückhaltender *Gernhuber*, Schuldverhältnis, S. 35.

[286] So in der Tat *Gebhardt*, Entwurf Allgemeiner Teil I, S. 329 „Der [...] dingliche Anspruch hat eine dem Forderungsrecht analoge Natur, einer der Obligation nächstverwandten Charakter".

[287] Vgl. etwa *Wendt*, AcP 100 (1909), 1, 356ff. mit zahlreichen Nachweisen.

[288] So ist heute weitestgehend anerkannt, dass der Anspruch aus § 985 BGB nicht durch Abtretung nach § 398 BGB isoliert übertragen werden kann. Vgl. BGHZ 60, 235, 240; 111, 364, 369; 155, 329, 339; *Baur/Stürner*, Sachenrecht, § 11 Rn. 44; a. A. etwa noch *Regelsberger*, Pandekten, Band 1, S. 215.

recht der §§194ff. BGB in Einklang zu bringen und steht somit in offenem Widerspruch zum geltenden Privatrecht.[289]

Ausweislich des §194 Abs.1 BGB bilden Ansprüche den Bezugspunkt der Verjährung. Folgerichtig ist anerkannt, dass zwar dingliche Ansprüche verjähren, nicht hingegen das zugrundeliegende dingliche subjektive Recht.[290] Diese Differenzierung ist unter den Prämissen der herrschenden Auffassung im Rahmen der obligatorischen Ansprüche aber nicht möglich, da nach dieser das Substanzrecht in Gestalt des subjektiven Forderungsrechts und der obligatorische Anspruch identisch sein sollen. In der Folge bleibt an sich nichts anderes übrig, als mit *Windscheid*[291], *Gebhard*[292] und den Motiven zum BGB[293] anzunehmen, dass im Rahmen der Obligationen nicht nur der Anspruch, sondern auch das subjektive Forderungsrecht verjährt, so dass der obligatorischen Forderung an sich ab der Erhebung der Verjährungseinrede keine ungehemmten Rechtswirkungen mehr zukommen dürfte. Damit müsste an sich auch der Rechtsgrund für eine gleichwohl erfolgte Leistung entfallen. Gerade dies würde aber der gesetzgeberischen Konzeption der §§214 Abs.2 S.1, 813 Abs.1 S.2 BGB widersprechen.[294] Ferner würde nach Entfall der Wirkungen des subjektiven Forderungsrechts durch Verjährung kein Bezugspunkt mehr für etwaige Sicherheiten bestehen, was seinerseits nicht mit der Regelung des §216 Abs.1 BGB vereinbar wäre, da diese davon ausgeht, dass auch nach Eintritt der Verjährung noch eine Forderung besteht, welche befriedigt werden kann. Im Hinblick auf §215 BGB stellt sich ferner die Frage, mit welcher Forderung aufgerechnet werden soll, wenn doch der Forderung infolge der Verjährung an sich keine Rechtswirkungen mehr zukommt.

Freilich hat auch die herrschende Auffassung diese Ungereimtheiten und Widersprüche zum geschriebenen Recht erkannt und dergestalt „gelöst", dass schlicht behauptet wird, obligatorische und dingliche Ansprüche würden auf unterschiedliche Art und Weise verjähren. Während dingliche Ansprüche vollständig verjährten und infolge dieser Verjährung keine Rechtswirkungen mehr besäßen, gelte dies nicht für obligatorische Ansprüche, da diese infolge der Verjährung nicht vollständig untergingen, sondern weiterhin Rechtswirkungen besäßen.[295] Eine solche Zweiteilung des Verjährungs-

---

[289] So bereits *J. Esser*, Einführung, S.160, welcher hieraus jedoch nicht die hiesigen Schlüsse zieht.

[290] Motive I, S.290 = Mugdan I, S.512; RGZ 138, 296, 300; *Peters*, in: Staudinger, BGB, §194 Rn.19; *J. Esser*, Einführung, S.160.

[291] *Windscheid*, Actio des röm. Civilrechts (1856), S.39, 41.

[292] *Gebhardt*, Vorentwurf AT/2, S.388.

[293] Mugdan I, S.513: „Forderungen wie Ansprüche aus absoluten Rechten unterliegen der Verjährung".

[294] Vgl. dazu bereits *Rimmelspacher*, Materiellrechtlicher Anspruch, S.48ff.; *Hoffmann*, Zession und Rechtszuweisung, S.123.

[295] Vgl. *Roth*, Einrede, S.46 m.w.N.; vgl. dazu bereits *Windscheid*, Actio, S.41; *ders.*,

rechts findet allerdings keine Anhaltspunkte im kodifizierten Recht und ist nur unnötig komplizierte Folge einer zweifelhaften Prämisse.[296]

## B. Schuldverhältnis „im weiteren Sinn" als ungeeignetes Schutzobjekt von Ansprüchen

Diejenigen Ansichten, die das Schuldverhältnis im weiteren Sinn als Quelle von Ansprüchen sehen,[297] lassen sich zum Teil darauf zurückführen, dass den subjektiven Rechten ihre zentrale Stellung im System des Privatrechts im Interesse eines Kooperationsverhältnisses, welches in Schuldverhältnissen zum Ausdruck kommen soll, *per se* abgesprochen wird.[298] Die Eliminierung subjektiver Rechte aus dem System des Privatrechts muss aber scheitern, so lange die Privatrechtsordnung den verschiedenen Privatrechtssubjekten – wenn auch nur innerhalb bestimmter Grenzen – Freiheitssphären zubilligt und diese, will sie sich nicht selbst *ad absurdum* führen, vor Eingriffen bzw. Beeinträchtigungen durch andere Privatrechtssubjekte in der einen oder anderen Form schützt.[299]

Weiter – und hierin liegt das eigentliche Argument gegen diese Sichtweise – wäre die Prämisse, dass sich der obligatorische Anspruch zum Schuldverhältnis „im weiteren Sinn" verhält wie der dingliche Anspruch zum dinglichen Recht, nur haltbar, wenn aus dem Schuldverhältnis „im weiteren Sinn" eine den subjektiven Rechten vergleichbare Zuweisung resultieren würde; wenn es also eine „Quelle" von besonderen Rechten und Pflichten wäre. Gerade dies ist jedoch nicht der Fall. Vielmehr ist das Schuldverhältnis „im weiteren Sinn" nicht mehr als eine Sammelbezeichnung für eine Summe einzelner subjektiver Forderungsrechte, welche im Verhältnis von mindestens zwei Rechtssubjekten bestehen.[300] Mit anderen Worten ist das Schuldverhältnis „im weiteren Sinn" nicht mehr als die Summe seiner Teile[301] und damit als *Quelle* von Rechtspflichten überflüssig, auch wenn festzustellen

---

Abwehr gegen Muther, S. 39; Eine ebenso zweifelhafte Konstruktion findet sich bei *Kleinfeller*, AcP 137 (1933), 129, 153 f.: Da der verjährte Anspruch als Klagloser seinem Wesen nach kein Anspruch mehr sei, könne der Ausschluss des Rechts, das nach Ablauf der Verjährungsfrist Geleistete zurückzufordern, nur durch die Annahme eines neuen Anspruchs auf Unterlassung der Zurückforderung erklärt werden.

[296] *J. Esser*, Einführung, S. 160; *Hoffmann*, Zession und Rechtszuweisung, S. 124.

[297] Vgl. dazu Kapitel 3 § 8 C. (S. 75 f.).

[298] Vgl. Kapitel 2 § 3 (S. 24 f.).

[299] Vgl. Kapitel 2 § 7 B. (S. 31 ff.).

[300] *Herholz*, AcP 130 (1929), 257, 261 f.; *J. Schmidt*, in: Staudinger, BGB, 13. Bearbeitung 1995, Einl. zu §§ 241 ff BGB Rn. 207; *Gernhuber*, Das Schuldverhältnis, § 2 I 3. (S. 9 f.); *Bucher*, in: FS Wiegand, S. 93, 115; *Hoffmann*, Zession und Rechtszuweisung, S. 127.

[301] *Gernhuber*, Das Schuldverhältnis, § 2 I 3. S. 9 f.; *Hoffmann*, Zession und Rechtszuweisung, S. 127.

ist, dass es auf Tatbestandsseite von Rechtssätzen (etwa im Rahmen von § 278 BGB)[302] auftreten kann.[303] Es ist nicht mehr als eine „gedankliche Hilfestellung", welche zwischen das subjektive Recht und den Anspruch eingeschoben wird.[304]

Die Gründe dafür, dass Teile der Lehre das Schuldverhältnis „im weiteren Sinn" dennoch als Quelle von Rechten und Pflichten begreifen, sind vielschichtig: Einer der Hauptgründe scheint darin zu liegen, dass auf diesem Weg leichter veranschaulicht werden kann, warum subjektive Rechte eines Rechtssubjekts gegenüber bestimmten anderen Rechtsubjekten einen anderen Inhalt und Umfang besitzen als gegenüber den übrigen Rechtssubjekten (Relativität subjektiver Rechte).[305] Zudem ermöglicht das Schuldverhältnis „im weiteren Sinne" als Quelle von Rechten und Pflichten auch eine Veranschaulichung in zeitlicher Dimension. Versteht man etwa eine Sachschenkung nicht nur als Verpflichtung des Schenkers gegenüber dem Beschenkten auf Übereignung und Übergabe des Schenkungsgegenstands, sondern darüber hinaus auch als ein Rechtsverhältnis, aus dem weitere Rechte und Pflichten erwachsen können, so erleichtert dies etwa die Konstruktion bzw. die Einsicht, dass auch nach Erfüllung der Schenkungsschuld noch Rechte und Pflichten zwischen Schenker und Beschenktem im Hinblick auf den Schenkungsgegenstand bestehen können (etwa §§ 528 und 530 BGB).

Ein weiterer Grund wird darin zu erblicken sein, dass das Schuldverhältnis „im weiteren Sinn" die Möglichkeit eröffnet, eine Rechtsbeziehung zwischen wenigen Privatrechtssubjekten mit allerhand Pflichten „anzureichern".[306] Damit rückt die Pflicht und deren Verletzung als an-

---

302 Vgl. dazu *Wendelstein*, AcP 215 (2015), 70–106.

303 Darauf hat insbesondere *Larenz*, JZ 1962, 105, 108, hingewiesen.

304 Besonders deutlich wird dies etwa bei *Hadding*, in: FS Kroeschell, S. 293, 294; *E. Wolf*, in: FG Herrfahrdt, S. 197, 200 f.; *Röhl/Röhl*, Allgemeine Rechtslehre, S. 402, sprechen daher zu Recht spöttisch vom Schuldverhältnis „im weiteren Sinn" als „Anspruchsproduktionsmaschine"; kritisch auch *Bucher*, in: FS Wiegand, S. 93, 124: „Pseudobegriffen", „Stimmungsmache" und „Wortspielereien"; ferner *Lobinger*, ZfA 2004, 101, 120 f. sowie Fn. 90, der fordert, dass die „Mystifizierung" des Schuldverhältnisses im weiteren Sinne „als ein pflichtgebärender komplexer Organismus" aufzugeben sei; vgl. auch *Larenz*, JZ 1962, 105, 108 Fn. 17.

305 Auch *Bucher*, in: FS Wiegand, S. 93, 121 f., geht davon aus, dass das Schuldverhältnis „im weiteren Sinn" der „Veranschaulichung" diene. Hierauf wird noch einmal näher zurückzukommen sein.

306 Aufgrund der völkischen Ideologie wurde von dieser Möglichkeit etwa von Mitgliedern der Akademie des Deutschen Rechts gerne Gebrauch gemacht. Vgl. etwa *H. Lange*, Vom alten zum neuen Schuldrecht, S. 70: „Das neue Rechtsdenken ordnet nicht nur den einzelnen der Gemeinschaft unter, es bindet auch die einzelnen um der Gemeinschaft willen enger aneinander. Der Vertrag ist sein Götze, dem die einzelnen dienen, dem sie ohne ansehen (sic!) der Person geopfert werden: ‚Der Mensch lebt nicht für Verträge, sondern die Verträge sind da, das Leben der Menschen zu ermöglichen' [Zitat Hitlers anlässlich einer Ansprache am 01.05.1933]. […] Die Beteiligten stehen einander nicht fremd als Vertragsgegner, sondern verbunden als Vertragsgenossen gegenüber, die

spruchsbegründendes Moment insbesondere im Rahmen von Schadensersatzansprüchen in das Zentrum des Systems und der Argumentation; die Verletzung eines subjektiven Rechts scheint in gleichem Maße zurückzutreten.[307] Insoweit wird die weitere Untersuchung jedoch zeigen, dass die Statuierung von Pflichten lediglich *eine* Methode zur Konkretisierung subjektiver Rechte darstellt. Damit wird sich zugleich zeigen, dass die teilweise Übernahme dieser Lehren in den §§241 Abs. 2, 311 Abs. 2 und 3 BGB nicht im Widerspruch zum hiesigen Verständnis steht.

## C. Kritik an einem aktionenrechtlichen Denken

### *I. Fehlerhafte Grundüberzeugung – Privatrecht ist mehr als bloße Streitordnung*

Als Alternativmodell zum herrschenden Verständnis vertritt ein Teil der Lehre, wie oben dargestellt[308], eine Art „Aktionenmodell".[309] Dieses beruht auf der Grundüberzeugung, dass das „Privatrecht" innerhalb einer Gesellschaft nur eine sehr eingeschränkte Funktion besitzt. Es solle lediglich verhindern, dass ein Streit in einer ungeordneten und damit potentiell gewalttätigen Auseinandersetzung mündet. Außerhalb einer Streitsituation komme dem Recht hingegen keine Funktion zu.[310] Solange gesellschaftliche Vorgänge ohne Streit ablaufen, werde das Recht nicht berührt. Vielmehr griffen außerhalb eines Streits (bestenfalls) lediglich gesellschaftliche Ordnungsmuster (Moral, Ethik, Religion) ein. So sei etwa ein normal abgeschlossener und ohne Streitigkeiten erfüllter Vertrag in Wahrheit kein Rechtsproblem, sondern lediglich ein gesellschaftlicher Transfervorgang, der auch ohne die Vorstellung eines regelnden Rechtes ebenso verliefe. Erst

---

im gemeinsamen Zusammenwirken das gemeinschaftlich gesetzte Ziel verwirklichen. Die Einheit der Schuldverhältnisse steht darum im Vordergrunde, das ‚Schuldverhältnis als Organismus' ist *mehr* als die Summe von Einzelansprüchen; aus ihm *fließen* vielmehr die einzelnen Ansprüche. Diese beschränken sich *nicht* auf die vom Gesetz aufgezählten; Sie ergeben sich aus der Lage des einzelnen Falles heraus, bestimmen sich *allein nach Treu und Glauben*. Der Gerechtigkeitsgedanke muß auch hier über den Rechtssicherheitsgedanken siegen." (Hervorhebungen nicht im Original).

[307] *Bucher*, in: FS Wiegand, S. 93, 99f.

[308] Vgl. Kapitel 3 §8 B. (S. 73ff.).

[309] Soweit ersichtlich findet sich heute kein reines „Aktionendenken" mehr. Es wird jedoch in der Tendenz bis heute etwa von *Bucher*, AcP 186 (1986), 1, 1ff., insb. S. 11ff. und *Pawlowski*, Allgemeiner Teil, Rn. 326ff. vertreten. Vgl. zum „aktionenrechtlichen Denken" und dessen Querverbindungen zum weitaus verbreiteteren und weniger radikalen „Anspruchsdenken", *Medicus*, AcP 174 (1974), 313, 314ff., der selbst auf die Gefahren einer falschen Akzentuierung eines zu starken Anspruchsdenkens hinweist (S. 321f.).

[310] Vgl. etwa *Schapp*, JuS 1992, 537, 538f.: „Entscheidung über den Anspruch als Konfliktlösung".

wenn es zwischen den Vertragsparteien zu Streitigkeiten komme, sei das „Recht" die maßgebliche *Streitordnung*.

Auch außerhalb des Vertragsrechts würden unstreitige gesellschaftliche Vorgänge ebenso ablaufen, wenn man präexistente Rechte nicht hätte:

> „Es scheint zunächst dem Recht zu entsprechen, dass jedermann die subjektiven Rechte anderer beachtet – also deren Herrschafts- oder Forderungsrechte. Das heiß u. a., dass man nicht über ein Grundstück geht, ohne dessen Eigentümer oder Pächter vorher zu fragen [...]. Man weiß aber, dass das tägliche – normale und rechtmäßige – Verhalten diesem Bild in vielen Beziehungen nicht entspricht: Über mein Grundstück hinter meinem Haus gehen oft Leute, ohne mich zu fragen, ich sage auch nichts dagegen; [...] In diesem Verhalten liegt aber kein *Verzicht* auf die einzelnen Rechte. Man sieht nur davon ab, die Ansprüche geltend zu machen, die sich aus den einzelnen Rechten ergeben."[311]

Wessen Grundeigentum durch die Überquerung mit der Folge beeinträchtigt wird, dass Unterlassung und/oder Schadensersatz verlangt werden kann, sei zunächst unerheblich. Wenn der Eigentümer etwa Unterlassung fordere, konkretisiere sich das Eigentumsrecht zum Unterlassungsanspruch und in der Folge sei es unerheblich, ob theoretisch auch noch ein Anspruch auf Schadensersatz bestehe.[312] Das Recht als Streitordnung rekurriere nicht auf präexistente „Rechte" oder „Rechtspflichten", sondern versuche die „Chancen" und „Risiken" der streitenden Parteien *verfahrensmäßig* auszubalancieren.

## *II. Gebundenheit des Richters*

Gegen ein derartiges aktionenrechtliches Denken ließe sich einwenden, dass man heutzutage, schon alleine wegen des Art. 20 Abs. 3 GG[313] unbestritten im Grundsatz davon ausgeht, dass der im konkreten Streitfall erkennende Richter an das Recht gebunden ist und das Recht demensprechend nicht frei erfinden darf.[314] Allerdings ist dieser Einwand weitaus weniger schlagkräftig als es zunächst den Anschein hat, da damit noch nicht gesagt ist, dass die Gebundenheit des Richters zwangsläufig durch das materielle Recht bzw. die dort verankerten subjektiven Rechte erreicht werden muss. Zwar schien *Windscheid* hiervon auszugehen, überzeugend ist das jedoch nicht.[315] Auch verfahrensmäßige Vorgaben können eine ebensolche starke Bindungswirkung für den entscheidenden Richter erreichen wie solche des materiellen Rechts. Muss etwa ein Richter das Rechtssubjekt B zur Leistung

---

311 *Pawlowski*, Allgemeiner Teil, Rn. 326.

312 *Pawlowski*, Allgemeiner Teil, Rn. 326 ff., insb. Rn. 328 f.

313 Dazu nur *Grzeszick*, in: Maunz/Dürig, Art. 20 GG Rn. 148.

314 Bereits *Windscheid*, Actio des röm. Civilrechts, S. 5, sprach davon, dass der Richter „in Anerkennung einer Ordnung der Dinge" agiere.

315 *J. Schmidt*, in: FS Jahr, S. 401, 409.

einer Sache verurteilen, wenn das Rechtssubjekt A eine Urkunde über den Kauf einer solchen Sache vorlegt (Verfahrensregel), ist die richterliche Entscheidung gebunden, ohne dass es materiell-rechtlicher Normen über den Sachkauf bedarf.

### *III. Systemtheoretisches Problem*

Ein deutlich komplexerer theoretischer Einwand gegen ein „Aktionendenken" resultiert aus den Überlegungen der philosophisch-sozilogischen Systemtheorie.[316] Nach dieser existiert keine alles überwölbende Gesellschaft, welche verschiedene „Aufgaben" an bestimmte soziale Subsysteme delegiert. Vielmehr wird die Gesellschaft als ein „umfassendes soziales System, das alle anderen sozialen Systeme in sich einschließt", begriffen.[317] Die Systemtheorie beobachtet alles Beobachtbare (inklusive des Beobachtenden) ausnahmslos als Systeme. Diese Systeme besitzen eine unterschiedliche Größe, Struktur und Komplexität. Ein System ist konstituiert durch die Unterscheidung von System und Umwelt (die sogenannte Leitdifferenz), d. h. von „innen" und „außen". Die Systeme sind dabei in der Lage, nach den ihnen jeweils eigenen Strukturen auf die von ihnen rezipierten Umweltreize mit einer Zustandsänderung ihrer selbst zu reagieren. Diese Zustandsänderung kann von einem anderen System als Umweltreiz rezipiert werden, und wird damit von diesem in eine Zustandsänderung umgesetzt.

Ein soziales System ist dabei nach *Luhmann* nichts anderes als Kommunikation:

> „Ein soziales System kommt zustande, wenn immer ein autopoietischer Kommunikationszusammenhang entsteht und sich durch Einschränkung der geeigneten Kommunikation gegen eine Umwelt abgrenzt. Soziale Systeme bestehen demnach nicht aus Menschen, auch nicht aus Handlungen, sondern aus Kommunikationen."[318]

Ein solches soziales System sei beispielsweise die Wirtschaft und die Politik, Wissenschaft und Kunst, Familie und Erziehung, Religion und Sport und eben auch das Recht.[319] Für jedes soziale System könne man nach der Beziehung zum Gesamtsystem und nach der Beziehung zu den anderen sozialen Systemen fragen. Die Beziehung zum Gesellschaftssystem wird als Funktion angesprochen, die Beziehung zu anderen sozialen Systemen als Leistung, die als Input zu beziehen und als Output zu erbringen ist. Die verschiedenen Teilsysteme seien aufgrund der Spezialisierung auf ihre be-

---

[316] Vgl. etwa *Luhmann*, Die Gesellschaft der Gesellschaft, passim; *ders.*, Die Wirtschaft der Gesellschaft, passim; *Teubner*, Steuerung durch plurales Recht, passim.

[317] *Luhmann*, Die Gesellschaft der Gesellschaft, S. 78.

[318] *Luhmann*, Ökologische Kommunikation, S. 269.

[319] *Luhmann*, Recht der Gesellschaft, S. 16.

sonderen Funktionen in der modernen Gesellschaft in sehr hohem Maß autonom von den anderen sozialen Systemen. So investiere die Wirtschaft etwa allein nach ökonomischen Gesichtspunkten und das Recht habe sich nicht nur von Sitte und Moral emanzipiert, sondern sei auch vergleichsweise unabhängig von Politik und Wirtschaft. Die entstandenen Freiheitsräume seien nicht mehr durch sozialsystemübergreifende Zielvorstellungen aufeinander abgestimmt.

Stimmen diese Aussagen und Annahmen der modernen Systemtheorie, ist es nicht möglich, den „unstreitigen" Teil eines gesellschaftlichen Vorgangs einer „vorrechtlichen Gesellschaft" zu überantworten und lediglich den „streitigen Teil" dem sozialen System Recht zu überweisen. Vielmehr repräsentiert das jeweilige Teilsystem und damit auch das Rechtssystem in der modernen Systemtheorie die Gesellschaft für ihren Teil totalitär.[320] Wenn die Überlegungen der modernen Systemtheorie zutreffend sind, müssen also alle gesellschaftlichen Vorgänge – streitig oder nicht – in dem Rechtssystem nachgezeichnet werden. Einen zunächst „rechtsfreien" Raum, welcher erst dann Bestandteil des sozialen Systems Recht ist, wenn Gesellschaftsmitglieder tatsächlich (gerichtlich) streiten, kann es dann überhaupt nicht geben.

### *IV. Dogmatisch-praktische Probleme*

Aber auch unabhängig von diesen systemtheoretischen Überlegungen vermag ein Aktionendenken aus dogmatisch-praktischen Gründen nicht zu überzeugen. Man muss nicht lange suchen, um festzustellen, dass im geltenden Recht Normen vorhanden sind, welche die Existenz von streitunabhängigen materiell-rechtlichen Regelungen voraussetzen, weil diese in deren Tatbestand auftauchen (Meta-Normen). Zu denken ist etwa an die Normen, welche die Übertragung von Rechten regeln und damit die Existenz von subjektiven Rechtspositionen außerhalb von Streitigkeiten tatbestandlich voraussetzen. So regeln beispielsweise die §§ 929 ff. BGB den Übergang des Eigentums, § 1922 Abs. 1 BGB regelt die sogenannte Universalsukzession infolge des Todes des Erblassers, § 398 BGB den Forderungsübergang (Zession). Alle diese Rechtsnormen des geschriebenen Rechts setzen in ihrem Tatbestand voraus, dass ein streitunabhängiges subjektives Recht besteht, welches von einem Privatrechtssubjekt auf ein anderes übergeleitet werden soll. Ein weiteres Beispiel für derartige Normen sind die Kollisionsnormen des Internationalen Privatrechts. Auch diese setzen voraus, dass materiell-rechtliche Regelungen eines nationalen Rechts existieren, welche unabhängig von einem (gerichtlichen) Streitfall für einen bestimmten Lebenssachverhalt zur Anwendung berufen sind.

---

[320] Deutlich etwa *Luhmann*, Die Wirtschaft der Gesellschaft, S. 325; *Teubner*, Steuerung durch plurales Recht, S. 538 ff.

Die Existenz solcher Meta-Normen macht deutlich, dass sich das Privatrecht in seiner heutigen gesetzlichen Ausgestaltung mit einer aktionenrechtlichen Denkweise nicht vollständig erfassen lässt.

## D. Kritik am Ansatz Muthers – Anspruch als unentbehrliches Systemelement

*Muther* ging, wie gesehen[321], im Ergebnis davon aus, dass das Systemelement „Anspruch“ verzichtbar sei. Es genügten die Systemelemente „Verletzung eines subjektiven Rechts“ und „Klage“, um ein stimmiges System aufzubauen. Es handelt sich bei dem System *Muthers* also um ein Ergebnis aktionenrechtlichen Denkens. Insoweit bestehen die soeben ausgeführten Bedenken[322] auch gegen das System *Muthers.*

### *I. Widerspruch zum geschriebenen Recht*

Als weiteres Argument gegen das System *Muthers* lässt sich anführen, dass das BGB den Begriff des Anspruchs insbesondere im Verjährungsrecht kennt und ihn dort auch in systematischer Hinsicht als Anknüpfungspunkt für die Verjährung voraussetzt (vgl. § 194 ff. BGB). Vor diesem Hintergrund wäre ein Verzicht auf das Systemelement „materiell-rechtlichen Anspruch“, wie er im System *Muthers* angelegt ist, bereits mit dem geschriebenen Recht unvereinbar.

### *II. Unentbehrlichkeit des Anspruch aus systematischer Sicht*

Aus systematischer Sicht ist allerdings entscheidend, dass das von *Muther* propagierte System innerhalb seiner eigenen Parameter nicht widerspruchsfrei funktionieren kann: Mit der Verletzung eines subjektiven Rechts steht lediglich der Verletzungstatbestand als solcher fest. Dessen Rechtsfolgen bleiben hingegen noch völlig offen, da im System *Muthers*, wie gesehen,[323] infolge der Verletzung eines subjektiven Rechts neue subjektive Rechte entstehen können, welche u. U. einen vom ursprünglichen subjektiven Recht abweichenden Inhalt, etwa Gewährung von Schadensersatz, besitzen *können.* Welchen Inhalt und Umfang diese neuen subjektiven Rechte aber haben, kann dem System *Muthers* nicht entnommen werden, da es neben dem Systemelement des subjektiven Rechts nur noch das Systemelement der Klage kennt. Wie soll die Staatshilfe aussehen, auf die der in seinem Recht verletzte Kläger nach dem Verständnis *Muthers* einen (öffentlich-rechtlichen) Anspruch

---

321 Vgl. Kapitel 3 § 8 E. (S. 77 ff.).
322 Vgl. Kapitel 3 § 9 C. (S. 87 ff.).
323 Vgl. Kapitel 3 § 8 E. (S. 77 ff.).

hat? Sicher ist das Klagebegehren des Klägers für sich genommen nicht in der Lage, den Inhalt der begehrten Staatshilfe als Rechtsfolge festzulegen. Anderenfalls hätte es allein der Kläger in der Hand, die Rechtsfolgen der Verletzung eines subjektiven Rechts zu bestimmen. Unter der Prämisse *Muthers*, dass infolge einer Rechtsverletzung neue, im Vergleich zum ursprünglichen subjektiven Recht inhaltlich divergierende subjektive Rechte entstehen können, ist es nach alledem nicht möglich, von der Verletzung eines subjektiven Rechts unmittelbar zu dem Element der Klage überzugehen.

## E. Zwischenergebnis

Nach alledem vermag die Unterscheidung zwischen zwei in ihren Voraussetzungen unterschiedlichen Arten von Ansprüchen, solchen die dem Schutz eines subjektiven Rechts dienen und solchen, die Substanz und Schutzrecht zugleich sind und unabhängig von der Verletzung des jeweiligen Substanzrechts bestehen, nicht zu überzeugen. Will man sich nicht mit einer Korrektur der Folgen des fehlerhaften Grundverständnisses begnügen, muss zunächst das System als solches hinterfragt werden und der Versuch der Herausarbeitung eines einheitlichen Anspruchsbegriffs unternommen werden. Dabei ist von den durch *Windscheid* herausgearbeiteten Strukturelementen unseres heutigen Privat- und Zivilprozessrechts auszugehen. Diese sind (1) das subjektive Recht, (2) der materiell-rechtliche Anspruch und (3) die Klage, welche der prozessualen Durchsetzung des Anspruchs dient. Allerdings gilt es stets zu hinterfragen, ob es tatsächlich aller dieser drei Strukturelemente bedarf, oder ob nicht auf das ein oder andere nach dem Prinzip der Parsimonie verzichtet werden kann.

# *§ 10 Funktional einheitlicher Anspruch*

## A. Anspruch als Schutzinstrument für verletzte subjektive Rechte

### *I. Grundlagen*

Die bisherige Untersuchung hat gezeigt, dass es sich sowohl bei dem subjektiven Recht als auch bei dem Anspruch um zwei unentbehrliche Systemelemente handelt. Zudem existiert mit der „Klagbarkeit" ein weiteres Systemelement, welches die „Brücke" vom materiellen Recht zum Prozessrecht schlägt. Entsprechend dieser Vorgaben bestehen also drei Systemelemente (1) „subjektives Recht", (2) „materiell-rechtlicher Anspruch" und (3) „Klagerecht". Ein denkbares Modell zur Anordnung dieser Systemelemente ist das Folgende: Der materiell-rechtliche Anspruch, welcher zum Schutz jeder subjektiven Rechtsposition die Rechtsfolge für dessen Verletzung statuiert, bildet die Grundlage einer jeden erfolgreichen Klage.[324] Der Schlüsselbegriff dieser Auffassung ist die Verletzung eines subjektiven Rechts, da diese die Verbindung zwischen subjektivem Recht und materiell-rechtlichem Anspruch herstellt: Als Folge der Verletzung eines subjektiven Rechts entsteht der Anspruch als Mittel zum Schutz des subjektiven Rechts.[325] Der Anspruch definiert die Rechtsfolgen der Verletzung des subjektiven Rechts und gestattet es dem Anspruchsinhaber, vom Schuldner die Herbeiführung dieser Rechtsfolge zu verlangen. Der Schuldner wird dadurch nicht in seinen subjektiven Rechten, auch nicht in seiner Handlungsfreiheit als Bestandteil des allgemeinen Persönlichkeitsrechts, verletzt.

### *II. Vorteile dieser Konzeption*

Dieses Modell hat gegenüber einem aktionenrechtlichen Denken und dem Ansatz *Muthers* zunächst einmal den Vorteil, dass die im Rahmen dieser Systeme auftretenden Probleme vermieden werden: So stehen in einem derartigen System mit den Ansprüchen und den subjektiven Rechten Anknüpfungspunkte für die verschiedenen „Meta-Normen" zur Verfügung.[326]

Das Modell hat aber auch gegenüber dem herrschenden Anspruchsverständnis Vorteile.

#### *1. Funktionale Einheitlichkeit des Systemelements „Anspruch"*

Dieses Modell wahrt die funktionale Einheitlichkeit des Anspruchsbegriffs. Der Grund hierfür ist, dass sich die Funktion jedes Anspruchs im Schutz eines subjektiven Rechts im Falle dessen Verletzung erschöpft. Infolge eines Anspruchs kann der Anspruchsinhaber vom Schuldner eine Handlung oder

---

[324] Die ausschließliche Schutzfunktion von Ansprüchen erkennen an: *Kohler*, Bürgerliches Recht I, §57 (S. 174ff.); *von Thur*, Allgemeier Teil, §15 II. (S. 242); *J. Schmidt*, in: FS Jahr, S. 401, 415; *E. Picker*, in: FS Canaris, Bd. 1, S. 1001, 1030; *ders.*, in: FS Bydlinsky, S. 269, 275f., 282; *Raiser*, JZ 1961, 465, 466; *Schulze*, Naturalobligation, S. 275; *Hoffmann*, Zession und Rechtszuweisung, S. 128ff.; *ders.*, JURA 2014, 71, 75; *Meesmann*, Regelungsvorbehalt und Rechtsbehelf, S. 118; *Kahl*, in: Summum ius, summa iniuria: Zivilrecht zwischen Rechtssicherheit und Einzelfallgerechtigkeit, S. 205, 213ff.; *Thomale*, Leistung als Freiheit, S. 184f.; *ders.*, AcP 212 (2012), 920, 930ff.; vgl. auch *Bruns*, in: FS Nipperdey, Band I, S. 3, 3ff., insb. S. 11ff.; *Hofmann*, JuS 2018, 833, 835, 837.

[325] *Himmelschein*, AcP 135 (1932), 255, 272; *E. Picker*, in: FS Bydlinsky, S. 269, 275, 313ff.; *Schulze*, Naturalobligation, S. 476; *Braun*, AcP 205 (2005), 127, 135f.; *Hoffmann*, Zession und Rechtszuweisung, S. 128; *Hartmann*, Anspruch auf das stellvertretende commodum, S. 22; vgl. auch *Hofmann*, JuS 2018, 833, 835; im Ergebnis geht auch *Bucher* mit seiner Theorie vom subjektiven Recht als Normsetzungsbefugnis davon aus, dass ein Anspruch die Verletzung eines subjektiven Rechts zur Voraussetzung hat, vgl. Kapitel 3 §8 B. I. (S. 74f.); a. A. *Raiser* in den Fällen des Institutionenschutzes, vgl. Kapitel 2 §5 (S. 27f.).

[326] Vgl. Kapitel 3 §9 C. IV. (S. 90f.).

Unterlassung verlangen, ohne diesen in einem seiner subjektiven Rechte, und sei es auch nur in seiner Handlungsfreiheit als Bestandteil des allgemeinen Persönlichkeitsrechts, zu verletzen.

### 2. *Unentbehrlichkeit sämtlicher Systemelemente*

Ein weiterer Vorteil dieses Modells besteht darin, dass gewährleistet ist, dass die Rechtsfolgen einer Verletzung eines subjektiven Rechts definiert sind. Die *Art und Weise* des Schutzes und damit die Rechtsfolge kann mittels des Systemelements des Anspruchs in Abhängigkeit von der Art der Verletzung des subjektiven Rechts bzw. der dadurch eingetretenen Folgen unterschiedlich ausgestaltet sein. So gewährt die Privatrechtsordnung je nach Art und Folge der Verletzung des subjektiven Rechts Ansprüche, die ihrer Funktion nach auf *Verwirklichung* des subjektiven Rechts (funktional negatorischer Rechtsschutz), *Wiedergutmachung* (funktionales Haftungsrecht) oder *Vorteilsabschöpfung* (funktionales Bereicherungsrecht) gerichtet sind.[327] Der so gewährte Rundumschutz besteht unabhängig von der Natur des subjektiven Rechts als „relatives" oder „absolutes" Recht. Der Unterschied besteht lediglich darin, dass relative subjektive Rechte (etwa das subjektive Forderungsrecht) von vornherein nur gegenüber einem beschränkten Personenkreis bestehen und dementsprechend auch nur durch dessen Angehörige verletzt werden können. Auch macht es für den Schutz subjektiver Rechtspositionen durch Anspruchsgewährung funktional keinen Unterschied, ob es sich bei dem Schutzobjekt um ein „obligatorisches" oder „gesetzliches" subjektives Recht handelt, wenngleich die Benennung und Anordnung der Anspruchsfiguren die Erkennbarkeit der prinzipiell bestehenden Schutzidentität erschweren.[328]

Können und werden mittels des Anspruchs für verschiede Verletzungsarten und Verletzungsfolgen unterschiedliche Rechtsfolgen definiert, besitzen somit sowohl das Systemelement „subjektives Recht" als auch der „Anspruch" eine eigenständige Funktion, so dass keines der beiden Elemente überflüssig ist und daher nach dem Prinzip der Parsimonie aus dem System zu entfernen wäre.

---

[327] *E. Picker*, in: FS Gernhuber, S. 315, 315 mit Fn. 3; *ders.*, in: FS Canaris, S. 1001, 1029; *Hartmann*, Anspruch auf das stellvertretende commodum, S. 22 f.

[328] Vgl. dazu die erhellenden Gedanken von *E. Picker*, AcP 183 (1983), 369, 399 ff.; *ders.*, in: FS Canaris, S. 1001, 1030 f.; von funktionsäquivalenten Haftungsmechanismen in den vertraglichen und außervertraglichen Haftungssystemen geht auch *Helms*, Gewinnherausgabe, S. 356 sowie *Hartmann*, Anspruch auf das stellvertretende commodum, S. 22 ff. aus.

### 3. *Kein Anspruch gegen jedermann*

Ein weiterer Vorzug eines Verständnisses des Anspruchs als Mittel zum Schutz subjektiver Rechte, welcher erst im Fall der Verletzung des subjektiven Rechts als Schutzobjekt entsteht, besteht darin, dass es zum Verständnis von Ansprüchen, welche dem Schutz absoluter subjektiver Rechte dienen, nicht der unschlüssigen Konzeption eines Anspruchs gegen jedermann[329] bedarf. Denn mit der Verletzung des subjektiven Rechts durch ein Rechtssubjekt steht ein Ereignis zur Verfügung, welches die Richtung des Anspruchs auf ein bestimmtes Rechtssubjekt, nämlich den Inhaber des verletzten subjektiven Rechts, vorgibt.[330] Damit bestehen Ansprüche nach diesem Modell auch im Rahmen absoluter subjektiver Rechte nicht gegenüber jedermann, sondern immer nur im Verhältnis von Rechtsinhaber und Verletzendem.

### 4. *Kein Koordinationsproblem zwischen obligatorischer Forderung und obligatorischem Anspruch*

#### a) *Einwand der Identität von subjektivem Forderungsrecht und obligatorischem Erfüllungsanspruch*

##### aa) *Problemstellung*

Neben diesen Vorteilen resultiert aus dem hier vertretenen Modell vordergründig jedoch ein anderes Problem, welches *Windscheid* – neben anderen Gründen – zu der Annahme veranlasste, nicht jeder Anspruch sei von der Verletzung eines subjektiven Rechts abhängig.[331] Dieses Problem ist die vermeintliche Identität von subjektivem Forderungsrecht und obligatorischem

---

[329] Vgl. zum Anspruch gegen jedermann im System *Windscheids* Kapitel 3 § 5 C. I. (S. 62 ff.).

[330] Bereits *Regelsberger*, Pandekten, Band 1, S. 213 ging davon aus, dass es einen Anspruch gegen jedermann nicht geben könne. Dass dies jedoch nur dann überzeugend begründet werden kann, wenn man die Gewährung des Anspruchs von einer Verletzung des Schutzobjekts subjektives Recht abhängig macht, sieht *Regelsberger* hingegen nicht (vgl. a. a. O. S. 216 f.). Auffällig ist insoweit, dass *Regelsberger* für die Gewährung eines Anspruch u. a. einen „Zustand der Unbefriedigtheit" verlangt (a. a. O. S. 213). Wie ein solcher Zustand jedoch ohne die Annahme einer Zuordnung durch subjektive Rechte und deren Verletzung durch Nichtbefriedigung festgestellt werden soll, bleibt offen. Auch hier zeigt sich demnach wieder einmal deutlich, dass die Zuordnung das Primäre, der Schutz lediglich das Sekundäre ist (vgl. bereits Kapitel 2 § 1 [S. 19 ff.] und Kapitel 2 § 7 [S. 29 ff.]).

[331] Die obige Analyse des *windscheidschen* Modells hat ergeben, dass in seinem Modell zwar Ansprüche ohne Verletzung eines subjektiven Rechts möglich waren, diese dann jedoch nicht klagbar waren. Klagbare Ansprüche waren jedoch auch im System *Windscheids* von einer Verletzung eines subjektiven Rechts abhängig. Vgl. Kapitel 3 § 5 C. II. (S. 66 ff.). Dieser Umstand wird gerade im Rahmen der Diskussion über das Verhältnis von subjektivem Recht und Anspruch oft verkannt.

Erfüllungsanspruch. Bestünde diese Identität tatsächlich, wäre es in der Tat merkwürdig, dass das eine Systemelement (Erfüllungsanspruch) von der Verletzung des inhaltlich identischen anderen Systemelements (subjektives Forderungsrecht) abhängig sein soll. Ein Erfüllungsanspruch, der von der Verletzung seines eigenen Inhalts abhängig wäre, wäre nicht schlüssig zu begründen. Vielmehr müsste im Bereich der subjektiven Forderungsrechte, also auf dem Gebiet des Vertragsrechts, nach dem heuristisches Forschungsprinzip der Parsimonie eines der beiden Systemelemente ersatzlos gestrichen werden. Zudem würde es dann keinen funktional einheitlichen Anspruchsbegriff im Privatrecht geben. Vielmehr bestünden dann zwei funktional verschieden Anspruchsbegriffe auf dem Gebiet des Vertragsrechts und im außervertraglichen Bereich.

#### *bb) Keine Identität von Erfüllungsanspruch und subjektivem Forderungsrecht*

Es bestehen jedoch bereits gegen die Ausgangsthese einer inhaltlichen Identität von obligatorischem Erfüllungsanspruch und subjektivem Forderungsrecht erhebliche Bedenken.[332] Trennt man akribisch zwischen dem subjektiven Recht als Schutzposition und dem diese Position im Verletzungsfall schützenden Anspruch, löst sich auch das Koordinationsproblem zwischen subjektivem Forderungsrecht und obligatorischem Erfüllungsanspruch auf. Der Erfüllungsanspruch als Rechtsverwirklichungsanspruch (funktional negatorischer Anspruch) setzt voraus, dass die durch das subjektive Forderungsrecht vorgenommene, rechtliche Zuordnung aktuell verletzt ist.[333] Wann eine solche Verletzung vorliegt, ist – dem generellen Prinzip von primärer Rechtszuweisung und sekundärem Rechtsschutz folgend – vom Inhalt und Umfang des subjektiven Forderungsrechts abhängig, welches seinen Schutz präjudiziert.[334]

---

[332] Vgl. Kapitel 3 §9 A. I. (S. 79 ff.).

[333] *Himmelschein*, AcP 135 (1932), 255, 271 ff.; *ders.* AcP 158 (1959/60), 273, 284; *U. Huber*, in: FS Caemmerer, S. 837, 846 f.; *Braun*, AcP 205 (2005), 127, 137; *E. Picker*, in: FS Canaris, Bd. 1, S. 1001, 1030 mit Fn. 79; *Hoffmann*, Zession und Rechtszuweisung, S. 106 ff.; *ders.*, JURA 2014, 71, 75; Auch *v. Savigny* und die damals herrschende Auffassung war dieser Auffassung, vgl. Kapitel 3 §4 (S. 46 ff.) mit zahlreichen Nachweisen. Es wird später noch ausführlich zu zeigen sein, dass die Rechtsverletzung für die Gewährung funktional negatorischen Rechtsschutzes noch andauern muss, vgl. unten Kapitel 3 §11 (S. 115 ff.).

[334] *Hartmann*, Anspruch auf das stellvertetende commodum, S. 28; Auch *Ehrenzweig*, System I/1, S. 124 geht davon aus, dass nach den Regeln der Logik die Zuweisung vorrangig gegenüber dem Schutz sein muss. Dass er die hiesige Auffassung, die Zuweisung erfolge stets durch subjektive Rechte, nicht teilt, ist darauf zurückzuführen, dass er dazu bereit ist die Logik „praktischen Erwägungen" zu opfern (vgl. a. a. O. S. 124). In der Folge anerkennt *Ehrenzweig* Interessenverletzungen, die eine Entschädigungs-

Indem die h.M. die subjektiven Forderungsrechte mit den obligatorischen Erfüllungsansprüchen gleichsetzt, versteht sie – wenngleich dies nur selten offen artikuliert wird – das Privatrecht tendenziell streitbezogen: Das subjektive Forderungsrecht sei nur im Streitfall, also wenn eines der beteiligten Rechtssubjekte nicht wie ge- oder verboten agiert, relevant. Das Privatrecht sei bloße Streitordnung. Das Privatrecht ist seiner Funktion nach jedoch weitaus mehr als eine Streitordnung. Es ist primär eine Rechtszuweisungsordnung, wobei die Zuordnung ganz unabhängig von irgendeinem Streitfall erfolgt und besteht.[335]

Dies gilt auch und gerade im Bereich schuldrechtlicher Forderungen. Der Inhalt des subjektiven Forderungsrecht besteht darin, dass dem Gläubiger im Verhältnis zum Schuldner der Forderungsgegenstand zugeordnet wird.[336] Das subjektive Forderungsrecht und seine Zuordnung ist also re-

---

pflicht auslösen, ohne dass diese zu einem subjektiven Recht konstruiert werden müssten (a.a.O.).

[335] Vgl. bereits Kapitel 2 § 1 (S. 19ff.) und Kapitel 2 § 7 (S. 29ff.).

[336] Vgl. bereits *Windscheid*, Pandekten II, 3. Auflage 1870, § 321, 3 (S. 211 Fn. 18: „Unter einer Entäußerungserklärung verstehe ich die Erklärung, daß man sich einer Sache entäußere, im Gegensatz zu dem Versprechen, daß man sich ihrer entäußern wolle. Eine Entäußerungserklärung ist z.B. *die Erklärung des Verkäufers; im Verkaufe wird die verkaufte Sache weggegeben (venum datur)*, nicht bloß die Verpflichtung übernommen, sie wegzugeben, *eine Verpflichtung entsteht für den Verkäufer erst dadurch, daß der thatsächliche Zustand seiner Erklärung nicht entspricht*. Ebenso verhält es sich z.B. bei dem Tauschvertrag, bei dem Gesellschaftsvertrage [...].“ In etwas abgeänderter Form und deutlich abstrahierter dann *ders.*, Pandekten II, 7. Auflage 1891, § 321, 3 (S. 210–212): „[...] [I]n den Quellen für den Kaufvertrag [ist] anerkannt, daß, wenn die verkaufte Sache ohne Schuld des Verkäufers untergeht oder ihm abhanden kommt, der Käufer dennoch das Kaufgeld zahlen muß. Der Grund dieser Ausnahmebestimmung ist darin zu suchen, daß die Verkaufserklärung eine Entäußerungserklärung ist. Das will sagen, daß ihr Inhalt nicht sowohl der ist, daß der Verkäufer sich verpflichte, die verkaufte Sache hinzugeben, als vielmehr *daß er sie hingebe*. In der Folge dieser Natur der Verkaufserklärung wird die *verkaufte Sache* vom Rechte, was das Verhältnis des Verkäufers zum Käufer angeht, *behandelt als sei sie bereits aus dem Vermögen des Verkäufers ausgeschieden und in das Vermögen des Käufers übergetreten*. Weil dieses der Grund der Ausnahmebestimmung ist, muß sie auf jeden anderen gegenseitigen Vertrag, in welchem eine Entäußerungserklärung enthalten ist, übertragen werden.“ (Hervorhebungen nicht im Original); *Dulckeit*, Verdinglichung, S. 32f., 42f. der von einer „relativen Eigentumsübertragung“ ausgeht; hiergegen etwa *Krause*, AcP 145 (1939), 312, 325f.; wie hier *v. Caemmerer*, ZHR 127 (1965), 241, 261: „die verkaufte Sache [werde] obligatorisch [...] vom Vertragsschluß an als dem Käufer bereits eigen, als ihm gebührend angesehen“. Von „Zuordnung“ spricht *E. Picker*, AcP 183 (1983), 369, 401; *ders.*, JZ 1987, 1041, 1044; vgl. auch *ders.*, in: FS Canaris, Bd. 1, S. 1001, 1029; *Hartmann*, Anspruch auf das stellvertretende commodum, S. 19f.; *Thomale*, AcP 212 (2012), 920, 930; *Köndgen*, RabelsZ 56 (1992), 696, 732ff.; *Bollenberger*, Stellvertretendes commodum, S. 105, sowie insb. S. 112ff.; ähnlich auch *Fikentscher/Heinemann*, Schuldrecht, § 6 Rn. 27. Ob es sich tatsächlich um eine relative Eigentumsübertragung handelt oder ob „lediglich“ eine relative Zuordnung vorliegt, kann und soll hier dahingestellt bleiben. *Hoffmann*, Zession und Rechtszuweisung, S. 131 geht hingegen davon aus, dass „[d]ie Vermögensverschiebung [...] bereits durch die Forderung angeordnet [ist].“ Dem liegt die Vorstellung zugrunde, dass durch das subjekti-

lativ. Kraft dieser Zuordnung kann der Gläubiger die Leistungserbringung durch den Schuldner „erhalten“ bzw. „einziehen“, ohne dass dadurch eine subjektive Rechtsposition des Schuldners verletzt wird, da hierdurch lediglich ein der durch die subjektiven Rechte geschaffenen Sollensordnung entsprechender Zustand hergestellt wird. Wegen der Zuordnung kann der Anspruchsinhaber vom Schuldner die Erfüllung der Forderung verlangen, ohne diesen in seinen subjektiven Rechten, und sei es auch nur in seiner Handlungsfreiheit als Bestandteil des allgemeinen Persönlichkeitsrechts, zu verletzen.[337]

Erbringt der Schuldner die fällige Leistung freiwillig, liegt rechtlich nichts weiter vor als ein „Konsum“ des subjektiven Forderungsrechts durch den Gläubiger, welches sich in seiner Zuordnungsfunktion erschöpft. Es wird schlicht ein der durch das subjektive Recht erfolgten Zuordnung entsprechender Zustand hergestellt. Verletzt der Schuldner das Forderungsrecht hingegen, indem er die jeweilige Rechtsposition nicht der Zuordnung entsprechend „freigibt“, gewährt die Rechtsordnung dem Gläubiger primär einen Anspruch auf Beseitigung dieser Rechtsbeeinträchtigung, mithin auf negatorische Sicherung.[338] Die fortdauernde Verletzung des subjektiven Forderungsrechts kann nur dadurch beseitigt werden, dass eine dem subjektiven Forderungsrecht entsprechende Zuordnung hergestellt wird. Der Anspruch ist damit auf Erfüllung des subjektiven Forderungsrechts gerichtet. Abstrakt ist der Erfüllungsanspruch somit durch die Zuordnung und damit durch Inhalt und Umfang des subjektiven Rechts präjudiziert.[339] Ein Schutz des subjektiven Rechts durch einen Anspruch greift immer dann – aber eben auch nur dann – ein, wenn das subjektive Recht durch ein zuordnungswidriges Verhalten oder durch einen zuordnungswidrigen Zustand verletzt ist oder jedenfalls verletzt wurde.[340] Dies gilt auch im Bereich subjektiver Forderungsrechte.

---

ve Recht nicht nur eine Zuordnung des Leistungsgegenstandes sondern auch der Leistungshandlung erfolgt (a. a. O., S. 101). Siehe auch *G. Hager*, Gefahrtragung, S. 67; zum klassischen römischen Recht etwa *F. Peters*, in: FG Kaser, S. 221, 223 und 224: Käufer sei aufgrund des Kaufs bereits „wirtschaftlicher Eigentümer“; *Zimmermann*, Law of obligations, S. 290: „As between the parties, the object of the sale belongs (in an untechnical sense) tot he purchaster“.

[337] Vgl. *U. Huber*, in: FS Caemmerer, S. 837, 846; *J. Schmidt*, in: FS Jahr, S. 401, 414 f.; *J. Schmidt*, in: Staudinger, BGB, 13. Bearbeitung 1995, Einl. zu §§ 241 ff. Rn. 122.

[338] *E. Picker*, in: FS Canaris, S. 1001, 1030 mit Fn. 79; *Braun*, AcP 205 (2005), 127, 137; *J. Schmidt*, in: Staudinger, BGB, 13. Bearbeitung 1995, Einl. zu §§ 241 ff. BGB Rn. 330, 336; *Hartmann*, Anspruch auf das stellvertretende commodum, S. 23; *Hoffmann*, Zession und Rechtszuordnung, S. 128–132 mit dem Unterschied, dass er mit dem Forderungsrecht nicht nur den Leistungsgegenstand sondern auch die Leistungshandlung zuordnet (a. a. O. S. 100 ff.).

[339] *E. Picker*, in: FS Medicus II, S. 311, 318; *Schulze*, Naturalobligation, S. 475.

[340] *E. Picker*, in: FS Medicus II, S. 311, 317; *ders.*, in: FS Canaris, Bd. 1, S. 1001, 1009, 1032; vgl. auch *Elzbacher*, Handlungsfähigkeit, Bd. 1, S. 288.

Das Gesagte lässt sich gut am Beispiel eines Sachkaufs verdeutlichen: Schließen V und K einen sofort zu erfüllenden Kaufvertrag über eine Sache, wird hierdurch in Übereinstimmung mit § 433 Abs. 1 BGB ein Forderungsrecht des K gegen V auf Übereignung des vertragsgemäßen Kaufgegenstandes geschaffen. Dieses subjektive Forderungsrecht ordnet im Verhältnis V–K den Kaufgegenstand in vertragsgemäßem Zustand dem K zu.[341] Diese relative Zuordnung verletzt V, solange er den Kaufgegenstand nicht an K in dem geschuldeten Zustand übereignet und alle seine Rechtspositionen an dem Gegenstand – allen voran sein Eigentum – aufgibt. Da die Rechtsordnung den andauernden, zuordnungswidrigen Zustand einerseits nicht dulden kann, sofern sie die Zuordnung selbst nicht wieder in Frage stellen will, und andererseits K im Interesse des Rechtsfriedens nicht im Wege der Selbsthilfe in die subjektiven Rechte des V eingreifen können soll, wird dem K ein Anspruch gegen V auf Beseitigung der Rechtsbeeinträchtigung gewährt, solange die Rechtsverletzung andauert. Diese Beeinträchtigung kann V nur dadurch beseitigen, dass er eine der *inter partes* geltenden Zuordnung entsprechende Lage schafft, also den Kaufgegenstand in vertragsgemäßem Zustand an K übereignet. Kurz: K wird infolge der Verletzung seines subjektiven Forderungsrechts durch V ein Erfüllungsanspruch gegen V gewährt. Wird hingegen etwa ein Darlehen vereinbart, welches erst in drei Jahren zurückzuzahlen ist, so verletzt der Darlehensnehmer bis zum Eintritt der Fälligkeit nicht das Forderungsrecht des Darlehensgebers. In der Folge wird ihm bis zum Eintritt der Fälligkeit auch kein Anspruch auf Rückzahlung gewährt.[342]

Entgegen anderslautender Stimmen[343] lässt sich gegen dieses Verständnis des obligatorischen Erfüllungsanspruchs des Käufers nicht der Wortlaut des § 433 Abs. 1 S. 1 BGB ins Feld führen. Zwar ist es richtig, dass nach dieser Vorschrift bereits *durch* den Vertragsschluss eine Rechtsfolge Eintritt. Diese besteht jedoch gerade nicht in einem Anspruch des Käufers gegen den Verkäufer, sondern lediglich in einer Pflicht des Verkäufers auf Übereignung

---

341 Vgl. die Nachweise in Fn. 336 in diesem Kapitel.

342 Im Ergebnis so auch *Regelsberger*, Pandekten, Band 1, S. 215 wenngleich dieser nicht die hiesige Auffassung teilt, dass auch ein obligatorischer Anspruch konstitutiv immer von einer Verletzung des subjektiven Forderungsrechts abhängig ist (vgl. a. a. O. S. 217); wie hier *Hoffmann*, Zession und Rechtszuweisung, S. 129; *Braun*, AcP 205 (2005), 127, 137; *Ost*, Zuordnung als Kriterium, S. 130 f.; *Meesmann*, Regelungsvorbehalt und Rechtsbehelf, S. 120.

343 Vgl. beispielsweise *Weller*, Vertragstreue, S. 381: „Die Auffassung [...] vom rechtsverletzungsunabhängig entstehenden Erfüllungsanspruch hat sich [...] unmittelbar im Wortlaut des BGB niedergeschlagen (vgl. etwa § 433 BGB: ‚*durch* den Kaufvertrag'‘)." (Hervorhebung im Original) oder S. 389: „Dementsprechend nennen die die besonderen Vertragstypen regelnden Bestimmungen (vgl. §§ 433, 535, 581, 598, 631 BGB) allein den Vertragsschluss als Entstehungstatbestand für die Erfüllungsansprüche und die korrespondierenden Leistungspflichten".

und Übergabe der Kaufsache gegenüber dem Käufer. Hieraus kann jedoch ohne gedanklichen Zwischenschritt nicht darauf rückgeschlossen werden, dass auch der Anspruch des Käufers gegen den Verkäufer auf Übereignung und Übergabe des Kaufgegenstands *durch* den Kaufvertrag entsteht. Gleiches gilt für die übrigen besonderen Vertragstypen der §§ 433, 535, 581, 598, 631 BGB, die von der Gegenauffassung ins Feld geführt werden.

### *b) Einwände gegen die relative Zuordnung kraft subjektiver Forderungsrechte*

#### *aa) Relative Zuordnung muss die Leistungshandlung nicht umfassen*

Der hiesigen Sichtweise kann, entgegen anderslautender Stimmen,[344] auch nicht mit dem Argument widersprochen werden, dass sich in der *inter-partes*-Zuordnung des Vertragsgegenstandes das subjektive Forderungsrecht nicht erschöpfen könne, sondern dass das subjektive Forderungsrecht vielmehr auch ein Recht auf die Leistungshandlung begründen müsse, was jedoch nicht mit dem Verständnis von subjektiven Rechten vereinbar sei. Eine relative Zuordnung des Leistungsgegenstands könne keine ausreichende Grundlage für das rechtsverwirklichende Schutzrecht des Erfüllungsanspruchs bilden, da hierzu das Schutzrecht auch die Herrschaft über die Leistungshandlung umfassen müsse.[345]

Zwar ist es sicherlich richtig, dass etwa der Verkäufer einer Sache dem Käufer nicht nur die Herausgabe der Sache, sondern auch deren Übereignung und damit eine Handlung in Form einer Einigung und gegebenenfalls auch der Übergabe schuldet.[346] Daraus kann jedoch für sich genommen nicht geschlossen werden, dass das subjektive Forderungsrecht auch diese Handlung umfassen muss. Vielmehr sind die Einigung und die Übergabe im Grundsatz lediglich infolge der rechtlichen Ausgestaltung des Eigentumsübergangs erforderlich, um die *inter-partes* bereits erfolgte Zuordnung des Vertragsgegenstandes zu erreichen. Darüber hinaus ist es nicht ungewöhnlich, dass subjektive Rechte auch bezogen auf bestimmte Handlungen oder Unterlassungen bestehen und sich die Zuordnung daher auf bestimmte Handlungen oder Unterlassungen erstrecken kann.[347] Deutlich wird dies etwa im Rahmen von Unterlassungspflichten, da in diesem Bereich der Gläubiger durch das schlichte Unterlassen und damit durch eine bestimmte Verhaltensform des Schuldners erhält, was ihm nach dem subjektiven Recht zu-

---

[344] Exemplarisch etwa *Hoffmann*, Zession und Rechtszuweisung, S. 101 f., wohl auch *Stadler*, RabelsZ 72 (2008), 423, 431 f.

[345] *Hoffmann*, Zession und Rechtszuweisung, S. 101.

[346] Vgl. insoweit etwa die Kritik von *Stadler*, RabelsZ 72 (2008), 423, 431 f.

[347] A. A. *Hoffmann*, Zession und Rechtszuweisung, S. 101 in Fn. 127.

steht.[348] Besonders deutlich wird dies aber auch bei Arbeits- oder Dienstverträgen, bei denen der Leistungsgegenstand eine Handlung des Schuldners ist. Es ist also nicht ausgeschlossen, dass das subjektive Recht des Käufers gegen den Verkäufer auch eine bestimmte Handlung, etwa eine Einigung, umfasst, die im Verletzungsfall durch den Erfüllungsanspruch geschützt wird. Insoweit besitzt die erhobene Kritik allenfalls Schlagkraft bezüglich der Frage, ob durch den Abschluss eines Kaufvertrages bereits „relatives" Eigentum verschafft wird.[349] Diese Frage ist jedoch für die hier im Mittelpunkt des Interesses stehende Frage nach der grundsätzlichen Funktionsweise von Ansprüchen unerheblich, weswegen ihr nicht weiter nachgegangen wird.

#### *bb) Relative Zuordnung steht nicht im Widerspruch zum Parteiwillen und der Interessenlage*

Schlagkräftiger sind diejenigen Einwände, die sich grundlegend gegen die Vorstellung wenden, dass der Leistungsgegenstand dem Gläubiger im Verhältnis zum Schuldner bereits kraft des subjektiven Forderungsrechts relativ zugeordnet sei. Jedoch lassen sich auch diese Einwände entkräften.

Gegen die Annahme einer relativen Zuordnung im Verhältnis Gläubiger – Schuldner durch das subjektive Forderungsrecht wird das Argument ins Feld geführt, dass die Behandlung des Gläubigers als „relativer Eigentümer" dem Parteiwillen und der Interessenlage widerspräche. Dieses Argument wird sodann in verschiedene Teilaspekte aufgespalten. So soll die relative Zuordnung sowohl dem Interesse des Schuldners, seinen Gegenleistungsanspruch durch Zurückbehaltung der eigenen Leistung zu sichern, als auch dem Interesse des Schuldners, unter Umständen den Leistungsgegenstand zu verwerten, widersprechen.[350]

Die Argumentation mit dem Zurückbehaltungsinteresse des Schuldners vermag schon deswegen nicht zu überzeugen, weil die Vorstellung einer relativen Zuordnung kraft subjektiven Forderungsrechts überhaupt nicht impliziert, dass der Schuldner seine geschuldete Leistung unter allen erdenklichen Umständen erbringen muss. Vielmehr wird durch die Annahme einer solchen relativen Zuordnung insbesondere das Zurückbehaltungsrecht des § 320 BGB nicht in Frage gestellt, sofern man nicht die *tatsächlichen* Leistungsebene mit der Ebene der *rechtlichen* Zuordnung vermengt: Das Zurückbehaltungsrecht des § 320 BGB dient der Absicherung des *tatsächlichen*

---

348 Vgl. *U. Huber*, in: FS Caemmerer, S. 837, 844.

349 Vgl. dazu etwa *Dulckeit*, Verdinglichung, S. 32 f., 42 f.; *Michaels*, Sachzuordnung, S. 56, die beide von einer relativen Eigentumsübertragung ausgehen. Siehe ferner Fn. 336 in diesem Kapitel.

350 *F. Peters*, AcP 180 (1980), 329, 339 mit Fn. 34; *Stoll*, in: FS Schlechtriem, S. 677, 686.

Leistungsaustauschs zur Erreichung der *rechtlich* bereits zwischen den Parteien vorweggenommenen Zuordnung.[351]

Auch ein mögliches Interesse des Leistungsschuldners an einer Verwertung des Leistungsgegenstands kann, entgegen *Stoll*[352], nicht gegen den Gedanken einer relativen Zuordnung ins Feld geführt werden.[353] Wie auch *Stoll* zugestehen muss, ist der Schuldner im Verhältnis zum Gläubiger erst nach einem wirksamen Rücktritt zur Verwertung des Leistungsgegenstands berechtigt. Der Grund hierfür ist darin zu sehen, dass durch den Rücktritt die relative Zuordnung entfällt und daher einer Verwertung seitens des – dann ehemaligen – Schuldners nicht mehr entgegenstehen kann. Auch insoweit steht der Gedanke der relativen Zuordnung also nicht zu den gesetzlichen Vorgaben in Widerspruch.

*Stoll* hat gegen die relative Zuordnung kraft des subjektiven Forderungsrechts ferner angeführt, dass der Schuldner beim Sachkauf nach §446 S.1 BGB bis zum Gefahrübergang den Nachteil eines zufälligen Untergangs zu tragen habe und ihm bis zu diesem Zeitpunkt nach §446 S.2 BGB auch die Nutzungen zustünden.[354] Hieraus sei zu schließen, dass auch *inter partes* der Gläubiger nicht als Eigentümer anzusehen sei. Anderenfalls müsste nach dem Grundsatz *casum sentit dominus* vor Gefahrübergang den Gläubiger die Preisgefahr treffen und auch die Nutzungen müssten ihm zustehen.

So einleuchtend diese Einwände auf den ersten Blick zu sein scheinen, so sehr schwindet ihre Überzeugungskraft auf den zweiten Blick, denn auch sie beruhen im Kern auf einer Verwechslung von Zuordnungs- und Leistungsebene. Die Regelungen des §446 S.1 und 2 BGB dienen einzig der Handhabung des tatsächlichen Leistungsaustauschs und sind daher von vornherein ungeeignet, die relative Zuordnung in Frage zu stellen.[355] So dient das vom Gesetzgeber im Rahmen der Gefahrtragungsregel des §446 BGB gewählte Traditionsprinzip zunächst praktischen Erwägungen: Derjenige, der aufgrund seiner Sachherrschaft die Gefahr eines Untergangs oder einer Beschädigung besser beherrschen kann, soll diese Risiken auch tragen.[356] Darüber hinaus ist das Merkmal der Übergabe aber allen voran Ausfluss der synallagmatischen Struktur des Vertrages.[357] Mit der Übergabe der

351 Ähnlich *Hartmann*, Anspruch auf das stellvertretende commodum, S. 64.

352 *Stoll*, in: FS Schlechtriem, S. 677, 686.

353 *Hartmann*, Anspruch auf das stellvertretende commodum, S. 64f.

354 *Stoll*, in: FS Schlechtriem, S. 677, 686.

355 *Bollenberger*, Stellvertretendes commodum, S. 113; *Hartmann*, Anspruch auf das stellvertretende commodum, S. 65.

356 *Tröger*, in: BeckOGK-BGB, §446 BGB Rn. 7f.; *Westermann*, in: MüKo-BGB, §446 BGB Rn. 1.

357 *Filios*, Gefahrtragung, S. 15ff.; *G. Hager*, Gefahrtragung, S. 54, 68f.; *Hartmann*, Anspruch auf das stellvertretende commodum, S. 65.

Kaufsache an den Käufer hat der Verkäufer sich den Kaufpreis „verdient",[358] da er dem Käufer die Sachherschafft verschafft und die Nutzungsmöglichkeit eingeräumt hat und dadurch die durch das subjektive Forderungsrecht rechtlich bereits vorweggenommene Zuordnung *inter partes* tatsächlich hergestellt hat. Die Frage, wann sich der Verkäufer den Kaufpreis endgültig verdient hat, diesen also insbesondere nicht mehr aufgrund eines zufälligen Untergangs des Kaufgegenstandes verliert, ist ausschließlich auf den praktischen Leistungsaustausch bezogen. Demgegenüber nimmt die rechtliche Zuordnung, deren Verwirklichung eben jener Leistungsaustausch dient, das „Endziel" in den Blick. Damit kann schon das von § 446 S. 1 BGB erfasste Regelungsproblem nicht auf Erwägungen beruhen, die auch für die relative Zuordnung eine Rolle spielen. Ist dies zutreffend, kann aber auch die Regelung des § 446 S. 1 BGB dem hiesigen Gedanken der relativen Zuordnung kraft des subjektiven Forderungsrechts nicht entgegenstehen.

Auch die in § 446 S. 2 BGB geregelte Nutzungsverteilung steht diesem Gedanken im Ergebnis nicht entgegen. Richtig ist der gedankliche Ausgangspunkt, da das Recht auf Früchte und die Gebrauchsvorteile zu den elementaren Bestandteilen des subjektiven Eigentumsrechts gehören und daher die Vermutung nahe liegt, dass diese Elemente auch die relative Zuordnung prägen. Bei genauer Untersuchung wird jedoch deutlich, dass auch diese Vorschrift lediglich den praktischen Leistungsaustausch und nicht die rechtliche Zuordnung im Blick hat. § 446 S. 2 BGB setzt lediglich um, was die Gefahrtragungsregelung des § 446 S. 1 BGB vorgibt.[359] Deutlich zeigt sich dies bei Leistungsverzögerungen. Die Vorschrift betrifft lediglich den Zeitraum nach Übergabe, trifft aber keine Aussage für den Zeitraum zwischen Fälligkeit und Übergabe. Insoweit ist ein *e contrario*-Schluss jedenfalls nicht zwingend, da der Gesetzgeber die Leistungsverzögerung nicht regeln wollte.[360] Damit gehört § 446 S. 2 BGB wie auch § 446 S. 1 BGB zu denjenigen Vorschriften, welche den Normalfall des stufenweisen Leistungsaustuschs begleiten, darüber hinaus aber nicht Ausdruck einer Zuordnungsentscheidung sind.[361]

---

[358] *G. Hager*, Gefahrtragung, S. 68 f.; *Hartmann*, Anspruch auf das stellvertretende commodum, S. 66; *Filios*, Gefahrtragung, S. 15 ff.

[359] Vgl. dazu die Motive des Gesetzgebers bei Mugdan II, S. 180; *Hartmann*, Anspruch auf das stellvertretende commodum, S. 67.

[360] Vgl. dazu die Ausführungen der 2. Kommission, Protokolle bei Mugdan II, S. 769 f., 771; siehe auch die Ausführungen der 1. Kommission, Mugdan II, S. 180; dazu *Hartmann*, Anspruch auf das stellvertretende commodum, S. 67.

[361] *Hartmann*, Anspruch auf das stellvertretende commodum, S. 67.

### *III. Möglichkeit eines Rückschlusses vom Inhalt des Erfüllungsanspruchs auf den Inhalt des subjektiven Rechts*

In einem intakten Privatrechtssystem kann nach dem Gesagten von dem Inhalt der auf Rechtsverwirklichung abzielenden Schutzansprüche (funktional negatorische Ansprüche) und damit auch des Erfüllungsanspruchs auf den Inhalt des zu schützenden subjektiven Rechts und umgekehrt geschlossen.[362] Auch dies sei wiederum an einem Beispiel verdeutlicht:

Gewährt eine Privatrechtsordnung dem Käufer einer Sache keinen Anspruch auf Übergabe und Übereignung der Kaufsache, sondern verweist ihn auf einen Geldanspruch (Pekuniarkondemnation), wird dem Käufer durch Abschluss des Kaufvertrages die Kaufsache im vertraglich zugesicherten Zustand im Verhältnis zum Verkäufer *nicht* zugeordnet.[363] Vielmehr operiert eine solche Rechtsordnung dergestalt, dass sie dem Käufer durch das subjektive Forderungsrechts lediglich den *Wert* des Kaufgegenstandes im Zeitpunkt der Fälligkeit zuordnet. Die Verletzung dieses subjektiven Rechts liegt also nicht in dem Unterlassen der Übergabe und Übereignung des Kaufgegenstands bei Fälligkeit, sondern darin, dass der Verkäufer im Fälligkeitszeitpunkt nicht den Wert der Kaufsache in das Vermögen des Käufers schafft. Dementsprechend kann diese Verletzung des subjektiven Rechts dadurch beseitigt werden, dass der Verkäufer den Wert der Kaufsache zu diesem Zeitpunkt „in Geld“ ersetzt.[364] Entsprechend kann der Käufer nicht verlangen, dass ihm die Kaufsache übergeben und übereignet wird, da insoweit keine Verletzung eines ihm zustehenden subjektiven Rechts bzw. der dadurch vorgenommenen Zuordnung *inter partes* vorliegt.

Dies verdeutlicht auch die dogmatische Konstruktion der Pekuniarkondemnation im englischen Recht: In konstruktiver Hinsicht wird dort davon ausgegangen, dass der Verkäufer durch den Abschluss eines Kaufvertrages ein Garantieversprechen abgibt. Diese Garantie geht nicht etwa dahin, dass eine Erfüllung garantiert wird, sondern lediglich dahin, dass für den Fall der

---

362 Auch *E. Picker*, in: FS Bydlinski, S. 269, 292 geht von einer grds. vorhandenen Übereinstimmung von Rechtszuweisung und deren Schutz aus.

363 Im Rahmen der Bestimmung des Inhalts und Umfangs der Zuweisung und damit des subjektiven Forderungsrechts müssen vollstreckungsrechtliche Regelungen wie etwa die §§ 883 ff. ZPO wegen ihrer öffentlich-rechtlichen Natur und ihrer Funktion als Begrenzung der Hoheitsgewalt im Verhältnis Staat-Schuldner unberücksichtigt bleiben. Vgl. dazu *Hartmann*, Anspruch auf das stellvertretende commodum, S. 30 f.; a. A. *Bollenberger*, Stellvertretendes commodum, S. 119 ff.

364 Bezeichnenderweise wird im englischen Recht, welches grundsätzlich keine „specific performance“ gewährt sondern dem Prinzip der Pekuniarkondemnation folgt, die abstrakte Schadensberechnung zum Zeitpunkt der Fälligkeit vorgenommen, während im deutschen Recht die Schadenshöhe auch zum Ablauf der nach § 281 Abs. 1 S. 1 BGB grds. erforderlichen Frist, berechnet werden kann. Vgl. *Rabel*, Recht des Warenkaufs I, S. 426 f. sowie *Stadler*, in: Jauernig, BGB, § 281 BGB Rn. 19.

Nichterfüllung Wertersatz in Geld gezahlt wird.[365] Somit besteht also kein Forderungsrecht auf den Kaufgegenstand, sondern lediglich auf den Wert dieses Gegenstandes. Nicht der Kaufgegenstand wird dem Käufer im Verhältnis zum Verkäufer zugeordnet, sondern dessen Wert.

### *IV. Verkennung des Zusammenspiels von primärer Zuordnung und sekundärem Rechtsschutz auf dem Gebiet des Deliktsrechts*

Das dargestellte Zusammenspiel von primärer Zuordnung durch subjektive Rechte und daran ausgerichtetem Schutz dieser Zuordnung durch die Gewährung von Ansprüchen im Falle deren Verletzung wird häufig aus drei Gründen nicht erkannt:

Ein erster begünstigender Umstand dürfte in dem „Anspruchsdenken" liegen, welches die juristische Ausbildung in Deutschland prägt. Durch das „Denken in Anspruchsgrundlagen" gerät das ungestörte Rechtsverhältnis und damit die primäre Zuweisungsordnung manchmal aus dem Blick.[366]

Zweitens setzt nach Teilen der Literatur die deliktische Schadenshaftung nicht zwangsläufig die Verletzung eines subjektiven Rechts voraus. Vielmehr soll zumindest daneben auch ein objektivrechtliches Unrecht und damit die bloße Verletzung der objektiven Rechtsordnung genügen. Die Zusammenhänge zwischen Verletzung eines subjektiven Rechts und Anspruch werden auf diesem Gebiet also teilweise geleugnet, was zu gewissen „Fernwirkungen" auf die funktional negatorischen Ansprüchen führt.[367]

Drittens wird nicht durchgehend präzise zwischen der Verletzung des subjektiven Rechts und der tatsächlichen Verletzung des Bezugsobjekts des subjektiven Rechts getrennt. Stattdessen wird – jedenfalls in gewissen Teilbereichen und mehr oder weniger reflektiert – aus der gegenständlichen Verletzung des physischen Bezugsobjekts auf die Verletzung des subjektiven Rechts an diesem rückgeschlossen. Kurz: Aus der Verletzung der gegenständlichen Integrität soll die Verletzung der rechtlichen Integrität folgen. Dieser unbegründete Rückschluss versperrt bereits im Ausgangspunkt die präzise Herausarbeitung des Inhalts und Umfangs des subjektiven Rechts und damit auch des Inhalts und Umfangs des auf Rechtsverwirklichung zielenden funktional negatorischen Anspruchs. Ohne den Inhalt und Umfang des subjektiven Rechts zu kennen, kann weder dessen Verletzung festgestellt werden, noch lässt sich präzise bestimmen welche Handlungen oder Unterlassungen notwendig sind, damit das subjektive Recht nicht länger verletzt ist.[368]

[365] *M. Stürner*, Grundsatz der Verhältnismäßigkeit, S. 26; *Rabel*, Recht des Warenkaufs I, S. 263; *Rheinstein*, Struktur des vertraglichen Schuldverhältnisses, S. 235 ff.
[366] Ausführlich dazu sogleich Kapitel 3 § 10 A. IV. 1. (S. 106).
[367] Ausführlich dazu sogleich Kapitel 3 § 10 A. IV. 2. (S. 106 f.).
[368] Ausführlich dazu sogleich Kapitel 3 § 10 A. IV. 3. (S. 108 ff.).

### *1. Anspruchsdenken verleitet zu Vernachlässigung der primären Zuweisungsordnung*

Ein erster Umstand, der begünstigt, dass die grundsätzlichen Zusammenhänge zwischen subjektiven Rechten und sie im Verletzungsfall schützende Ansprüche bis heute überwiegend nicht gesehen werden, dürfte im „Anspruchsdenken" liegen, welches die juristische Ausbildung prägt. Durch das „Denken in Anspruchsgrundlagen und Ansprüchen" gerät das ungestörte Rechtsverhältnis und damit die primäre Zuweisungsordnung zuweilen aus dem Blick.[369] Denkt man in Ansprüchen, gilt es im konkreten Fall, das tatsächliche Begehren eines Privatrechtssubjekts in eine einschlägige Anspruchsgrundlage zu übersetzen. Es ist im Fall zu überprüfen, ob die Rechtsfolge der identifizierten Anspruchsgrundlage das Begehren des Anspruchsstellers trägt. Allenfalls sekundär von Interesse ist wie die Privatrechtsordnung abstrakt – also unabhängig vom Streitfall – die Interessen der verschiedenen Privatrechtssubjekte gegeneinander durch die Gewährung subjektiver Rechte bzw. deren genaue Ausgestaltung abwägt. Interessant erscheint einzig die Frage, ob das tatsächliche Begehren des Anspruchsstellers rechtlich durch einen Anspruch gewährt wird.

Durch das Anspruchsdenken wird der Sachverhalt in Zweipersonenverhältnisse und damit gleichsam „prozessförmig" gegliedert.[370] Das Privatrecht wird nicht länger abstrakt-generell, sondern anlässlich eines Streits konkret-individuell verstanden. Die Normen über die streitunabhängige Verteilung subjektiver Rechte werden bei dieser Denkweise zu „bloßen" Hilfsnormen innerhalb der Prüfung der jeweiligen Anspruchsgrundlage als Hauptnorm.[371] So werden etwa die Normen über die Eigentümerstellung bzw. den Erwerb des Eigentums zu bloßen Hilfsnormen innerhalb der Hauptnorm des § 985 BGB oder die Frage nach Inhalt und Umfang des allgemeinen Persönlichkeitsrechts oder des Urheber- oder Markenrechts stellt sich nur anlässlich der Prüfung der „Hauptnormen" der § 823 Abs. 1 BGB, § 97 Abs. 2 S. 1 UrhG, § 15 Abs. 5 MarkenG.

### *2. Anknüpfung des Deliktsrechts an einen Verstoß gegen die objektive Rechtsordnung*

Ein zweiter, bedeutsamerer Grund für den Umstand, dass die grundlegenden Zusammenhänge zwischen subjektiven Rechten und sie im Verletzungsfall schützenden Ansprüchen bis heute überwiegend verkannt oder jedenfalls nicht konsequent beachtet werden, findet sich auf der Ebene des Deliktsrechts und damit auf einem Gebiet, zu dem die h. M. im Bereich der

369 *Meincke*, JZ 1988, 1095, 1100; *Hofmann*, JuS 2018, 833, 834.
370 *Medicus*, AcP 174 (1974), 313, 314; *Hofmann*, JuS 2018, 833, 834.
371 *Hofmann*, JuS 2018, 833, 834.

negatorischen Anspruchs des § 1004 BGB Parallelen zieht.[372] In dem deliktischen Schutzsystem wird der Zusammenhang zwischen primärer Zuweisung durch subjektive Rechte und Schutz dieser Zuordnung durch deliktische Ansprüche im Falle derer Verletzung nicht immer hinreichend beachtet. Vielmehr werden diese Zusammenhänge – bald mehr bald weniger reflektiert – geleugnet, was seinerseits zu gewissen „Fernwirkungen" auf die funktional negatorischen Ansprüchen führt, welche für die hiesige Untersuchungsfrage von zentraler Bedeutung sind.[373]

Besonders augenfällig kommt die Verkennung des Zusammenspiels zwischen Zuweisung durch subjektive Rechte und daran ausgerichtetem Wiedergutmachungsschutz dieser Zuordnung durch Anspruchsgewährung in denjenigen Lehren[374] zum Ausdruck, die für die Bejahung eines Delikts im Ergebnis überhaupt keine Verletzung einer subjektiven Rechtsposition verlangen, sondern zumindest daneben auch ein objektivrechtliches Unrecht und damit die bloße Verletzung der objektiven Rechtsordnung genügen lassen.[375]

Ganz ähnliche, teilweise kaum trennbare Argumentationslinien finden sich auch im Zusammenhang mit dem zivilrechtlichen Rechtswidrigkeitsbegriff. So wird mit diesem häufig mehr als die Verletzung eines fremden subjektiven Privatrechts und damit mehr als bloß privatrechtliches Unrecht verbunden.[376] So sei etwa davon auszugehen, dass der öffentlich-rechtlich konzessionierte Betrieb einer Eisenbahn, der zu unvermeidbaren Sachbeschädigungen führt, nicht als rechtswidrig qualifiziert werden könne, da „rechtswidrig" impliziere, dass das Verhalten durch die *objektive* Rechtsordnung verboten gewesen sei. Von einem solchen Verbot könne aber nicht ausgegangen werden, solange weder ein öffentlich-rechtlicher noch ein privatrechtlicher Unterlassungs- bzw. Handlungsanspruch bestehe.[377] Mit anderen Worten setze die zivilrechtliche Rechtswidrigkeit die Verletzung einer Pflicht der objektiven Rechtsordnung voraus. Die Verletzung eines subjektiven Privatrechts könne hingegen für sich genommen die Rechtswidrigkeit nicht begründen – sei sogar „bedeutungslos".[378]

---

[372] Ausführlich Kapitel 3 § 11 A. II. 2. (S. 126 ff.).

[373] Vgl. Kapitel 1 § 1 C. (S. 10 ff.).

[374] *Unger*, System II, S. 328 mit Fn. 4a; *Larenz*, in: FS Dölle I, S. 169, 183 ff.; *Fezer*, Teilhabe und Verantwortung, S. 526, 533; *Dörner*, Dynamische Relativität, S. 42; *Jansen*, AcP 202 (2002), 517, 520.

[375] Dagegen etwa *Ehrenzweig*, System II/1, S. 47 f.; *Wilhelmi*, Risikoschutz durch Privatrecht, S. 117.

[376] *Fischer*, Rechtswidrigkeit, S. 16, 149 f.; *Münzberg*, Verhalten und Erfolg, S. 49 ff., 56, 61, 267; *Jansen*, AcP 202 (2002), 517, 520.

[377] *Jansen*, AcP 202 (2002), 517, 520.

[378] *Münzberg*, Verhalten und Erfolg, S. 78.

### *3. Missdeutung des § 823 Abs. 1 BGB als generelles Schädigungsverbot und dessen Ursachen*

Auf dem Gebiet des deliktischen Haftungsrechts wird zudem oft aus der Verletzung der gegenständlichen Integrität des physischen Bezugsobjekts auf die Verletzung des subjektiven Rechts an diesem und damit der rechtlichen Integrität geschlossen. Dieser unbegründete Rückschluss drängt das subjektive Recht bis zur Unkenntlichkeit in den Hintergrund und versperrt so bereits im Ausgangspunkt die präzise Herausarbeitung des Inhalts und Umfangs des subjektiven Rechts und damit auch des Inhalts und Umfangs des auf Rechtsverwirklichung zielenden, funktional negatorischen Anspruchs.

So deutet die ganz herrschende Meinung § 823 Abs. 1 BGB als „generelles Schädigungsverbot", welches ihrem „wenig zeitgemäßen" Verständnis als Rechtsverletzungsverbot gegenüberzustellen sei.[379] Entsprechend wird von der adäquat-kausalen Verursachung eines Schadens an einem der in § 823 Abs. 1 BGB genannten Rechte auf die Schadenshaftung rückgeschlossen.[380] So argumentiert der BGH beispielsweise in dem als Klassiker zu bezeichnenden Bruteierfall[381] rein naturalistisch und ohne Ansehung des subjektiven Rechts, wenn er ohne einen einzigen gedanklichen Zwischenschritt von dem verursachten Sachschaden in Form der verdorbenen Eier auf die Verletzung des subjektiven Eigentumsrechts an diesen Eiern rückschließt. Nach § 823 Abs. 1 BGB werde „unabhängig [davon] gehaftet, ob die gesetzte Ursache den Schaden unvermittelt oder erst nach ihrer Fortpflanzung durch eine Ursachenkette hervorruft". Somit könne es „haftungsrechtlich keinen Unterschied machen", ob die betroffene Sache durch Zuführung oder Entziehung von Energie geschädigt werde.[382] Angesichts der vorliegenden Kausalität, der Adäquanz ihrer Folgen und der unbestreitbaren Verletzung der physischen Integrität der Eier als Bezugsobjekt und damit – nach Überzeugung der ganz herrschenden Auffassung – auch die Verletzung des subjektiven Eigentumsrechts an diesen Eiern, erscheint die deliktische Haftung für die verdorbenen Eier als eine unausweichliche Selbstverständlichkeit.

---

[379] So auch die Einschätzung von *Mertens*, in: MüKo-BGB, § 823 BGB Rn. 2 mit Fn. 2 (von dort stammen die wörtlichen Zitate), sowie Rn. 13; *Fraenkel*, Tatbestand und Zurechnung, S. 15 ff., 18 ff.; *E. Picker*, in: FS Medicus II, S. 311, 312 mit. Fn. 7.

[380] Besonders deutlich wird dies etwa bei *Joussen*, Schuldrecht I – AT, § 19, Rn. 996 ff., der unter der Überschrift „Die Verursachung des *Schadens* als Haftungsgrund" den Kausalitätsbegriff sowie „notwendige Einschränkungen der *Verursachung*" thematisiert (Hervorhebung nicht im Original). Ganz ähnlich *Neuhaus*, Sekundäre Haftung, S. 87: „Das Deliktsrecht schützt die körperliche Integrität einer Sache".

[381] BGHZ 41, 123, 123 ff.

[382] BGHZ 41, 123, 125.

### *a) Rückschluss vom tatsächlichen Schadenseintritt auf die Verletzung eines subjektiven Rechts*

Diese Sicht- bzw. Argumentationsweise ist keine fallspezifische Besonderheit, sondern entspricht der „normalen" Vorgehens- und Denkweise der überwiegenden Meinung. Mit der Annahme eines generellen Schädigungsverbots wendet die herrschende Auffassung ihren Blick von der Verletzung eines subjektiven Rechts als anspruchsauslösendes Element ab und richtet ihn stattdessen auf den Eintritt eines Schadens, von welchem sie dann kurzerhand auf die Verletzung eines subjektiven Rechts rückschließt.[383] Entsprechend wird etwa die Verletzung eines subjektiven Rechts häufig mehr oder weniger deutlich naturalistisch in einer nachteiligen Veränderung des körperlichen Zustands einer Person oder der äußeren Substanz einer Sache gesehen.[384] Eine normative, situations- oder gar gefährdungsspezifische Bestimmung bzw. Umgrenzung der subjektiven Rechte und einer sich daran denklogisch erst möglichen Feststellung seiner Verletzung findet dahingegen grundsätzlich nicht statt.

Beredtes Zeugnis hiervon ist, dass unter einer Körperverletzung etwa „die Verletzung der körperlichen Integrität" verstanden wird.[385] In umgangssprachlicher, gegenstandsbezogener Manier wird nicht hinterfragt, ob die vorgenommene Handlung oder Unterlassung dem subjektiven Recht des Rechtssubjekts an seiner körperlichen und gesundheitlichen Unversehrtheit[386] widersprach und daher dessen subjektives Recht verletzte. Vielmehr wird kurzerhand vom naturalistisch beobachteten Verletzungserfolg in Gestalt des Schadenseintritts auf die Rechtsverletzung geschlossen[387] – die Rechtsverletzung wird in einem gebrochenen Arm bzw. Bein oder in einer Wunde erblickt.[388]

[383] *E. Picker*, in: FS Canaris, Bd. 1, S. 1001, 1015; *ders.*, in: FS Koziol, S. 813, 816; *Fezer*, Teilhabe und Verantwortung, S. 532 f.; *Henckel*, Prozessrecht und materielles Recht, S. 277.

[384] Darauf haben bereits *Fraenkel*, Tatbestand und Zurechnung, S. 49 ff., 60 ff.; 126 ff.; *Fezer*, Teilhabe und Verantwortung, S. 532 f.; *E. Picker*, in: FS Medicus II, S. 311, 313; *Bernhard*, in: FS Picker, S. 83, 85 ff.; *Gsell*, Substanzverletzung, S. 134 f., 143 ff., 154 hingewiesen.

[385] Vgl. stellvertretend nur BGHZ 124, 52, 54; *Sprau*, in: Palandt, § 823 BGB Rn. 4.

[386] Es wird noch zu zeigen sein, dass die Unterscheidung zwischen Rechtsgütern und „echten" subjektiven Rechten funktional nicht überzeugend ist. Vgl. Kapitel 4 § 2 B. I. 1. (S. 149 ff.).

[387] Diese Einschätzung teilen *E. Picker*, in: FS Medicus II, S. 311, 313; *Bernhard*, in: FS Picker, S. 83, 89.

[388] Vgl. nur *Schapp*, JuS 1992, 537, 541: Deliktsrecht als „Konsequenz [...] aus der Verletzung eines anderen", welche „als Angriff auf den anderen als Person, als Verwundung des anderen" zu begreifen sei. *Raab*, JuS 2002, 1041, 1042; *J. G. Wolf*, Normzweck, S. 31; *Kohler*, Lehrbuch des Bürgerlichen Rechts, II/1, S. 472; *Fikentscher/Heinemann*, Schuldrecht, § 107 I 2 Rn. 1560; *Münzberg*, Verhalten und Erfolg, S. 3, 6; *F. Bydlinski*, Probleme der Schadensverursachung, S. 22; *Funcke*, Quasinegatoria, S. 350; *Neuner*, AcP 133 (1931),

Diese Sicht- und Denkweise kann auch nicht ausschließlich darauf zurückgeführt werden, dass die h. M. ein subjektives Recht am eigenen Körper bzw. auf körperliche und gesundheitliche Unversehrtheit nicht anerkennt, da sie selbst im Rahmen anerkannter subjektiver Rechte vorherrscht: So soll etwa eine Eigentumsverletzung vorliegen, wenn auf die Sache dergestalt eingewirkt wird, dass „eine äußerlich feststellbare Veränderung ihrer selbst" eintritt.[389] Erforderlich sei ein Verletzungserfolg dergestalt, dass die Sachsubstanz verletzt sei.[390] Auch im Bereich anerkannter subjektiver Rechte wird also aus der Verletzung der gegenständlichen Substanz des Bezugsobjekts und damit aus dem Eintritt eines Schadens ohne weitere Überlegungen auf eine Verletzung des Rechts an der Sache rückgeschlossen.

Besonders deutlich kommt diese Denkweise beispielsweise in einer Entscheidung des BGH aus dem Jahr 1977 zum Ausdruck, in der er betont, dass eine „Verletzung der Substanz" zwar nicht ersichtlich sei, eine solche „für die Bejahung der *physischen* Beeinträchtigung [aber] nicht unerlässlich sei".[391] Dies verdeutlicht, dass der BGH in Wahrheit gar nicht mehr unter den in § 823 Abs. 1 BGB normierten Rechtsbegriff der Eigentumsverletzung subsumiert, sondern die Eigentumsverletzung kurzerhand mit der Verursachung einer physischen Beeinträchtigung gleichsetzt. Die Eigentumsverletzung wird – analog der Denkweise im Strafrecht – zur Sachbeschädigung. Deutlich tritt dieses naturalistische, erfolgszentrierte Denkmuster auch dann zum Vorschein, wenn in der „Verletzbarkeit der Substanz" gerade der „Grund des erhöhten Schutzes" erblickt wird.[392]

Selbstverständlich soll nicht übersehen werden, dass die soeben skizzierte naturalistische Sichtweise nicht überall und in letzter Konsequenz vorherrscht. Ganz im Gegenteil entspricht es heute ganz allgemeiner Meinung, dass etwa eine Verletzung des subjektiven Eigentumsrechts auch ohne Substanzverletzung vorliegen kann, wenngleich der BGH dies für betonenswert erachtet.[393] So sind beispielsweise die Fallgruppen der „Sachentziehung" oder der „Nutzungs- und Verwendungszweckstörung ohne Einwirkung auf die Sache als solche" anerkannt.[394] Dennoch ist auffällig, dass

277, 287; *Rümelin*, AcP 90 (1900), 171, 237 mit Unklarheiten zu S. 236 wo der „Einbruch in eine fremde Rechtssphäre" als haftungsauslösendes Moment angesehen wird.

[389] *Sprau*, in: Palandt, § 823 BGB Rn. 7; vgl. auch *Gebauer*, Hypothetische Kausalität, S. 91.

[390] *Fabricius*, AcP 160 (1961), 273, 279; in der Tendenz auch *Pöttker*, Klimahaftungsrecht, S. 64 f und S. 107.

[391] BGH NJW 1977, 2264, 2265 (Hervorhebung nicht im Original).

[392] So etwa *Löwisch*, Deliktsschutz relativer Rechte, S. 95, 101; zurecht ablehnend *Fraenkel*, Tatbestand und Zurechnung, S. 235.

[393] Vgl. BGHZ 55, 153, 159; BGH NJW 1977, 2264, 2265; NJW 1990, 908, 909; NJW-RR 2005, 673, 674.

[394] Vgl. nur *Larenz/Canaris*, Schuldrecht, Band II/2, § 76 II, S. 387 f.; *Boecken*, Deliktsrechtlicher Eigentumsschutz, S. 208 ff.; *Katzenmeier*, in: NK-BGB, § 823 BGB

mit einer Verletzung der Substanz einer Sache fast ausnahmslos eine Verletzung des subjektiven Rechts an dieser Sache einhergehen soll. So soll dann eine Eigentumsverletzung am „sichersten" vorliegen[395] bzw. „außer Frage" stehen[396] oder der „Kernbereich des Eigentums" betroffen sein[397]. Entsprechend werden Ansprüche wegen Nutzungsbeeinträchtigung auch nicht als ein Resultat der Verletzung des Kernbereichs des Eigentums, sondern als Resultat einer Verletzung dessen „Schutzhofs" verstanden, die einer Verletzung „reiner Vermögensinteressen" besonders nahe stünden.[398]

Diese – hier nur zu skizzierende – erfolgsorientierte Deutung des Deliktsrechts ist heute ein geradezu axiomiertes Dogma, welches kaum noch hinterfragt wird. Ohne Eintritt eines solchen Erfolges könne keine deliktische Haftung eintreten. Die Wahl des Erfolgseintritts als gedanklichem Ausgangspunkt gipfelt in der Aussage, dass ohne einen solchen Erfolg überhaupt kein „Anlaß für die Prüfung der Rechtswidrigkeit" bestünde.[399] Rechtswidrig kann nach diesem Verständnis somit nur erfolgs- bzw. schadensursächliches Verhalten sein. Auf diesem Weg wird § 823 Abs. 1 BGB als Erfolgsdelikt gedeutet, welches keine Umschreibung des verbotenen Verhalten bereit hält[400], und sich konzeptionell von dem unstreitig als Verhaltensdelikt ausgestalteten § 823 Abs. 2 BGB unterscheiden soll.[401] Während im Rahmen des § 823 Abs. 2 BGB ein schuldhaftes, schutzgesetzwidriges Verhalten die Schadensersatzpflicht auslöse, bestehe der haftungsbegründende Vorgang im Rahmen des § 823 Abs. 1 BGB in der Herbeiführung eines verletzenden Erfolgs.[402] Indem die herrschende Auffassung zur Feststellung dieses Verletzungserfolgs auf entstandene Nachteile abstellt, welche sie bei subjektiven Rechten mit einem physischen Bezugsobjekt im Objektschaden sieht, gelangt sie zu einer Interpretation des § 823 Abs. 1 BGB als „generelles Schädigungsverbot".[403] So enthalte § 823 Abs. 1 BGB etwa das Verbot „eine

---

Rn. 34. Vgl. zu den dabei auftretenden Fragen neben den bereits genannten, etwa *Koziol*, in: FS Fenyves, S. 241 ff. Kontrovers diskutiert wird die Frage, ob auch die unzutreffende Behauptung von Sacheigenschaften eine Eigentumsverletzung darstellt, vgl. *Koziol*, in: FS Fenyves, S. 241, 253 ff. sowie *Wagner*, in: MüKo-BGB, § 823 BGB Rn. 179.

395 Vgl. *Wilhelmi*, in: Erman, BGB, § 823 BGB Rn. 27.

396 BGH NJW 2004, 1035, 1036.

397 *Koziol*, in: FS Fenyves, S. 241, 254.

398 Vgl. *Koziol*, in: FS Fenyves, S. 241, 250 f.

399 *Münzberg*, Verhalten und Erfolg, S. 153.

400 Besonders deutlich wird dies etwa bei *U. Huber*, in: FS: Wahl, S. 301, 302 f.; *Münzberg*, Verhalten und Erfolg, S. 90.

401 *V. Rümelin*, AcP 90 (1900), 171, 238 f.; *Wilhelmi*, in: Erman, BGB, § 823 BGB Rn. 153; *Wagner*, in: MüKo-BGB, § 823 BGB Rn. 4; *Teichmann*, in: Jauernig, § 823 BGB Rn. 1.

402 Vgl. *v. Rümelin*, AcP 90 (1900), 171, 238; *Münzberg*, Verhalten und Erfolg, S. 1 ff., 19 ff.; *Teichmann*, in: Jauernig, § 823 BGB Rn. 1.

403 Vgl. die Nachweise in Fn. 379 in diesem Kapitel.

fremde Sache zu *beschädigen*".[404] Die Funktion der in § 823 Abs. 1 BGB genannten subjektiven Rechte beschränkt sich bei einem derartigen Verständnis darauf, die möglichen tatbestandsmäßigen Erfolge und damit den Kreis der Schäden abzustecken.[405]

Wegen der Gleichsetzung von Verletzungserfolg und Verletzung des subjektiven Rechts bzw. der Deutung des § 823 Abs. 1 BGB als Erfolgsdelikt, sieht sich die Rechtsanwendung mit der Aufgabe konfrontiert, diejenigen erfolgs- bzw. schadensbedingenden Handlungen zu bestimmen, welche trotz adäquat-kausaler Schadenverursachung entsprechend der grundsätzlich vorherrschenden allgemeinen Handlungsfreiheit dennoch erlaubt sind.[406]

### *b) Unabhängigkeit der erfolgsorientierten Deutung von den vertretenen Rechtswidrigkeitslehren*

Um Missverständnissen vorzubeugen ist an dieser Stelle darauf hinzuweisen, dass diese Sichtweise unabhängig von den zu § 823 Abs. 1 BGB vertretenen Rechtswidrigkeitslehren besteht, da diese sämtlich die Existenz eines derartigen Verletzungserfolges als notwendige, wenn auch nicht als hinreichende Bedingung voraussetzen. Insoweit besteht insbesondere kein Unterschied zwischen den beiden großen Rechtswidrigkeitslehren (Lehre vom Handlungs- und Lehre vom Erfolgsunrecht):[407] Offensichtlich ist dies nach der Lehre vom Erfolgsunrecht der Fall. Nach den Vertretern dieser Lehre hat der Tatbestand des § 823 Abs. 1 BGB drei Voraussetzungen: (1) den Erfolgseintritt, (2) irgendein Verhalten des Täters und (3) (adäquate) Kausalität zwischen diesen beiden Merkmalen.[408] Demgegenüber soll nach der Lehre vom Handlungsunrecht die Verursachung eines Erfolges für sich genommen für die Qualifikation einer Handlung als rechtswidrig nicht ausreichend sein. Vielmehr sei hierzu zusätzlich die Verletzung einer Verhaltenspflicht in Gestalt einer Sorgfalts-, Verkehrs- oder freien Verhaltenspflicht erforderlich.[409]

---

[404] *Medicus/Lorenz*, Schuldrecht II, § 72 Rn. 3.

[405] So bereits im Jahr 1903 *Eck*, Vorträge, Bd. 1, S. 599 Fn. 3; ferner *Fraenkel*, Tatbestand und Zurechnung, S. 239; *Bernhard*, in: FS Picker, S. 83, 89.

[406] *Fraenkel*, Tatbestand und Zurechnung, S. 239.

[407] Darauf wurde bereits von *Fraenkel*, Tatbestand und Zurechnung, S. 17 ff. hingewiesen. Vgl. auch *Larenz*, in: FS Dölle, Bd. 1, S. 169, 172 welcher der Auffassung ist, dass sich bei näherer Betrachtung zwischen den Lehren vom Handlungs- und Erfolgsunrecht weder hinsichtlich der Ergebnisse noch der anzustellenden Erwägungen unmittelbare Unterschiede bestehen.

[408] Vgl. nur BGHZ 43, 178, 181 f.; *Teichmann*, in: Jauernig, BGB, § 823 Rn. 48 f.; *Lehmann*, in: FS Hedemann, 1958, S. 177, 189; *Reinhardt*, Karlsruher Forum 1961, 3, 6 ff.; *Weitnauer*, Karlsruher Forum 1961, 28, 30 f.; *Stoll*, JZ 1958, 137, 141 ff.; *Bindokat*, JZ 1958, 553.

[409] Vgl. etwa *Enneccerus/Nipperdey*, AT II, S. 1285 f.; *Wiethölter*, Rechtfertigungs-

Auf diesem Weg wird die Handlung zwar in das Zentrum des Tatbestandes gerückt, dennoch bleibt die Verursachung eines Erfolgs notwendige Bedingung der Haftung, zu welcher die Pflichtverletzung als zusätzliche Bedingung hinzutreten muss.[410] Im Ergebnis erscheint das privatrechtliche Unrecht nach dem Verständnis der Lehre vom Handlungsunrecht zwar nicht mehr als reines Erfolgsunrecht, aber immerhin noch als erfolgsqualifiziertes Unrecht.[411] „Ohne Erfolg" gebe es „kein ziviles Unrecht, weil es Schadensrecht [...], nicht Gesinnungsunrecht" sei. Der Erfolg sei zwar „nicht der Unrechtskern, sondern nur seine Voraussetzung". „Zivilrechtliches Unrecht ist erfolgsqualifiziertes Unrecht, aber nicht Erfolgsunrecht".[412]

Lässt man diese Unterschiede einmal bei Seite, wird bei der deliktsrechtlichen Prüfung einer unerlaubten Handlung nach ganz herrschendem Verständnis zweistufig vorgegangen: In einem ersten Schritt wird der nachteilige Erfolg in Gestalt eines Schadenseintritts festgestellt und gegebenenfalls auf seine grundsätzliche Ersatzfähigkeit hin untersucht. Erst wenn ein erstattungsfähiger Erfolg und damit – infolge des geschilderten Rückschlusses – die Rechtsverletzung festgestellt worden ist, wird in einem zweiten Schritt untersucht, ob dieser Erfolg einem menschlichen Verhalten zugerechnet werden kann. Erst im Rahmen dieser zweiten, nachgelagerten Prüfung beginnen die dogmatischen Streitigkeiten, die allesamt das Problem betreffen, wie die nach der festgestellten Erfolgsverursachung zunächst viel zu weit gezogene Haftung im Interesse der Handlungsfreiheit wieder sinnvoll beschränkt werden kann.

### 4. *Fernwirkungen auf andere Rechtsbereiche*

Die Untersuchung der Strukturen des Deliktsrechts hat gezeigt, dass in diesem Subsystem die Zusammenhänge zwischen primärer Zuordnung von Rechtspositionen durch Gewährung subjektiver Rechte und sich daran anschließendem Schutz durch deliktische Schadensersatzansprüche im Falle derer Verletzung in Teilen infolge einer naturalistischen Deutung des Verletzungstatbestands verkannt werden. So entspricht es im Ergebnis allgemeiner Meinung, dass deliktische Schadensersatzansprüche auch ohne die Verletzung einer subjektiven Rechtsposition bestehen können. Auf die entwicklungsgeschichtliche Zweifelhaftigkeit dieser Auffassung und die aus ihr resultierenden Ungereimtheiten, insbesondere die Nichtermittelbarkeit des

grund, S. 37; *Wagner*, in: MüKo-BGB, § 823 BGB Rn. 26; *Wilhelmi*, Risikoschutz durch Privatrecht, S. 115; *ders.*, in: Erman, § 823 BGB Rn. 13.

[410] *Wagner*, in: MüKo-BGB, § 823 BGB Rn. 26.

[411] Diese Einschätzung teilen *Brüggemeier*, AcP 182 (1982), 385, 433; *ders.*, Deliktsrecht, Rn. 634; *Münzberg*, Verhalten und Erfolg, S. 80 Fn. 160.

[412] *Wiethölter*, Rechtfertigungsgrund, S. 34.

Aktivlegitimierten, wird noch an anderer Stelle näher einzugehen sein.[413] Damit hat die Untersuchung des Deliktsrechts auch gezeigt, wie sehr die Unklarheiten über die Natur und die Funktion von Ansprüchen im generellen auf das Subsystem der unerlaubten Handlung durchschlagen. Insbesondere hat sich gezeigt, dass bei Zurückdrängung oder gar Eliminierung der subjektiven Rechte der Bereich der Handlungsfreiheit an sich über die Maßen zusammenzuschrumpfen droht, so dass die herrschende Meinung geradezu gezwungen ist, neue Kriterien zur Begrenzung der Haftung einzuführen. Auf diesem Weg mag sie zwar zu sachgerechten Ergebnissen gelangen können, jedoch werden diese außerhalb des Systems kreiert. Dadurch entsteht insbesondere die latente Gefahr, dass Ansprüche auf Schadensersatz gewährt werden, obwohl insoweit keine dem Gläubiger zugeordnete Rechtsposition besteht, die hätte verletzt werden können. Kurz: Das System von primärer Zuordnung und daran ausgerichtetem vollumfänglichen Schutz durch sekundäre Ansprüche gerät ins Wanken.

Besonders eindrücklich zeigt sich dies daran, dass die verschiedenen Subsysteme dann ein „Eigenleben" entwickeln und in der Folge nicht mehr aufeinander abgestimmt sind. Beredtes Zeugnis hiervon ist etwa, dass nach ganz herrschendem Verständnis Situationen bestehen können, in denen nach Schadenseintritt Schadensersatzansprüche bestehen sollen, ohne dass im Vorfeld des Schadens präventive Abwehransprüche bestanden haben. Der vollumfängliche Schutz des subjektiven Rechts gerät also aus dem Blick, weil das subjektive Recht aus dem Blick gerät. Es sollen subjektive Rechte lediglich rechtlich, nicht jedoch tatsächlich existieren, da die durch sie angeordnete Zuordnung je nach Art der Verletzung praktisch nicht eingefordert werden können. Dies hat seinerseits wieder Rückwirkungen auf die verschiedenen schützenden Subsysteme: Ohne Rückkopplung an die subjektiven Rechte können diese ohne Wechselwirkungen auf die jeweils anderen Schutzsysteme extensiviert oder beschränkt werden.

## B. Zusammenfassung

Die Untersuchung des Anspruchsbegriff hat ergeben, dass alle Ansprüche des Privatrechts dem Schutz eines subjektiven Rechts im Falle dessen Verletzung dienen. Mittels eines Anspruchs kann der Anspruchsinhaber vom Schuldner eine Leistung empfangen und eine Handlung oder Unterlassung verlangen, ohne diesen in einem subjektiven Recht, und sei es auch nur in seiner Handlungsfreiheit als Bestandteil des allgemeinen Persönlichkeitsrechts, zu verletzen.

---

413 Vgl. Kapitel 4 § 2 B. I. (S. 148 ff.).

Der Inhalt und Umfang des Anspruchs ist in Abhängigkeit von der Art der Verletzung des subjektiven Rechts bzw. deren Folgen unterschiedlich ausgestaltet. So gewährt die Privatrechtsordnung je nach Art und Folge der Verletzung des subjektiven Rechts Ansprüche, die – wie etwa auch die Erfüllungsansprüche – ihrer Funktion nach auf Verwirklichung des subjektiven Rechts (funktional negatorischer Rechtsschutz) gerichtet sind. Andere Ansprüche zielen auf Wiedergutmachung (funktionales Haftungsrecht) oder Vorteilsabschöpfung (funktionales Bereicherungsrecht). Der auf diese Art und Weise gewährte Rundumschutz besteht unabhängig von der Natur des subjektiven Rechts als „relatives" oder „absolutes" Recht.

Zudem hat sich gezeigt, dass in einem intakten Privatrechtssystem vom Inhalt eines funktional negatorischen Erfüllungsanspruchs auf den Inhalt und Umfang des jeweiligen subjektiven Rechts als dessen Schutzobjekt rückgeschlossen werden kann. Umgekehrt hat der Inhalt und Umfang eines subjektiven Rechts unmittelbar Auswirkungen auf seinen funktional negatorischen Schutz.

## *§ 11 Abhängigkeit funktional negatorischen Rechtsschutzes von einer aktuellen Verletzung eines subjektiven Rechts*

Nachdem nun die Grundstrukturen, die Natur und die Funktion von Ansprüchen im Allgemeinen und von funktional negatorischen Erfüllungsansprüchen im Speziellen geklärt sind, gilt es nunmehr darauf aufbauend, die Voraussetzungen funktional negatorischen Rechtsschutzes einer tieferen Analyse zu unterziehen. Das Ziel ist die Herausarbeitung derjenigen Kriterien, die Voraussetzung eines Erfüllungsanspruch sind, um anhand dieser Kriterien im Anschluss der Frage nachzugehen, ob und unter welchen Voraussetzungen die Einhaltung von Verkehrs- und Schutzpflichten aufgrund eines Erfüllungsanspruchs verlangt werden kann.

Insoweit wurde bezogen auf den obligatorischen Erfüllungsanspruch bereits dargelegt, dass dieser funktionell negatorischer Natur ist, weil er auf Verwirklichung des subjektiven Forderungsrechts gerichtet ist.[414] Ferner wurde gezeigt, dass der obligatorische Erfüllungsanspruch – wie jeder Anspruch – von einer *Verletzung* des subjektiven Forderungsrechts abhängig ist.[415] Im Folgenden wird näher untersucht, welche Qualität diese Verletzung aufweisen muss, um den funktionalen Rechtsschutz auszulösen. Dabei wird von der These ausgegangen, dass es ein Charakteristikum funktional negatorischen Rechtsschutzes ist, dass dieser von einer noch gegenwärtigen,

---

[414] Vgl. Kapitel 3 § 10 A. II. 4. a) bb) (S. 96 ff.).
[415] Vgl. Kapitel 3 § 10 A. (S. 92 ff.).

aktuellen Verletzung des jeweiligen subjektiven Rechts abhängig ist. Nur so lange eine Verletzung des jeweiligen subjektiven Rechts vorliegt, kann mithilfe des funktional negatorischen Rechtsschutzes deren Beseitigung verlangt werden.

## A. Kodifizierte funktional negatorische Ansprüche

Die These von der Notwendigkeit einer aktuellen Verletzung der subjektiven Rechtsposition für die Gewährung funktionell negatorischen Rechtsschutzes wird durch eine Analyse der gesetzlich teilweise äußerst detailliert geregelten Ansprüche bestätigt.

### *I. Herausgabeanspruch des § 985 BGB*

§ 985 BGB dient der Verwirklichung und dem Schutz der durch das subjektive Eigentumsrecht geschaffenen Zuordnung einer Sache zu einer Person. Kann diese nicht mehr über ihre Sache nach freier Beliebigkeit (§ 903 BGB) disponieren, da sich die Sache – in Ermangelung eines Besitzrechts des Besitzers – der Zuordnung widersprechend im Besitz eines anderen Privatrechtssubjekts befindet, gewährt § 985 BGB einen Anspruch auf Herausgabe gegen den Besitzer. Endet der zuordnungswidrige Zustand, etwa durch Wiedererlangung des Besitzes durch den Eigentümer oder einfach durch Verlust des Besitzes auf Seiten des unrechtmäßigen Besitzers, fällt auch der funktional negatorische Anspruch aus § 985 BGB gegen den ursprünglich unberechtigten Besitzer weg, da dieser die Zuordnung nicht mehr durch seinen – rechtlich anerkannten und daher geschützten – Besitz behindert. Vielmehr kann der Eigentümer ohne in Rechtspositionen des Besitzers eingreifen zu müssen *rechtlich* wieder mit seinem Eigentum nach freier Beliebigkeit verfahren, mag ihm dies auch rein *tatsächlich* nicht möglich sein.

Der funktional negatorische Herausgabeanspruch des § 985 BGB ist mithin von der Existenz einer noch fortdauernden Verletzung des subjektiven Eigentumsrechts durch ein Rechtssubjekt als Anspruchsgegner abhängig. Das Rechtssubjekt hat mit dem unrechtmäßigen Besitz etwas inne, was an sich dem Eigentümer kraft seines Eigentumsrechts gebührt. Damit ist die durch das subjektive Eigentumsrecht vorgenommene Zuordnung verletzt. Umgekehrt ist der Eigentümer aufgrund des Besitzes und dessen Schutz (§§ 858 ff. BGB) grundsätzlich gehindert, die Sache der Zuordnung entsprechend in Besitz zu nehmen. Würde die Rechtsordnung in dieser Situation dem Eigentümer keinen Herausgabeanspruch gewähren, würde sie letztlich die durch das subjektive Eigentumsrecht vorgenommene Zuordnung *ad absurdum* führen und zu sich selbst in Widerspruch setzen, da die durch das Eigentum zugewiesenen Befugnisse fortan nur noch auf dem Papier bestünden. Die rechtliche Zuordnung wäre im Ergebnis tatsächlich nicht existent, wenn ihre Herstellung nicht verlangt werden könnte.[416]

## *II. Negatorischer Beseitigungsanspruch nach § 1004 BGB*

Wendet man sich dem negatorischen Beseitigungsanspruch des § 1004 BGB und damit der Grund- und Urform der funktional negatorischen Ansprüche zu, ist es nicht derart offensichtlich, dass auch dieser Anspruch von einer aktuellen Verletzung des subjektiven Eigentumsrechts abhängig ist.

Ein erstes wichtiges Indiz in diese Richtung stellen insoweit die Motive zum BGB dar, da sich dort im Hinblick auf die negatorischen Ansprüche die Aussage findet, dass diese einen *gegenwärtigen*, dem *Inhalt des Eigentums* widersprechenden tatsächlichen Zustand zur Voraussetzung haben.[417] Der Wortlaut des § 1004 BGB deutet jedenfalls an, dass die Beeinträchtigung des Eigentumsrechts und damit die Rechtsverletzung noch andauern muss, da *diese* anderenfalls nicht mehr beseitigt werden könnte.[418] Auch nach der insbesondere mit dem Namen *E. Picker*[419] verbundenen Usurpationstheorie[420] gewährt § 1004 BGB nur so lange einen Anspruch auf Beseitigung, so lange die Beeinträchtigung des subjektiven Eigentumsrechts andauert.[421]

Trotz dieser Indizien und Meinungen ist die Abhängigkeit des negatorischen Rechtsverwirklichungsanspruchs von einer noch andauernden Verletzung des subjektiven Eigentumsrechts im Rahmen des § 1004 BGB keinesfalls unumstritten. Dies hängt maßgeblich damit zusammen, dass zum einen bereits keine Einigkeit über die funktionale Bedeutung des negatorischen Beseitigungsanspruchs besteht und dass zum anderen aufgrund deliktsrechtlichem Denken das Tatbestandsmerkmal der Beeinträchtigung fälschlicherweise als tatsächliche Beeinträchtigung und nicht als Beeinträchtigung des subjektiven Eigentumsrechts interpretiert wird. Durch Letzteres gerät das subjektive Recht bzw. dessen Verletzung aus dem Blick und wird bis zur Unkenntlichkeit in den Hintergrund gedrängt.[422] Diese Fehlinterpretation hat unmittelbare Auswirkungen auf den hier untersuchungsgegenständlichen Anspruch auf Erfüllung von Verkehrspflichten, da die

---

416 Vgl. *Kahl*, in: Summum ius, summa iniuria: Zivilrecht zwischen Rechtssicherheit und Einzelfallgerechtigkeit, S. 205, 213.

417 Motive zum BGB, Band III, S. 423 = Mugdan, Band III, S. 236.

418 Vgl. *Neuhaus*, Sekundäre Haftung, S. 72.

419 Grundlegend ist insoweit seine Dissertation aus dem Jahr 1972, vgl. *E. Picker*, Negatorischer Beseitigungsanspruch, passim.

420 Dieser haben sich zwischenzeitlich exemplarisch angeschlossen: *Neuhaus*, Sekundäre Haftung, S. 97 ff.; *Gursky*, in: Staudinger, BGB, § 1004 BGB Rn. 4, 135 ff.; *Wilhelm*, Sachenrecht, Rn. 672; grds. auch *Grunsky*, AcP 183 (1983), 209, 210 ff.; *Stickelbrock*, AcP 197 (1997), 456, 464 ff.

421 *Neuhaus*, Sekundäre Haftung, S. 62, 72.

422 Vgl. Kapitel 3 § 10 A. IV. 3. (S. 108 ff.).

herrschende Auffassung einen solchen Anspruch allenfalls unter Zuhilfenahme des § 1004 BGB analog gewährt.[423]

### *1. Grundzüge der Usurpationstheorie*

#### *a) Voraussetzungen der negatorischen Einstandspflicht*

Nach der Usurpationstheorie besteht negatorischer Schutz „gegen drohendes oder gegenwärtiges fremdes Handeln wie gegen den drohenden oder bestehenden Zustand von fremden Sachen, wenn und weil diese Tatbestände die Ausübung der Eigentümerbefugnisse schon rechtlich behindern, und weil sie deshalb nach ihrem realen Effekt eine Inanspruchnahme des geschützten Rechts durch einen Dritten bedeuten".[424] Ein Dritter müsse bezüglich des Schutzguts rein tatsächlich eine Position innehaben, die nach der Rechtsordnung dessen Inhaber zugewiesen ist.[425] Kurz: Der Dritte muss aktuell das subjektive Eigentumsrecht verletzen. Dem Wortsinn entsprechend wird negatorisch nicht eine tatsächliche Verletzung des Bezugsobjekts des subjektiven Eigentumsrechts, sondern die Verletzung des fremden subjektiven Eigentumsrechts bekämpft. Zur Ermittlung der Verletzung des subjektiven Eigentumsrechts kann der Blick vom Inhaber des Eigentumsrechts auf den potentiell Beeinträchtigenden gerichtet werden. Wenn dieser durch sein Verhalten oder durch die Lage oder die Ausstrahlung einer ihm kraft seiner subjektiven Rechte zugeordneten Sache faktisch eine Position gegenüber dem Eigentümer innehat, die *rechtlich* dem Inhaber des subjektiven Eigentumsrechts zugewiesen ist, liegt eine Beeinträchtigung des subjektiven Eigentums*rechts* vor.[426]

#### *b) Ziele der negatorischen Haftung*

Damit dient der negatorische Ansprüche ebenso wie der deliktische Haftungsanspruch dem Schutz des subjektiven Eigentumsrechts. Dies ist wenig verwunderlich, weil bereits herausgearbeitet wurde, dass dies das gemeinsame Charakteristikum aller privatrechtlichen Ansprüche ist.[427] Anders als die deliktische Schadensersatzhaftung verfolgt die negatorische Haftung des § 1004 BGB aber nicht den Schutz der vermögensmäßigen Integrität der einem Rechtssubjekt kraft des Eigentums zugewiesenen Sachen. Vielmehr besteht ihr Sinn darin, die mit dem subjektiven Eigentumsrecht an den Rechtsträger zugewiesene Freiheit vor zuweisungswidriger In-

---

[423] Vgl. Kapitel 1 § 1 C. (S. 10 ff.).

[424] Grundlegend bereits *E. Picker*, Negatorischer Beseitigungsanspruch, S. 49 ff., insb. S. 50; das wörtliche Zitat stammt von *dems.*, in: FS Lange, S. 625, 657.

[425] *E. Picker*, in: FS Gernhuber, S. 315, 354; *ders.*, in: FS Lange, S. 625, 659 f.

[426] *E. Picker*, in: FS Gernhuber, S. 315, 332.

[427] Vgl. Kapitel 3 § 10 A. I. (S. 92 f.).

anspruchnahme durch andere Privatrechtssubjekte zu schützen und damit das subjektive Eigentumsrecht als solches durchzusetzen.[428] Sie greift folglich immer dann und so lange ein, wie ein Dritter den zugewiesenen Rechtsraum faktisch inne hat und somit das subjektive Eigentumsrecht aktuell verletzt. Bekämpft wird eine faktische Stellung eines Rechtssubjekts gegenüber einer Sache, die nicht diesem Rechtssubjekt, sondern deren Eigentümer zugewiesen ist. Das Eingreifen des negatorischen Schutzes ist hier – wie stets bei funktional negatorischem Rechtsverwirklichungsschutz – von essentieller Bedeutung, da die Rechtsordnung anderenfalls die durch das subjektive Eigentumsrecht bereits existente Zuweisung tatsächlich wieder preisgeben würde, da sie dem Störer die eingenommene Position faktisch überlassen würde.[429] Der Eigentümer wäre, kraft der Zuordnung der Sache durch das subjektive Recht an ihn, mit Befugnissen ausgestattet, die ihm ohne rechtliche Reaktion aktuell tatsächlich „genommen" bzw. „entzogen" wären. Im Ergebnis wäre er zwar nicht unbedingt physisch, aber aufgrund der subjektiven Rechte des Störers zumindest rechtlich daran gehindert, sein subjektives Eigentumsrecht in Gänze auszuüben: So wäre er etwa rechtlich nicht befugt, eine im fremden Eigentum stehende Anlage auf dem Nachbargrundstück abzuschalten, weil diese in unzulässiger Weise auf sein Grundstück imitiert und dadurch sein subjektives Eigentumsrecht tangiert, weil er mit diesem nicht mehr nach freiem Belieben verfahren kann. Vielmehr würde er hierdurch seinerseits das subjektive Eigentumsrecht an der Anlage verletzten.[430] Auch könnte ein Grundstückseigentümer zwar ein infolge eines Hochwassers auf sein Grundstück angeschwemmtes Kfz grundsätzlich *physisch* beseitigen und verschrotten, *rechtlich* ist ihm dies hingegen aufgrund des subjektiven Eigentumsrechts des Kfz-Eigentümers grundsätzlich untersagt.

### *c) Rechtsverwirklichungsschutz vs. Wiedergutmachung durch Neuzuordnung*

Diese Analyse der elementaren Schutzfunktion des negatorischen Anspruchs erklärt auch, warum diese Art des Schutzes entgegen des Konzepts der Kausallehren[431] weder ein Verschulden noch ein irgendwie kausales, rechtswidriges Verhalten des Störers zur Voraussetzung hat. Die negatorische Haftung soll dem Eigentümer *rechtlich* bereits aufgrund seines subjektiven Eigentumsrechts Zugewiesenes zurückgeben und dem Störer folglich

[428] *E. Picker*, Prävention durch negatorischen Schutz, S. 61, 74, 78 f.; *ders.*, in: FS Lange, S. 625, 658 f.
[429] *E. Picker*, in: FS Lange, S. 625, 657 f.; *Katzenstein*, AcP 211 (2011), 58, 69; *Wilhelm*, Sachenrecht, Rn. 1380; *Buchholz/Radke*, Jura 1997, 454, 460.
[430] *Neuhaus*, Sekundäre Haftung, S. 100.
[431] Vgl. dazu sogleich Kapitel 3 § 11 A. II. 2. (S. 126 ff.).

auch nur dies „nehmen“. Die negatorische Haftung will also keine Neuzuordnung erreichen, sondern vielmehr eine präexistente rechtliche Zuordnung tatsächlich wiederherstellen. Dem einen Privatrechtssubjekt (dem Störer) ist die Verletzung bzw. Beeinträchtigung des subjektiven Eigentumsrechts schon deshalb „zuzurechnen“, weil sein – durch seine subjektiven Rechte oder durch die allgemeine Handlungsfreiheit als Bestandteil des allgemeinen Persönlichkeitsrechts gezogener – Rechtskreis den durch das subjektive Eigentumsrecht an den Eigentümer zugewiesenen Herrschaftsraum verletzt. Der Störer ist somit kraft einer bereits existierenden Zuordnung des verletzenden Rechtskreises passivlegitimiert. Umgekehrt ist der Eigentümer kraft der durch das subjektive Eigentumsrecht vorgenommenen Zuordnung aktivlegitimiert. Das Prinzip der zweiseitigen Rechtfertigung ist gewahrt.[432]

Einer darüber hinaus gehenden Zurechnung an den Störer entsprechend deliktischen bzw. schadensrechtlichen Gedankenguts, wie es die Kausallehre fordert, bedarf es nicht und kann auch nicht überzeugend zum Schutz des schadensrechtlichen Verschuldensprinzips vor einer Aushöhlung gefordert werden.[433] Einer solchen zusätzlichen Zurechnung bedarf es erst dann, wenn ein beim Eigentümer entsprechend des Grundsatzes *casum sentit dominus* eingetretenes Vermögensminus (ein Schaden) auf den Störer übergeleitet und folglich mit dessen Mitteln ausgeglichen werden soll. Wenn es also nicht um den Schutz einer rechtlich bereits bestehenden Zuordnung, sondern um eine rechtliche Neuzuordnung des Schadenspostens geht.[434] Eine solche Neuzordnung ist aber – bei richtigem Verständnis – nie die Rechtsfolge der *negatoria*, da der Störer bei dieser lediglich preiszugeben hat, was er in Widerspruch zum Inhalt des subjektiven Eigentumsrechts des Gestörten und damit in Widerspruch zu einer präexistenten Zuordnung faktisch inne hat.[435] Überschneiden sich die Rechtskreise von Störer und Gestörtem aktuell nicht mehr und kann der Eigentümer folglich mit seinem subjektiven Eigentumsrecht *rechtlich* wieder entsprechend der Zuordnung verfahren, entfällt aufgrund der dann nicht mehr vorhandenen Verletzung des subjektiven Eigentumsrechts auch die negatorische Haftung. Dabei ist es unerheblich, in welchem tatsächlichen Zustand das Bezugsobjekt des sub-

---

[432] Vgl. zu diesem Prinzip ausführlich Kapitel 4 §2 B. III. 1. (S. 173 ff.).

[433] A. A. etwa *Wilhelmi*, Risikoschutz durch Privatrecht, S. 118 ff., nach dem sowohl die negatorische als auch die deliktische Haftung auf einer Pflichtverletzung, insbesondere der Verletzung einer Verkehrspflicht, „beruht“ (S. 119).

[434] Vgl. etwa *J. Esser*, Grundlagen, S. 1 f., der von einer „Verteilung“ auf den Schädiger spricht. Ferner: „Schaden, der durch Unrecht entstand, fällt auf den Schädiger zurück, Schaden, der durch Unglück oder Unheil entstand, bleibt Sache und Schicksal des Betroffenen“.

[435] *E. Picker*, Negatorischer Beseitigungsanspruch, S. 157 ff.; *ders.*, in: FS Lange, S. 625, 658 f.; *ders.*, Prävention durch negatorischen Schutz, S. 61, 78.

jektiven Eigentumsrechts zurückbleibt.[436] Entscheidend ist einzig, dass sich die durch die subjektiven Rechte gezogenen Rechtskreise von Störer und Eigentümer nicht mehr überschneiden und der Eigentümer dementsprechend nicht mehr in den Rechtskreis des Störers eingreifen muss, sondern *rechtlich* wieder entsprechend der durch das subjektive Eigentumsrecht geschaffenen Zuordnung verfahren darf.

Exemplifizieren lässt sich das Gesagte am Beispiel der durch einen Steinwurf zerbrochenen Fensterscheibe: Der Eigentümer der Fensterscheibe kann über § 1004 BGB vom Eigentümer des Steins lediglich die Beseitigung des Steins verlangen. Denn aufgrund des subjektiven Eigentumsrechts am Stein ist der Eigentümer der Wohnung in seinem subjektiven Eigentumsrecht aktuell verletzt. Er kann aufgrund des tatsächlichen Vorhandenseins des Steins mit seinem Eigentum nicht entsprechend der bereits präexistenten Zuordnung frei verfahren, auch wenn die Einschränkungen minimal sein mögen. Einen Ersatz für die zerbrochene Fensterscheibe kann der Wohnungseigentümer hingegen nicht über § 1004 BGB, sondern nur nach den Vorschriften über den Schadensersatz wegen unerlaubten Handlungen, allen voran § 823 Abs. 1 und 2 BGB, verlangen. Insoweit handelt es sich nicht um die tatsächliche Wiederherstellung einer rechtlich bereits existierenden Zuordnung und damit um einen Fall des § 1004 BGB, sondern vielmehr um eine Neuzuordnung des Schadens an der Fensterscheibe an den Verletzenden, weil dieser das subjektive Eigentumsrecht an dieser dergestalt verletzt hat, dass eine vermögensmäßige Widerherstellung notwendig ist.[437]

Darüber, dass es sich bei der Haftung aus unerlaubten Handlungen um eine Neuzuordnung handelt, darf man sich nicht dadurch hinwegtäuschen lassen, dass der Anspruch aus § 823 Abs. 1 BGB gegen den unerlaubt Handelnden nach den §§ 249 ff. BGB grundsätzlich auf Widerherstellung in Natur und damit beispielsweise auf den Einbau eines neuen Fenster gerichtet ist. Auch in Fällen der Naturalrestitution geht es darum, den durch eine Verletzung eines subjektiven Rechts erlittenen Schaden vom Geschädigten auf den Verletzenden überzuleiten, also eine Neuzuordnung vorzunehmen. Infolge dieser Neuzuordnung hat der Verletzende den zunächst beim Eigentümer eingetretenen Schaden zu tragen und entsprechend durch Naturalrestitution oder Geldersatz auszugleichen.

Da es sich insoweit um eine Neuzuordnung handelt, bedarf es sowohl auf der Seite des Gläubigers als auch auf derjenigen des Schuldners Gründe, die

---

[436] *Katzenstein*, AcP 211 (2011), 58, 80.

[437] Anderer Auffassung scheint *Wilhelmi*, Risikoschutz durch Privatrecht, S. 66, zu sein, wenn er die Funktion des schadensrechtlichen Ausgleichs in der *Wieder*herstellung der Grenzen der Freiheitssphären bei ihrer Verletzung erblickt. Von einer erstmaligen Zuteilung des Schadens an den Schädiger geht hingegen auch *J. Esser*, Grundlagen, S. 44, aus und begreift das Schadenverteilungsrecht deshalb als Teil der *distributiven* Gerechtigkeit (a. a. O. S. 73).

eine solche begründen (Prinzip der zweiseitigen Rechtfertigung)[438]. Es gilt erstens zu begründen, warum der Schaden *rechtlich* an sich dem Gläubiger zugewiesen ist, um so den Aktivlegitimierten zu bestimmen. Und zweitens, warum in Abweichung davon eine rechtliche Zuweisung an den Schuldner erfolgt. Die Aktivlegitimation des Gläubigers folgt aus seiner Stellung als Inhaber des verletzten subjektiven Eigentumsrechts.[439] Grundsätzlich hat der Inhaber eines subjektiven Rechts auch die damit verbundenen Lasten und insoweit auch Schäden am Bezugsobjekt zu tragen (*casum sentit dominus*). Die Passivlegitimation des Schuldners kann folglich nicht bereits aus der Verletzung des subjektiven Rechts des Gläubigers folgen. Vielmehr ist, eben weil es sich insoweit um eine Neuzuordnung handelt, eine darüberhinausgehende Zurechnung des Schadens an den Schädiger erforderlich. Den Zurechnungsgrund bildet nach den Regelungen des BGB grundsätzlich die Schuld desjenigen, der das subjektive Recht des Eigentümers verletzt hat.[440] Der Schuldner muss im Grundsatz schuldhaft in den durch die subjektiven Rechte gezogenen Rechtskreis eines anderen Rechtssubjekts derart eingegriffen haben, dass eine vermögensmäßige Widerherstellung des Bezugsobjekts erforderlich ist. Die Abhängigkeit der Neuzuordnung des Schadens und damit die Abhängigkeit der Schadensersatzpflicht von der schuldhaften Verletzung subjektiver Rechte bewirkt eine Abgrenzung von zufälligen, unvorhersehbaren Beeinträchtigungen und damit von Unglücksfällen, wodurch die Haftung wirksam begrenzt wird. Dem Postulat der Freiheit wird auf diesem Weg bestmöglich Rechnung getragen,[441] da bei sorgfältigem Verhalten keine Neuzuordnung von Schäden angeordnet wird, wodurch ein weiter Handlungsfreiraum besteht.

Die Entwicklungen in der modernen arbeitsteiligen Verkehrs- und Wirtschaftsgesellschaft sollen bewirkt haben, dass das Zurechnungskriterium des Verschuldens heute nicht mehr alleinmaßgeblich dafür sein könne, alle Lebenssachverhalte, in denen es zu einem Schadenseintritt kommt, haftungsrechtlich sinnvoll zu lösen. So sei es in den modernen Gesellschaften erforderlich, ein bestimmtes Tun oder Unterlassen vorzunehmen, auch wenn dies von Zeit zu Zeit trotz Beachtung der gebotenen Sorgfalt zu einem

[438] Vgl. zu diesem Prinzip ausführlich Kapitel 4 § 2 B.III.1. (S. 173 ff.).

[439] Auf die – oft verkannte – Maßgeblichkeit der Verletzung eines subjektiven Rechts im Rahmen der deliktischen Einstandspflicht und die damit zusammenhängende Frage nach dem Inhalt und Umfang subjektiver Rechte wird noch ausführlich zurückzukommen sein, vgl. dazu Kapitel 4 § 2 B. (S. 148 ff.) und Kapitel 4 § 2 C. (S. 184 ff.).

[440] *V. Jhering*, Schuldmoment, S. 40: „Nicht der Schaden verpflichtet zum Schadensersatz, sondern die Schuld, ein einfacher Satz, ebenso einfach wie der des Chemikers, daß nicht das Licht brennt, sondern der Sauerstoffgehalt der Luft". Das Prinzip, dass grds. nur bei Verschulden gehaftet wird, ist im Bereich des BGB anerkannt, vgl. *Spindler*, in: BeckOGK-BGB, § 823 BGB Rn. 32; *J. Esser*, Grundlagen, S. 2, und besonders deutlich S. 45, wo der Verschuldensgrundsatz als „Axiom" „unserer Gesetze" bezeichnet wird.

[441] *J. Esser*, Grundlagen, S. 54 f.

Schadenseintritt führt.[442] Gleichwohl sollen jedoch Arten, Grade und Häufigkeiten abstrakter Gefährdungen existieren, welche die Zurechnung eines Schadenseintritts an den Gefährdenden rechtfertigen, ohne dass diesen ein Verschulden trifft. Zu denken sei etwa an die Entfaltung hoher Geschwindigkeit, die Ansammlung großer Energiemengen usw. In den Fällen der damit angesprochenen Gefährdungshaftungen soll das Zurechnungskriterium des Verschuldens daher durch eines oder mehrere der nachfolgenden Kriterien zu ersetzen sein: Risikobeherrschung,[443] Nähe zur Schadenstragung,[444] Vorteilsziehung aus der Gefahr,[445] Sach- und Betriebsbedingtheit der Gefahr, die vom Unternehmer in Kauf zu nehmen ist,[446] Sicherung der Lebensordnung durch Ersatzpflicht,[447] Übernahme einer dem Wagnis entsprechenden Gewährleistung.[448] Ungeachtet der Sach- und Interessengerechtigkeit dieser Kriterien verdeutlicht allein deren Existenz, dass es auch im Rahmen der Gefährdungshaftung eines über die bloße Verletzung eines subjektiven Rechts hinausgehenden Zurechnungskriteriums bedarf. Dieses wird im weiten Feld der Gefährdungshaftung nicht mehr im Verschulden, sondern in einem oder mehreren der genannten Kriterien erblickt. Die Notwendigkeit eines Zurechnungskriteriums ist insoweit einleuchtend, da es sich auch bei der Gefährdungshaftung nun einmal um eine besondere Form der Schadenshaftung handelt, so dass eine Neuzuordnung des Schadens vom Träger des subjektiven Rechts an den Verletzter vorgenommen werden muss.

Unabhängig von diesen Überlegungen gewähren aber auch die Gefährdungshaftungstatbestände einen Schadensersatzanspruch nur dann, wenn ein subjektives Recht des Gläubigers verletzt wurde: Zwar ist festzustellen, dass die Gefährdungshaftungen häufig begrifflich bspw. nicht an die Verletzung eines subjektiven Eigentumsrechts, sondern an eine Sachbeschädigung anknüpfen (so bspw. § 1 Abs. 1 S. 1 ProdHG; § 7 Abs. 1 StVG; § 33 Abs. 1 LuftVG; § 26 Abs. 1 S. 1 AtomG; § 114 BBergG). Entsprechend spielt es vordergründig für die Aktivlegitimation keine Rolle, ob der Geschädigte Eigentümer der beschädigten oder zerstörten Sache ist oder war. Entsprechend ist anerkannt, dass neben dem Eigentümer auch Inhaber beschränkt dinglicher Rechte oder von Anwartschaftsrechten sowie rechtmäßige Be-

442 *E. Schmidt*, Grundlagen, S. 526; *Deutsch*, Allgemeines Haftungsrecht, Rn. 635.

443 *Luhmann*, Soziologie des Risikos, S. 182; *Müller-Erzbach*, AcP 106 (1910), 309, 414 ff.

444 *V. Caemmerer*, Reform der Gefährdungshaftung, S. 15.

445 *Enneccerus*, AT, § 199 II; *E. Schmidt*, Grundlagen, S. 527.

446 *J. Esser*, Grundlagen, S. 97 ff.; *Mataja*, Recht des Schadensersatzes, S. 120 ff.

447 *Wagner*, in: MüKo-BGB, vor § 823 BGB Rn. 17; *Hager*, in: Staudinger, BGB, vor § 823 BGB Rn. 28; *Mataja*, Recht des Schadensersatzes, S. 120 ff.; *Enneccerus/Nipperdey*, AT, § 217 I.

448 *J. Esser*, Grundlagen, S. 97 ff., insb. S. 100 f.

sitzer, etwa Mieter oder Leasingnehmer, Anspruchsinhaber sein können.[449] Trotz dieser vordergründigen Entbehrlichkeit subjektiver Rechte im Rahmen der Gefährdungshaftung ist festzustellen, dass die Gefährdungshaftung nur soweit reichen soll, wie dem Aktivlegitimierten die Sache zugewiesen ist, also ein subjektives Recht an der Sache zusteht: So hat die Wahl der tatsächlichen Sachbeschädigung als Tatbestandsmerkmal etwa nicht zur Folge, dass der Besitzer der Sache und der Inhaber eines beschränkten dinglichen subjektiven Rechts an der Sache von dem Hersteller den vollen Ersatz des Substanzschadens verlangen könnten. Vielmehr ist dem berechtigten Besitzer durch sein subjektives Besitzrecht – ebenso wie im Rahmen der Verschuldenshaftung des §823 Abs.1 BGB – nur das Recht zur Nutzung der Sache zugewiesen. Dies muss sich entsprechend in der Schadensberechnung niederschlagen, so dass regelmäßig nur der Sacheigentümer Ersatz des vollen Substanzschadens verlangen kann.[450]

Bereits dies zeigt deutlich, wie das vordergründig rein tatsächliche Tatbestandsmerkmal der Sachbeschädigung zu einem Rechtsverletzungsmerkmal normativiert werden muss, weil anderenfalls der Aktivlegitimierte nicht mehr feststellbar ist und die Haftung entsprechend unbestimmt und damit potentiell „zu weit“ ausfällt. Deutliches Indiz für diese Normativierung ist, dass das Tatbestandmerkmal der Sachbeschädigungen in §1 Abs.1 S.1 ProdHG und §7 StVG nach der – den Wortlaut zumindest äußerst strapazierenden[451] – Auffassung des BGH und den wohl überwiegenden Stimmen in der rechtwissenschaftlichen Literatur auch dann erfüllt sein kann, wenn kein Substanzschaden, sondern lediglich eine Nutzungsbeeinträchtigung eingetreten ist.[452]

#### *d) Ende der negatorischen Einstandspflicht mit Wegfall der Verletzung des subjektiven Rechts*

Entsprechend der oben erarbeiteten Funktion der negatorischen Einstandspflicht als Rechtsverwirklichungshaftung kann die negatorische Haftung des Störers nach §1004 BGB auf unterschiedliche Art und Weise enden. In den Immissionsfällen ist eine Beeinträchtigung des Eigentums nicht mehr gegeben, sobald der Störer die unzulässigen Immissionen stoppt. Denn dann nimmt der Störer das fremde Eigentumsrecht nicht weiter in Anspruch. Die Beeinträchtigung endet aber auch dann, wenn sich die störende Sache mit dem Eigentum zu dessen wesentlichem Bestandteil verbindet. Der Grund

[449] *Wagner*, in: MüKo-BGB, §1 ProdHG Rn.5; *Schiemann*, in: Erman, BGB, §1 ProdHG Rn.2; *Walter*, in: GroKo-StVG, §7 StVG Rn.28f.

[450] *Wagner*, in: MüKo-BGB, §1 ProdHG Rn.5.

[451] Sehr kritisch insoweit auch *Wagner*, JZ 2015, 682, 683.

[452] BGH NJW-RR 1995, 342, 343 (obiter dictum); NJW-RR 2008, 406, 406; NJW 2015, 1174, 1174; *Sprau*, in: Palandt, BGB §1 ProdHG Rn.5.

hierfür liegt in den Regelungen der §§ 946 ff., 93 ff. BGB, da diese dem Störer das Eigentum nehmen und auf den Gestörten überleiten. In der Folge kann der vormals Gestörte *rechtlich* (wieder) frei mit seinem Eigentum verfahren, ohne in die Rechte des Störers eingreifen zu müssen. Aufgrund der gleichen Überlegungen gilt dies auch in den Fällen, in denen der Störer seine rechtliche Beziehung zu der störenden Sache aufgibt, diese also derelinquiert.[453] Durch die Aufgabe seines Eigentums versetzt der Störer den Inhaber des Eigentumsrechts wieder in die rechtliche Lage, mit seinem Eigentum zu agieren wie er möchte. Mangels fortdauernder Verletzung des subjektiven Eigentumsrechts besteht dann keine negatorische Haftung mehr.

### *e) Tragung der Beseitigungskosten und Sicherung einer präexistenten Zuordnung liefern kein Gegenargument*

An der Richtigkeit der Auffassung, dass es sich bei der negatorischen Haftung funktional um ein *aliud* gegenüber der Schadenshaftung handelt, weil es um eine auf Rechtsverwirklichung abzielende Sicherung einer bereits bestehenden Zuordnung geht, ändert auch der Umstand nichts,[454] dass der Störer die Kosten der Beseitigung der Rechtsbeeinträchtigung nach dem Willen des Gesetzgebers[455] und der ganz herrschenden Auffassung in Literatur und Rechtsprechung[456] zu tragen hat.[457] Nach dem Verständnis der Usurpationstheorie erlangt der Gestörte infolge des negatorischen Anspruchs nicht mehr als die Möglichkeit, seine Eigentümerbefugnisse wieder entsprechend der durch das subjektive Eigentumsrecht bereits vorhandenen Zuordnung auszuüben. Entsprechend schuldet der Störer auch nicht mehr als die Korrektur seines Rechtskreises dergestalt, dass dieser nicht mehr die Ausübung des Eigentumsrechts des Gestörten behindert. Damit schuldet der Störer keine Widerherstellung oder gar Kompensation, sondern lediglich eine Anpassung seines eigenen Rechtskreises entsprechend der existenten Zuordnung, welche bspw. aufgrund des subjektiven Eigentumsrecht besteht.

Dies zeigt sich deutlich darin, dass die Verteilung der subjektiven Rechte im Falle der *negatio* unverändert bleiben: Der Gestörte ist trotz der Störung nach wie vor Eigentümer. Ein Anspruch auf Wiedereinräumung dieses subjektiven Rechts ist daher weder möglich noch notwendig. Auch eine wie

---

[453] *E. Picker*, Negatorischer Beseitigungsanspruch, S. 113 ff.; *ders.*, in: FS Lange, S. 625, 660; *Stickelbrock*, AcP 197 (1997), 456, 472.

[454] Vgl. exemplarisch für solche Kritik *Koziol*, in: FS Canaris, Band 1, S. 631, 646 ff.; *Wilhelmi*, Risikoschutz durch Privatrecht, S. 49 f.

[455] Vgl. Motive, Band 3, S. 425 = Mugdan, Band 3, S. 237.

[456] BGH NJW 2005, 1366, 1367; *Wilhelmi*, Risikoschutz durch Privatrecht, S. 49; *Canaris*, JZ 1993, 377, 387.

[457] *E. Picker*, Negatorischer Beseitigungsanspruch, S. 165 ff.; *ders.*, in: FS Gernhuber, S. 315, 341 f.

auch immer ausgestaltete Kompensation für einen Rechtsverlust ist aus diesem Grund nicht notwendig. Die Korrektur seines Rechtskreises durch den Störer bewirkt keine Leistung aus seinem Vermögen in dasjenige des Gestörten und damit auch keine Neuzuordnung. Vielmehr erbringt der Störer die Beseitigung der Rechtsverletzung in eigener Sache. Dementsprechend hat es der Störer auch in der Hand, Kosten zu vermeiden, indem er seinen Rechtskreis etwa durch Aufgabe preisgibt und so den Eigentümer wieder in die Position bringt, mit seinem Eigentumsrecht entsprechend der Zuordnungsordnung in freier Beliebigkeit zu verfahren. Es gibt also entgegen anders lautender Bekundungen[458] keinen Nachteil auf Seiten des Gestörten, der auf den Störer übergewälzt werden müsste oder auch nur könnte. Vielmehr ist der „Nachteil" bereits kraft der subjektiven Rechte und der damit bewirkten Zuordnung dem Störer zugewiesen. Ein Zurechnungsgrund für eine Überwälzung ist demnach, entgegen der ganz überwiegenden Auffassung, nicht notwendig.

Vielmehr wäre die Frage der Überwälzung bei präziser und konsistenter Sichtweise sogar umgekehrt dahingehend zu stellen, aus welchen (Zurechnungs-)Gründen der Gestörte die Kosten der Korrektur des fremden Rechtskreises des Störers und damit die Beseitigung der Beeinträchtigung tragen sollte. Es ist zwar zutreffend, dass ein Eigentümer, der in der Ausübung seines Rechts beeinträchtigt ist, die mit dieser Beeinträchtigung verbundenen Nachteile grundsätzlich selbst zu tragen hat und demensprechend für eine Überwälzung dieser Nachteile auf ein anderes Privatrechtssubjekt besondere Zurechnungsgründe erforderlich sind.[459] Ebenso trifft es aber zu, dass die Veränderung bzw. Korrektur und die damit einhergehenden Aufwendungen des eigenen Rechtskreises dem jeweiligen Rechtsinhaber zugewiesen sind. Dementsprechend bedarf es eines besonderen Zurechnungsgrundes zur Überwälzung von Nachteilen vom Gestörten auf den Störer nur insoweit, als diese nicht (mehr) der Korrektur des Rechtskreises des Störers dienen. Dies ist insbesondere der Fall, wenn der Störer seinen Rechtskreis „auf null" reduziert, indem er etwa sein Eigentum an der störenden Sache aufgibt. Hier schließt sich also der Kreis zum oben Gesagten.

### 2. *Deliktsrechtlich geprägtes Konzept der Kausallehren*

Entgegen der bisherigen Ausführungen anerkennt die herrschende Auffassung nicht, dass die Gewährung des negatorischen Schutzes von einer noch aktuellen Verletzung des subjektiven Eigentumsrechts abhängig ist. Vielmehr soll § 1004 BGB auch dann noch einen Beseitigungsanspruch gewähren, wenn die Verletzung des Eigentums*rechts* bereits abgeschlossen

---

[458] *Koziol*, in: FS Canaris, Band 1, S. 631, 646 f.: „Problem der Schadenstragung".
[459] So etwa *Koziol*, in: FS Canaris, Band 1, S. 631, 647.

ist, sofern noch eine *tatsächliche* Folge festzustellen ist. Den Hintergrund eines derartigen Verständnisses bildet die schadensrechtliche Deutung des Tatbestandsmerkmals „Beeinträchtigung“ entsprechend deliktischen Gedankengutes[460] und der daraus resultierenden Verdrängung oder jedenfalls Zurückdrängung des subjektiven Eigentumsrechts aus dem Zentrum des Tatbestands der *negatoria*.[461]

### *a) Schadensrechtliche Deutung der Beeinträchtigung*

Die ganz überwiegende Meinung in Rechtsprechung und Literatur, deren verschiedenen Unterspielarten hier nicht weiter nachgegangen wird, deutet die negatorische Einstandspflicht des § 1004 BGB als eine Form der Kausalhaftung und begreift den Begriff der Beeinträchtigung dementsprechend in schadensrechtlicher Manier als negative Veränderung des *tatsächlichen* Zustands im Bereich des Gestörten.[462] Die Beeinträchtigung soll der schadensgleichen Verletzung im Sinne des § 823 Abs. 1 BGB entsprechen. Demensprechend könne auch dann noch Beseitigung der *faktischen* Beeinträchtigung verlangt werden, wenn der Dritte tatsächlich keine Rechtsposition mehr inne habe, welche dem Eigentümer rechtlich zugewiesen ist – wenn also aktuell keine Verletzung des subjektiven Eigentums*rechts* mehr vorliegt.[463] Erforderlich sei zwar, dass der Eigentümer noch in seinem Eigentum beeinträchtigt sei, diese Beeinträchtigung könne jedoch – insoweit konsistent der eigenen Beeinträchtigungsdefinition folgend – rein tatsächlicher Natur sein.[464]

Hierdurch wird der Beseitigungsanspruch aus § 1004 Abs. 1 S. 1 BGB im Ergebnis mit einem um das Verschulden kupierten Schadensersatzanspruch aus § 823 Abs. 1 BGB gleichgesetzt.[465] Als Folge dieses Grundverständnisses

---

[460] Besonders plastisch etwa *Larenz/Canaris*, Schuldrecht, Band II/2, § 86 I, S. 673 f., wonach die negatorischen Ansprüche „in mehrfacher Hinsicht auf das engste mit dem Schadensersatzrecht“ zusammenhängen sollen (S. 673), ja sogar „im Deliktsrecht“ heute „ihre Verankerung“ hätten (S. 684).

[461] Vgl. zur weitest gehenden Verdrängung der subjektiven Rechte aus dem Subsystem der deliktischen Schadenshaftung bereits oben Kapitel 3 § 10 A. IV. (S. 105 ff.).

[462] BGHZ 66, 37, 39; 156, 172, 175; BGH NJW-RR 2001, 232, 232; NJW-RR 2003, 953, 954; NJW 2005, 1366, 1367; OLG Celle, MDR 1954, 294, 295; *F. Ebbing* in: Erman, BGB, § 1004 BGB Rn. 13; *Fritzsche*, in: Beck-OK, BGB, § 1004 BGB Rn. 34; *Jabornegg/Strasser*, Nachbarrechtliche Ansprüche, S. 104; *Wilhelmi*, Risikoschutz durch Privatrecht, S. 44, 48 ff.; *Pöttker*, Klimahaftungsrecht, S. 107.

[463] Exemplarisch etwa BGH NJW 1996, 845, 846; 2005, 1366, 1367; *Mertens*, NJW 1972, 1783, 1785; *Lohse*, AcP 201 (2001), 902, 924; weitere Beispiele aus der nahezu unüberblickbaren Kasuistik der Rechtsprechung, *Gursky*, in: Staudinger, BGB, § 1004 BGB Rn. 141 f.; wie hier bereits die Analyse der herrschenden Auffassung durch *E. Picker*, Prävention durch negatorischen Schutz, S. 61, 65; *Katzenstein*, AcP 211 (2011), 58, 63 jeweils m. w. N.

[464] *Jabornegg/Strasser*, Nachbarrechtliche Ansprüche, S. 104; *Wilhelmi*, Risikoschutz durch Privatrecht, S. 48.

[465] Vgl nur *Wagner*, in: FS Medicus II, S. 589, 589 f., insb. S. 600, sowie die Aussage

kommt es zu dem Kernproblem, welches die gesamte Diskussion über das „richtige" Verständnis des §1004 BGB beherrscht. Die Vertreter der Kausallehre müssen in Anbetracht der positivrechtlichen Trennung von negatorischer (§1004 BGB) und deliktischer Haftung (§823ff. BGB) begründen, welchen Sinn und Zweck der einen Haftung neben der vermeintlich funktionsgleichen anderen Haftung zukommen soll. Gelingt dies nicht, muss es zu den heute eingestandenen[466] Diskrepanzen zwischen dem verschuldensabhängigen Schadensersatzanspruch des §823 Abs. 1 BGB und dem verschuldensunabhängigen Beseitigungsanspruch des §1004 Abs. 1 S. 1 BGB kommen.[467]

### *b) Gleichsetzung von Schädiger und Störer*

Der deliktsrechtlichen Grunddeutung der *negatio* entsprechend, wird auch der Schuldner des negatorischen Anspruchs und damit der „Störer" als „Schädiger" begriffen.[468] Ungeachtet aller Nuancen soll die negatorische Haftung sowohl Handlungs- als auch Zuständigkeitsstörer treffen. Handlungsstörer seien diejenigen Personen, welche die tatsächliche Beeinträchtigung durch positives Tun oder pflichtwidriges Unterlassen adäquat verursacht haben.[469] Demgegenüber seien Zustandsstörer diejenige Personen, durch deren maßgeblichen Willen die tatsächliche Eigentumsbeeinträchtigung aufrechterhalten wird, von deren Willen die Beseitigung dieses Zustands also abhängt[470] bzw. auf deren Willen die Beeinträchtigung des Eigentums zumindest mittelbar zurückzuführen ist[471].[472] Zusammengefasst soll sich die Störereigenschaft aus Kriterien der subjektiven Zurechnung

des BGH NJW 1996, 845, 846, dass „zumindest ein Stück weit" Schadensersatz gewährt würde. Wie hier bereits die Einschätzung von *E. Picker*, Prävention durch negatorischen Schutz, S. 66; *Katzenstein*, AcP 211 (2011), S. 58, 61.

[466] Vgl. stellvertretend nur BGH NJW 1996, 845, 846; *Wenzel*, NJW 2005, 241, 243; *Pöttker*, Klimahaftungsrecht, S. 92f., geht sogar davon aus, dass alle bislang vorgeschlagenen Theorien, insbesondere auch die sog. Usurpationstheorie, keine trennscharfe Abgrenzung ermöglichen würden. Eine solche sei sogar unmöglich (S. 93).

[467] Darauf wurde insbesondere von *E. Picker* mehrfach und überaus präzise hingewiesen, vgl. etwa *E. Picker*, in: FS Lange, S. 625, 655; *ders.*, Prävention durch negatorischen Schutz, S. 61, 65ff.

[468] *Wenzel*, NJW 2005, 241, 241, der betont, dass der zuständige BGH-Senat, dessen Vorsitz er seinerzeit inne hatte, eine abstrakt-generelle Unterscheidung zwischen Störer und Schädiger ablehne.

[469] BGHZ 49, 340, 347; 144, 200, 203; BGH NJW-RR 2001, 232, 232; NJW 2005, 1366, 1368.

[470] BGH NJW 1996, 1360, 1361; NJW-RR 2001, 232, 232; NJW 2007, 432, 432.

[471] So die Formulierung in BGHZ 19, 126, 129f.; 28, 110, 111; 90, 255, 266; 120, 239, 254; 122, 283, 284; 142, 66, 69; 155, 99, 105; BGH NJW 2005, 1366, 1368f.; NJW 2007, 432, 432; NJW 2007, 2182, 2183.

[472] Vgl. aus der Literatur stellvertretend etwa *Fritzsche*, in: Beck-OK, BGB, §1004 BGB Rn. 14f.; *Berger*, in: Jauernig, BGB, §1004 BGB Rn. 15ff.

ergeben.[473] Die Rechtsprechung arbeitet insoweit mit einer wertenden Betrachtung von Fall zu Fall und sucht nach Sachgründen, die dem potentiellen Störer das Geschehen zurechnen und ihm somit die Verantwortung für ein Geschehen auferlegen.[474] Einen wesentlichen Sachgrund erblickt die Rechtsprechung in einer Verletzung bzw. Nichteinhaltung von „Sicherungspflichten" durch den Verantwortlichen.[475] So bestehe insbesondere bei Einwirkungen, welche auf Naturereignissen oder schuldhaftem Eingreifen Dritter beruhen, die Störereigenschaft nur, wenn unabhängig von dem letztlich ursächlichen Ereignis eine bestehende „Sicherungspflicht" nicht beachtet wurde.[476]

### c) *Schadensrechtliche Deutung der Rechtsfolgen der negatorischen Haftung*

Das delikts- bzw. schadensrechtliche Grundverständnis der *negatio* beherrscht nicht nur die Tatbestandsseite, sondern auch die Bestimmung der Rechtsfolge und damit die Deutung von Inhalt und Umfang der negatorischen Einstandspflicht. Weil die Kausallehre die Elemente der deliktischen Haftung auf die negatorische Haftung überträgt, gestaltet sie konsequenterweise auch die Rechtsfolgen dieser beiden Haftungsregime grundsätzlich gleich aus. Zugestandenermaßen oder zumindest der Sache nach wird die negatorische Haftung als verschuldenskupierte Schadenshaftung begriffen.[477] Beide Haftungstypen seien auf die Beseitigung der tatsächlichen Folgen, also auf die Behebung eines *negativen tatsächlichen Zustands* auf Seiten des Verletzten, gerichtet.[478]

Der gesetzlich festgeschriebenen Unabhängigkeit der negatorischen Haftung von subjektiven Momenten auf Seiten des Schuldners, insbesondere von dessen Verschulden, versuchen die Vertreter der Kausallehren – freilich wieder mit Nuancen im Detail – dadurch Rechnung zu tragen, dass sie den Inhalt und Umfang der Beseitigungspflicht gegenüber der Schadensersatzpflicht beschränken. Eine heute kaum noch zu überblickende Anzahl von Theorien ist deshalb darum bemüht, die Beseitigung der tatsächlichen Beeinträchtigung von der schadensrechtlichen Naturalrestitution (§ 249 BGB) abzugrenzen: So soll etwa nach der „actus contrarius"-Theorie negatorisch nur die fortwirkende Schadensquelle zu beseitigen sein, während abgeschlossene Schäden nur nach Maßgabe des Rechts der unerlaubten Hand-

---

473 Vgl. *Wagner*, in: FS Medicus, S. 589 f.

474 BGHZ 142, 66, 70 f.; 155, 99, 105.

475 BGHZ 155, 99, 106; 157, 33, 41; BGH NJW 2004, 1035, 1036.

476 BGHZ 122, 283, 284 f.; 160, 232, 236 ff.; BGH NJW 2003, 1732, 1733; 2005, 1366, 1369.

477 Vgl. dazu bereits die Nachweise in diesem Kapitel in Fn. 465.

478 BGHZ 135, 235, 239; 150, 305, 313; BGH NJW 1996, 845, 846; 2000, 1195, 1196.

lungen zu ersetzen seien.[479] Nach anderem Verständnis sei demgegenüber das Merkmal der „Widerbenutzbarkeit" des gestörten Objekts das maßgebliche Kriterium. Zu beseitigen seien nicht die „weiteren Störungsfolgen", vielmehr beschränke sich der Anspruch darauf, die Gebrauchsfähigkeit des verletzten Guts wiederherzustellen.[480] Nach wieder anderem Verständnis sei die Beseitigung der Beeinträchtigung als „Risikoquelle" und damit die „Widerherstellung der funktionellen Integrität" geschuldet.[481]

### *3. Kritik an der deliktsrechtlichen Deutung der negatio*

#### *a) Widerspruch zur Entwicklungsgeschichte und der im kodifizierten Recht zum Ausdruck kommenden funktionalen Selbstständigkeit der negatio*

Die herrschenden Lösungskonzepte, welche allesamt auf einer – ihrerseits verfehlten[482] – deliktischen Deutung der *negatio* aufbauen, brechen mit einer die Epochen überdauernden Rechtstradition und widersprechen auch der Sichtweise der historischen Gesetzesväter.[483] Seit dem klassischen römischen Recht galt die negatorische „Eigentumsfreiheitsklage" als eine nach Grund und Ziel gegenüber der deliktischen Haftung eigenständige Haf-

---

479 Vgl. etwa BGH NJW 2005, 1366, 1367; *Baur*, AcP 160 (1961), 465, 487ff.; *Larenz/Canaris*, Schuldrecht, Band II/2, §86 V 3. b) c), 697f. und §86 VI 1. a) b), S. 700.

480 Vgl. BGHZ 97, 231, 236; 135, 235, 238f.; BGH NJW 1995, 395, 396, 2004, 603, 604; 2005, 1366, 1367f.; *Wenzel*, NJW 2005, 241, 243.

481 *Wilhelmi*, Risikoschutz durch Privatrecht, S. 77.

482 Vgl. dazu bereits Kapitel 3 §10 A. IV. (S. 105ff.) sowie Kapitel 4 §2 B. I. (S. 148ff.).

483 A. A. *Fritzsche*, in: BeckOK-BGB, §1004 BGB Rn. 34; *Wilhelmi*, Risikoschutz durch Privatrecht, S. 48f. *Fritzsche* und ihm folgend *Wilhelmi* führen an, dass der historische Gesetzgeber davon ausgegangen sei, dass unter dem in dem heutigen §1004 BGB verwendeten Begriff der „Beeinträchtigung" und dem Begriff der „Verletzung" im heutigen §823 Abs. 1 BGB Identisches zu verstehen sei, und *deshalb* der Begriff der Beeinträchtigung nicht nur Beeinträchtigungen des Eigentumsrechts, sondern auch bloß „tatsächliche Beeinträchtigungen" umfasse. Zutreffend ist insoweit die Beobachtung, dass in den Motiven zum BGB an verschiedenen Stellen deutlich zum Ausdruck kommt, dass der Gesetzgeber sowohl unter dem Begriff der „Beeinträchtigung" als auch unter dem der „Verletzung" schlicht die Verletzung eines subjektiven Rechts verstand. Hieraus kann jedoch nicht ohne weiteres geschlossen werden, dass der Begriff der „Beeinträchtigung" deshalb auch bloß tatsächliche, gegenständliche Beeinträchtigungen des Bezugsobjekts des Eigentumsrechts umfasse. Vielmehr würde ein solcher Schluss voraussetzen, dass der Gesetzgeber unter dem Begriff der „Verletzung" die bloße Sachbeschädigung ohne Verletzung des Eigentumsrechts an der Sache verstanden wissen wollte. Eben dies ist jedoch, wie teilweise noch zu zeigen sein wird (Kapitel 3 §10 A. IV. 3. [S. 108ff.] sowie Kapitel 4 §2 B. I. 2. c) (S. 159ff.)) nicht der Fall. Darüber hinaus sei darauf hingewiesen, dass sich der von *Fritzsche*, in: BeckOK-BGB, §1004 BGB Rn. 34, als Nachweis ins Feld geführte Passus „ein körperliches Verhältnis" an der angegebenen Fundstelle nicht findet.

tung, welche der Vindikation entsprach und wie diese zu den *actiones in rem* gezählt wurde.[484]

Darüber hinaus setzt sich die herrschende Kausallehre, indem sie die gegenüber dem Deliktsrecht eigenständige Funktion der *negatio* leugnet, in Widerspruch zum geschriebenen Recht. Sie unterstellt den Gesetzesvätern eine Konzeptionslosigkeit, da sie davon ausgeht, dass ein und dieselbe Frage innerhalb weniger Paragraphen zweimal und zudem inhaltlich unterschiedlich – einmal verschuldensabhängig, einmal verschuldensunabhängig – geregelt worden ist. Eben jene Unterstellung ist jedoch schon durch die Gesetzesmaterialien widerlegt. Nach diesen stand für die Schöpfer des BGB, gänzlich in der Rechtstradition verhaftet, fest, dass sich die negatorische „Eigentumsfreiheitsklage" in ihrem „Inhalt [...] abweichend von den Vorschriften über Delikte und ungerechtfertigte Bereicherung bestimmt".[485] Auch die Vordenker der späteren BGB-Regelung sind davon ausgegangen, dass es sich bei den negatorischen Ansprüchen um ein *aliud* gegenüber der deliktischen Einstandspflicht handelt.[486]

Damit steht die deliktische Deutung der *negatio* in offenem Widerspruch zu deren Entwicklungsgeschichte und zu ihrer positivrechtlichen Ausgestaltung. Beides spricht, unabhängig von den sogleich noch aufzuzeigenden Widersprüchen und Unstimmigkeiten, bereits für sich genommen gegen die von der herrschenden Meinung propagierte schadensrechtliche Deutung der *negatio*.

### *b) Unkonturierter Verletzungstatbestand*

Entscheidende Kritik erfahren die Kausallehren dadurch, dass sie die durch ihre deliktische und damit schadensrechtliche Denkweise auftretende Problematik der Abgrenzung von Schaden und Beeinträchtigung nicht zu lösen vermögen.[487] Dies gilt sowohl für das Konzept des „actus contrarius" wie auch für die „Wiederbenutzungstheorie". In der Realität wirkt jeder Schaden – der nicht sofort und rückstandslos beseitigt wird – „weiter" und ist dadurch potentielle Quelle weiterer Schäden. So ist etwa jeder Lackkratzer geeignet, eine Durchrostung der gesamten Kfz-Karosserie auszulösen. Jedes aufgrund von Wurzeleinwuchs verstopfte Abwasserrohr kann die Überschwemmung der angeschlossenen Räume bewirken, aus denen sich das Wasser dann wiederum in die angrenzenden Räumlichkeiten ausbreiten

---

[484] Vgl. zu der Entstehungsgeschichte der negatio *E. Picker*, Negatorischer Beseitigungsanspruch, S. 61 ff; *Kawasumi*, Von der römischen actio negatoria zum negatorischen Beseitigungsanspruch des BGB, passim.

[485] Motive, Band III, S. 392 = Mugdan, Band 3, S. 218.

[486] *Johow*, Teilentwurf Sachenrecht, Teil 1, S. 885 in: Schubert, Vorlagen der Redaktoren für die erste Kommission, S. 1019.

[487] Insoweit *Canaris*, JZ 1993, 377, 384.

kann. Und schließlich kann jede Wunde infolge von Infektionen zu weiteren Verschlechterungen des Gesundheitszustands führen.[488] Der *actus contrarius* wäre gegen jede dieser potentiell fortwirkenden Störungen zu richten. Auch die Schaffung einer wie auch immer zu konkretisierenden Wiederbenutzbarkeit der physisch betroffenen Güter würde Entsprechendes verlangen. Die verschuldensunabhängige negatorische Restitutionspflicht bestünde grenzenlos. Die Frage nach einer verschuldensabhängigen Schadensersatzpflicht nach Maßgabe des Deliktsrechts wäre rechtspraktisch entsprechend überflüssig. Bereits diese trivialen Beispiele verdeutlichen, dass alle vorgeschlagenen Differenzierungsversuche fehlgehen müssen bzw. nicht geeignet sind, ein Ergebnis zu präjudizieren, so lange die Verletzung des subjektiven Eigentumsrechts und damit die Störung in der tatsächlichen Beeinträchtigung des Bezugsobjekts erblickt wird.

Wohl auch aufgrund der soeben skizzierten Realitätswidrigkeit versucht die herrschende Meinung, die uferlosen Haftungsfolgen auf der Rechtsfolgenseite abzuschwächen, indem sie den Haftungsumfang begrenzt. Diese Vorgehensweise ist das Resultat einer gedanklichen Unstimmigkeit: Anstatt auf der denklogisch ersten Stufe etwas an der deliktischen Deutung der negatorischen Haftung zu ändern, werden auf der zweiten Stufe die offensichtlich verfehlten, weil viel zu weit gehenden Folgen überspielt. Dies ist nicht nur methodisch fragwürdig, sondern kann auch nicht die Grundannahme erklären, warum das Gesetz *dieselbe* Haftung kurz hintereinander einmal verschuldensabhängig und einmal verschuldensunabhängig ausgestalten soll. Damit mögen zwar die Folgen der verfehlten Grundannahme abgemildert und somit hinnehmbar werden, das grundlegende Defizit bleibt jedoch erhalten.

### *c) Unbestimmbarkeit des Passivlegitimierten*

Ein ganz zentraler Einwand gegen die Spielarten der Kausallehre besteht darin, dass sie nicht in der Lage sind, die Passivlegitimierten zuverlässig zu bestimmen.

Verlangt man entsprechend der Kausallehre als Zurechnungsgrund ein kausales Verhalten auf Seiten des Passivlegitimierten, muss die Haftungsbegründung jedenfalls dann ausscheiden, wenn sich die Ursächlichkeit des Verhaltens nicht einmal mehr mit der sehr weiten conditio-sine-qua-non-Formel bestimmen lässt. Gerade dies ist aber bei den häufig erörterten Fällen der Natureinwirkungen oder der Dritteinwirkungen der Fall. Dennoch

[488] Daraus zieht *Gerlach*, Privatrecht und Umweltschutz, S. 207, den Schluss, dass Heilbehandlungskosten infolge einer Körperverletzung über § 1004 BGB erstattungsfähig seien. Dagegen etwa *Larenz/Canaris*, Schuldrecht, Band II/2, § 86 I 1. a) (S. 674) mit Fn. 3.

nehmen die Vertreter der Kausallehre auch in diesen Fällen eine negatorische Einstandspflicht an. So ist etwa vom Standpunkt der Kausallehre mangels Ursächlichkeit des Verhaltens des Störers nicht begründbar, warum ein naturgewachsener Baum, welcher infolge einer Überschwemmung auf das Nachbargrundstück gespült wurde, vom Eigentümer des Baumes zu entfernen ist. Unerklärbar ist auch, warum ein im Eigentum des E stehendes Kfz, welches durch D gestohlen und auf dem Grundstück des A abgestellt worden ist, durch E zu beseitigen ist.[489] Dennoch wird häufig – teilweise mittels kurios anmutender Konstruktionen – anders entschieden.[490]

Exemplarisch für diesen Problembereich steht eine Entscheidung des BGH aus dem Jahr 2007.[491] Die Beklagten sind Mieter einer im WEG-Eigentum des E stehenden Wohnung, welche E ohne die erforderliche Zustimmung der übrigen Wohnungseigentümer umgebaut und Fenster durch einen Balkon ersetzen hat lassen. Auf Antrag der Klägerin, die Mitglied der Wohnungseigentümergemeinschaft ist, wurde E durch rechtskräftigen Beschluss zur Wiederherstellung des ursprünglichen Zustands der Wohnung verpflichtet. Die Klägerin beabsichtigt, die hierfür erforderlichen Arbeiten im Wege der Ersatzvornahme durchführen zu lassen, und nimmt daher die Beklagten auf Duldung des Rückbaus in Anspruch. Der BGH hat im Ergebnis zutreffend einen negatorischen Anspruch der Klägerin anerkannt, kann diesen auf der Grundlage der von ihm vertretenen Kausallehre aber nicht tragfähig begründen: Eine Handlungsstörerhaftung der Beklagten muss – gemessen an den Kriterien der h. M. – schon deswegen ausscheiden, weil sie nicht pflichtwidrig agiert haben. Entgegen der Auffassung des BGH lassen sich die beklagten Mieter aber auch nicht mit der Begründung als Zustandsstörer qualifizieren, dass sie die Beeinträchtigung „willentlich aufrechterhalten" haben.[492] Der entscheidende Grund für die Haftung oder Nichthaftung der Beklagten, insbesondere welche Bedeutung dem Kriterium der „Zurechnung" für den zu entscheidenden Fall zukommt, bleibt hierbei gänzlich offen. Der BGH stellt zwar zurecht fest, dass sich die Beklagten bei der willentlichen Aufrechterhaltung der Beeinträchtigung „rein passiv verhalten" hätten, was ein „bloßes Unterlassen" darstelle, weshalb

---

[489] *Gursky*, JR 1989, 397, 402; *E. Picker*, Prävention durch negatorischen Schutz, S. 61, 70. Konsequenterweise verneinen daher einen Beseitigungsanspruch vom Boden der Kausallehre aus *von Caemmerer*, Karlsruher Forum 1961, 19, 24; *Larenz*, in: FS Dölle, Bd. 1, S. 169, 198; *Jabornegg/Strasser*, Nachbarrechtliche Ansprüche S. 105 f.; *Herrmann*, Der Störer nach § 1004 BGB, S. 407, 557.

[490] Vgl. etwa LG Bielefeld, RuS 1995, 180 (Eigentümer sei zumindest vom Zeitpunkt der Wiederauffindung des vom Dieb abgestellten Kraftfahrzeugs als Störer ansehen); *Berger*, in: Jauernig, BGB, § 1004 BGB Rn. 17 (wenn Eigentümer trotz Aufforderung Kfz nicht abholt); *Dehner*, Nachbarrecht, B § 38 IV 2 Fn 174i (Eigentümer sei Handlungsstörer durch Unterlassen).

[491] BGH NJW 2007, 432, 432 f.

[492] BGH NJW 2007, 432, 433.

ihnen ihr Verhalten nur zugerechnet werden könne, wenn sie „aus irgendeinem Rechtsgrund zur Duldung der Störungsbeseitigung verpflichtet" gewesen seien.[493] Die Pflichtwidrigkeit des Unterlassens musste der BGH deswegen eigenständig begründen. Dazu leitete der BGH eine verletzte Pflicht daraus ab, dass die Beklagten gegenüber der Klägerin keine weitergehenden Rechte hätten als der Eigentümer und Vermieter selbst. Deshalb beschränke ein gegen den Vermieter gerichteter Eigentumsstörungsanspruch aus § 1004 BGB das Recht des Mieters an dem ungestörten Besitz der Wohnung und verpflichte sie, die Beseitigung einer von der Wohnung ausgehenden Störung zu dulden. Der gegen E als Handlungsstörer bestehende dingliche Anspruch der Klägerin begründe somit die Verpflichtung der Beklagten, den Rückbau zu dulden. Dagegen könnten die Beklagten ihr Recht aus dem nur im Verhältnis zum Eigentümer wirksamen Mietvertrag nicht einwenden.[494]

Diese Ausführungen vermögen schon deshalb nicht zu überzeugen, da eine Bindung der Beklagten an einen etwaigen (gerichtlich festgestellten) dinglichen Anspruch der Klägerin gegen den Eigentümer aufgrund dessen bloß relativer Wirkung im Verhältnis Klägerin – Eigentümer nicht bestehen kann. Die negatorische Duldungspflicht der Beklagten muss entweder aus deren Rechtsbeziehung zur Klägerin begründet sein oder überhaupt nicht.[495] Das Beispiel macht deutlich, wie schwer es vom Standpunkt der Kausallehre fällt, das vom Judiz als gerecht empfundene Ergebnis dogmatisch überzeugend zu begründen.

Ganz ähnliche Begründungsprobleme stellen sich vom Standpunkt der Kausallehre in den Fällen der Rechtsnachfolge: Es entspricht der ganz überwiegenden Auffassung und der Lebensgerechtigkeit, dass der Erwerber einer störenden Anlage, die durch den Veräußerer errichtet wurde, deren Beseitigung vornehmen muss. Nur er hat als nunmehriger Eigentümer die rechtliche Befugnis und zumeist auch die praktische Möglichkeit zum korrigierenden Eingriff. Der Neueigentümer war aber weder für die Errichtung der Anlage ursächlich, noch hat er die gestörte Sache im deliktsrechtlichen Sinne verletzt. Damit ist ihm die Errichtung aber auch nicht zurechenbar, so dass nach den Kausallehrer an sich keine negatorische Beseitigungspflicht des Neueigentümers besteht.[496] Die h. M. gelangt freilich zum entgegengesetzten Ergebnis, indem sie mit teilweise kuriosen Konstruktionen das postulierte Dogma der Verantwortlichkeit des Verursacher durchbrechen will.[497]

---

493 BGH NJW 2007, 432, 433.

494 BGH NJW 2007, 432, 433.

495 *Katzenstein*, JZ 2008, 1129, 1131.

496 *Stoll*, AcP 162 (1963), 203, 224.

497 Vgl. dazu die Darstellung bei *Gursky*, in: Staudinger, BGB, § 1004 BGB Rn. 132 ff., der im Übrigen die hiesige Einschätzung teilt.

### d) Unbestimmbarkeit des Aktivlegitimierten

Auch die Bestimmung des Aktivlegitimierten muss der Kausallehre Schwierigkeiten bereiten. Indem sie die Beeinträchtigung im Sinne des § 1004 BGB entsprechend dem deliktischen Denkmuster naturalistisch deutet und dementsprechend eine *tatsächliche* Beeinträchtigung einer Sache verlangt, geht der Bezug zum subjektiven Eigentumsrecht zwangsläufig verloren. Stattdessen wird die Verletzung des Eigentums*rechts* in dem verstopften Rohr oder dem überfluteten Badezimmer erblickt. Durch die damit einhergehende Eliminierung oder zumindest Zurückdrängung des subjektiven Eigentumsrechts aus dem Tatbestand des § 1004 BGB muss zwangsläufig auch dessen zuordnende Funktion verloren gehen. Eine zweiseitige Rechtfertigung der negatorischen Haftung ist dann nicht mehr möglich.[498] Weil die Eigentumslage an der störenden Sache irrelevant ist, soll etwa der störende Sacheigentümer seine Störereigenschaft nicht durch Sicherungsübereignung verlieren.[499] Selbst wenn der gestörte Eigentümer selbst Eigentümer der störenden Anlage wird, soll er seinen ursprünglichen Beseitigungsanspruch gegen den Verursacher behalten.[500]

### e) Fehlkonsequenzen der deliktischen Deutung der negatio

Die Kritik an der Kausallehre abschließend, gilt es festzustellen, dass selbst deren Vertreter mittlerweile vor der dogmatischen Frage der Abgrenzung von Schaden und Beeinträchtigung und damit von negatorischer Haftung und Schadensersatzhaftung zu kapitulieren scheinen und stattdessen einen pragmatischen Ansatz wählen. So zählt der BGH jene Abgrenzung „zu den ungelösten Problemen". Auch die Literatur muss einsehen und zugestehen, dass „bisher nicht einmal praktikable Faustregeln für die Abgrenzung" entwickelt wurden.[501] Aus dieser Not heraus werden die Rufe nach einer undogmatischen, praktikablen Lösung immer lauter. So hat etwa der langjährige Vorsitzende des zuständigen 5. Zivilsenats des BGH *Wenzel* gefordert, die nicht gewinnbringende Dogmatik über Bord zu werfen und stattdessen „eine an den Bedürfnissen der Praxis orientierte wertende Abgrenzung von beseitungspflichtigem Eingriff und ersatzpflichtigen Folgen"[502] vorzuneh-

[498] Vgl. zu diesem Prinzip ausführlich Kapitel 4 § 2 B. III. 1. (S. 173 ff.).

[499] BGHZ 41, 393, 396.

[500] BGH NJW 1960, 1003, 1003; BGHZ 40, 18, 22; OLG Celle, MDR 1954, 294, 295.

[501] *Wenzel*, NJW 2005, 241, 243; So auch die Ausgangsbeobachtung von *Wilhelmi*, Risikoschutz durch Privatrecht, S. 42, 46, der diesen Befund zum Anlass nimmt sich einem zeitlichen Abgrenzungskonzept anzuschließen. Nach diesem sollen sich die negatorische und die deliktische Haftung bezüglich ihrer zeitlichen Schutzrichtung unterscheiden. Die deliktische Haftung beziehe sich auf Beeinträchtigungen in der Vergangenheit, während sich die negatorische Haftung auf zukünftige Beeinträchtigungen beziehe (vgl. a. a. O. S. 56 ff.).

[502] *Wenzel*, NJW 2005, 241, 243.

men. Durch derartige Äußerungen wird die dogmatische Abgrenzungsfrage zu einer Abwägungsfrage degradiert, die „wertend" „von Fall zu Fall" zu beantworten sein soll.[503] Damit entzieht sich die herrschende Doktrin dem Rechtsproblem und propagiert Pragmatik anstatt Dogmatik.

Der stützenden, umgrenzenden und vor allem rationalisierenden Funktion der Dogmatik beraubt, verkommt die *negatio* zunehmend zu einem mehr oder weniger beliebig einsetzbaren Regelungsinstrument. Die damit einhergehenden Rechtsunsicherheiten und Rechtsunklarheiten haben längst ein unübersehbares case law geschaffen, in welchem der Name des kasuistischen Streits die fallübergreifende Regel setzt.[504] Eine Rückführung dieses Systems in die festigende Korsage der Dogmatik ist, so lange man gedanklich in dem schadensrechtlichen Denken der Kausallehren verhaftet bleibt, nicht möglich. Bezeichnenderweise kommt dies gerade dort besonders deutlich zum Ausdruck, wo sich Vertreter der Kausallehre an einer solchen wünschenswerten und notwendigen Rückführung versuchen. So wird dann etwa aus der vermeintlich generalklauselartigen Fassung des § 1004 BGB eine Art von „Gefährdungshaftung [...] sowohl für Handlungen als auch für Sachen" abgeleitet, welche weder an das Enumerationsprinzip des § 823 Abs. 1 BGB noch an die sonst bei Gefährdungshaftungen üblichen Haftungshöchstgrenzen gebunden sei.[505] Zudem soll sie grundsätzlich eine negatorische Haftung für jedes Verhalten und für jede Sache, gleich ob harmlos oder gefährlich, begründen können. Dieses methodisch korrekt zu Ende gedachte Ergebnis offenbart die sachlichen Konsequenzen der deliktischen Deutung der *negatio*: Es wird mittels der *negatio* eine Einstandspflicht kreiert, welche die Grenze zwischen Unglück und zurechenbaren Zuständen bis zur Unkenntlichkeit verwischt und damit den Weg zu einer willkürlichen Gestaltung der Sozialverhältnisse durch Haftungsanordnungen ebnet. Jene, teilweise als Haftungsvolitivismus[506] beschriebene Situation wird mittlerweile in Teilen als derart misslich empfunden, dass sie bereits eine extreme Gegenbewegung ausgelöst hat. So existiert namentlich im Wettbewerbs- und Immaterialgüterrecht die Tendenz, die negatorische Haftung zu begrenzen oder sogar vollständig zu verdrängen.[507] Teilweise wird sogar gefordert, die Störerhaftung bei subjektiven Rechten ohne physisches Bezugsobjekt (immaterielle Rechte) vollständig „in die Dogmatik des allgemeinen Delikts-

---

503 So in Bezug auf die wertende Bestimmung des Störers auch *Wenzel*, NJW 2005, 241, 241, dort auch die wörtlichen Zitate.

504 *E. Picker*, Prävention durch negatorischen Schutz, S. 61, 73.

505 *Larenz/Canaris*, Lehrbuch des Schuldrechts, Band II/2, § 86 VII, S. 703 f., das wörtliche Zitat findet sich auf S. 703.

506 *E. Picker*, Prävention durch negatorischen Schutz, S. 61, 73.

507 Vgl. etwa *Schünemann*, WRP 1998, 120, 123; *Köhler*, in: Köhler/Bornkamm/Feddersen, UWG, § 8 Rn. 2.3b; *Döring*, WRP 2007, 1131, 1135.

rechts einzuordnen".[508] Dies macht deutlich, wie sehr die fehlende Klärung zentraler Fragen der *negatio* und die daraus resultierende Deutung nach deliktischen Grundsätzen Ratlosigkeit mit deren Umgang hinterlässt.

### *4. Verteidigung der Usurpationstheorie gegenüber den herkömmlichen Einwänden*

Trotz der aufgezeigten Schwächen und Ungereimtheiten haben es die Vertreter der Kausallehre nicht versäumt, der Usurpationtheorie zu widersprechen und sie zu kritisieren. Mit den dabei vorgetragenen Argumenten setzt sich der folgende Abschnitt auseinander. Dabei wird auch aufgezeigt, dass die Usurpationstheorie nicht nur in dogmatisch-systematischer Hinsicht überzeugt, sondern dass sie entgegen einem weit verbreitetem Vorwurf auch zu praxisgerechten Ergebnissen führt, diese sogar – dem Sinn und Zweck eines dogmatischen Systems entsprechend – präjudizieren kann.

#### *a) Vorwurf der Nichterfassbarkeit der Immissionsfälle*

Ein zentraler Einwand gegen die Usurpationstheorie besteht darin, dass sie nicht in der Lage sein soll, die im Rahmen negatorischer Ansprüche als besonders wichtig empfundenen Immissionsfälle zu lösen.[509] So könne man von einer Rechtsusurpation „kaum sprechen", „wo bloß tatsächlich Immissionen in ein fremdes Grundstück erfolgen"[510] bzw. die Störungen „von Handlungen und Sachzuständen ausgehen, die außerhalb des Bereiches des Grundstücks liegen"[511]. Eine Rechtsusurpation oder -anmaßung könne weder in der Handlung noch in der emittierenden Sache liegen, da diese außerhalb des gestörten Eigentums vorgenommen würden bzw. stünden.[512] Ganz ähnlich wird im Rahmen von Überschwemmungsfällen argumentiert: In diesen kämen auch die Vertreter der Usurpationstheorie nicht umhin, die Pflicht zur Unterbindung des weiteren Wasserzuflusses anzuerkennen, obwohl dieser regelmäßig nicht unter einer entsprechenden Rechtsberühmung erfolge und obwohl er den Gebrauch des betroffenen Grundstücks allein tatsächlich und eben nicht rechtlich beschränke.[513] Da dem Nachbarn keine

---

[508] *Ahrens*, WRP 2007, 1281, 1286; vgl. zur Lösung der „Teilnehmerproblematik" auch *Köhler*, GRUR 2008, 1, 2.

[509] *Wilhelmi*, Risikoschutz durch Privatrecht, S. 50; *Baldus*, in: MüKo-BGB, § 1004 BGB Rn. 84.

[510] So wörtlich *Medicus*, in: MüKo-BGB, 2. Auflage, § 1004 BGB Rn. 23a; ähnlich *Stickelbrock*, AcP 197 (1997), 456, 471.

[511] *Herrmann*, Der Störer nach § 1004 BGB, S. 93.

[512] So ausdrücklich *Herrmann*, Der Störer nach § 1004 BGB, S. 93.

[513] Diese Einwände wurden wohl erstmals von *Jabornegg/Strasser*, Nachbarrechtliche Ansprüche, S. 97 ff., insb. S. 103 f., erhoben. Sich diesen anschließend, *Medicus*, in: MüKo-BGB, 2. Auflage, § 1004 BGB Rn. 23a; *H. P. Westermann*, Privates Nachbarrecht, S. 122; *Herrmann*, Der Störer nach § 1004 BGB, S. 93 ff.

„dinglichen Rechte oder Besitz an den die Störungen hervorrufenden Immissionen wie Rauch, Ruß, Staub, Geräusche, Gerüche oder Erschütterungen" zukämen, könne der Eigentümer mit seinem Grundstück, seinem subjektiven Eigentumsrecht entsprechend, zwar nicht tatsächlich aber rechtlich nach Belieben verfahren, da er zu deren Beseitigung nicht in subjektive Rechte des Nachbarn eingreifen müsse.[514] Mittels der Kriterien der Usurpationstheorie seien die Immissionsfälle daher negatorisch nicht erfassbar.[515]

Die Art und Weise der Kritik verblüfft schon deshalb, weil sie – die Stichhaltigkeit der vorgetragenen Argumente einmal unterstellt – an sich darlegen müsste, warum die Überschwemmungs- bzw. Immissionsfälle eine negatorische Beseitigungsansprüche auslösen sollen. Beschränkt man sich hingegen auf die vorgetragene Kritik, bleibt am Ende nicht mehr als der argumentationslose Satz: „Es kann nicht sein, was nicht sein soll".

Davon unabhängig überzeugt diese Kritik jedoch auch inhaltlich nicht. Zunächst ist festzustellen, dass die Kritik größtenteils auf einer sprachlichen Ungenauigkeit zu beruhen scheint, da sie die Definition der Beeinträchtigung nach der Usurpationstheorie um ein konstitutives Merkmal verkürzt. Nach der Usurpationstheorie geht es ausschließlich um eine *faktische* Anmaßung fremder Rechte, also um eine Verletzung des subjektiven Eigentumsrechts. Eine wie auch immer zu definierende oder festzustellende Rechts*berühmung* durch den Störer, wie es von den Kritikern unterstellt wird, ist hingegen nicht Voraussetzung der negatorischen Haftung. Verkürzt man die Definition der Beeinträchtigung nicht in unzulässiger Weise, lassen sich auch die Immissionsfälle lösen und erfassen: Mit der unzulässigen Ausstrahlung von Immissionen nimmt der Eigentümer des Grundstücks *faktisch* fremdes Eigentum für sich in Anspruch. Er hält sein Eigentum *faktisch* in einem Zustand, „wie wenn er eine entsprechende Dienstbarkeit oder sonstige Immissionsbefugnis" gegenüber dem betroffenen Eigentümer des Nachbargrundstücks besäße.[516] Hierdurch wird der Eigentümer des Nachbargrundstücks auch nicht nur tatsächlich an der Nutzung seines Grundstücks gehindert. Vielmehr besteht diese Einschränkung auch in rechtlicher Hinsicht, da der Nachbareigentümer mit seinem Grundstück nicht mehr – dem Grundsatz des § 903 BGB entsprechend – nach freiem Belieben verfahren kann. Vielmehr wäre er zur Herstellung der durch das Eigentum geschaffenen Zuordnungslage (§ 903 BGB) gezwungen, in das Eigentumsrecht des Störers einzugreifen.[517] Er müsste etwa – so das radikalste Vorgehen –

---

[514] *Jabornegg/Strasser*, Nachbarrechtliche Ansprüche, S. 102 f.; *Herrmann*, Der Störer nach § 1004 BGB, S. 93 f.

[515] *Jabornegg/Strasser*, Nachbarrechtliche Ansprüche, S. 102.

[516] *E. Picker*, in: FS Gernhuber, S. 315, 347.

[517] Merkwürdigerweise wird dies selbst von *Jabornegg/Strasser*, Nachbarrechtliche Ansprüche, S. 103 Fn. 180, zunächst gesehen, dann aber sogleich durch eine verfehlte Be-

die emittierende Anlage auf dem Nachbargrundstück stilllegen. Eben jener Selbsthilfeakt wird aber durch entwickelte Rechtsordnungen im Interesse des Rechtsfriedens und der gesellschaftlichen Ordnung im Grundsatz versagt und durch negatorische Ansprüche ersetzt, die notfalls im geregelten Gerichtsverfahren durchgesetzt werden können.

Darüber hinaus scheint es den Kritikern schwer zufallen, den Gedanken der Rechtsusurpation vollständig zu erfassen. Anders lässt sich nicht erklären, warum in den Immissionsfällen aus der nicht vorhandenen Existenz von dinglichen Rechten des Nachbars an den Immissionen geschlussfolgert wird, dass der Nachbar kein Recht des Grundstückseigentümers usurpiere. Trennt man sauber zwischen der Zuführung und deren physischen Folgen, wird deutlich, dass zwar die physischen Störungen also solche keine tatbestandlichen Störungen sind. Dies gilt jedoch nicht zugleich für den Betrieb der Anlage und damit die Handlung auf dem Nachbargrundstück. Die Art und Weise des Betriebs überschreitet – wie ausgeführt – nach Art und Maß seiner Ausstrahlungen die Grenzen des subjektiven Eigentumsrechts des Störers und Beeinträchtigt das subjektive Eigentumsrecht des Gestörten. Aus welchen Gründen eine solche Verletzung des subjektiven Eigentumsrechts nicht möglich sein soll, weil die rechtsbeeinträchtigende Handlung tatsächlich auf dem Nachbargrundstück vorgenommen wird,[518] bleibt begründungslos. Vermutlich liegt diesem Einwand die Vorstellung zugrunde, dass die rechtlichen Grenzen an einem Gegenstand mit dessen physischen Grenzen übereinstimmen müssten und dass „bloße" pflichtverletzende Handlungen nicht zugleich eine Verletzung subjektiver Rechte darstellen müssen.[519] Auf die Fehlerhaftigkeit dieser unausgesprochene Grundvorstellung wird noch einmal ausführlich zurückzukommen sein.[520]

### *b) Kritik an der Methode zur Bestimmung des Passivlegitimierten durch Bestimmung der überlagernden Rechtssphäre*

Schärfste Kritik[521] erfährt die Usurpationslehre durch den Vorwurf, dass sie die „Beeinträchtigung" und den „Störer" weder bestimmen noch definieren könne. Vielmehr würden sich nach den von ihr eingeführten Kriterien die überlagerten Rechtssphären wechselseitig in tatbestandsmäßiger Art

---

stimmung der „Beeinträchtigung" und einer darauf resultierenden Uferlosigkeit der *negatio* wieder verworfen.

518 So der Einwand von *Herrmann*, Der Störer nach § 1004 BGB, S. 93.

519 Auch den Ausführungen von *Jabornegg/Strasser*, Nachbarrechtliche Ansprüche, S. 103 f., scheinen diese Vorstellungen zugrunde zu liegen.

520 Vgl. dazu Kapitel 4 § 2 D. (S. 187 ff.) und Kapitel 4 § 2 E. (S. 198 ff.).

521 Diese bezieht sich insbesondere auf *E. Picker*, Negatorischer Beseitigungsanspruch, passim. Aber auch die Folgeschriften *E. Pickers* erfahren nach wie vor Kritik und Widerspruch.

und Weise stören. So sei jeder der beteiligten Eigentümer zugleich Störer und Gestörter. Exemplifiziert wird diese Aussage an dem Beispiel eines gestohlenen Kfz, welches durch den Dieb auf einem fremden Grundstück abgestellt wird. In diesen Fällen habe der Grundstückseigentümer gegen den Eigentümer des PKW einen Beseitigungsanspruch aus §1004 BGB. Taste der Grundstückseigentümer aber den PKW an, habe seinerseits der PKW-Eigentümer einen negatorischen Beseitigungsanspruch gegen den Grundeigentümer.[522] Zudem stünde dem Grundeigentümer das Selbsthilferecht aus §859 Abs. 1 BGB zur Verfügung, weshalb er rechtlich nicht gehindert sei, in das subjektive Eigentumsrecht am PKW einzugreifen, so dass der von den Vertretern der Usurpationslehre bejahte negatorische Anspruch des Grundstückeigentümers nach deren eigenen Kriterien mangels Beeinträchtigung gerade nicht bestünde.[523]

Auch diese Einwände vermögen einer genauen Analyse nicht standzuhalten: In der Tat kann dem gestörten Grundeigentümer – je nach Lage des Falles – ein Selbsthilferecht zur Seite stehen.[524] Dies ändert jedoch nichts daran, dass der Eigentümer nach wie vor rechtlich nicht in der Lage ist, mit seinem Grundstück nach *freiem* Belieben (§903 BGB) zu verfahren. Denn auch im Falle eines bestehenden Selbsthilferechts ist es dem Eigentümer nur innerhalb gewisser Grenzen rechtlich erlaubt, sein Eigentum zu nutzen. Insbesondere wird das Selbsthilferecht aus §859 Abs. 1 BGB durch den in allen Notwehrrechten verankerten Verhältnismäßigkeitsgedanken (§242 BGB) beschränkt: Erlaubt ist nur die zur Abwehr der Besitzstörung objektiv erforderliche Gewalt.[525] Zudem kann das Selbsthilferecht selbst unter gewissen Vorbehalten stehen. So soll einem Grundstückseigentümer ausweislich des §910 Abs. 2 BGB das dort kodifizierte Selbsthilferecht trotz Beeinträchtigung des subjektiven Eigentumsrechts nur zustehen, wenn die im Eigentum eines Nachbarn stehenden Wurzeln oder Zweige die Benutzung des Grundstücks auch tatsächlich beeinträchtigt. Insoweit ist das subjektive Eigentumsrecht durch die Überlagerung der Rechtssphären trotz eines bestehenden Selbsthilferechts beeinträchtigt.[526] Dem Eigentümer steht dementsprechend trotz eines etwaigen Selbsthilferechts ein Beseitigungsanspruch nach §1004 BGB zu, solange die Verletzung des subjektiven Eigentumsrechts fortbesteht.

Entgegen der vorgebrachten Kritik kommt es hierdurch jedoch nicht zu der unterstellen Janusköpfigkeit der Parteien als „Gestörter“ und „Störer“

[522] *Herrmann*, Der Störer nach §1004 BGB, S. 85ff.

[523] *Herrmann*, Der Störer nach §1004 BGB, S. 89.

[524] So insbesondere in den mittlerweile klassischen Wurzelfällen in Gestalt des §910 BGB.

[525] BGH WM 1968, 1356, 1357; BGHZ 181, 233, 238f. Rn. 16; *Joost*, in: MüKo-BGB, §859 BGB Rn. 9 m. w. N.

[526] *Gursky*, JR 1989, 397, 399; *Picker*, in: FS Gernhuber, S. 315, 350.

und der damit unterstellten Unentscheidbarkeit der negatorischen Haftungsfrage. Vielmehr gilt es lediglich zu beachten, dass es sich um zwei verschiedene, voneinander unabhängige negatorische Haftungen handelt, die sich sowohl nach dem Störungstatbestand als auch dem Schutzobjekt voneinander unterscheiden. Hinsichtlich des Grundeigentums ist allein der Eigentümer des PKW „Störer", weil er durch sein Eigentumsrecht die aus dem subjektiven Grundeigentumsrecht fließenden Gebrauchsbefugnisse des Grundstückseigentümers verletzt. Demgegenüber beeinträchtigt der Grundeigentümer das subjektive Eigentumsrecht am PKW, sofern er auf das Sacheigentum in einer Art und Weise positiv einwirkt, die nicht durch ein gegebenenfalls bestehendes Selbsthilferecht oder einen anderen Rechtfertigungsgrund gedeckt ist. Beispielsweise verletzt der Grundstückseigentümer das Sacheigentum am PKW, wenn und *so lange* er den PKW mit einem Bulldozer von seinem Grundstück schiebt, da diese Maßnahme sicherlich nicht mehr von einem etwaigen Selbsthilferecht oder Rechtfertigungsgrund gedeckt ist. Insoweit maßt er sich tatsächlich eine Position an, die dem Sacheigentümer zugeordnet und damit vorbehalten ist. Nach dem Gesagten sind „Störer" und „Gestörter", Rechtsverletzender und Rechtsverletzter, und damit Aktiv- und Passivlegitimierter für jeden der beiden Störungstatbestände zweifelsfrei feststellbar. Insoweit ist auch die insoweit erhobene Kritik nicht haltbar.

## B. Vertraglicher Erfüllungsanspruch

Die Abhängigkeit funktional negatorischer Ansprüche von einer noch andauernden Verletzung eines subjektiven Rechts tritt im Rahmen der vertraglichen Erfüllungsansprüche vergleichsweise offen zu Tage. Diese dienen – wie bereits dargelegt und anhand eines Kaufvertrages exemplifiziert wurde[527] – der Wiederherstellung der durch das subjektive Forderungsrecht geschaffenen Zuordnung des Vertragsgegenstands *inter partes* im Falle einer gegenwärtiger Verletzung dieser relativen Zuordnung. Entspricht der tatsächliche Zustand hingegen dieser Zuordnung, fehlt es also an einer gegenwärtigen Verletzung des subjektiven Forderungsrechts, entfällt auch der Erfüllungsanspruch.

So erlischt beispielsweise nach § 362 Abs. 1 BGB der Anspruch auf Übereignung des Kaufgegenstandes infolge der Erfüllung, da nach der Übereignung der Rechtszustand, infolge des Eigentumserwerbs auf Käuferseite und des damit normalerweise korrespondierenden Eigentumsverlusts auf Seiten des Verkäufers, der vertraglich geschaffenen Zuordnung ent-

[527] Vgl. Kapitel 3 § 10 A. II. 4. a) bb) (S. 96 ff.).

spricht.[528] Mangels dann noch existenter Verletzung der durch das subjektive Forderungsrecht begründeten Zuordnung *inter partes* bedarf es keines Erfüllungsanspruchs zum Schutz dieser Zuordnung mehr. Dem entspricht es, dass nach der heute vorherrschenden Theorie von der realen Leistungserbringung[529] allein die Herbeiführung des Leistungserfolges und damit ein der Zuordnung entsprechender Zustand zum Erlöschen des Erfüllungsanspruchs genügt. Die Erfüllungswirkung tritt kraft Gesetzes als objektive Tatbestandsfolge der Leistung ein. Ein zusätzliches subjektives Element ist nach herrschender Meinung grundsätzlich nicht erforderlich.[530]

## C. Zusammenfassung

Zusammenfassend lässt sich für die weitere Untersuchung festhalten, dass auf Verwirklichung subjektiver Rechte gerichtete funktional-negatorische Ansprüche von einer aktuellen Verletzung eines subjektiven Rechts abhängig sind. Dies gilt insbesondere für die gesetzlich in den §§985 und 1004 BGB geregelten Ansprüche. Funktional-negatorische Ansprüche bestehen nur so lange, wie das jeweilige subjektive Recht noch verletzt ist. Fällt die Verletzung des subjektiven Rechts – gleich aus welchem Grund – weg, entfällt auch der auf Rechtsverwirklichung zielende Anspruch.

[528] Man ist sich heute weitestgehend einig, dass nach §362 Abs. 1 BGB nur der jeweilige Anspruch erlischt, während das Forderungsrecht als Rechtsgrund bestehen bleibt. Vgl. etwa BGHZ 10, 391, 395; 97, 197, 199; BGH NJW 2007, 3488, 3489; *Olzen*, in: Staudinger, BGB, §362 BGB Rn. 3; *Fetzer*, in: MüKo-BGB, Vor §362 BGB Rn. 1.

[529] BGH NJW 1991, 1294, 1295; 2007, 3488, 3489; WM 2008, 1703, 1705 *Olzen*, in: Staudinger, BGB, Vor §§362ff. BGB Rn. 14; *Schreiber*, in: Soergel, BGB, Vor §362 BGB Rn. 6; *Grüneberg*, in: Palandt, §362 BGB Rn. 1; *Buck-Heeb*, in: Erman, BGB, §362 BGB Rn. 2ff.; *Fetzer*, in: MüKo-BGB, §362 BGB Rn. 8ff. Weitere Nachweise finden sich bei *Gernhuber*, Erfüllung §5 II 6 Fn. 52.

[530] Vgl. zum Ganzen die zusammenfassende Darstellung des langwährenden Streitstands bei *Fetzer*, in: MüKo-BGB, §362 BGB Rn. 6ff.

Kapitel 4

# Techniken zur Schaffung und Konkretisierung subjektiver Rechte

Die zentrale Problematik bei der Beantwortung der Frage nach einem Anspruch auf Erfüllung von Verkehrs- und Schutzpflichten liegt in der Identifikation und der Feststellung der inhaltlichen Ausgestaltung subjektiver Rechte. Die bisherige Untersuchung hat gezeigt, dass im Zentrum des privatrechtlichen Systems die subjektiven Rechte stehen. Im Falle deren Verletzung entstehen Ansprüche, damit das Privatrechtssubjekt seine durch das subjektive Recht geschaffene Rechtssphäre rechtlich verteidigen kann, ohne seinerseits in die subjektiven Rechte des Verletzenden einzugreifen.[1] Funktional negatorischer Rechtsschutz, zu dem auch die obligatorischen Erfüllungsansprüche zählen,[2] wird nur gewährt, solange und soweit die Verletzung des subjektiven Rechts andauert. Die Feststellung, ob die Verletzung des subjektiven Rechts aktuell (noch) vorliegt, kann erst erfolgen, wenn die inhaltliche Ausgestaltung des subjektiven Rechts geklärt ist.

Im Folgenden wird daher untersucht, wie subjektive Rechte geschaffen und inhaltlich ausgestaltet werden können. Herrscht Klarheit über den Inhalt und Umfang subjektiver Rechte, kann deren Verletzung festgestellt und auf ihre Aktualität hin überprüft werden. Liegt eine aktuelle Verletzung eines subjektiven Rechts vor, besteht ein Anspruch auf die Beseitigung dieser Verletzung, mithin auf Verwirklichung des subjektiven Rechts.

Zentral für die hier im Mittelpunkt des Interesses stehende Frage, ob die Erfüllung von Verkehrs- und Schutzpflichten verlangt werden kann, ist die Frage, ob die Nichtbeachtung dieser Pflichten die Verletzung eines subjektiven Rechts ist. Wäre dies der Fall, könnte eine aktuelle Rechtsverletzung nur durch Einhaltung und damit durch Erfüllung der Verkehrs und Schutzpflichten beseitigt werden und der Inhaber des subjektiven Rechts hätte einen darauf gerichteten Erfüllungsanspruch gegen den Pflichtigen.

---

[1] Vgl. Kapitel 3 § 10 A. (S. 92 ff.).

[2] Vgl. Kapitel 3 § 10 A. II. 4. a) bb) (S. 96 ff.).

## *§ 1 Positive Zuweisung an den Rechtsträger*

Eine Technik zur Schaffung subjektiver Rechte und/oder zu deren inhaltlicher Konkretisierung ist diejenige der positiven Zuweisung. Ein gesetzliches Beispiel für diese Methode stellt etwa ein Teil der Vorschriften über den Inhalt und Umfang des Eigentumsrechts (§§ 903 ff. BGB) dar. So weist der Gesetzgeber mittels der Grundnorm des § 903 BGB einem Eigentümer das subjektive Recht zu, mit seiner Sache in den Grenzen des Gesetzes und der Rechte Dritter nach freiem Belieben zu verfahren. Da es sich bei dem subjektiven Eigentumsrecht um ein normatives Konstrukt handelt, kann es mit der Technik der positiven Zuweisung auch über die physischen Grenzen seines Bezugsobjekts, also der Sache (§ 90 BGB), erstreckt werden. Ein relativ einfaches gesetzliches Beispiel einer solchen bezugsobjektüberschreitenden Zuweisung ist § 905 S. 1 BGB. Nach dieser Norm erstreckt sich das Grundeigentum nicht nur auf den physischen Bereich der Erdoberfläche, sondern auch auf den Luftraum über und auf den Erdkörper unterhalb der Erdoberfläche. Der Inhalt und Umfang des subjektiven Eigentumsrechts wird auf diesem Weg über die physisch-katastermäßigen Grenzen des Grundstücks hinaus erweitert.

## *§ 2 Statuierung von Pflichten*

Eine andere Technik zur Schaffung oder inhaltlichen Konkretisierung subjektiver Rechte ist die Statuierung von Pflichten. Welche Funktion den verschiedenen Pflichten im geltenden System des Privatrechts zukommt, ist bislang weitestgehend ungeklärt. Die Rechtsprechung und die Lehre sind – soweit überhaupt der Versuch einer abstrakt-generellen Einordnung in ein einheitliches System unternommen wird – insoweit stark auf das deliktische Haftungsrecht fixiert. Eine Schlüsselrolle in der Diskussion kommen daher den deliktischen Verkehrs- bzw. Verhaltenspflichten zu. Diese werden je nach Auffassung der Verletzungshandlung, der Kausalität bzw. objektiven Zurechnung, der Rechtswidrigkeit oder dem Verschulden zugeordnet.[3] Schon angesichts der Grundsatzstreitigkeiten über die richtige Verortung derartiger Pflichten im Privatrechtssystem verwundert es nicht, dass keine Einigkeit darüber herrscht, ob und bejahendenfalls unter welchen Voraussetzungen diese Pflichten ein subjektives Recht konkretisieren oder schaffen, sodass dessen Verletzung einen Anspruch auf Erfüllung der jeweiligen Pflicht auslösen würde. Entsprechend ist bislang auch weitestgehend un-

[3] Vgl. nur *Kötz/Wagner*, Deliktsrecht, Rn. 109; *Wagner*, in: MüKo-BGB, § 823 BGB Rn. 308; *Medicus/Petersen*, Bürgerliches Recht, Rn. 642 ff.

geklärt, wann Verkehrs- bzw. Schutzpflichten entstehen, bzw. welche Bedeutung sie vor und unabhängig vom Eintritt eines Schadens besitzen.

## A. Grundlegungen

Die Beantwortung der Frage, welche Funktion den Pflichten im Privatrechtssystem zukommt, muss sich an den Systemvorgaben der Privatrechtsordnung orientieren. Insoweit hat die bisherige Untersuchung gezeigt, dass auf der Ebene des Privatrechts ein strenges Zusammenspiel von Rechtszuweisung durch subjektive Rechte und sich daran anschließendem und daran ausgerichtetem Rechtsschutz durch Ansprüche im Falle deren Verletzung vorherrscht. Insoweit ist die Rechtszuweisung konstitutiv für den Rechtsschutz. Die Rechtszuweisung ist das Primäre, der Rechtsschutz das Sekundäre. Damit die durch ein subjektives Recht einem Privatrechtssubjekt zugewiesene Rechtsposition nicht nur rechtlich, sondern auch tatsächlich besteht, kommt dem Privatrecht der grundsätzlich vollumfängliche Schutz dieser Rechtsposition durch entsprechende Schutzrechte in Form von Ansprüchen zu.[4] Dieser Rundumschutz erfolgt durch ein Zusammenspiel von funktional negatorischem Rechtsverwirklichungsschutz, schadensersatzrechtlichem Wiedergutmachungsschutz und bereicherungsrechtlichem Abschöpfungsschutz.[5]

In einem solchermaßen konzipierten System liegt es nahe, dass Rechtspflichten eine Technik zur Statuierung subjektiver Rechte bzw. zu deren inhaltlicher Konkretisierung sind.[6]

---

[4] Vgl. für schadenspräventive Ansprüche etwa *K. Schmidt*, Kartellverfahrensrecht, S. 346 f.: „Schadensersatzansprüche aus schuldhaften unerlaubten Handlungen ohne die mindestens theoretische Gewährleistung vorgelagerten vorbeugenden Privatrechtsschutz sind dem geltenden Recht unbekannt."

[5] Vgl. Kapitel 3 § 10 A. II. 2. (S. 94 f.) sowie *P. Gebauer*, JURA 1998, 128, 132; *Picker*, in: FS Gernhuber, 1993, 315, 315 mit Fn. 3; *ders.*, in: FS Canaris, 1001, 1029.

[6] So bereits *Fraenkel*, Tatbestand und Zurechnung bei Paragraph 823 Abs. 1 BGB, 1979, S. 42 f.; *Picker*, in: FS Lange, S. 625, 680 ff.; *ders.*, Prävention durch negatorischen Schutz, S. 61, 91; *ders.*, in: FS Medicus I, S. 397, 433 f. Fn. 81; *Katzenstein*, Haftungsbeschränkungen zugunsten und zulasten Dritter, 2004, S. 143 Fn. 12; *Hüftle*, Schadensersatz wegen entgangener Erbschaft, 2008, S. 69; *Bernhard*, in: FS Picker, S. 83, 107; *Wendelstein*, AcP 215 (2015), 70, 91 in Fn. 80; *ders.*, RabelsZ 83 (2019), 111, 117 ff.; anders die wohl herrschende Auffassung, vgl. etwa *Raiser*, JZ 1961, 465, 467; *Jacobs*, Eingriffserwerb und Vermögensverschiebung in der Lehre von der ungerechtfertigten Bereicherung, 1964, S. 165 Fn. 39; *Medicus/Petersen*, Allgemeiner Teil, § 11 Rn. 72; *Mestmäcker*, JZ 1958, 521, 523 ff.; *von Caemmerer*, in: FS Ernst Rabel, Bd. I, S. 333, 396 ff.; *ders.*, in: FS Hundertjähriges Bestehen des Deutschen Juristentages, Bd. II, S. 49, 52 ff., insb. 55 f.; *Funcke*, Die sogenannte actio quasinegatoria, S. 82, S. 331 ff., insb. S. 332; *von Bar*, Verkehrspflichten, S. 155 ff.

## *I. Vertragspflichten*

Die parteiautonom wirksam vereinbarten Leistungspflichten des Schuldners bestimmen nicht nur den Vertragstypus, sondern auch das vertragliche Leistungsprogramm und damit das vertraglich begründete subjektive Forderungsrecht.[7] Die gesetzlichen Vorgaben, bspw. über den Ort (§§ 269 f. BGB) und die Zeit (§ 271 BGB) der Leistungserbringung, sind insoweit weitestgehend dispositiv. Die vereinbarten Leistungspflichten geben dem Schuldner an, was dieser zu tun oder zu unterlassen hat, um dem Forderungsrecht des Schuldners zu entsprechen.[8] Bei den Leistungspflichten handelt es sich also um eine Technik zur Statuierung und inhaltlichen Konkretisierung des subjektiven Forderungsrechts.

## *II. Verkehrspflichten*

Weitaus komplexer gestaltet sich die Beantwortung der Frage, ob auch die gesetzlichen Verkehrspflichten eine Technik zur inhaltlichen Konkretisierung anerkannter subjektiver Rechte oder gar zu Schaffung neuer subjektiver Rechte sind.

Eine der ältesten und zugleich detailliertesten Verkehrspflichten sind die Räum- und Streupflichten des Grundstückeigentümers. Nach gefestigter Rechtsprechung[9] beruht die winterliche Räum- und Streupflicht auf der Verantwortlichkeit durch Verkehrseröffnung und setzt eine konkrete Gefahrenlage, d. h. eine Gefährdung durch Glättebildung bzw. Schneebelag, voraus. Grundvoraussetzung für die Räum- und Streupflicht auf Straßen oder Wegen ist das Vorliegen einer allgemeinen Glätte. Das bloße Vorhandensein einzelner Glättestellen soll hingegen als Auslöser der Verkehrspflicht nicht genügen.

Die Streu- und Räumpflichten dienen nach überkommener Auffassung dem Schutz des subjektiven Rechts auf körperliche und gesundheitliche Unversehrtheit derjenigen Person, die den jeweiligen Weg oder die jeweilige Straße nutzt. Dieses Privatrechtssubjekt soll von demjenigen, der schuldhaft sein Recht dergestalt verletzt, dass Wiedergutmachung erforderlich ist, Schadensersatz für die adäquat-kausal eingetretenen Schäden verlangen können. Da Sturzschäden in diesen Situationen regelmäßig aus Unterlassungen, nämlich aus der Nichtbeachtung der Streu- und Räumpflicht, resultieren, ist diese Verkehrspflicht *prima vista* lediglich die Festlegung und inhaltliche Umgrenzung einer durch die objektive Rechtsordnung angeordneten Handlungspflicht des jeweiligen Grundstückeigentümers. Bei genauerer und vor allem systemkonformer Betrachtung werden durch die

[7] *Ernst,* in: MüKo-BGB, Einl. SchuldR Rn. 28.
[8] *Ernst,* in: MüKo-BGB, Einl. SchuldR Rn. 9.
[9] Vgl. hierzu und zum Folgenden nur BGH NJW 2012, 2727, 2727 ff.

Statuierung der Räum- und Streupflichten jedoch die subjektiven Rechte „Körper“, „Gesundheit“ und „Leben“ des Passanten in ihrem Inhalt und Umfang konkretisiert.[10] Aufgrund der Räum- und Streupflicht sind diese subjektiven Rechte hinsichtlich ihres Inhalts und Umfangs nicht zu jedem Zeitpunkt und in jeder Situation identisch, gleichsam statisch ausgestaltet. Vielmehr variiert deren Inhalt und Umfang dynamisch in Abhängigkeit von der jeweiligen Gefährdungssituation und der Gefährdungsintensität, welche ihrerseits die Streu- und Räumpflichten auslösen. Entsprechend dieser situationsspezifischen dynamischen primären Zuweisung sind diese Rechte auch sekundär geschützt. Die Verletzung der subjektiven Rechte des Fußgängers setzt – je nach inhaltlicher Ausgestaltung des jeweiligen subjektiven Rechts – eine bestimmte Verletzungshandlung oder Unterlassung voraus.

So soll etwa ein Grundstückseigentümer nach geltendem Recht nicht dafür Sorge tragen müssen, dass der zu sichernde Weg unter allen Umständen völlig frei von Schnee und Eis ist. Vielmehr bestehe die Räum- und Streupflicht nur innerhalb gewisser Grenzen. Ihr Inhalt und Umfang richte sich nach den Umständen des Einzelfalls unter Berücksichtigung der Art und Wichtigkeit des Verkehrswegs sowie der Gefährlichkeit und der Stärke des zu erwartenden Verkehrs. Ferner stehe sie unter dem Vorbehalt des Zumutbaren, wobei es auch auf die Leistungsfähigkeit des Sicherungspflichtigen ankomme. Nach diesen Grundsätzen besteht die Räum- und Streupflichten nach gefestigter Rechtsprechung des BGH grundsätzlich für die Zeit des normalen Tagesverkehrs, d. h. an Werktagen ab 7.00 Uhr und an Sonn- und Feiertagen ab 9.00 Uhr, wobei bei Auftreten von Glätte im Laufe des Tages dem Streupflichtigen ein angemessener Zeitraum zuzubilligen ist, um die erforderlichen Maßnahmen zur Bekämpfung der Glätte zu treffen.[11]

Für den Inhalt und Umfang der subjektiven Rechte „Körper“, „Gesundheit“ und „Leben“ der Passanten, auf die sich die Verkehrspflichten beziehen, bedeutet dies, dass diese nicht statisch den immer gleichen Inhalt und Umfang aufweisen, sondern dass dieser etwa von der Tageszeit oder gar dem subjektiven Leistungsvermögen des Verkehrspflichtigen abhängig sind. So kann ein Fußgänger, der zur Nachtzeit vor 7.00 Uhr an einem Werktag auf einem nicht geräumten Weg stürzt und hierdurch einen Schaden erleidet, regelmäßig schon deshalb keinen Schadensersatz verlangen, weil ihn die Nichträumung des Weges durch den Grundstückseigentümer während der Nachtzeit nicht in seinen subjektiven Rechten verletzt. Ohne Verletzung eines subjektiven Rechts ist aber auch kein Anspruch denkbar.

---

[10] Bei richtiger Betrachtung handelt es sich auch bei den in § 823 Abs. 1 BGB aufgeführten Rechtspositionen Leben, Körper, Gesundheit und Freiheit um subjektive Rechte. Hierauf wird noch ausführlicher zurückzukommen sein, ausführlich dazu Kapitel 4 § 2 B. I. 1. (S. 149 ff.).

[11] BGH NJW 2012, 2727, 2727.

## B. Nichtanerkennung der Zusammenhänge zwischen Pflichten und subjektiven Rechten durch die herrschende Auffassung

Diese zentrale Funktion der Pflichten als Technik zur Statuierung und Konkretisierung subjektiver Rechte gilt es im Folgenden näher zu erläutern, zu präzisieren und zu begründen.

### *I. Verstellung des Blicks auf die subjektive Rechte konkretisierende Wirkung von Verkehrspflichten durch Fehldeutung des § 823 Abs. 1 BGB als Erfolgs- bzw. Schadensverursachungsverbot*

Bereits die herausgearbeiteten Zusammenhänge von primärer Rechtszuweisung und sich daran anschließendem und daran ausgerichtetem Rechtsschutz sprechen relativ deutlich dafür, dass auf dem Gebiet des Privatrechts allein aus der Verletzung einer Pflicht der objektiven Rechtsordnung keine Ansprüche resultieren können, da Ansprüche – wie gesehen – stets die Verletzung einer subjektiven Rechtsposition zur Voraussetzung haben.[12] Die zentrale Frage, ob ein Anspruch und damit auch eine deliktische Einstandspflicht vorliegt, muss folglich zunächst diejenige nach dem konkreten Inhalt und Umfang des potentiell verletzten subjektiven Rechts sein. Erst nach der Bestimmung dessen Inhalts und Umfangs kann bestimmt werden, ob ein bestimmter Zustand oder ein konkretes Verhalten oder Unterlassen dieses Recht verletzt hat und daher als privatrechtswidrig anzusehen ist.[13]

Gerade diese Abhängigkeit des Anspruchs von der Verletzung eines subjektiven Rechts wird auf dem Gebiet des Deliktsrechts und damit in einem für die Verkehrspflichtendogmatik zentralen Bereich jedoch nicht hinreichend beachtet. So wird § 823 Abs. 1 BGB durch die ganz herrschende Auffassung, die zwar auf Tatbestandsseite grundsätzlich eine Verletzung einer Rechtsposition verlangt und dementsprechend die bloße Nichtbeachtung von Pflichten der objektiven Rechtsordnung prinzipiell nicht als haftungsbegründend ansieht, als generelles Erfolgs- bzw. Schadensverursachungsverbot verstanden. Hierdurch wird das subjektive Recht jedenfalls partiell aus dem Tatbestand eliminiert oder jedenfalls derart in den Hintergrund gedrängt, dass die deliktische Haftung im Ergebnis aus der Verletzung einer

---

[12] Vgl. Kapitel 3 § 10 A. (S. 92 ff.).

[13] Insgesamt ist festzustellen, dass häufig nicht hinreichend zwischen dem zivilen, privatrechtlichen Unrecht und dem kriminellen, strafrechtlichen Unrecht unterschieden wird. Selbst diejenigen, welche eine solche Unterscheidung richtigerweise vornehmen und die systematischen Unterschiede erkennen (vgl. etwa *Unger*, System II, S. 326 ff.), ziehen hieraus nicht konsequent den Schluss, dass es auf der Ebene des Privatrechts und damit des zivilen Unrechts immer nur um die Verletzung subjektiver Privatrechte, nicht hingegen der objektiven Rechtsordnung gehen kann (vgl. *Unger*, System II, S. 328 Fn. 4a).

Pflicht der objektiven Rechtsordnung abgeleitet wird.[14] Eindrücklich zeigt sich dies auch in der Diskussion um den Rechtswidrigkeitsbegriff des § 823 Abs. 1 BGB (dazu C.).

### *1. Unterscheidung zwischen Rechtsgütern und subjektiven Rechten als Grund für die Verstellung*

Einer der Gründe für die erfolgsorientierte Deutung des § 823 Abs. 1 BGB und die daraus resultierende Zurückdrängung der subjektiven Rechte bzw. deren Verdrängung aus dem deliktischen Tatbestand liegt wohl darin, dass im Rahmen des § 823 Abs. 1 BGB nach heute ganz herrschender Auffassung nicht nur die Verletzung subjektiver Rechte, sondern auch von Rechtsgütern tatbestandlich ist.[15] So wird dem Leben, dem Körper, der Gesundheit und der Freiheit keine Rechtsqualität zugesprochen.[16] Damit kann in diesem Bereich die „Ableitung" der deliktischen Schadenshaftung aus der Verletzung eines subjektiven Rechts mangels subjektiven Rechts denklogisch nicht erfolgen.

Zurückführen lässt sich diese Trennung von subjektiven Rechten und Rechtsgütern unter anderem auf die Arbeiten von *v. Savigny*. Dieser war der Auffassung, dass diesen persönlichen Gütern nicht der Charakter subjektiver Rechte zukomme. Ein „Eigentum" der Person an sich selbst sei „unnütz, ja verwerflich", da „es […] in consequenter Entwicklung auf die Anerkennung eines Rechtes zum Selbstmord führ[e]".[17] Das „Ungehörige" dieser Auffassung veranlasste *v. Savigny* sogar dazu, die sogenannten „Urrechte", also die Rechte der Person an sich selbst, „gänzlich auszuscheiden" und seine gesamte weitere Untersuchung und sein ganzes Privatrechtssystem allein auf die „erworbenen Rechte" auszurichten. Auf diese Weise blieben „nur noch zwei Gegenstände möglicher Willensherrschaft [und damit subjektiver Rechte[18]] übrig: die unfreie Natur und fremde Personen".[19]

Eine bis heute spürbare Folge der Annahme, dass es sich bei den Rechtsgütern nicht um subjektive Rechte handelt, ist, dass es zu einer Art „Ver-

---

14 Vgl. zu alledem bereits Kapitel 3 § 10 A. IV. (S. 105 ff.).

15 Exemplarisch etwa *Wilhelmi*, in: Erman, BGB, § 823 BGB Rn. 15; *v. Bar*, 25 Jahre Karlsruher Forum, S. 80, 82. Vgl. zu den Entwicklungen stellvertretend *Fabricius*, AcP 160 (1961), 273, 274 ff.

16 *V. Rümelin*, AcP 90 (1900), 171, 238 Fn. 69; *v. Caemmerer*, Karlsruher Forum, 1961, 21; *ders.*, in: FS Hunderjähriges Bestehen des Deutschen Juristentages, Bd. 2, S. 50, 56. *Fikentscher/Heinemann*, Schuldrecht, § 107 I Rn. 1558; *Larenz*, BGB AT, § 13 I (S. 211 f.); *Larenz/Canaris*, SchuldR BT II, § 76 I 1 (S. 374); *Medicus/Lorenz*, SchuldR BT, Rn. 1270; *Habersack*, Mitgliedschaft, S. 137; unentschlossen *Reinhardt*, JZ 1961, 713, 715.

17 *Savigny*, System des heutigen römischen Rechts, Bd. 1, 1840, S. 336.

18 Vgl. zum Verständnis von subjektiven Rechten durch *v. Savigny* Kapitel 3 § 4 A. I. (S. 47 f.).

19 *V. Savigny*, System des heutigen römischen Rechts, Bd. 1, 1840, S. 338.

steinerung“ der Rechtsgüter auf dem Gebiet des Deliktsrechts kam, da diese mangels Rechtsqualität nicht normativ verstanden und ausgebildet werden konnten.[20] Vielmehr blieb unter dieser Prämisse nichts anderes übrig, als eine Verletzung dieser subjektiven Rechte im Grundsatz immer erst mit der Verletzung des gegenständlichen Rechtsguts (z. B. Körpers einer Person) anzunehmen. Umgekehrt musste fast zwangsläufig jede Verletzung der körperlich-gegenständlichen Integrität des Bezugsobjekts als Rechtsverletzung begriffen werden. Diese Sichtweise erhöhte augenscheinlich zu einem gewissen Teil die Bereitschaft, § 823 Abs. 1 BGB auch im Bereich anerkannter subjektiver Rechte mit physischem Bezugsobjekt (etwa dem Eigentum) als Erfolgsverursachungsverbot zu begreifen.

Entstehungsgeschichtlich ist die fehlende Rechtsqualität der in § 823 Abs. 1 BGB aufgeführten Rechtsgüter freilich nicht abgesichert. Schon der erste Entwurf des BGB enthielt in § 704 Abs. 2 (dem späteren § 823 Abs. 1 BGB) eine Regelung, nach welcher als Verletzung eines Rechtes im Sinne des § 704 Abs. 1 BGB auch die Verletzung des Lebens, des Körpers, der Gesundheit, der Freiheit und der Ehre anzusehen war. Auch die zweite Kommission hielt hieran ausdrücklich fest, wenngleich sie die Regelung letztlich nicht übernahm, da sie diese aufgrund der weitergehenden Zustimmung seitens der Wissenschaft[21] für selbstverständlich und daher unnötig erachtete. So sollte eine Schadensersatzpflicht insbesondere zur Voraussetzung haben, dass ein Rechtssubjekt in den Rechtskreis eines anderen Rechtssubjekts eingedrungen ist, also ein ihm zustehendes subjektives Recht verletzt hat.

> „Der Rechtskreis des Einzelnen umfasse […] zunächst seine eigentlichen Vermögensrechte, dingliche wie obligatorische, sodann aber auch seine sog. Persönlichkeits*rechte* (Leben, körperliche Unversehrtheit, Gesundheit, Freiheit, Ehre), welche durch das an Jedermann gerichtete Verbot eines Eingriffes ebenso geschützt seien, wie die Rechte an Sachen.“[22]

Unabhängig von deren historischer Zweifelhaftigkeit kann die Unterscheidung zwischen subjektiven Rechten und Rechtsgütern aber auch sachlich nicht überzeugen. Auch die „Urrechte“ sind nicht absolut ausgestaltet, sondern werden nur innerhalb bestimmter Grenzen einer Person zugeordnet.

---

[20] *Fezer*, Teilhabe und Verantwortung, S. 527 f.

[21] *Von Liszt*, Deliktsobligationen, S. 20, 22, 26; *Elzbacher*, Handlungsfähigkeit, Bd. 1, S. 280 ff.; *ders.*, Unterlassungsklage, S. 104 ff.; 112; *Crome*, System des Deutschen Bürgerlichen Rechts, Bd. 1, S. 167 f.; *Windscheid/Kipp*, Pandekten I, 9. Auflage 1906, S. 173 f. (§ 40); *v. Gierke*, Entwurf, S. 84 f.; *Jhering*, Geist des römischen Rechts III, S. 340. Aus der heutigen Zeit: BGHZ 124, 52, 54: „Recht am eigenen Körper als gesetzlich ausgeformter Teil des allgemeinen Persönlichkeitsrechts“; *Bernhard*, in: FS Picker, S. 83, 104; *Fezer*, Teilhabe und Verantwortung, S. 533; weitere Nachweise bei *Peukert*, Güterzuordnung, S. 864 Fn. 43.

[22] Prot. II, S. 2711 f., bei Mugdan, Materialien II, S. 1073 f. (Hervorhebung nicht im Original).

Provokativ lässt sich aufgrund der Regelung des § 109 StGB (Wehrpflichtentziehung durch Verstümmelung) etwa feststellen, dass ein Rechtssubjekt mit seinem Körper gerade nicht nach freiem Belieben verfahren darf. Aber auch die vergleichsweise jungen Entwicklungen auf dem Gebiet des Privatrechts haben gezeigt, dass es sich bei diesen „Urrechten" lediglich um spezifische Ausprägungen des allgemeinen Persönlichkeitsrechts handelt,[23] welches daher zurecht als Rahmenrecht verstanden und bezeichnet wird. So wird neuerdings etwa diskutiert, ob die Arzthaftung infolge fehlerhafter Aufklärung, welche herkömmlicherweise als ein Unterfall der Haftung für eine Körperverletzung verstanden wird, nicht besser oder zumindest auch als eine Haftung wegen Verletzung des allgemeinen Persönlichkeitsrechts zu verstehen ist.[24]

### 2. *Unvereinbarkeit der erfolgsorientierten Deutung des § 823 Abs. 1 BGB mit dessen Entstehungsgeschichte*

Ungeachtet der bisherigen Einwände ergibt eine genauere Analyse der Entstehungsgeschichte der Regelung des § 823 Abs. 1 BGB, dass dessen erfolgsorientierte Deutung weder im Einklang mit den historischen Gegebenheiten noch mit der Sichtweise der Gesetzesväter steht.[25]

#### *a) Lex aquilia*

Die ca. 287/286 v. Chr. erlassene *lex aquilia*[26] gab in ihrem ersten Kapitel dem Eigentümer eines zu Unrecht getöteten Sklaven oder eines vierfüßigen Herdentieres einen Anspruch – mit pönalem Charakter[27] – gegen den Schädiger auf den Höchstwert der Sache. Das dritte Kapitel der römischen *lex aquilia* war demgegenüber allgemeiner formuliert und knüpfte an die Verursachung eines Schadens (*damnum*) an, welchen jemand durch bestimmte Handlungen, namentlich Brennen, Brechen oder Zerreißen (*urere, frangere, rumpere*), verursacht hat. Zwar bezog sich das dritte Kapitel anfangs wohl nur auf die im ersten Kapitel genannten Sachen, wurde jedoch im Laufe der Zeit im Wege einer erweiternden Auslegung auch auf andere Sachen ausgedehnt.

Haftungsauslösend war nach der ursprünglichen Lesart der *lex aquilia* eine unmittelbare durch den Körper vermittelte Einwirkung des Täters auf

---

23 BGHZ 124, 52, 54.

24 Vgl. dazu etwa *Wendelstein*, Telemedizin, S. 84 m. w. N.

25 Vgl. dazu und zum Folgenden bereits *Fraenkel*, Tatbestand und Zurechnung, S. 71 ff., insb. 97 ff.; *Gsell*, Substanzverletzung, S. 143 ff.; *Kleindiek*, Deliktshaftung, S. 36.

26 Vgl. zur strittigen Datierung der lex aquilia statt vieler etwa *Zimmermann*, Law of obligations, S. 955 ff.

27 Vgl. *Schulz-Schaeffer*, Subjektives Recht, S. 18; *Kleindiek*, Deliktshaftung, S. 41.

einen körperlichen Gegenstand (*damnum corpore corpori datum*).[28] Dementsprechend war beispielsweise derjenige, der die Ankertaue eines Schiffes durchschnitt und hierdurch bewirkte, dass dieses an den nahen Klippen zerbrach, grundsätzlich nicht haftbar, weil er nicht auf das Schiff sondern nur auf die Taue gegenständlich eingewirkt hatte.[29] Im Laufe der Zeit wurden allerdings zunehmend Ausnahmen von diesem sehr engen Unmittelbarkeitserfordernis zugelassen. So war eine die Schadenshaftung auslösende Tötung nicht mehr nur die gewaltsame und direkte (*quasi manu*) Verursachung des Todes eines Privatrechtssubjekts, sondern etwa auch die Tötung infolge gewaltlosen Verabreichens eines tödlichen Giftes. Ferner wurde der im dritten Kapitel der *lex aquilia* enthaltene Begriff des *rumpere* im Sinne von *corrumpere* (= verderben, verschlechtern, beschädigen) ausgelegt[30] und mittels dieses philologischen Tricks zu einem Oberbegriff umgestaltet, welcher jede Form der Zerstörung oder Beschädigung einer Sache erfasste.[31] Ungeachtet dieser Extensivierungen blieb es aber bei dem Grundsatz, dass Voraussetzung einer *actio directa legis aquiliae* und damit einer deliktischen Schadensersatzpflicht die physische Verletzung oder Beschädigung eines körperlichen Gegenstandes war.[32] Trotz aller Erweiterungen ging die *lex aquilia* – für die damalige Zeit aufgrund der noch nicht entwickelten subjektiven Rechte nicht ungewöhnlich – somit vom Substanzschaden aus, ohne bei der Haftungsbegründung einen Bezug zum subjektiven Recht am geschädigten Gegenstand herzustellen.[33]

Freilich bliebe das bislang skizzierte Bild ohne eine Notiz von der *actio in factum* unvollständig. Diese gewährte dem Geschädigten in gewissen Fällen gerichtlichen Schutz, ohne dass es zu einer Verletzung der Sachsubstanz gekommen sein musste. Dies war z. B. dann der Fall, wenn ein fremder Ring aus der Hand glitt und auf den Boden einen Flusses sank, oder wenn fremdes Vieh vertrieben wurde, so dass es Dieben in die Hände fiel.[34] Allerdings gilt es insoweit darauf hinzuweisen, dass trotz der Gewährung einer *actio* in diesen Fallgestaltungen der Blick keinesfalls vom Sachschaden auf eine Verletzung eines subjektiven Rechts gerichtet worden wäre. Vielmehr wurde eine *actio* in den Fällen fehlender Substanzverletzungen nur gewährt, wenn

---

[28] *Pernice*, Sachbeschädigungen, S. 145; vgl. auch *von Kübel*, Motive zum Vorentwurf, S. 3 f.

[29] *Picker*, in FS Medicus I, S. 397, 435.

[30] *Schulz-Schaeffer*, Subjektives Recht, S. 7; *Picker*, in: FS Medicus I, S. 397, 435.

[31] Exemplarisch etwa das Auslehren, Verderben oder Verunreinigen von Wein oder das Schütten von Getreide in einen Fluss. Vgl. dazu Ulpian D 9, 2, 27, 15 und 19 sowie die ausführliche Darstellung bei *Pernice*, Sachbeschädigungen, S. 152 ff.

[32] *Kleindiek*, Deliktshaftung, S. 43; *von Lübtow*, Untersuchungen zur lex aquilia, S. 180 ff. mit zahlreichen Fällen.

[33] Vgl. *Coing*, Geschichte des Privatrechtssystems, S. 37; *Schulz-Schaeffer*, Subjektives Recht, S. 9.

[34] Vgl. dazu *Alfenus*, in: Paulus D 19, 5, 23 und *Labeo*, in: Ulpian D 47, 2, 50, 4.

sie einer Substanzverletzung gleichzustellen waren.[35] Dies zeigt etwa der bereits geschilderte Fall des auf den Flussgrund gesunkenen Rings, wenn darauf abgestellt wird, dass dieser aufgrund seines Materials und des Wasserkontakts über kurz oder lang eine gegenständliche Beschädigung erleiden wird.[36]

### *b) Entwicklungen im Humanismus und deren Fortwirkungen bis zum Vorabend des BGB*

Erst die juristischen Humanisten, allen voran *Donellus* (1527–1591), arbeiteten in der Bestrebung, die im *corpus iuris* überlieferten Rechtssätze in einem rationalen Zusammenhang zu ordnen,[37] den Zusammenhang zwischen den römischen Deliktsklagen und den subjektiven Rechten, etwa zwischen der *actio iniuriam* und der Verletzung des Rechts auf körperliche Unversehrtheit, oder zwischen der *aquilia* und dem Eigentumsrecht[38], heraus[39] und stellten damit das subjektive Recht ins Zentrum des Privatrechtssystems.[40] So präzisierte *Donellus* das an die Allgemeinheit gerichtete Schädigungsverbot des *Ulpian* dahingehend, dass fortan die *Rechts*sphären anderer nicht beeinträchtigt werden dürften.[41] Auf diesem Gedanken aufbauend, fasste *Grotius* (1553–1645) die römischen Einzelklagen in einer deliktischen Generalklausel für rechtswidrige Schadensherbeiführungen zusammen.[42] Zur Bestimmung der Rechtswidrigkeit[43] griff er – die Gedanken des *Donellus* rezipierend – auf die Rechtsfigur der subjektiven Rechte zurück.[44] So hat

---

[35] *Von Lübtow*, Untersuchungen zur lex aquilia, S. 180; *Kleindiek*, Deliktshaftung, S. 46.

[36] Vgl. dazu *von Lübtow*, Untersuchungen zur lex aquilia, S. 181.

[37] Vgl. *Donellus*, Commentarii de jure civili, Bd. 1, lib. 2, Kap. 1 § 12.

[38] *Donellus*, Commentarii de jure civili, Bd. 9, lib. 15, Kap. 28.

[39] Vgl. dazu insbesondere *Jansen*, Struktur des Haftungsrechts, S. 325 f. mit Fn. 377; *Coing*, Geschichte des Privatrechtssystems, S. 45.

[40] Vgl. *Donellus*, Commentarii de jure civili, Bd. 1, lib. 2, Kap. 2, § 2: „Id ita esse, natura rei nos docet […]". Vgl. dazu *Heise*, Calvinistischer Einfluss, S. 192 f; *Coing*, Geschichte des Privatrechtssystems, S. 43; *Luig*, in: FS Wesener, S. 285, 289.

[41] *Donellus*, Commentarii de jure civili, Bd. 1, lib. 2, Kap. 1, § 10 und Kap. 8, § 2; dazu *Jansen*, Struktur des Haftungsrechts, S. 325.

[42] *Grotius*, De jure belli ac pacis, lib. 2, Kap. 17 § 1.

[43] Begrifflich trennte *Grotius*, De jure belli ac pacis, lib. 2, Kap. 17 § 1, in seinen Definitionen das Verschulden nicht von der Rechtswidrigkeit (iniuria): „Unrecht wird hier jede Schuld genannt […], die dem widerspricht, was die Menschen überhaupt oder nach ihrer besonderen Eigenschaft zu tun haben". Der Sache nach trennte *Grotius* aber die culpa als subjektiver Sorgfaltspflichtverstoß klar von der Rechtswidrigkeit als Verletzung eines fremden subjektiven Rechts. Dazu ausführlich *Jansen*, Struktur des Haftungsrechts, S. 330 f., und hier im folgenden Text.

[44] Vgl. *Grotius*, De jure belli ac pacis, lib. 1, Kap. 2 § 1 Rn. 5; lib. 2, Kap. 17 § 2 sowie lib. 1, Kap. 1 § 5; dazu ausführlich *Jansen*, Struktur des Haftungsrechts, S. 328 ff, insb. S. 330 f.

nach *Grotius* jeder Mensch die rechtlich geschützte Rechtssphäre anderer und damit deren subjektiven Rechte zu achten.[45]

Im 17. Jahrhundert wurde dieses Denken in subjektiven Rechten und dadurch geschaffenen Rechtssphären insbesondere von *Pufendorf* (1632–1694) und *Thomasius* (1655–1728) aufgegriffen und weiterentwickelt.[46] Auch für sie war die Verletzung eines subjektiven Rechts unentbehrliche Voraussetzung eines jeden Haftungsanspruchs.[47] Darüber darf man sich nicht dadurch hinwegtäuschen lassen, dass *Pufendorf* sein System des Privatrechts vordergründig als Pflichtensystem ausgestaltete. Entgegen weit verbreiteter Auffassung besitzt das subjektive Recht nämlich auch im Privatrechtssystem *Pufendorfs* keine der Pflicht nachrangige Bedeutung:[48]

Auf den ersten Blick überrascht diese These freilich schon deshalb, weil sich 14 der insgesamt 35 Kapitel in *de officio hominis et civis* explizit auf die „Pflichten" der Menschen in verschiedenen Lebenssituationen beziehen. Subjektive Rechte kommen in der Konzeption *Pufendorfs* hingegen vordergründig nur am Rande und allein im Rahmen der pflichtgebundenen objektiven Gesamtrechtsordnung vor. Daraus lässt sich aber nicht schließen, dass die subjektiven Rechte im System *Pufendorfs* nicht systemkonstituierend waren[49] bzw. dass die Pflicht in diesem System Vorrang vor dem subjektiven Recht genoss. Den Ausgangspunkt bildet für *Pufendorf* die Begriffsbildung des subjektiven Rechts im Kontext der *entia mora* als moralisches Vermögen, berechtigte Gewalt über Personen oder Sachen auszuüben, oder das von anderen Geschuldete verlangen zu dürfen.[50] Die Pflichten, bei denen er zwischen naturgesetzlichen Pflichten gegenüber Gott und den Pflichten gegenüber den Mitmenschen differenziert, definierte er erst *nach* dem Begriff des Rechts, welches er streng in objektives und subjektives Recht unterteilte.[51] Der Verpflichtung gegenüber Gott entspreche kein Recht Gottes, da sich dieser nicht selbst verpflichten könne.[52] Allerdings könne aus einer

---

[45] *Grotius*, De jure belli ac pacis, Vorrede, § 8 und lib. 1, Kap. 2 § 1 Rn. 5.

[46] Vgl. *Pufendorf*, De officio hominis et civis, lib. 1, Kap. 13, §§ 1–5; *Thomasius*, Institutiones jurisprudentiae divinae, lib. 2. Kap. 10, § 230 ff.

[47] Vgl. *Pufendorf*, De officio hominis et civis, lib. 1, Kap. 6, §§ 5 f.

[48] Darauf hat erst jüngst *Auer*, AcP 208 (2008), 584, 604 hingewiesen; a. A. *Unberath*, Vertragsverletzung, S. 56; *Ikadatsu*, Paradigmenwechsel, S. 1 ff., 10 ff.; *Denzer*, Moralphilosophie und Naturrecht, S. 86 ff.; wohl auch *Jansen*, Struktur des Haftungsrechts, S. 337 (mit gewissen Spannungen zwischen der Aussage im Text und derjenigen in Fn. 460).

[49] So insbesondere *Denzer*, Moralphilosophie und Naturrecht, S. 86 ff.; *Ikadatsu*, Paradigmenwechsel, S. 12.

[50] *Pufendorf*, De jure naturae, Buch I, Kap. 1, § 20; dazu *Denzer*, Moralphilosophie und Naturrecht, S. 129 m. w. N.

[51] *Pufendorf*, De jure naturae, Buch I, Kap. 1, § 21; dazu *Denzer*, Moralphilosophie und Naturrecht, S. 85 m. w. N.

[52] *Pufendorf*, Elementa jurisprudentiae universalis, Buch I, Definition 12 § 5 und *ders.* De jure naturae, Buch III, Kap. 4, § 8.

derartigen naturgesetzlichen Pflicht eine Pflicht innerhalb einer zwischenmenschlichen Beziehung erwachsen, der stets ein subjektives Recht eines anderen Menschen auf deren Beachtung korrespondiere.[53] Insoweit bestehe ein Gegenseitigkeitsverhältnis von subjektivem Recht und Pflicht.

Entsprechend steht beispielsweise im Rahmen der Vertragstheorie *Pufendorfs* die Pflicht im Vergleich zum subjektiven Forderungsrecht nicht im Vordergrund. Vielmehr werden diese Begriffe als gleichwertige Korrespondenzbegriffe dargestellt.[54] Bezeichnenderweise definiert *Pufendorf* den Begriff der Rechtswidrigkeit (*iniuria*) auch nicht als Verletzung einer Pflicht des objektiven Rechts, sondern schlicht als die Verletzung des subjektiven Rechts eines anderen.[55] Daran ändert sich auch nichts dadurch, dass *Pufendorf* an anderer Stelle ein allgemeines Schädigungsverbot formuliert,[56] da er unter dem haftungsbegründenden „Schaden" lediglich die Verletzung angeborener Rechte (Leib, Leben, körperliche Unversehrtheit, Freiheit) oder erworbener Rechte, nicht hingegen etwa die Vereitelung bloßer (Gewinn-) Erwartungen versteht.[57] In seinem System werden die Privatrechtssubjekte also gerade nicht vor jedem Schadenseintritt geschützt. Vielmehr ist erforderlich, dass die geschädigte Position dem Privatrechtssubjekt von Natur aus oder kraft Erwerbs zugewiesen ist. Damit steht letztlich trotz des allgemeinen Schädigungsverbots das subjektive Recht im Zentrum des Systems *Pufendorfs*.[58]

Das Denken in subjektiven Rechten und die damit verbundene Abhängigkeit der deliktischen Haftung von der Verletzung eines subjektiven Rechts war auch im späten Naturrecht des 18. Jahrhunderts vorherrschend.[59] Besonders deutlich zeigt sich der Aufbau des gesamten Privatrechtssystems um das subjektive Recht in den Arbeiten von *Christian Wolff*[60] (24. Januar 1679–9. April 1754), *Franz von Zeiller*[61] (14. Januar 1751–23. August 1828)

[53] *Pufendorf*, Elementa jurisprudentiae universalis, Buch I, Definition 12 § 5 und *ders.* De jure naturae, Buch III, Kap. 4, § 8.

[54] *Pufendorf*, De jure naturae, Buch III, Kap. 5, § 1. und Buch I, Kap. 1, § 7; dazu *Auer*, AcP 208 (2008), 584, 606.

[55] *Pufendorf*, De jure naturae, Buch I, Kap. 7, § 15.

[56] *Pufendorf*, De officio hominis et civis, Buch I, Kap. 6, § 2.

[57] *Pufendorf*, De officio hominis et civis, Buch I, Kap. 6, §§ 3, 5, 6. Dies übersieht *Schiemann*, JuS 1989, 345, 349; auch *E. Picker*, AcP 183 (1983), 369, 462, scheint *Pufendorf* anders zu interpretieren; deutlich zurückhaltender gegenüber einem absoluten Schädigungsverbot dann aber S. 463 ff.

[58] Wie hier *J. Schröder*, Zivilrechtliche Haftung, S. 154; a. A. *Jansen*, Struktur des Haftungsrechts, S. 337.

[59] *J. Schröder*, Zivilrechtliche Haftung, S. 153.

[60] *Wolff*, Grundsätze des Natur und Völkerrechts, §§ 50, 83, 85, 86, 257; dazu *Jansen*, Struktur des Haftungsrechts, S. 351 ff.

[61] *V. Zeiller*, Natürliches Privat-Recht, Anm. zu § 4, S. 10: „Alle jene Handlungen sind rechtlich, welche der Mensch innerhalb seines rechtlichen Wirkungskreises unternimmt" und § 5, S. 11: „Das Recht einer Person schließt zugleich die Befugnis zu zwin-

und *Rudolf von Jhering*[62] (22. August 1818–17. September 1892). Entsprechend findet sich bei den späten Naturrechtlern in der Regel kein generelles Schädigungsverbot, sondern das Verbot einen anderen zu beleidigen (sog. „laesio").[63] Der Begriff der Beleidigung meint dabei einem anderen „Menschen etwas von dem Seinigen" zu entziehen, oder „ihn in der Disposition über das Seine" zu hindern.[64] Das „Seine" konnten angeborene oder erworbene Rechte sein. Zur ersten Gruppe wurden etwa Leib, Seele, Freiheit, Gleichheit sowie das Recht auf einen guten Namen gezählt,[65] während etwa das Eigentum, die anderen dinglichen Rechte und die Obligationen der zweiten Gruppe unterfallen sollten.[66] Keine Rechte sollten hingegen bloße Gewinnerwartungen darstellen.[67] In der heutigen Diktion meint der Begriff der Beleidigung also schlicht die Verletzung eines subjektiven Rechts.

Eine gewisse Wandlung erfährt dieses Denken in subjektiven Rechten und der Aufbau des Privatrechtssystems um die subjektiven Rechte durch den Einfluss der Moralphilosophie *Immanuel Kants*. So gehen etwa *Groß* und *von Zeiller* in augenfälliger Anlehnung an *Kants* allgemeines Rechtsgesetz[68] davon aus, dass eine Rechtsverletzung gegeben sei, wenn jemand eine Handlung vornimmt, die „mit der allgemeinen gesetzlichen Freyheit unverträglich"[69] ist, oder wenn aufgrund von solchen Handlungen „ein geselliger Zustand äußerlich auf gleiche Weise freihandelnder Wesen [nicht]

gen, d.h. die Rechtsverletzung mit Gewalt hintanzustellen, in sich. Denn es ist dem Grundsatze des Rechts gemäß, daß der Mensch seinen rechtlichen Wirkungskreis behaupte [...]." Sehr deutlich auch die Anm. zu §5.

[62] *V. Jhering*, Schuldmoment, S.5 f, und insb. S.6 im Zusammenhang mit dem Begriff des Unrechts bzw. der iniuria vindicare: „Wenn der Hagel meine Fluren verwüstet, so liegt darin keine Verletzung meines Rechts, sondern nur des Gegenstandes desselben, eines Guts; [...] Wenn aber ein Dritter bona fide meine Sachen besitzt und ihre Herausgabe verweigert, so ist es ein menschlicher Wille, der sich mir entgegenstellt, der mir nicht bloß mein Gut vorenthält, sondern mein Recht wissentlich oder unwissentlich antastet." Ferner a.a.O. S.21f.

[63] *V. Zeiller*, Natürliches Privat-Recht, §7; *Höpfner*, Naturrecht des einzelnen Menschen, §§130f.; *Achenwall/Pütter*, Elementa iuris naturae, §477; *Gros*, Lehrbuch des Naturrechts, §§92ff.

[64] *Höpfner*, Naturrecht des einzelnen Menschen, §37; In der Sache ebenso *Gros*, Lehrbuch des Naturrechts, §92: „Ein Recht wird verletzt, wenn die Ausübung desselben durch die Handlung eines Andern, wozu dieser nicht befugt ist, verhindert oder gestört wird. Die Verletzung eines Rechts heißt Beleidigung der Person, welcher dasselbe zusteht. [...] Eine Rechtsverletzung wird auch Beeinträchtigung genannt, weil sie ein Eingriff in die Freiheitssphäre des Andern ist, dem Andern in seinem Rechtsgebiet Eintrag thut.".

[65] *Höpfner*, Naturrecht des einzelnen Menschen, §§37ff.

[66] *Höpfner*, Naturrecht des einzelnen Menschen, §§45ff.

[67] *Wolff*, Ius naturae, §574: „Id alicui suum non est, ad quod aptus est".

[68] *Kant*, Metaphysik der Sitten, S.34, Originalpaginierung AB 43, 44: „Handle äußerlich so, daß der freie Gebrauch deiner Willkür mit der Freiheit von jedermann nach einem allgemeinen Gesetz zusammen bestehen könne"

[69] *Gros*, Lehrbuch des Naturrechts, §28.

gedacht werden kann"[70]. Auf diesem Weg erhält der kategorische Imperativ *Kants* zwar Einzug in das Deliktsrecht, eine Abkehr von der Verletzung subjektiven Rechte als Voraussetzung jeder deliktischen Einstandspflicht kann damit aber schon deshalb nicht verbunden sein, weil die kantische Moralphilosophie selbst eine solche subjektiver Rechte ist.[71]

Weder die gemeinrechtlichen Lehren noch das Naturrecht kannten somit eine deliktische Haftung aus einem allgemeinen Schädigungs- bzw. Erfolgsverursachungsverbot.[72] Dementsprechend floss das Denken in subjektiven Rechten mit den an diesen anknüpfenden Schadenshaftungstatbeständen in der darauf folgenden Zeit maßgeblich in die großen deutschsprachigen Aufklärungskodifikationen ein. Bekanntermaßen enthalten alle diese Kodifikationen eine große schadensrechtliche Generalklausel. Gehaftet wird also nicht nur, wie es das deutsche BGB in § 823 Abs. 1 vorsieht, für die Verletzung von subjektiven Rechten, sondern grundsätzlich für alle Schadenszufügungen und damit auch für die Herbeiführung von Vermögensschäden.[73] Die dabei durch den jeweiligen Gesetzgeber gewählten Formulierungen divergieren:

Der Codex Maximilianeus Bavaricus Civilis (1756) spricht in IV, 16, § 6 vom „Schaden, welcher einem anderen an Haab und Gut ungerechter Weis zugefügt wird". Nach dem preußischen ALR (1794) meint Schaden „jede Verschlimmerung des Zustandes eines Menschen, in Ansehung seines Körpers, seiner Freyheit, oder Ehre, oder seines Vermögens" (I, 6, § 1). Das badische Landrecht (1809) definiert den Schaden in Satz 1382 schlicht als „Beschädigung" eines Menschen. Nach § 1293 S. 1 des österreichischen ABGB (1811) ist unter Schaden „jeder Nachtheil, welcher jemanden an Vermögen, Rechten oder seiner Person zugefügt worden ist", zu verstehen.

Diese weiten Fassungen des Schadensbegriffs waren möglich, da allen diesen Kodifikationen ein offener, schadensunabhängiger Rechtswidrigkeitsbegriff zu Grunde lag. Vom Eintritt eines Schadens konnte also *nicht* auf die Rechtswidrigkeit rückgeschlossen werden.[74] Entsprechend der his-

---

[70] *V. Zeiller*, Natürliches Privat-Recht, § 4.

[71] Vgl. dazu ausführlich oben Kapitel 2 § 1 A. (S. 21 f.).

[72] *Fraenkel*, Tatbestand und Zurechnung, S. 77; *Kleindiek*, Deliktshaftung, S. 45 f., 50; *Bernhard*, in: FS Picker, S. 83, 99; *Schulz-Schaeffer*, Subjektives Recht, S. 10; *J. Schröder*, Zivilrechtliche Haftung, S. 153 ff.

[73] Freilich finden sich gerade für den Ersatz von entgangenem Gewinn als primärer Vermögensschaden par excellence Einschränkungen. So soll dieser nach den §§ 1323, 1324 ABGB (Österreich) prinzipiell nur bei „böser Absicht" oder „auffallender Sorglosigkeit" zu ersetzen sein. Eine ähnliche Regelung findet sich in ALR I, 6, §§ 7, 10. Das Problem der Rechtswidrigkeit wird hierdurch freilich nicht entschärft, da gerade im typischen Fall der Vermögensschädigung, der Entziehung erwarteter Geschäftsgewinne durch Wettbewerb, regelmäßig Vorsatz vorliegt. Zutreffend *J. Schröder*, Zivilrechtliche Haftung, S. 156.

[74] *J. Schröder*, Zivilrechtliche Haftung, S. 156.

torischen Tradition wird vielmehr in allen genannten Kodifikationen die positive Feststellung der Rechtsverletzung bzw. der „Beleidigung" verlangt. So liegt beispielsweise nach I, 6, § 8 preußisches ALR eine Beleidigung nur vor, wenn jemand „ohne Recht" den Schaden zufügt. Nach § 1305 des österreichischen ABGB haftet nicht, „wer von seinem Rechte innerhalb der rechtlichen Grenzen Gebrauch macht". Für die bayrischen und badischen Regelungen ergibt sich dies aus der in den gängigen Kommentierungen vorzufindenden Bezugnahme auf die gemeinrechtliche Regel „qui suo iure utitur, nemini facit iniuriam" („Wer sein Recht einfordert, tut niemandem Unrecht").[75]

Entscheidend zum Verständnis dieser Schadenshaftungstatbestände ist, dass ein Recht zur Schadenszufügung nicht nur bei Vorliegen eines besonderen Rechtfertigungsgrundes – wie bspw. der Notwehr oder Nothilfe – bestand, sondern bereits aus der natürlichen Handlungsfreiheit erwachsen konnte.[76] Belegen lässt sich dies für das österreichische ABGB etwa durch die Aussagen dessen Schöpfers *Zeiller*: Widerrechtlich handele nicht, „wer nicht selbst seine Grenzen überschreite[t]". Daher handele nicht widerrechtlich, „[w]er einem anderen einen bloßen Liebesdienst versagt, worauf dieser etwa sichere Rechnung, und hiernach bereits Vorkehrungen mit fruchtlosem Aufwande gemacht hat"[77]. „[R]echtlich Handlungen" seien auch „sich erhalten, seine geistigen und körperlichen Kräfte ausbilden, sich durch Arbeit Vermögen erwerben", „weil dadurch der Persönlichkeit, der freyen Wirksamkeit unserer Mitmenschen, an sich kein Abbruch geschieht".[78]

Vergleichbare Aussagen finden sich auch für das badische Landrecht: Eine Beschädigung liege nicht vor, wenn jemandem ein Nachteil entsteht, der

> „aus dem erlaubten Gebrauch der Rechte eines anderen als natürliche Folge des gesellschaftlichen Lebens hervorgeht. So z. B., wenn an einem Ort wo sechs Schneider waren, ein siebenter sich ansetzt, so entgeht dadurch den übrigen sechsen allerdings ein Theil des Gewinns, den sie zuvor hatten, aber niemand nennt dieses eine von diesem geschehene Beschädigung der Andern".[79]

Etwas schwieriger gestaltet sich der Nachweis, dass auch das preußische ALR in I, 6, § 8 mit der Formulierung „ohne Recht" nichts Anderes als in den übrigen Aufklärungskodifikationen meint. So geht etwa *Keppmann*

---

[75] Vgl. *V. Kreittmayr*, Anmerkungen über den Codicem Maximilianeum bavaricum civilem, 4. Teil, Kap. 16, § 6 Anm. 2; *Brauer*, Erläuterungen über den Code Napoléon und die Großherzoglich Badisch bürgerliche Gesetzgebung, Band 3, S. 294.

[76] *J. Schröder*, Zivilrechtliche Haftung, S. 157.

[77] *V. Zeiller*, Commentar über das allgemeine bürgerliche Gesetzbuch, § 1305 Anm. 1 (S. 728).

[78] *V. Zeiller*, Natürliches Privat-Recht, § 4 (S. 10).

[79] *Brauer*, Erläuterungen über den Code Napoléon und die Großherzoglich Badisch bürgerliche Gesetzgebung, Band 3, S. 294.

davon aus, dass von dieser Formulierung lediglich besondere Rechtfertigungsgründe umfasst seien. In Abwesenheit solcher soll die Widerrechtlichkeit hingegen bereits in der (Vermögens-)Schädigung liegen.[80] Dies würde bedeuten, dass nach I, 6, § 10 preußisches ALR beispielsweise ein Gewerbetreibender ersatzpflichtig wäre, der durch faire Konkurrenz einem anderen Kunden abwirbt. Davon kann wohl kaum ausgegangen werden. Auch wird man ohne konkrete Anhaltspunkte für eine derart zentrale Änderung kaum davon ausgehen können, dass das ALR mit der Formulierung „ohne Recht" etwas anderes meint als im Usus Modernus, im Naturrecht und in den übrigen Aufklärungskodifikationen.[81]

### *c) Recht der unerlaubten Handlungen im BGB*

Auch nach der Vorstellung des historischen BGB-Gesetzgebers sollte vom Eintritt eines Schadens nicht auf die Verletzung eines subjektiven Rechts am geschädigten Objekt rückzuschließen sein. Vielmehr sei die deliktsrechtliche „Schadensersatzpflicht auf der Basis des Grundsatzes" zu „normiren", „dass Jedermann die *Rechts*sphäre Anderer zu achten und sich eines jeden widerrechtlichen Eingriffs zu enthalten" habe. „[D]ie Verpflichtung zum Schadensersatze" solle erst „aus der Verletzung dieses allgemeinen Rechtsgebotes" entspringen.[82] Haftungsbegründend soll also nicht die Schädigung bzw. physische Verletzung eines Bezugsobjekts eines subjektiven Rechts, sondern die Verletzung des subjektiven Rechts an diesem sein. Nicht der Eintritt eines Schadens, sondern der Übergriff in die fremde Rechtssphäre und damit die Verletzung des subjektiven Rechts, welches die Zuordnung vornimmt, sollten den Kristallisationspunkt des Deliktsrechts bilden.[83]

Dieser häufig nicht oder jedenfalls nicht durchgehend beachtete Grundgedanke lässt sich recht deutlich aus der Entstehungsgeschichte des Rechts der unerlaubten Handlungen ableiten.

#### *aa) Regelungen des Vorentwurfs eines BGB*

Der Vorentwurf eines BGB von *Franz Philipp Friedrich von Kübel* (19. August 1819–4. Januar 1884) enthielt in § 1 Abs. 1 TE die allgemeine Haftungsnorm des Deliktsrechts:

§ 1 Abs. 1 TE: „Hat jemand durch eine widerrechtliche Handlung oder Unterlassung aus Absicht oder aus Fahrlässigkeit einem anderen einen Schaden zugefügt, so ist er diesem zum Schadensersatz verpflichtet."

---

80 *Keppmann*, Dogmengeschichtliche Entwicklung, S. 34.
81 So auch *J. Schröder*, Zivilrechtliche Haftung, S. 158.
82 Mugdan II, S. 405 (Hervorhebung nicht im Original).
83 *Fezer*, Teilhabe und Verantwortung, S. 521.

Die hier im Zentrum des Interesses stehende Frage, ob eine Handlung schon allein aufgrund der Herbeiführung eines Schadens widerrechtlich ist, oder ob hierfür die Verletzung eines subjektiven Rechts erforderlich ist, kann allein mit dem Wortlaut der Norm nicht beantwortet werden.[84] Erhellend sind insoweit aber die Motive zum Vorentwurf: Dort teilt *von Kübel* – entsprechend der herrschenden Auffassung in seiner Zeit – mit, dass nach seinem Dafürhalten

> „[u]nerlaubt im civilrechtlichen Sinne […] jede Handlung [sei], durch welche Jemand widerrechtlich, unbefugter Weise, in eine fremde *Rechts*sphäre verletzend eingreift. Denn die Rechtssphäre einer jeden Person [müsse] von allen anderen Personen geachtet und unangetastet gelassen werden; wer gegen dieses allgemeine Rechtsgebot [handele], ohne hierzu aus besonderen Gründen berechtigt zu sein, [begehe] ebendaher eine unerlaubte Handlung".[85] Die Schadensersatzpflicht aus unerlaubter Handlung beruhe darauf, „daß eine Person widerrechtlich eine andere Person in einem von der Rechtsordnung als schutzwürdig und schutzbedürftig anerkannten Interesse verletzt und dadurch geschädigt hat"[86].

An späterer Stelle findet sich zusammenfassend die Aussage:

> „Wer nur sein Recht ausübt und dabei innehrhalb der ihm von der Rechtsordnung gesetzten Schranken bleibt, greift, wenn er hierbei auch einen Anderen beschädigt, damit nicht in unerlaubter Weise in eine fremde Rechtssphäre ein […] und es fehlt demzufolge an […] der Widerrechtlichkeit und Unerlaubtheit der schadensbringenden Handlung.[87]

Ein weiterer Umstand, der dafür spricht, dass allein eine Schadensverursachung zur Feststellung der Widerrechtlichkeit einer Handlung nicht genügen sollte, liegt darin, dass in § 1 Abs. 1 TE Handlungen und Unterlassungen ausdrücklich gleichgestellt werden.[88] Man wird kaum davon ausgehen können, dass *von Kübel* der Auffassung war, dass jede einen Schaden nicht abwendende Unterlassung rechtswidrig sei. Anderenfalls wäre eine Schadenshaftung allgegenwärtig. Wenn aber die Rechtsverletzung in § 1 Abs. 1 TE im Rahmen der Unterlassung nötig war, um aus bloß schadensstiftenden Unterlassungen die Rechtsverletzenden und deshalb Unerlaubten herauszufiltern, erscheint es merkwürdig, warum der Rechtsverletzung aus der Sicht *von Kübels* eine solche Funktion nicht auch im Bereich der Handlungen zukommen soll. Bestärkt wird diese Vermutung dadurch, dass sich der Begriff „widerrechtlich" in § 1 Abs. 1 TE sowohl auf die Handlung als auch das Unterlassen bezieht.

---

84 Zutreffend *Fraenkel*, Tatbestand und Zurechnung, S. 98; *Gsell*, Substanzverletzung, S. 145.

85 *Von Kübel*, Motive zum Vorentwurf, S. 1 (Hervorhebungen nicht im Original).

86 *Von Kübel*, Motive zum Vorentwurf, S. 4.

87 *Von Kübel*, Motive zum Vorentwurf, S. 11.

88 *Fraenkel*, Tatbestand und Zurechnung, S. 103 f.; *Gsell*, Substanzverletzung, S. 145 f.

Dies alles spricht dafür, dass nach dem Vorentwurf allein die Herbeiführung eines Schadens nicht genügen sollte, um eine Widerrechtlichkeit einer Handlung zu begründen.[89] Vielmehr sollte hierzu die Verletzung eines subjektiven Rechts bzw. der daraus resultierenden Rechtssphäre für die deliktische Schadenshaftung konstitutiv sein.

### *bb) Erster Entwurf eines BGB und dessen Beratung*

Auch im ersten Entwurf eines BGB wurde die Haftung aus unerlaubter Handlung weiterhin an die Begehung einer rechtsverletzenden und daher widerrechtlichen Handlung geknüpft.[90] Auch in diesem Entwurf existiert nach wie vor kein generelles Verbot einer Schadensverursachung. Die insoweit einschlägigen §§ 704, 705 Entwurf I lauten:

§ 704 E I: „Hat jemand durch eine aus Vorsatz oder Fahrlässigkeit begangene widerrechtliche Handlung – Thun oder Unterlassen – einem Anderen einen Schaden zugefügt, so ist er dem Anderen zum Ersatze des durch die Handlung verursachten Schadens verpflichtet, ohne Unterschied, ob der Umfang des Schadens vorauszusehen war oder nicht.

Hat Jemand aus Vorsatz oder Fahrlässigkeit durch eine widerrechtliche Handlung das Recht eines Anderen verletzt, so ist er den durch die Rechtsverletzung dem Anderen verursachten Schaden diesem zu ersetzen verpflichtet, auch wenn die Entstehung des Schadens nicht vorauszusehen war. Als Verletzung eines Rechtes im Sinne der vorstehenden Vorschrift ist auch die Verletzung des Lebens, des Körpers, der Gesundheit und der Ehre anzusehen."

§ 705 E I: „Als widerrechtlich gilt auch die kraft der allgemeinen Freiheit an sich erlaubte Handlung, wenn sie einem anderen zum Schaden gereicht und ihre Vornahme gegen die guten Sitten verstößt".

Im Rahmen der 108. Sitzung der ersten Kommission am 3. Juli 1882 wurde die Möglichkeit, die deliktische Haftung bereits aufgrund der Schadensverursachung eintreten zu lassen, ausführlich diskutiert. Auslöser dieser Diskussion waren drei Abänderungsanträge von *Windscheid*[91], *Karl Kurlbaum*

---

[89] *Gsell*, Substanzverletzung, S. 145 f.; *Fraenkel*, Tatbestand und Zurechnung, S 98 ff.; *Fezer*, Teilhabe und Verantwortung, S 475 und 476. A. A. soweit ersichtlich nur *Schwitanski*, Deliktsrecht, S. 98 ff., der allerdings von falschen Prämissen ausgeht. Vgl. dazu bereits *Borgers*, Wandlungen des Deliktrechts, S. 74 f.

[90] *Fraenkel*, Tatbestand und Zurechnung, S. 107; *Gsell*, Substanzverletzung, S. 147; *Schulz-Schaeffer*, Subjektives Recht, S. 40 f.

[91] Dieser beantragte u. a. zu bestimmen: „§ 1. Wer wissentlich oder fahrlässigerweise einem anderen einen Schaden zufügt, ist diesem zum Ersatz des Schadens verpflichtet." § 1ª. Die Verpflichtung zum Schadensersatz fällt weg, wenn der Schadenszufügende in Ausübung eines Rechts gehandelt hat. Daß der Schadenzufügende in Ausübung der natürlichen Freiheit gehandelt hat, macht die schadende Handlung nicht zu einer berechtigten. Unterlassungen verpflichten zum Schadensersatz nur dann, wenn das Handeln durch eine Rechtspflicht geboten war".

(1830–1906) und *Gottlieb Planck*[92] (24.6.1824–20.5.1910), welche auf die Streichung des Erfordernisses einer Rechtsverletzung abzielten und damit die Schadensherbeiführung als haftungsauslösenden Moment ausreichen lassen wollten.[93]

Die Kommission erkannte, dass diese Anträge von § 1 TE in „einer weittragenden, prinzipiellen", die „objektive Beschaffenheit der zum Schadensersatz verpflichtenden Handlung" abwichen.[94] Werde mit dem Entwurf „die Widerrechtlichkeit der Handlung für nöthig erachtet, so muß die letztere, damit die Verpflichtung zum Schadensersatze begründet werde, entweder durch eine Rechtsnorm verboten" sein, oder es müsse „durch die Handlung ein von dem Handelnden nach den Vorschriften der Rechtsordnung zu respektierendes Recht des Beschädigten verletzt und hieraus der Schaden erwachsen sein".[95] In Ermangelung einer unerlaubter Handlung könne etwa keine Haftung eintreten, wenn „durch Verbreitung von Nachrichten oder durch ein anderweites an sich erlaubtes Verhalten die Kundschaft entzogen, der Kaufwerth einer Sache herabgedrückt [oder] der Kredit geschmälert" werde.[96] Etwas anderes hätte hingegen nach den gestellten Anträgen zu gelten, da nach diesen die Schadensverursachung „an und für sich ein Delikt" sei, „sofern nicht die Handlung eine berechtigte" gewesen sei.[97] Zähle man zu den berechtigten Handlungen auch diejenigen, welche „nur in der natürlichen Freiheit sich gründen, so wäre das Prinzip des Entwurfs nicht wesentlich von dem der Anträge [...] verschieden."[98] Die Anträge bestimmten aber ausdrücklich, dass die Verpflichtung zum Schadensersatz nicht ausgeschlossen sei, wenn nur in Ausübung der natürlichen Freiheit gehandelt worden sei.[99]

Die Kommission folgte den Antragstellern nicht, weil sie befürchtete, dass sonst „die Ersatzpflicht auch in solchen Fällen eintreten [würde], in welchen der Handelnde nicht allein kein Gesetz verletzt, sondern in Aus-

---

[92] Dieser beantragte § 1 TE dahingehend zu fassen: „§ 1 Jeder ist verpflichtet, Handlungen zu unterlassen, durch welche er einem Anderen einen Schaden zufügt, sofern die Handlung nicht in Wahrnehmung berechtigter Interessen erfolgt.

Hat jemand durch eine absichtlich oder aus Fahrlässigkeit begangene widerrechtliche Handlung oder Unterlassung einem Anderen einen Schaden zugefügt, so ist er diesem zum Schadensersatz verpflichten. [...]".

[93] Vgl. zu den Anträgen Prot. I, S. 963 f., bei Jakobs/Schubert, Beratung, Schuldverhältnisse III, S. 873 f.

[94] Vgl. Prot. I, S. 965, bei Jakobs/Schubert, Beratung, Schuldverhältnisse III, S. 874. Auch dies ist ein Beleg für die hiesige Interpretation des § 1 Abs. 1 TE.

[95] Prot. I, S. 965, bei Jakobs/Schubert, Beratung, Schuldverhältnisse III, S. 874.

[96] Prot. I, S. 965, bei Jakobs/Schubert, Beratung, Schuldverhältnisse III, S. 874.

[97] Prot. I, S. 966, bei Jakobs/Schubert, Beratung, Schuldverhältnisse III, S. 874.

[98] Prot. I, S. 966, bei Jakobs/Schubert, Beratung, Schuldverhältnisse III, S. 874. Die Regelung hätte dann denjenigen der Naturrechts- und Aufklärungskodifikationen entsprochen. Vgl. Kapitel 4 § 2 B. I. 2. b) (S. 153 ff.).

[99] Vgl. dazu den Antrag Windscheids, oben Fn. 91.

übung seiner natürlichen Freiheit sowohl vom Standpunkte des Rechts als der Moral vorwurfsfrei oder sogar löblich gehandelt hat.“[100] Den Vorschlag *Plancks*, der diese Konsequenzen durch das Erfordernis der Wahrnehmung berechtigter Interessen zu vermeiden suchte, lehnte die Kommission mit einer doppelten Begründung ab: Erstens könne danach „auch derjenige zum Schadensersatz verpflichtet sein, der nicht in Ausübung der natürlichen Freiheit, sondern kraft eines *besonderen* Rechts gehandelt hat, worin einleuchtend eine ungebührliche Verneinung oder Abschwächung des Rechts selbst zu finden wäre.“ Zweitens käme durch die erstrebte Änderung „nicht zum Ausdrucke, daß bei Ausübung der natürlichen Freiheit nur dann Verantwortung eintreten kann und soll, wenn illoyal, gegen den Anstand und die guten Sitten, gehandelt ist“[101].

Unter dem Eindruck dieser Bedenken einigten sich *Windscheid*, *Kurlbaum* und *Planck* schließlich auf einen gemeinsamen Antrag zur Fassung der deliktischen Grundregel, welcher von der Mehrheit der Kommission Zustimmung erfuhr. Dieser lautete:

> „Wer (wissentlich oder fahrlässigerweise) einem Anderen Schaden zufügt, ist diesem zum Schadensersatz verpflichtet, es sei denn, daß er in Ausübung eines besonderen Rechts oder in einer mit den guten Sitten übereinstimmenden Ausübung der natürlichen Freiheit gehandelt habe“.[102]

Teilweise ist die Meinung vertreten worden, dass sich die erste Kommission mit diesem Beschluss letztlich für das Prinzip der Erfolgsverursachung entschieden habe und somit die bloße Schadensverursachung zum haftungsauslösendes Moment der deliktischen Haftung gemacht habe.[103] Dies ist schon allein aufgrund der Anträge und Diskussionen, die letztlich zu diesem Kompromissbeschluss geführt haben, kaum vorstellbar. Aber auch darüber hinaus vermag diese Interpretation aus mehreren Gründen nicht zu überzeugen:[104] Zunächst ist festzustellen, dass es nach dem Beschluss gerade nicht möglich ist, von dem Eintritt eines Schadens ohne weiteres auf die Rechtswidrigkeit der ihn verursachenden Handlung oder Unterlassung rückzuschließen, da es stets darauf ankommen soll, ob der Schädiger in Ausübung eines Rechts bzw. in sittlicher Ausübung seiner natürlichen Freiheit gehandelt hat.[105] Dementsprechend hat sich die erste Kommission

---

100 Prot. I, S. 966, bei Jakobs/Schubert, Beratung, Schuldverhältnisse III, S. 874 f.

101 Prot. I, S. 966, bei Jakobs/Schubert, Beratung, Schuldverhältnisse III, S. 875.

102 Prot. I, S. 966 f., bei Jakobs/Schubert, Beratung, Schuldverhältnisse III, S. 875.

103 *Schmiedel*, Deliktsobligationen, S. 20 ff.; *Deutsch*, Allgemeines Haftungsrecht, Rn. 55.

104 Vgl. dazu bereits *Fraenkel*, Tatbestand und Zurechnung, S. 110 ff.; *Gsell*, Substanzverletzung, S. 148 ff.; *Fezer*, Teilhabe und Verantwortung, S. 476 f.

105 Anders würde sich die Situation darstellen, wenn man von einem Erfolgs- bzw. Schadensverursachungsverbot ausgeht. Vgl. nur die Anträge *Windscheids* und *Plancks*, oben Fn. 91 und 92.

in den darauffolgenden Sitzungen 109 (am 5. Juli 1882) und 110 (am 1. September 1882) mit der Frage befasst, ob sich das Verschulden auf den Schaden oder auf die Rechtsverletzung beziehen müsse.[106] Hätte sich die erste Kommission, wie insbesondere *Schmiedel*[107] behauptet, tatsächlich für ein Schadensverursachungsverbot entschieden, hätte sich diese Frage erübrigt, da dann der Schadenseintritt zwingende Voraussetzung der Rechtswidrigkeit der Handlung wäre.[108] Eine Anknüpfung des Verschuldens an die Rechtsverletzung wäre dann nicht möglich gewesen.

Im Rahmen der Diskussion um den richtigen Bezugspunkt für das Verschulden ging die Kommission in ihrer 109. Sitzung dabei zunächst davon aus, dass bei den zum Schadensersatz verpflichtenden illoyalen Handlungen der Schaden gewollt bzw. erkennbar gewesen sein muss.[109] In der 110. Sitzung änderte sie ihre Auffassung dann jedoch dahingehend, dass auch in diesen Fällen ein Verschuldensbezug auf die „objektiv rechtswidrige Handlung“ notwendig sei.[110] In diesem Zusammenhang charakterisierte die Kommission den soeben erwähnten, von *Schmiedel* als Schadens- bzw. Erfolgsverursachungsverbot interpretierten Beschluss, wie folgt:

> „Wenn derselbe denjenigen, der vorsätzlich oder fahrlässigerweise den Schaden anstiftet, zu dessen Ersatz verpflichte – anscheinend also Vorsatz oder Fahrlässigkeit für die Schadensstiftung fordere –, so seien doch Ausnahmen hinzugefügt, woraus klar erhelle, daß zur Begründung der Ersatzpflicht dem Erfordernisse der Schadensentstehung noch ein zweites Erforderniß hinzutreten müsse, nämlich das der Widerrechtlichkeit der Handlung, so daß – auf den wesentlichen Inhalt gesehen – sich doch die Rechtsnorm ergebe: *nur die widerrechtliche Handlung verpflichte zum Schadensersatze.* Der in Ansehung der Vertretung der sogenannten illoyalen Handlungen gefaßte Beschluß stehe damit nicht in Widerspruche, sondern in vollem Einklange. Die fraglichen Handlungen seien durch jenen Beschluß für widerrechtlich erklärt und sei dadurch nur der allgemeine Rechtsgrundsatz eingeführt: die betreffende Handlungsweise sei nicht minder verboten, wie die Verletzung der absoluten Rechte.“[111]

Deutlicher lässt sich kaum zum Ausdruck bringen, dass alleine aus der Verursachung eines Schadens nicht auf die Rechtswidrigkeit bzw. Widerrechtlichkeit der Handlung rückgeschlossen werden können soll.

---

[106] Vgl. dazu Prot. I, S. 969ff., bei Jakobs/Schubert, Beratung, Schuldverhältnisse III, S. 875ff.

[107] *Schmiedel*, Deliktsobligationen, S. 20ff.

[108] Darauf hat bereits *Fraenkel*, Tatbestand und Zurechnung, S. 110 hingewiesen.

[109] Prot. I, S. 970, bei Jakobs/Schubert, Beratung, Schuldverhältnisse III, S. 876.

[110] Prot. I, S. 981, bei Jakobs/Schubert, Beratung, Schuldverhältnisse III, S. 879.

[111] Prot. I, S. 982, bei Jakobs/Schubert, Beratung, Schuldverhältnisse III, S. 880 (Hervorhebung nicht im Original).

### cc) Zweiter Entwurf eines BGB und dessen Beratung

Auch im zweiten Entwurf eines BGB, in dessen Rahmen die §§ 704, 705 E I in die §§ 746, 749 E II überführt wurden, wurde an der Entscheidung gegen ein Erfolgs- bzw. Schadensverursachungsverbot festgehalten.[112] Die maßgeblichen Vorschriften des zweiten Entwurfs lauten:

§ 746 E II: „Wer vorsätzlich oder fahrlässig ein Recht eines anderen widerrechtlich verletzt oder wer gegen ein dem Schutz eines anderen bezweckendes Gesetz verstößt, ist dem anderen zum Ersatz des dadurch verursachten Schadens verpflichtet. Ist nach dem Inhalte des Gesetztes ein Verstoß gegen dasselbe auch ohne Verschulden möglich, so tritt die Ersatzpflicht nur im Falle des Verschuldens ein. Die Schadensersatzpflicht wird nicht dadurch ausgeschlossen, daß die schädigende Handlung im Nothstande begangen worden ist.“

§ 747 E II: „Wer widerrechtlich einem anderen die Freiheit entzieht, hat demselben den dadurch verursachten Schaden auch dann zu ersetzen, wenn ihm nur Fahrlässigkeit zu Last fällt.“

§ 749 E II: „Wer durch eine Handlung, die er nicht in Ausübung eines ihm zustehenden Rechts vornimmt, in einer gegen die guten Sitten verstoßenden Weise einem anderen vorsätzlich Schaden zufügt, ist dem anderen zum Ersatz des Schadens verpflichtet.“

Im Anschluss an die erste Kommission ging auch die zweite Kommission davon aus, dass

„die Vorschriften über die Schadensersatzpflicht aus unerlaubter Handlung zu denjenigen Vorschriften gehören, welche dazu bestimmt sind, die *Rechts*kreise der Einzelnen, innerhalb deren sie ihre individuelle Freiheit entfalten und ihre Interessen verfolgen dürfen, von einander abzugrenzen. Der *Rechts*kreis des Einzelnen umfasse – so wurde hervorgehoben – zunächst seine eigentlichen Vermögensrechte, dingliche wie obligatorische, sodann aber auch seine sog. Persönlichkeitsrechte (Leben, körperliche Unversehrtheit, Gesundheit, Freiheit, Ehre), welche durch das an Jedermann gerichtete Verbot eines Eingriffes ebenso geschützt seien, wie die Rechte an Sachen. […] Zur Wahrung seiner *Rechte* ständen dem Berechtigten die Mittel der Selbstvertheidigung und Selbsthülfe zur Verfügung. Er könne ferner verlangen, daß der in Folge des Eingriffes dem *Inhalte des Rechtes* widersprechende Zustand beseitigt werde. […] Eine Ergänzung fänden diese dem Berechtigten zur Erhaltung *seines Rechtskreises* gewährten Mittel in dem Anspruche auf Schadensersatz, durch welche die ihm aus dem widerrechtlichen Eingriffe erwachsenen Nachtheile ausgeglichen werden sollten.

Übereinstimmend halten der Entw. und die Anträgen grundsätzlich daran fest, daß nicht jeder Eingriff *in den fremden Rechtskreis* zum Schadensersatz verpflichte, sondern nur ein solcher, der durch ein Verschulden des Urhebers des Schadens hervorgerufen sei.“[113]

---

[112] *Fraenkel*, Tatbestand und Zurechnung, S. 112; *Gsell*, Substanzverletzung, S. 152.

[113] Prot. II, S. 2711 ff., bei Mugdan, Materialien II, S. 1073 f. (Hervorhebungen nicht im Original).

Die zitierte Passage bringt deutlich zum Ausdruck, dass auch die zweite Kommission der Auffassung war, dass allein aus der Verursachung eines Schadens nicht auf die Rechtswidrigkeit einer Handlung oder eines Unterlassens rückgeschlossen werden könne. Vielmehr setze dies voraus, dass in ein fremdes subjektives Recht bzw. den dadurch geschaffenen Rechtskreis eingegriffen wird.

Im Rahmen der nachfolgenden Revision wurde §746 E II als §808 E III wie folgt gefasst:

„Wer vorsätzlich oder fahrlässig das Leben, den Körper, die Gesundheit, die Freiheit, das Eigentum oder ein sonstiges Recht eines Anderen widerrechtlich verletzt, ist dem Anderen zum Ersatze des daraus entstehenden Schadens verpflichtet. Die gleiche Verpflichtung trifft denjenigen, welcher gegen ein dem Schutz eines Anderen bezweckendes Gesetz verstößt. Ist nach dem Inhalte des Gesetzes ein Verstoß gegen dieses auch ohne Verschulden möglich, so tritt die Ersatzpflicht nur im Falle des Verschuldens ein."

Diese Neufassung sollte ausdrücklich nur redaktioneller Natur sein und keine inhaltlichen Änderungen gegenüber §746 E II vornehmen.[114] Damit lag im Wesentlichen die später in §823 Abs. 1, 2 BGB in Kraft getretene Gesetzesfassung vor.

§749 E II wurde zunächst wortgleich in §810 E III übernommen. Die Reichstags-Kommission nahm dann jedoch noch eine Änderung vor. Sie beschloss ohne Gegenstimmen die Streichung der Wortpassage „die er nicht in Ausübung eines ihm zustehenden Rechtes vornimmt", weil es nicht gebilligt werden könne, wenn jemand, selbst in Ausübung eines formalen Rechtes, einem anderen vorsätzlich in einer gegen die guten Sitten verstoßenden Weise Schaden zufüge.[115] Damit lag die heute in §826 BGB enthaltene Fassung vor.

### *d) Zusammenfassung*

Die Annahme eines Erfolgs- bzw. Schadensverursachungsverbots im Rahmen der deliktischen Haftung entspricht weder den historischen Entwicklungen vor der Schaffung des BGB noch dem Willen des BGB-Gesetzgebers. Vielmehr sollen seit dem Humanismus nur solche Handlungen rechtswidrig und damit haftungsauslösend sein, die einen anderen in seinem subjektiven Recht verletzen.

---

[114] Prot. II, S. 572; vgl. *Katzenmeier*, AcP 203 (2003), 79, 109.

[115] Vgl. Bericht der Reichstags-Kommission über den Entwurf eines Bürgerlichen Gesetzbuchs und Einführungsgesetzes nebst einer Zusammenstellung der Kommissionsbeschlüsse, 1896, S. 99.

### *II. Wertungswidersprüche aufgrund der Fehldeutung des § 823 Abs. 1 BGB als Erfolgs- bzw. Schadensverursachungsverbot*

Abgesehen davon, dass die Annahme eines Erfolgs- bzw. Schadensverursachungsverbotes im Widerspruch zu der historischen Entwicklung des Deliktsrechts und dem Willen der Gesetzesväter des BGB steht, führt die damit verbundene Gleichsetzung der Verletzung des Bezugsobjekts eines subjektiven Rechts mit der Verletzung des subjektiven Rechts an diesem Objekt zwangsläufig zu einem potentiell unbegrenzten und damit praktisch ungeeigneten Deliktstatbestand. Um dies zu vermeiden, mussten zwangsläufig mehr oder weniger überzeugende Argumentationsmuster und Konstruktionen geschaffen werden, welche allesamt darauf abzielen, die – infolge der Eliminierung des subjektiven Rechts – nahezu uferlose Schadenshaftung wieder auf ein praktisch sinnvolles Maß zu begrenzen. So handelt es sich bei den Entwicklungen im Deliktsrecht während des gesamten 20. Jahrhunderts ganz überwiegend um historisch neuartige Versuche zur Haftungsbegrenzung, ohne dass bis heute insoweit ein Konsens gefunden wurde. Zudem sind diese Versuche inhomogen und orientieren sich ohne objektivrationale Kriterien an inkonsistenten Fallgruppen. Dies wird im Folgenden anhand von einigen Fallbeispielen illustriert:

#### *1. Stromkabelfälle – Differenzierung zwischen Sach- und Körperschäden und primären Vermögensschaden*

Als ersten Beispiel seien zunächst die berühmten Stromkabelfälle angeführt, in denen überwiegend der Ersatz des Betriebsausfallschadens als „primärer“ bzw. „reiner Vermögensschaden“ verneint wird, während ein Schadensersatzanspruch etwa wegen verdorbener Bruteier aufgrund einer nicht näher begründeten Andersartigkeit bejaht wird.[116]

Sonderlich überraschend ist diese Art und Weise der Differenzierung nicht, da sich die Haftung für die verdorbenen Bruteier für die herrschende Auffassung, welche § 823 Abs. 1 BGB als Erfolgs- bzw. Schadensverursachungsverbot deutet, quasi von selbst aus dem einfachen Subsumtionsschluss ergibt, dass der Zerstörer des Stromkabels in adäquat-kausaler Art und Weise die Bruteier physisch beschädigt und damit einen Schaden herbeigeführt hat.[117] Demgegenüber soll der finanzielle Schaden aufgrund des Produktionsausfalls als „reiner“ Vermögensschaden nicht zu ersetzen sein.

Bei unbefangener Sicht vermag eine derartige Differenzierung nicht recht einzuleuchten, da es sich unter Zugrundelegung der herrschenden Sichtwei-

[116] BGHZ 41, 123, 123 ff.; *Medicus/Petersen*, Bürgerliches Recht, Rn. 612 unter Verweis auf BGHZ 29, 65, 65 ff.; 41, 123, 123 ff.

[117] Vgl. dazu bereits Kapitel 3 § 10 A. IV. 3. bei Fn. 380.

se in beiden Fällen sowohl hinsichtlich des Eingriffs als auch hinsichtlich der Folgen um ein und dasselbe Geschehen handelt (interner Wertungswiderspruch):[118] Beide Male verletzt der Urheber des Stromausfalls ein fremdes tatsächliches Gut. Einmal in Gestalt der Eier, einmal in Gestalt der Produktionsanlage. Bezogen auf diese beiden Güter wird mit dem Durchtrennen des Stromkabels eine externe Bedingung für deren Bestand bzw. Nutzbarkeit aufgehoben. Eine differenzierte Lösung dieser beiden Fallkonstellationen muss willkürlich bleiben, weil dann Gleiches unterschiedlich behandelt wird. Dass die ganz überwiegende Auffassung dennoch an dieser irrationalen Differenzierung festhält, ist unmittelbare Folge einer Gleichsetzung der Schädigung des Bezugsobjekts mit der Verletzung des subjektiven Rechts am Bezugsobjekt: Durch die dadurch bewirkte, verfehlte Gleichsetzung von Sach- und Rechtsverletzung bleibt der herrschenden Auffassung aufgrund des adäquat-kausal herbeigeführten physischen Sachschadens an den Bruteiern nichts anderes übrig, als einen Schadensersatzanspruch für deren Verlust zu gewähren. Und umgekehrt fällt der h. M. die Annahme einer Ersatzes des Produktionsausfallschadens schwer, so lange die physische Integrität der Produktionsanlagen unverletzt bleibt.

Stellt man mit der herrschenden Sichtweise zur Feststellung einer Verletzung eines subjektiven Rechts schlicht auf die nachteilige gegenständliche Veränderung des Bezugsobjekts ab, differenziert man im Rahmen der Haftungsfrage letztlich – freilich ohne dies offenzulegen – nach der Art des Schadens. Von den Sach- und Körperschäden grenzt man den sogenannten primären oder reinen Vermögensschaden ab.[119] Die erstgenannten Schäden seien – Verschulden und adäquate Kausalität vorausgesetzt – zu ersetzen, der reine Vermögensschaden hingegen nicht. So lange man auf die nachteilige, physische Veränderung des Rechtsobjekts abstellt, lassen sich auf diesem Weg der schadenshaftungsauslösende Verletzungserfolg und der „bloße" primäre Vermögensschaden ohne weiteres unterscheiden. So lägen schadenshaftungsbegründende Eigentumsverletzungen in der Sachbeschädigung, während alle anderen nachteiligen Erfolge als primäre Vermögensschäden anzusehen wären und daher keine Schadenshaftung begründen könnten.

Eine solche, naturalistische Differenzierung ist allerdings von vornherein nicht mehr möglich, wenn man mit der heute zurecht ganz herrschenden Auffassung davon ausgeht, dass eine Verletzung eines subjektiven Rechts, entgegen des archaischen Rechtsprinzips des *damnum corpore corpori datum*[120], nicht immer eine unmittelbare gegenständliche Verletzung des physischen Bezugsobjekts voraussetzt. Gerade dies ist aber, wie etwa

[118] *E. Picker*, in: FS Koziol, S. 813, 817.
[119] Vgl. dazu *Bernhard*, in: FS Picker, S. 83, 90.
[120] Vgl. dazu Kapitel 4 § 2 B. I. 2. a) (S. 151 ff.).

die Anerkennung von Fallgruppen der Sachentziehung oder der Nutzungs- oder Verwendungszweckstörung ohne Einwirkung auf die Sache durch die herrschende Meinung[121] zeigen, der Fall. Durch diese wird die Unterscheidung zwischen Sach- und Vermögensschaden bis zur Unkenntlichkeit normativiert. Ohne dies offenzulegen oder gar zu begründen, geht man in diesen Fällen nicht mehr vom naturalistisch festgestellten Schadenserfolg aus, sondern bewertet diesen juristisch.[122]

Damit rückt letztlich die Frage in den Mittelpunkt, ob bestimmte Vermögensschäden noch als hinreichend sach- oder körperbezogen und damit als ersatzfähig angesehen werden sollen. Entsprechend beschränkt man sich (notgedrungen) auf die Mitteilung des gefundenen Ergebnisses einer dezionistischen Wertung ohne die dabei verwendeten Kriterien benennen zu können. Die gefundenen Ergebnisse bleiben dadurch irrational und unvorhersehbar. Der Rechtssicherheit ist eine solche Vorgehensweise jedenfalls nicht zuträglich.

### 2. *Schockschäden – Korrektur auf der Ebene des Schadens*

Die aus einer Deutung des § 823 Abs. 1 BGB als Erfolgsverursachungsverbot resultierende Problematik kommt auch in der Fallgruppe der sogenannten Schockschäden deutlich zum Vorschein. Unzweifelhaft besteht in Fällen von Schockschäden die Notwendigkeit einer Haftungsbegrenzung, da anderenfalls die täglichen Risiken des Lebens auf den Verletzenden übergewälzt würden. Nach Auffassung des BGH begründet die „seelische Erschütterung [...] durch die Nachricht vom tödlichen Unfall eines Angehörigen einen Schadensersatzanspruch gegen den Verursacher des Unfalls nicht schon dann, wenn sie zwar medizinisch erfaßbare Auswirkungen hat, diese aber nicht über die gesundheitlichen Beeinträchtigungen hinausgehen, denen nahe Angehörige bei Todesnachrichten erfahrungsgemäß ausgesetzt sind.“ Vielmehr decke „[de]r Schutzzweck des § 823 Abs. 1 BGB [...] nur Gesundheitsbeschädigungen, die nach Art und Schwere diesen Rahmen überschreiten.“[123]

Diese Aussagen machen erneut das Problem einer Deutung des § 823 Abs. 1 BGB als Erfolgs- bzw. Schadensverursachungsverbot deutlich: Unbestreitbar liegt bei einem Schockschaden eine medizinisch feststellbare Beeinträchtigung des Körpers bzw. der Gesundheit vor. Von dieser müsste der BGH an und für sich auf eine Verletzung des Rechts auf körperliche

---

[121] Stellvertretend nur *Wagner*, in: MüKo-BGB, § 823 BGB Rn. 228.

[122] Deutlich wird dies etwa auch in den Fleet-Fällen. Den Nachteil, den ein eingeschlossenes Schiff erleidet, entspricht jenem eines im Stau eingeschlossenen Autos. Gleichwohl werden die Fälle nicht gleich behandelt. Vgl. etwa *Larenz/Canaris*, Schuldrecht, Band II/2, S. 389.

[123] BGHZ 56, 163, 163 (Amtlicher Leitsatz Nr. 1).

und gesundheitliche Unversehrtheit rückschließen. Die daraus resultierende Schadenshaftung wird aber offensichtlich als zu weitgehend empfunden, weshalb der BGH gezwungen ist, die gedanklich an sich bestehende Schadenshaftung zu begrenzen. Eine solche Korrektur kann bei Deutung des §823 Abs. 1 BGB als Erfolgs- bzw. Schadensverursachungsgebot nur auf der Rechtsfolgenseite und damit auf der Ebene des Schadens erfolgen. Entsprechend hat der BGH einen eigenen Begriff des Gesundheitsschadens entwickelt, der aber in offenem Widerspruch zu dem medizinischen Krankheitsbegriff steht. Ein Privatrecht, welches sich den Privatrechtssubjekten nicht entfremden möchte, sollte eine tatsächlich existente medizinische Beeinträchtigung aber nicht durch eine andersartige juristische Definition leugnen.[124]

Im Ergebnis ist dem BGH in seiner Forderung, dass nicht aus jeder adäquat-kausal und schuldhaft verursachten medizinisch erfassbaren Gesundheitsschädigung ein Schadensersatzanspruch resultieren muss, freilich zuzustimmen.[125] Besinnt man sich darauf zurück, dass durch die Zuerkennung subjektiver Rechte dem jeweiligen Privatrechtssubjekt zulasten der Freiheit der übrigen Privatrechtssubjekte ein Raum der Freiheit zugewiesen werden soll, und dass diese Zuweisung deshalb stets nur innerhalb der durch die subjektiven Rechte der anderen Privatrechtssubjekte gezogenen Grenzen erfolgen kann, wird auch der dogmatisch saubere Weg zu dieser Lösung sichtbar. Der durch die Anerkennung eines subjektiven Körper- bzw. Gesundheitsrechts geschaffene Freiraum kann nicht so weit gehen, dass jedes schadensbegründende Verhalten oder Unterlassen Dritter bereits als Verletzung dieser subjektiven Rechte zu werten ist. Anderenfalls würde der Freiheitsbereich des Dritten, und sei es nur in Gestalt der allgemeinen Handlungsfreiheit, zugunsten des Freiheitsbereichs des Inhabers des subjektiven Körper- bzw. Gesundheitsrechts über Gebühr eingeschränkt. Ein Schadensersatzanspruch muss in den Schockschäden-Fällen somit grundsätzlich schon wegen der fehlenden Verletzung des subjektiven Körper- bzw. Gesundheitsrechts ausscheiden.

### *3. Unwirksame Verfügung eines Nichtberechtigten als nichterfassbare Fallgruppe*

Am Beispiel der unwirksamen Verfügung eines Nichtberechtigten lässt sich zeigen, wie aufgrund der Fehldeutung des §823 Abs. 1 BGB als Erfolgs- bzw. Schadensvermeidungsverbot eine Schadenshaftung zu Unrecht abge-

[124] *Fezer*, Teilhabe und Verantwortung, S. 534; *Hager*, in: Staudinger, BGB, §823 BGB Rn. B 33.

[125] Auch die herrschende Auffassung will die Haftung beschränken. Vgl. zu den umstrittenen Beschränkungsfaktoren, *Hager*, in: Staudinger, BGB, §823 BGB Rn. B 35f.

lehnt wird, weil ein physischer Verletzungserfolg an der Sache nicht eingetreten ist. Als Beispiel dient folgendes Szenario:

Der Eigentümer E möchte sein Ölgemälde des derzeit begehrten Malers M, welches sich momentan im berechtigten Besitz des Galeristen G befindet, an den K veräußern. Unmittelbar vor dem Vertragsschluss zwischen E und K veräußerte G, der sich aufgrund eines vermeidbaren Irrtums für den Eigentümer des Gemäldes hielt, das Gemälde an den bösgläubigen Dritten D. K nimmt aus Angst vor einem langen Prozess gegen D, in welchem dessen mögliche Gutgläubigkeit wegen §§ 929, 932 BGB eine Schlüsselrolle spielen wird, Abstand von dem Vertragsschluss mit E. Einige Jahre später wird letztinstanzlich festgestellt, dass D bösgläubig war. E, der das Gemälde nun endlich verkaufen und übereignen kann, entgeht ein hoher Gewinn, da M zwischenzeitlich bei den Kunstkritikern in Missgunst gefallen ist.

Die ganz überwiegende Auffassung in Rechtsprechung und Literatur verneint in derartigen Fällen fahrlässigen Verhaltens einen Schadenshaftungsanspruch des E gegen G aus § 823 Abs. 1 BGB. Eine Verletzung des Eigentumsrechts des E liege nur vor, wenn dieser aufgrund der Vorschriften über den gutgläubigen Erwerb sein subjektives Eigentumsrecht verliere.[126]

Versteht man § 823 Abs. 1 BGB hingegen entgegen der heute gängigen Deliktsrechtsdogmatik nicht schadensbezogen, lässt sich kaum daran zweifeln, dass G durch die Veräußerung des Gemäldes das Eigentumsrecht des E verletzt hat. Anderenfalls wäre schon nicht nachvollziehbar, warum er als Nichtberechtigter (etwa im Bereich des § 816 Abs. 1 S. 1 BGB) anzusehen ist, kommt hierin doch lediglich zum Ausdruck, dass nicht er, sondern der Eigentümer E über das subjektive Eigentumsrecht verfügen darf. Die Verfügung über subjektive Rechte ist eben grundsätzlich dem Rechtsinhaber als originärer Bestandteil des subjektiven Rechts selbst vorbehalten.[127] Eine nichtberechtigte Verfügung ist daher stets eine Verletzung des subjektiven Rechts, über welches verfügt wird, unabhängig davon, ob sie wirksam oder etwa aufgrund der Bösgläubigkeit des Erwerbers (§ 932 BGB) oder des Abhandenkommens der Sache (§ 935 BGB) unwirksam ist. Ein Schadensersatzanspruch hängt im Falle der nichtberechtigten Verfügung über fremdes Eigentum somit richtigerweise lediglich davon ab, ob trotz der Unwirksamkeit der Verfügung beim Eigentümer ein Schaden eingetreten ist. Die Art des Schadens, insbesondere eine Differenzierung zwischen Eigentumsschaden

---

[126] BGHZ 56, 73, 77f.; BGH NJW 1986, 1174, 1175; 1996, 1535, 1537; *Wagner*, in: MüKo-BGB, § 823 BGB Rn. 222; *Larenz/Canaris*, Schuldrecht, Band II/2, § 76 II 3, S. 386; *Brüggemeier* Deliktsrecht Rn. 328; *Hager*, in: Staudinger, BGB, § 823 BGB Rn. B 65.

[127] Vgl. dazu *Dörner*, in: HK-BGB, § 185 BGB Rn. 2; *Bub*, in: BeckOK-BGB, § 185 BGB Rn. 6; *Gursky*, in: Staudinger, BGB, § 185 BGB Rn. 8 ff.; *Bernhard*, in: FS Picker, S. 83, 94 jeweils m. w. N.

und reinem Vermögensschaden, spielt entsprechend des Wortlauts des § 823 Abs. 1 BGB aber entgegen der ganz herrschenden Auffassung keine Rolle.[128]

Der herrschenden Auffassung ist der Zugang zu dieser Sichtweise freilich aufgrund des erfolgs- und damit schadensbezogenen Denkens im Rahmen des § 823 Abs. 1 BGB erschwert. Sie steht vor dem bereits sprachlich und systematisch schwierigen Problem, warum eine außerhalb des Deliktsrechts *nichtberechtigte* Verfügung (vgl. § 816 Abs. 1 S. 1 BGB) im Deliktsrecht tatbestandlos und damit *berechtigt* sein soll. Durch die mit der erfolgsorientierten Deutung des § 823 Abs. 1 BGB einhergehenden „Abschottung" des Deliktsrecht von den subjektiven Rechten und damit von dem übrigen Privatrechtssystem mit seinen Subsystemen, ist die herrschende Auffassung im deliktischen Bereich gezwungen, autark[129] nach Antworten zu suchen, die außerhalb des Deliktsrecht längst geklärt sind. Dies ist zum einen in hohem Maß ineffizient, zum anderen führt es – wie das Beispiel der unberechtigten Verfügung zeigt – zu kaum auflösbaren Widersprüchen zu den übrigen Subsystemen (externe Widersprüche).

Die Ineffizienz dieser Vorgehensweise zeigt sich besonders deutlich darin, dass im Allgemeinen Teil des BGB häufig und zum Teil sogar ausführlich versucht wird, den Inhalt der verschiedenen subjektiven Rechte abstrakt zu bestimmen,[130] ohne dass diese Leistung im Rahmen der deliktischen Spezialliteratur auch nur aufgegriffen würde. Die Folge sind die aufgezeigten externen Widersprüche, die etwa in der Aussage münden, dass „Eigentumsverletzungen [...] von reinen Vermögensschäden abzugrenzen seien und insofern [...] der Ersatz nach § 823 I weniger weit reichen [könne] als die umfassende Herrschafts- und Nutzungsbefugnis des Eigentümers nach § 903"[131]. Dies würde bedeuten, dass das Privatrecht einer Person Herrschafts- und Nutzungsrechte gewährt, sie aber bei schuldhaften adäquat-kausalen Verletzungen dieser subjektiven Rechte, die eine Wiedergutmachung erforderlich machen, schutzlos stellt. Die verschuldete adäquat-kausale und schadensbegründende Verletzung des subjektiven Rechts bliebe privatrechtlich folgenlos. Das subjektive Recht bestünde zwar noch rechtlich, wäre aber faktisch dem Eingriff durch andere Privatrechtssubjekte preisgegeben. Warum einer Person durch die Privatrechtsordnung dann überhaupt ein Herrschaftsraum zuerkannt wird, bleibt offen.

---

[128] *Bernhard*, in: FS Picker, S. 83, 95; *E. Picker*, AcP 183 (1983), 369, 478; *ders.*, in: FS Medicus I, S. 397, 437; *ders.*, JZ 1987, 1041, 1051 f.

[129] Teilweise wird sogar offen davon ausgegangen, dass der Eigentumsbegriff für deliktische Ansprüche erst im Rahmen des § 823 Abs. 1 BGB zu definieren sei, vgl. *Wagner*, in: MüKo-BGB, § 823 BGB Rn. 214.

[130] Vgl. nur etwa *Bork*, Allgemeiner Teil des BGB, Rn. 280 ff., insb. Rn. 283 ff.

[131] *Schaub*, in: Prütting/Wegen/Weinreich, BGB, § 823 BGB Rn. 33.

### *III. Unbestimmbarkeit des Aktivlegitimierten bei Fehldeutung des § 823 Abs. 1 BGB als Erfolgs- bzw. Schadensverursachungsverbot und „Lösung“ durch die herrschende Auffassung*

#### *1. Unbestimmbarkeit des Aktivlegitimierten*

Das zentrale Problem einer Deutung des § 823 Abs. 1 BGB als Erfolgs- bzw. Schadensverursachungsverbot und der damit verbundene Rückschluss von einem eingetretenen Schaden am Bezugsobjekt auf eine Verletzung des subjektiven Rechts an diesem,[132] besteht darin, dass man – sofern man diese Sichtweise konsequent zu Ende führt – auf diesem Weg die Verletzung eines subjektiven Rechts, welches ein physisches Bezugsobjekt besitzt, letztlich aus dem Tatbestand eliminiert oder zumindest bis zur Unkenntlichkeit in den Hintergrund drängt. Damit geht, wie soeben aufgezeigt wurde,[133] die haftungsbegründende und zugleich -begrenzende Funktion des subjektiven Rechts verloren. Darüber hinaus ist aber auch nicht mehr bestimmbar, wer Aktivlegitimierter eines Schadensersatzanspruches ist, da an sich nicht mehr feststeht, welchem Privatrechtssubjekt das jeweilige „Gut“, die jeweilige Rechtssphäre, vor Eintritt der Schadens bzw. ganz unabhängig von dessen Eintritt zugeordnet war:

Für die Bestimmung eines Unrechts des Rechtssubjekts X mag ein Verstoß gegen ein Ge- oder Verbot der objektiven Rechtsordnung oder auch die Herbeiführung eines Schadens genügen, wenn man ein generelles Verbot der Schadensverursachung bzw. einer Schädigung annimmt. Auch mag ein Verstoß gegen die objektive Rechtsordnung zur Begründung einer privatrechtlichen Schadensersatzpflicht des X geeignet sein. Nicht beantwortet werden kann durch einen solchen Verstoß aber die Frage, welchem Rechtssubjekt, A, B oder C ein Schadensersatzanspruch gegen X zustehen soll: Allein aus einem Verstoß gegen ein Ge- oder Verbot der objektiven Rechtsordnung oder des Eintritts eines Schadens kann ohne die Individualisierung der Ge- und Verbote bzw. die Annahme subjektiver Rechte nicht festgestellt werden, ob durch das schadensbegründende Verhalten (auch) in die Rechtssphäre des Privatrechtssubjekts, welches einen Schaden erlitten hat, eingegriffen wurde. Allein der Umstand eines Schadenseintritts etwa bei A kann nicht genügen, da anderenfalls jedes geschädigte Rechtssubjekt Gläubiger eines Schadensersatzanspruchs gegen X wäre. So müsste etwa auch der Abnehmer der Küken im Bruteierfall, welcher einen Schaden erlitten hat, anspruchsberechtigt sein. Erforderlich ist daher die Feststellung, dass in die durch ein subjektives Recht geschaffene Rechtssphäre eines Privatrechtssubjekts eingegriffen wurde. Erst durch den Eingriff in die Rechtssphäre bzw.

---

132 Vgl. Kapitel 3 § 10 A. IV. 3. (S. 108 ff.).
133 Vgl. Kapitel 4 § 2 B. II. (S. 167 ff.).

die Verletzung des subjektiven Rechts steht fest, welches Privatrechtssubjekt in seinem Recht verletzt wurde und daher ein Schadensersatzanspruch zusteht. Die Verletzung eines subjektiven Rechts ermöglicht die Feststellung des Aktivlegitimierten.

Das soeben skizzierte Prinzip der zweiseitigen Rechtfertigung jeder Haftungsart ist auf dem Gebiet des Privatrechts, wie insbesondere *F. Bydlinski*[134] überzeugend herausgearbeitet hat, zwingend notwendig: Das Privatrecht zeichnet sich – anders als beispielsweise das Strafrecht – dadurch aus, dass es nur die staatsfernen Privatrechtsverhältnisse betrifft. Diese kennzeichnet unter anderem, dass die an diesen Privatrechtsverhältnissen beteiligten Privatrechtssubjekte grundsätzlich keine normativ relevanten hierarchischen Abstufungen aufweisen.[135] Dementsprechend behandelt das Privatrecht alle Privatrechtssubjekte als grundsätzlich gleichwertig. Zudem gilt es zu beachten, dass privatrechtliche Normen das Verhältnis zwischen mindestens zwei Privatrechtssubjekten betreffen. Wird ein Rechtsobjekt oder eine Rechtssphäre einem oder mehreren Privatrechtssubjekten durch Gewährung subjektiver Rechte zugeordnet, wird sie notwendigerweise jedem anderen Privatrechtssubjekt vorenthalten oder entzogen.[136] Die rechtlich verbürgte Freiheit des einen ist die Unfreiheit des anderen. Mit jeder Zuteilung durch subjektive Rechte gehen unmittelbare Pflichten der übrigen Rechtssubjekte einher, diese Zuteilung zu akzeptieren und zu achten.[137] Anderenfalls bestünde die durch das subjektive Recht erfolgte Zuordnung lediglich rechtlich, nicht hingegen praktisch. Daraus folgt, dass auch die an die Privatrechtssubjekte gerichteten Pflichten das Verhältnis von zwei (oder mehreren) Privatrechtssubjekten zueinander treffen müssen (Relativität der Pflichten). Damit gilt es auf dem Gebiet des Privatrechts stets nicht nur zu begründen, warum einem Privatrechtssubjekt durch die Rechtsordnung eine günstige, einem anderen Privatrechtssubjekt notwendigerweise zugleich nachteilige Rechtsfolge zugeordnet wird, sondern auch, warum diese Anordnung gerade im Verhältnis dieser beiden Privatrechtssubjekte zueinander erfolgt. Es ist stets zu begründen, warum das eine Privatrechtssubjekt gerade gegenüber dem anderen einen bestimmten Vorteil erhalten soll.[138]

Bezogen auf die an dieser Stelle der Arbeit im Zentrum des Interesses stehende deliktische Haftung bedeutet dies, dass nicht nur zu begründen ist, warum das schadensverursachende Privatrechtssubjekt (X) einen Scha-

---

[134] *F. Bydlinski*, System und Prinzipien, S. 92ff.; ihm folgend *Riesenhuber*, Privatrechtsgesellschaft, S. 9f.

[135] *F. Bydlinski*, System und Prinzipien, S. 93.

[136] *Wendehorst*, Anspruch und Ausgleich, S. 521; *Wilhelmi*, Risikoschutz durch Privatrecht, S. 14.

[137] *F. Bydlinski*, System und Prinzipien, S. 93; 137f.; *Wilhelmi*, Risikoschutz durch Privatrecht, S. 20.

[138] *F. Bydlinski*, System und Prinzipien, S. 93.

den auszugleichen hat, sondern auch, warum gerade dem bestimmten Privatrechtssubjekt (A, B oder C) der Ausgleichsanspruch zusteht. Die zweitgenannte Rechtfertigungsbedürftigkeit gerät häufig aus dem Blick,[139] da sie sich aus dem verletzten subjektiven Recht ergibt. Kraft dieses Rechts ist der verletzte „Bereich" einem Privatrechtssubjekt zugeordnet. Damit steht auch fest, wem die aus der Verletzung dieses Bereichs resultierenden Ansprüche zugeordnet sind.

Eliminiert man durch Fehldeutung des § 823 Abs. 1 BGB als generelles Schädigungsverbot jedoch das subjektive Recht aus dem deliktischen Tatbestand oder drängt es partiell bis zur Unkenntlichkeit in den Hintergrund, resultiert hieraus zwangsläufig, dass der Aktivlegitimierte des Schadensersatzanspruchs an sich nicht mehr feststellbar ist. Der Aktivlegitimierte ist unbestimmbar, da das subjektive Privatrecht seine *vorrangige* Zuordnungsaufgabe nicht mehr wahrnehmen kann. Als aktivlegitimiert erscheint potentiell jeder, der aufgrund der objektiv rechtswidrigen Handlung einen Schaden erlitten hat. Unerheblich ist, ob der erlittene Schaden aus der Verletzung seines subjektiven Rechts und damit aus der Verletzung eines ihm zugeordneten Bereichs erwachsen ist.

Gut verdeutlichen lässt sich die Problematik der Unbestimmbarkeit des Aktivlegitimierten anhand des Sachverhalts, welcher einer Entscheidung des BGH aus dem Jahr 2015[140] zugrunde lag: Der Sattelzug der B, der einen Bagger mit nicht vollständig abgesenktem Auslegerarm transportierte, beschädigte eine Autobahnbrücke derart stark, dass die Autobahn für mehrere Tage vollständig gesperrt werden musste. Im Verkehrsfunk wurde deshalb eine weiträumige Umfahrung empfohlen. K, deren Raststätte zwar außerhalb des Sperrbereichs lag, vom Verkehr aber der Empfehlung entsprechend zumeist umfahren wurde, schloss aufgrund des abgerissenen Besucherstroms und des damit verbundenen Umsatz- und Gewinnrückgangs die Rastanlage für die Dauer der Sperrung. K verlangt für ihren Einnahmeausfall von B Schadensersatz.

Zur Frage der Eigentumsverletzung (§ 823 BGB) bzw. Sachbeschädigung (§§ 7, 18 StVG) führt der BGH aus: Eine „Rechtsgutsverletzung iSd § 823 I BGB" sei gegeben, wenn der Eigentümer an einer „bestimmten Nutzung" der Sache „durch einen rechtswidrigen Eingriff in relevanter Weise" gehindert werde. Hierzu sei zwar „nicht zwingend einen Eingriff in die Sachsubstanz" erforderlich. Notwendige „Voraussetzung" sei aber „freilich stets, dass die Beeinträchtigung der bestimmungsgemäßen Verwendung der Sache ihren Grund in einer unmittelbaren Einwirkung auf die Sache selbst hat".

[139] Exemplarisch etwa *Wilhelmi*, Risikoschutz durch Privatrecht, S. 117, der die entscheidende Funktion der Verhaltenspflichten in der Bestimmung des Passivlegitimierten erblickt.
[140] BGH NJW 2015, 1174, 1174 ff.

Daran fehle es bei der hier gegebenen Zufahrtserschwerung. Denn es sei weder „in die Sachsubstanz der Anlage eingegriffen“ noch „deren technische Brauchbarkeit beschränkt oder beseitigt“ worden.[141] Eine „Beeinträchtigung der Brauchbarkeit einer Sache zu ihrer bestimmungsgemäßen Verwendung“ liege „nicht schon dann vor, wenn nur der tatsächliche Bedarf für die entsprechende Verwendung eingeschränkt“ werde.[142]

Diese Ausführen des BGH machen zunächst deutlich, dass der IV. Zivilsenat offensichtlich nicht davon ausgeht, dass es zur Begründung eines Schadensersatzanspruchs der K genügt, dass die im Eigentum eines anderen Rechtssubjekts stehende Autobahnbrücke tatsächlich beschädigt wurde. Vielmehr hält es der BGH zutreffend für erforderlich, dass in ein subjektives Recht der K eingegriffen wurde. Zudem zeigen die Überlegungen des BGH eindrücklich, dass nach seinem Dafürhalten ein Schadensersatzanspruch der K nicht *per se* aufgrund des archaischen Rechtsprinzip des *damnum corpore corpori datum* ausgeschlossen ist. Bei dieser zutreffenden Ausgangslage sieht sich der BGH insbesondere mit der Frage konfrontiert, ob B ein subjektives Eigentumsrecht der K verletzt hat. Zur Beantwortung dieser Frage geht der BGH, entsprechend seiner erfolgsorientierten Deutung des Deliktsrechts, „gegenständlich“ vom Schaden her vor. Er arbeitet nicht, was systematisch richtig wäre, primär am subjektiven Eigentumsrecht der K und leitet daraus dann ggf. dessen Verletzung ab. Dieses Vorgehen des BGH muss aber zwangsläufig scheitern, solange er nicht wieder dem Rechtsprinzip des *damnum corpore corpori datum* verfallen will. Denn dann muss die Argumentation und damit auch die durch das subjektive Eigentumsrecht zugewiesene Rechtssphäre im Ergebnis dezisionistisch bleiben.

Dies bestätigt eine Analyse der Argumentation des BGH eindrücklich: Die Ablehnung einer tatbestandsmäßigen Verletzung des subjektiven Eigentumsrechts der K wegen bloßer Einschränkung des „tatsächlichen Bedarfs“ für die Raststätte durch den BGH steht in merkwürdigem Widerspruch zu seinen eigenen Prämissen. Die einschränkende Korrektur der vorherigen Definition des rechtserheblichen Eingriffs weist *in concreto* auf die Banalität hin, dass die Kundschaft einer Rastanlage ausbleibt, wenn der Zugang zu dieser erschwert ist. Wählt man, wie der BGH, diese tatsächliche Banalität als gedanklichen Ausgangspunkt zur Feststellung einer Verletzung des subjektiven Eigentumsrechts an der Rastanlage, wird die Zufahrtserschwerung als Ursache der Gebrauchsbeeinträchtigung gedanklich übersprungen. Stattdessen wird die Folge eines Marktverlustes als maßgeblicher Ausgangspunkt gewählt. Bereits

[141] BGH NJW 2015, 1174, 1175 Rn. 18.
[142] BGH NJW 2015, 1174, 1174 Leitsatz 1.

dies entspricht nicht der herkömmlichen Denk- und Sichtweise: So hängt bei sonstigen Einwirkungen auf fremde Güter die Tatbestandsmäßigkeit beispielsweise zurecht nicht von den vermögensmäßigen Folgen des Eingriffs ab. So ist etwa für die Frage, ob eine Sachbeschädigung eine Verletzung des subjektiven Eigentumsrechts an dieser Sache darstellt, nicht entscheidend, ob *in concreto* eine Abkehr von Kaufinteressenten zu beobachten ist. Daher entscheidet als Auslöser einer Gewinnminderung das Ausbleiben von Besuchern der Rastanalage zwar über den Eintritt und die Höhe des Schadens und damit über ein im Rahmen des Schadensersatzanspruches auf der Rechtsfolgenseite notwendiges Merkmal. Für die Frage der tatbestandlichen Verletzung eines subjektiven Rechts durch die Zufahrtserschwerung kann sie hingegen keine Aussage treffen. Entsprechend kann dieser Auswirkung auch im vorliegenden Fallbeispiel keine entscheidende Funktion zur Feststellung der Verletzung des subjektiven Eigentumsrechts der K beigemessen werden.

Eine schlüssige Feststellung der Verletzung eines subjektiven Rechts der K und damit auch die Bestimmung des Aktivlegitimierter ist aber auch durch den zentralen Gesichtspunkt der Entscheidung, mit dem der BGH das Eingriffsverhalten in den Mittelpunkt rückt, nicht möglich. Das Argument, eine Verletzung des subjektiven Eigentumsrechts der K sei mangels eines Eingriffs in die Sachsubstanz oder die technische Funktionsfähigkeit der Rastanlage zu verneinen, ist bereits innerhalb der eigenen Urteilsbegründung unstimmig.[143] Das Telos dieses Schlusses steht in unaufgelöstem Widerspruch zu der Ausgangsthese des BGH, dass es auf einen Eingriff in die Sachsubstanz gerade nicht ankommen soll, da diese Aussage voraussetzt, dass der betroffene, physische Gegenstand „Rastanlage" als solcher in seiner Integrität und Funktionsfähigkeit intakt und daher „an sich" gebrauchsfähig ist. Damit wird aber zugleich impliziert, dass Umstände außerhalb seiner physischen Integrität, wie etwa die Umleitung des Verkehrs, ungeeignet sind, eine Verletzung des subjektiven Eigentumsrechts zu begründen. Dies ist wiederum nicht in Einklang mit der Ausgangsprämisse zu bringen, dass es einer „unmittelbaren Einwirkung auf die Sache selbst" für eine Verletzung des subjektiven Eigentumsrechts nicht bedarf. Vielmehr hätte sich dann jede weitere Prüfung als überflüssig erwiesen, da sich dann „reine" Nutzungsbeeinträchtigungen nicht mehr als Verletzungen des subjektiven Eigentumsrechts begreifen ließen.

Dieser Widerspruch innerhalb der Begründung deutet auf eine weitere Unstimmigkeit hin, welche endgültig aufzeigt, dass es mit einer gegen-

[143] Dabei kann dahingestellt bleiben, inwieweit Befunde wie der, die „Brauchbarkeit" der Anlage „zu ihrer bestimmungsgemäßen Verwendung" sei „durch die Sperrung nicht beeinträchtigt" worden, einer lebensnahen Bewertung entsprechen. Insoweit kritisch *E. Picker*, NJW 2015, 2304, 2304.

ständlichen erfolgsorientierten Deutung in derartigen Fallkonstellationen unmöglich ist, den Inhalt und Umfang subjektiver Rechte zu bestimmen, um im Anschluss und entsprechend dieser Bestimmung die Verletzung des subjektiven Rechts feststellen zu können. Diese Unstimmigkeit liegt darin, dass mit dem gängigen Kriterium der „unmittelbaren Einwirkung" eine Verletzung des subjektiven Eigentumsrechts nicht festgestellt werden kann, so dass auch der Aktivlegitimierte nicht feststeht. Denn mit seinem Gegenstück der „mittelbaren" Verletzung teilt das Kriterium der Unmittelbarkeit die Schwäche der Zäsurlosigkeit allen schadensursächlichen Geschehens. Als generelles Kriterium kann es unter den Kausalfaktoren keine qualitative Selektion ermöglichen. Soll dieses Merkmal eine Differenzierung gestatten, muss es deshalb beschränkt bleiben auf den *körperlichen* Eingriff in ein *gegenständliches* Bezugsobjekt eines subjektiven Rechts, beim Sacheigentum mithin auf körperliche Eingriffe in die Sachsubstanz: Nur die Akzeptanz der Physis der Sache als Grenze des subjektiven Rechts ermöglicht eine äußerlich erkennbare Unterscheidung, wie sie der BGH im Einklang mit der gängigen Sichtweise anstrebt. Daraus folgt im Umkehrschluss aber zugleich, dass das Unmittelbarkeitsmerkmal in Fällen wie dem vorliegenden ungeeignet ist, den Aktivlegitimierten zu bestimmen. Denn jedes nicht in diesem Sinne „unmittelbare" Verletzungsverhalten wirkt sich „unmittelbar" immer nur sachextern aus. Die in diesem Sinne „unmittelbare" Beschädigung der Brücke kann *immer* nur eine mittelbare Auswirkung auf die Physis der Rastanlage darstellen. Die Verletzungshandlung betrifft unmittelbar lediglich den Gegenstand „Brücke" und nur mittelbar eine Bedingung in der Umwelt der Raststätte, nämlich die Zufahrtsmöglichkeit.

Ermöglicht das Kriterium der „Mittel-" bzw. „Unmittelbarkeit" aber keine Differenzierung, kann mit ihm auch nicht festgestellt werden, ob und damit auch wessen subjektives Recht verletzt wurde. Der Ansatz ist somit gänzlich ungeeignet, um festzustellen, ob ein Verhalten oder Unterlassen, welches die gegenständliche Integrität oder technische Funktionsfähigkeit einer Sache nicht berührt, tatbestandsmäßig ist oder nicht. Wenn man nicht wieder in das altertümliche Rechtsprinzips des *damnum corpore corpori datum* verfallen will, muss der Versuch, diese Fälle jenseits der gegenständlichen Verletzung mit dem Merkmal der „Unmittelbarkeit" rational zu erfassen, zwangsläufig scheitern. Damit sind alle Versuche, diese Fälle mit einem äußerlich phänomenologischen Unterscheidungskriterium lösen zu wollen, zum Scheitern verurteilt, weil die Vielzahl ihrer Erscheinungsformen und deren fließende Übergänge keine begründbare und damit rationale Auswahl zulassen. Auch anhand von Kausalfaktoren oder anhand der konkreten Auswirkungen in Um- und Vorfeld der Sache ist eine begründete Feststellung einer Verletzung eines subjektiven Rechts und damit des Aktivlegitimierten nicht möglich. Jede Feststellung bliebe von diesem Ausgangspunkt aus notwendig unbegründet, willkürlich und damit bestenfalls ein Ausdruck „richtiger" intuitiver Bewertung. Diejenigen, die beispielsweise den Baggerfahrer, der das zu einer Fabrik führende Stromkabel zerschlägt, für deren Stillstand verantwortlich machen, müssten begründen, warum nicht auch die Störung sonstiger Zulieferungen, wie etwa von Heizöl, Ersatzteilen oder Rohmaterialien und letztlich von jeder von fremden Vertragspartnern zu erbringenden Leistung, die gleichen Rechtsfolgen auslösen sollte. Entgegengesetzt müssten diejenigen, die eine solche Schadenshaftung ausschließen wollen, klären, wann eine Störung, die nicht die gegenständliche Integrität einer Sache berührt, als eine Verletzung des subjektiven Eigentumsrechts an der Sache zu qualifizieren ist. Anderenfalls kann die rationale Bestimmung einer Verletzung eines subjektiven Rechts und damit auch des Aktivlegitimierten nicht gelingen.

### 2. *Lösung der herrschenden Auffassung zur Bestimmung des Aktivlegitimierten*

Die herrschende Auffassung, welche § 823 Abs. 1 BGB als Erfolgs- bzw. Schadensverursachungsverbot deutet, versucht das aufgezeigte Problem der Unbestimmbarkeit des Aktivlegitimierten und der deswegen potentiell viel zu weiten deliktischen Einstandspflicht dadurch zu vermeiden, dass sie die infolge der Eliminierung des subjektiven Rechts verloren gegangene Zuordnung durch die Annahme *einer dem Schutz des Geschädigten* dienenden Pflicht wiederherstellt (Lehre vom Schutzzweck der Norm). Nur wenn eine solche Pflicht verletzt wurde, soll der Schadensverursacher dem Pflichtberechtigten den eingetretenen Schaden zu ersetzen haben.[144] Privatrechtssubjekten, die nicht in den Schutzbereich der verletzten Pflicht fallen („Dritte" bzw. „mittelbar Geschädigte"), stehe hingegen kein Ersatzanspruch zu, weshalb sie ihren Schaden selbst zu tragen hätten.[145]

Besonders deutlich wird die Wiederherstellung der Zuordnung mittels der Lehre vom Schutzzweck der Norm unter Zugrundelegung der herrschenden Auffassung in den Fällen, in denen der Schadenseintritt auf einer „mittelbaren" Verletzung beruht: So soll etwa der Fahrer eines verkehrswidrig und damit objektiv pflichtwidrig parkenden LKWs haften, wenn ein Straßenbahnschaffner wegen dieser Verkehrsbehinderung aussteigt und

---

[144] Vgl. etwa BGHZ 115, 84, 84 ff.; BGH NJW 2016, 1162, 1163 ff.; NJW 2014, 2190, 2192; *von Caemmerer*, Problem des Kausalzusammenhangs, S. 12–15; *Lange/Schiemann*, Schadensersatz, § 8 I 1 (S. 456); *Münzberg*, Verhalten und Erfolg, S. 122 ff.; *Stoll*, AcP 162 (1963), 203, 234; *Magnus*, in: NK-BGB, vor §§ 249–255 Rn. 42; *Wagner*, in: MüKo-BGB, § 823 BGB Rn. 366; *Schiemann*, in: Staudinger, BGB, vor § 249 BGB Rn. 49 und § 249 BGB Rn. 27, 32 f.; *Oetker*, in: MüKo-BGB, § 249 BGB Rn. 280.

[145] *Oetker*, in: MüKo-BGB, § 249 BGB Rn. 281; *Grüneberg*, in: Palandt, vor § 249 Rn. 103.

beim Anfahren der Straßenbahn zwischen dieser und dem LKW zerquetscht wird. Denn die Pflicht, sein Fahrzeug richtig abzustellen, diene auch dem Schutz dessen körperlicher Integrität.[146] Demgegenüber soll beispielsweise ein LKW-Fahrer für eine vom Lastwagen herabfallende und einen Zollbeamten verletzende Kiste nicht deshalb haftbar sein, weil die Kiste Waren enthält, die wegen ausfuhrrechtlicher Bestimmungen nicht über die Grenze gebracht werden dürfen. Das Mitführen der Kiste über die Landesgrenze sei zwar pflichtwidrig und verursache auch adäquat-kausal die Körperverletzung des Zollbeamten. Die entsprechenden Ausfuhr-Vorschriften bezweckten aber nicht den Schutz der in §823 Abs. 1 BGB genannten Rechtsgüter. Die Rechtswidrigkeit des Verhaltens des LKW-Fahrers gegenüber dem Zollbeamten müsse sich daher aus anderen Umständen ergeben, um eine Schadensersatzpflicht gegenüber dem Zollbeamten auszulösen.[147]

Diese beiden – zugegebenermaßen relativ trivialen – Beispiele verdeutlichen, dass durch die Differenzierung zwischen Pflichten, die dem Schutz des Geschädigten dienen, und solchen, die dem Schutz anderer Rechtssubjekte dienen, die durch Ausschaltung des subjektiven Rechts verloren gegangene Zuordnung zum Gläubiger wiederhergestellt wird. Es handelt sich bei dieser Ausprägung der Lehre vom Schutzzweck der Norm also weder um eine besondere Form der Rechtswidrigkeit[148], noch bewirkt sie eine Beschränkung der Haftung nach festgestellter Rechtswidrigkeit[149]. Vielmehr wird über diese Ausprägung der Lehre vom Schutzzweck der Norm das subjektive Recht mittels der Statuierung von Pflichten konkretisiert und individualisiert, um dessen Zuordnungsfunktion zu reaktivieren. Die Zuordnung erfolgt über die Individualisierung der Pflicht. Besonders deutlich lässt sich die Zuordnung durch die Annahme individualisierter Pflichten anhand von Schadensereignissen verdeutlichen, in denen aufgrund *einer* Pflichtverletzung mehreren Privatrechtssubjekten Schäden entstanden sind:

### *a) Beispiel 1*

A hat sein Fahrzeug in einer Parklücke geparkt und will aus dieser herausfahren. Aus dem fließenden Verkehr hat B mit ihrem Fahrzeug angehalten und A ein Zeichen gegeben, dass sie ihm das Ausfahren aus der Parklücke gestattet. Als A aus der Parklücke ausfährt, kommt es zu einem Zusammenstoß zwischen dem Wagen des A und dem Wagen des C. Dabei wird auch der PKW der B beschädigt. C hatte das Fahrzeug der B überholt und scherte

[146] BGH, Urt. v. 15.05.1953 – VI ZR 53/52, LM Nr 8 zu §249 (Ba) BGB; zustimmend etwa *Stoll*, Kausalzusammenhang und Normzweck im Deliktsrecht, S. 18.

[147] *Münzberg*, Verhalten und Erfolg, S. 124.

[148] So aber *J. G. Wolf*, Normzweck, S. 38ff., insb. S. 40f.; wohl auch *Stoll*, AcP 162 (1963), 203, 234 mit gewissen Widersprüchen zu S. 235.

[149] So aber *Münzberg*, Verhalten und Erfolg, S. 125f. mit Fn. 251.

anschließend wieder nach rechts ein, wobei er das Auto der B streifte und danach mit dem Fahrzeug des A kollidierte.[150]

Hinsichtlich etwaiger Schadensersatzansprüche des A gegen C entschied das zur Entscheidung berufenen KG, dass dem A kein Anspruch gegen C zustehe. Die Betriebsgefahr des im fließenden Verkehr befindlichen Fahrzeuges trete im Rahmen der Abwägung nach § 17 Abs. 1 StVG gegenüber der Sorgfaltspflichtverletzung des in den Verkehr Einfahrenden völlig zurück. Umstände und Tatsachen, aus denen ein Mithaftungsanteil des C wegen einer Sorgfaltspflichtverletzung abzuleiten wären, seien nicht feststellbar. Insbesondere treffe den C keine Sorgfaltspflichtverletzung unter dem Gesichtspunkt eines Überholens in unklarer Verkehrslage (§ 5 Abs. 3 Nr. 1 StVO) oder wegen eines sorgfaltswidrigen Fahrstreifenwechsels (§ 7 Abs. 5 StVO).

Im Hinblick auf das in § 5 Abs. 3 Nr. 1 StVO normierte Überholverbot hob das KG hervor, dass C zwar das verkehrsbedingt wartende Fahrzeug der B im Rechtssinne „überholt" habe, nicht aber das Fahrzeug des A, da „Überholen" im Sinne des § 5 StVO der tatsächliche Vorgang des Vorbeifahrens an einem anderen Verkehrsteilnehmer sei, der sich in dieselbe Richtung bewegt oder verkehrsbedingt wartet. Das Fahrzeug des A habe im Unfallzeitpunkt weder verkehrsbedingt gewartet noch sich in dieselbe Richtung wie das Kraftfahrzeug des C bewegt, sondern sei mit seiner linken vorderen Ecke und Seite gegen die vordere rechte Front des Kraftfahrzeugs des C geraten. Zudem bezweckten Überholverbote nicht den Schutz des Eigentumsrechts eines Rechtssubjekts, welches aus einem Grundstück durch eine Lücke in eine Kolonne in die Fahrbahn einfährt. Entsprechendes habe erst recht gegenüber vom Fahrbahnrand anfahrenden Verkehrsteilnehmern zu gelten.

Auch aus dem Verstoß gegen das Fahrstreifenwechselverbot bei Gefährdung anderer Verkehrsteilnehmer (§ 7 Abs. 5 StVO) resultiert nach Ansicht des KG kein Sorgfaltspflichtverstoß des C gegenüber A. Aus einem sorgfaltswidrigen Fahrstreifenwechsel des C „nach rechts" folge eine Schadenshaftung nicht, da der Schutzzweck der Sorgfaltsvorschrift des § 7 Abs. 5 StVO das Eigentum des vom Fahrbahnrand anfahrenden Verkehrsteilnehmers, also hier des Ausparkenden A, nicht erfasse. Wer vom Fahrbahnrand anfahre oder von einem anderen Straßenteil in die Fahrbahn einfahre, habe sich nach § 10 StVO so zu verhalten, dass eine Gefährdung des fließenden Verkehrs ausgeschlossen ist. Der Einfahrende dürfe nicht darauf vertrauen, dass der rechte Fahrstreifen frei bleibt, sondern müsse stets mit einem Fahrstreifenwechsel eines Teilnehmers des fließenden Verkehrs rechnen. Der Einfahrende hafte daher allein, wenn es in unmittelbarem zeitlichen

[150] Dem Beispiel liegt der ergänzte Sachverhalt des KG, NZV 2006, 369, 369 ff. zugrunde.

und räumlichen Zusammenhang mit dem Anfahren vom Fahrbahnrand zu einer Kollision mit einem Fahrzeug des fließenden Verkehrs komme, das nach rechts den Fahrstreifen wechselt, ohne den Anfahrenden rechtzeitig erkennen zu können.

Mit Ansprüchen der B gegen C auf Ersatz des Sachschadens hatte sich das KG – in Ermangelung einer entsprechenden Klage – nicht auseinanderzusetzen. Insoweit bestehen jedoch keine durchgreifenden Zweifel, dass das Eigentum der B jedenfalls in den Schutzbereich der verletzen Sorgfaltspflicht aus §7 Abs. 5 StVO Norm fällt, so dass C sich gegenüber B schadensersatzpflichtig gemacht hat. Gleiches gilt, wie das KG *obiter dictum* feststellte, für das in §5 Abs. 3 Nr. 1 StVO normierte Überholverbot.

### *b) Beispiel 2*

Anlässlich einer Baustelle zum Neubau einer Schule war es notwendig, eine Wasserzuleitung von der Baustelle über einen Gehweg zu einem öffentlichen Hydranten zu führen.[151] Der Schlauch war mit einem fest auf den Gehsteig montierten Gummiüberfahrschutz versehen. Die Schlauchüberbrückung wies eine Überfahrlänge von ca. 21,5 cm bei einer Erhöhung von ca. 5,5 bis 6,5 cm mit beidseitig abgerundeten Kanten auf. Eine entsprechende Genehmigung für diese Sondernutzung des Gehwegs hatte der Bauherr B bei der zuständigen Baurechtsbehörde eingeholt. Nach dem Verlegen des Schlauches befuhr der Erwachsene K mit seinem Fahrrad den Gehweg. Eine Ausschilderung des gepflasterten und mittels einer Bordsteinkante von der Fahrbahn abgesetzten Gehweges als Radweg oder gemeinsamen Geh- und Radweg war nicht vorhanden. An der Schlauchabdeckung kam K mit seinem Fahrrad zu Fall und erlitt hierbei eine zervikale Querschnittslähmung.

Das erkennende Gericht lehnte eine Schadenshaftung des B gegenüber K ab, da B keine Verkehrssicherungspflicht verletzt habe. Da Radfahrer den Gehweg nicht befahren dürften, müsse die Schlauchabdeckung nicht für den Radverkehr ausgelegt werden. Für den zulässigen Fußgängerverkehr sei die verwendete Schlauchabdeckung unproblematisch und ungefährlich gewesen. Zwar müssten radfahrende Kinder unter acht Jahren den Gehweg benutzen. Auch sei es Kindern im Alter zwischen acht und 10 Jahren fakultativ erlaubt, den Gehweg zum Radfahren zu nutzen (§2 Abs. 5 StVO). Insoweit könne jedoch „dahingestellt bleiben, ob die Unfallstelle auch im Hinblick auf diese radfahrenden Kinder zureichend gesichert war. Selbst wenn [dies] nicht der Fall war, könnte dies der Klage nicht zum Erfolg verhelfen. Es [sei] in Rechtsprechung und Literatur anerkannt, dass der geltend gemachte Schaden nach Art und Entstehungsweise unter den Schutzzweck

---

[151] Dem Beispiel liegt im Wesentlichen der Sachverhalt des OLG München, Urt. v. 16.02.2012 – 1 U 3409/11 zugrunde.

der verletzten Norm fallen muss. Es [müsse] sich bei dem geltend gemachten Schaden um einen Nachteil handeln, der aus dem Bereich der Gefahren stammt, zu deren Abwehr die verletzte Pflicht dient [...]. Da nicht ein radfahrendes Kind, sondern ein erwachsener Mann verunglückt [sei], würde es hier damit jedenfalls am Pflichtwidrigkeitenzusammenhang im vorgenannten Sinn fehlen."[152]

### *c) Erläuterung der Beispiele: Individualisierung der Verkehrspflichten*

Die beiden Beispiele aus dem Bereich der deliktischen Haftung verdeutlichen, dass die heute ganz herrschende Meinung zwischen Verkehrspflichten unterscheidet, die dem Schutz des Geschädigten, und solchen, die lediglich dem Schutz anderer Rechtssubjekte dienen. Das Erleiden eines gleichartigen Schadens aufgrund desselben Verhaltens eines Rechtssubjekts kann bei gleichem Schadenseintrittsverlauf folglich für das eine Rechtssubjekt einen Schadensersatzanspruch auslösen, für ein anderes hingegen nicht.

Das Ziel der Lehre vom Schutzzweck der Norm ist die Herstellung der Zuordnung des verletzten Bereichs zu einem Rechtssubjekt. Erforderlich ist diese Zuordnung, weil das subjektive Recht, welchem diese Zuordnungsaufgabe eigentlich obliegt, von der herrschenden Meinung durch gegenständliche Deutung des § 823 Abs. 1 BGB als allgemeines Schädigungsverbot eliminiert wurde. Es geht bei dieser Ausprägung der Lehre im Ergebnis darum, ein subjektives Recht über die Statuierung von Pflichten in seinem Inhalt und seinem Umfang zu konkretisieren, oder sogar ein neues subjektives Recht zu schaffen, um dessen Zuordnungsfunktion zu reaktivieren. Wie diese Technik der Konkretisierung subjektiver Rechte funktioniert und in welchen Fällen sie Verwendung findet, wird noch genauer zu untersuchen sein.[153]

Hingewiesen sei an dieser Stelle jedoch auf den Umstand, dass die Feststellung, welches subjektive Recht oder gar welche subjektiven Rechte durch eine bestimmte Verkehrspflicht konkretisiert werden, durchaus zweifelhaft sein kann. Nimmt etwa ein Omnibusfahrer entgegen seiner Verkehrspflicht, welche insbesondere aus polizeirechtlichen Vorgaben abgeleitet wird, mehr Fahrgäste mit als zugelassen sind, und wird in dem dadurch entstehenden Gedränge einem Passagier von einem Taschendieb die Brieftasche entwendet, stellt sich die Frage, ob durch die Verkehrspflicht (Beschränkung der Fahrgastzahl) neben den subjektiven Rechten der Passagiere auf körperliche und gesundheitliche Unversehrtheit auch deren subjektive Eigentumsrechte konkretisiert werden.[154] Verneint man diese Frage, hat der Busfahrer den

---

[152] OLG München, Urt. v. 16.02.2012 – 1 U 3409/11, Rn. 42.

[153] Vgl. Kapitel 4 § 2 D. (S. 187 ff.) und Kapitel 4 § 2 E. (S. 198 ff.).

[154] Von diesem englischen Fall berichtet *von Caemmerer*, Problem des Kausalzusammenhangs, S. 13.

entstandenen Schaden bereits mangels Verletzung des subjektiven Eigentumsrechts des geschädigten Passagiers nicht zu ersetzen.

## C. Diskussion über den Rechtswidrigkeitsbegriff im Rahmen der unerlaubten Handlungen

Besonders eindrücklich zeigen sich die problematischen Folgen einer Deutung des §823 Abs. 1 BGB als Erfolgs- bzw. Schadensverursachungsgebot auch in der unbefriedigenden und wenig zielführenden Diskussion um den Rechtswidrigkeitsbegriff im Rahmen des §823 Abs. 1 BGB.

### *I. Streitstand: Lehren vom Handlungs- und Erfolgsunrecht*

Der Rechtswidrigkeitsbegriff des §823 Abs. 1 BGB ist anerkanntermaßen ein Zentralbegriff des deliktischen Haftungsrechts.[155] Dennoch wurde er nicht legaldefiniert und ist seit langem stark umstritten. Nach der Lehre vom Erfolgsunrecht ist jedes Verhalten rechtswidrig, das adäquat-kausal ein durch §823 Abs. 1 BGB geschütztes Recht oder Rechtsgut verletzt.[156] Die durch den Erfolgseintritt indizierte Rechtswidrigkeit könne nur durch einen besonderen Rechtfertigungsgrund widerlegt werden und bedürfe daher keiner positiven Begründung. Die Frage, ob der Verursacher des Erfolgs sorgfaltswidrig gehandelt habe, sei erst im Rahmen des Verschuldens relevant. Die Vertreter der Lehre vom Handlungsunrecht gehen hingegen davon aus, dass die Verursachung eines Erfolges für sich genommen nicht ausreichend sei, um eine Handlung als rechtswidrig zu qualifizieren. Vielmehr sei zudem die Verletzung einer Verhaltenspflicht in Gestalt einer Sorgfalts-, Verkehrs- oder freien Verhaltenspflicht erforderlich.[157] Nach herrschender Auffassung gilt auf dem Gebiet des Deliktsrechts ein gespaltener Rechtswidrigkeitsbegriff: Einerseits eine erfolgs- andererseits eine handlungsbezogene Rechtswidrigkeit. Der *unmittelbare*, positive Eingriff in den räumlich-gegenständlichen Bereich des Bezugsobjekts eines subjektiven Rechts oder Rechtsguts indiziere ohne weiteres die Rechtswidrigkeit des Verhaltens. Handele es sich hingegen lediglich um eine *mittelbare* Verletzung oder Unterlassung, bedürfe es der Verletzung einer Verkehrspflicht,

[155] *Brüggemeier*, Deliktsrecht, Rn. 94; *Katzenmeier*, AcP 203 (2003), 79, 101.

[156] Vgl. nur BGHZ 43, 178, 181f.; *Schiemann*, in: Erman, BGB, §823 BGB Rn. 2; *Teichmann*, in: Jauernig, BGB, §823 Rn. 48f.; *Lehmann*, in: FS Hedemann, 1958, S. 177, 189; *Reinhardt*, Karlsruher Forum 1961, 3, 6ff.; *Weitnauer*, Karlsruher Forum 1961, 28, 30f.; *Stoll*, JZ 1958, 137, 141ff.; *Bindokat*, JZ 1958, 553.

[157] Vgl. *Enneccerus/Nipperdey*, AT II, S. 1285f.; *Nipperdey*, NJW 1957, 1777ff.; *ders.*, Karlsruher Forum 1959, 3ff.; *Esser/Weyers*, SchuldR BT II §55 II 3 (S. 170); *Münzberg*, Verhalten und Erfolg, S. 47ff.; *Wiethölter*, Rechtfertigungsgrund, S. 37; *Wagner*, in: MüKo-BGB, §823 BGB Rn. 26; *Wilhelmi*, Risikoschutz durch Privatrecht, S. 115.

um das Verhalten als rechtswidrig zu qualifizieren.[158] Gemeinsam ist allen Konzepten, dass sie sich als Versuche zur Definition rechtswidriger *Handlungen* verstehen.[159]

Der Streit um den Rechtwidrigkeitsbegriff ist in ganz erheblichem Maß die Folge davon, dass nicht mehr – wie es die Exegese an sich nahe legt[160] – davon ausgegangen wird, dass die Rechtwidrigkeit die Verletzung eines subjektiven Rechts bzw. eines dadurch statuierten Herrschaftsbereichs umschreibt.[161] Vielmehr wird – teilweise stillschweigend – davon ausgegangen, dass die Rechtwidrigkeit – wie auf dem Gebiet des Strafrechts – „Recht" von „Unrecht" trenne bzw. den Widerspruch zur objektiven Rechtsordnung beschreibe.[162]

Schließt man entsprechend der Erfolgsunrechtslehre von der Verletzung eines subjektiven Rechts auf die Rechtswidrigkeit der Handlung bzw. Unterlassung und schließt zudem – entsprechend der herrschenden Vorgehensweise im Rahmen von subjektiven Privatrechten mit physischem Bezugsobjekt[163] – von der tatsächlichen Beschädigung des Bezugsobjekts auf die Verletzung des subjektiven Rechts an diesem, ergeben sich unhaltbare Konsequenzen.[164] Würde man konsequent so vorgehen, wären etwa die Herstellung und der Handel mit gefährlichen Gütern wie Messern, Waffen oder Kraftfahrzeugen rechtwidrig, sofern durch diese – was statistisch betrachtet nur eine Frage der Zeit ist – eine Sache oder ein Mensch geschädigt wird. Dass diese Ergebnisse wegen der daraus resultierenden viel zu weiten Schadenshaftung wenig überzeugen, leuchtet ohne weiteres ein. Auch die Vertreter der Lehre vom Erfolgsunrecht wollen diese Konsequenzen daher vermeiden. Allerdings geschieht dies nicht etwa durch die Rückbesinnung auf das subjektive Recht und die Ermittlung dessen konkreten Inhalts und Umfangs. Vielmehr wird dieses offensichtliche Defizit der Lehre vom Erfolgsunrecht mit Hilfe der Lehre von der adäquaten Kausalität und der Unter-

---

[158] *Hager*, in: Staudinger, BGB, § 823 BGB Rn. A 9; *Katzenmeier*, in: NK-BGB, § 823 BGB Rn. 101; *v. Caemmerer*, Karlsruher Forum 1961, S. 19 ff.; *ders.*, in: FS 100 Jahre DJT, Bd. II, S. 131 f.; *Larenz*, in: FS Dölle, Bd. I, S. 169, 193; *Deutsch*, Allgemeines Haftungsrecht, Rn. 237; *Stoll*, AcP 162 (1963), 203, 206 und 228; *Larenz/Canaris*, SchuldR II/2, § 75 II 3 (S. 365 ff.); *Medicus/Lorenz*, SchuldR BT, Rn. 1243; *Mertens* VersR 1980, 397 ff.

[159] *Wagner*, in: MüKo-BGB, § 823 BGB Rn. 8; *Katzenmeier*, in: NK-BGB, § 823 BGB Rn. 97.

[160] Vgl. Kapitel 4 § 2 B. I. 2. (S. 161 ff.).

[161] So auch *Steffen*, in: BGB-RGRK, § 823 BGB Rn. 116.

[162] Vgl. etwa *Deutsch*, Allgemeines Haftungsrecht, Rn. 226; *Hager*, in: Staudinger, BGB, § 823 BGB Rn. A 3; *Mohr*, JURA 2013, 567, 569; besonders plakativ *Erdsiek*, JZ 1969, 311, 311: „Alles was strafbar ist, ist auch widerrechtlich".

[163] Siehe dazu Kapitel 3 § 10 A. IV. 3. (S. 108 ff.).

[164] Diese Einschätzung teilen *Wagner*, in: MüKo-BGB, § 823 BGB Rn. 19; *Katzenmeier*, in: NK-BGB, § 823 BGB Rn. 101; *Spindler*, in: BeckOGK, BGB, § 823 BGB Rn. 78, spricht in diesem Zusammenhang von „Ausuferung der Haftung".

lassungsdogmatik „kaschiert“: Mittels des Erfordernisses der adäquaten Kausalität wird das Element der Pflichtwidrigkeit, welches nach der Lehre vom Erfolgsunrecht eigentlich nur auf der Ebene des Verschuldens von Bedeutung ist, jedenfalls zum Teil auf die Tatbestandsebene vorverlagert.[165]

Deutlich zeigt dies etwa eine Entscheidung des RG aus dem Jahr 1938:[166] Die Klägerin betreibt einige hundert Meter vom Start und Ziel des Nürburgrings in der Eifel eine Silberfuchsfarm. In der Nähe der Farm führt die von der Beklagten betriebene Flugstrecke Köln–Saarbrücken vorüber. Infolge des Fluglärms beim Überflug der Farm kam es mehrfach zu Aufzuchtschäden, weil die Muttertiere vor Schreck ihre Jungtiere tot bissen. Das RG verneinte die adäquate Kausalität. Eine solche könne nur bejaht werden, „wenn die bei den Silberfüchsen hervorgerufene Schreckwirkung darauf zurückzuführen wäre, daß ein Flugzeug in geringer Höhe oder mit übermäßigem Geräusch auf die Sinne der Tiere in einer Weise eingewirkt hätte, die auch bei nicht besonders empfindlichen Tieren eine schädliche psychische Einwirkung hervorzurufen geeignet ist“. Kurz: Nur bei *pflichtwidrigem* Flugbetrieb kann nach Auffassung des RG die adäquate Kausalität und damit der Tatbestand des § 823 Abs. 1 BGB in derartigen Sachverhaltskonstellationen bejaht werden.

Im Rahmen unerlaubter Unterlassungen hat die Rechtswidrigkeit auch nach der Lehre vom Erfolgsunrecht die Verletzung einer Rechtspflicht zur Voraussetzung. Dies ermöglicht es in diesem Bereich, die Sorgfaltspflichten des potentiellen Gläubigers im Einzelfall zu konturieren und zu begrenzen. Im Bereich unerlaubter Unterlassungen soll die bloße „Herbeiführung“ eines tatbestandlichen Erfolgs also – anders als im Bereich der unerlaubten Handlungen – nicht ausreichen, um das Verhalten als rechtswidrig zu qualifizieren, sondern es soll eine Pflichtverletzung hinzutreten müssen. Der durch diese Dogmatik eröffnete Gestaltungsspielraum ist in besonderem Maß von Bedeutung, weil die Abgrenzung zwischen Tun und Unterlassen keinesfalls trennscharf möglich ist, sondern ihrerseits einen gewissen Argumentations- und damit Gestaltungsspielraum eröffnet.

### *II. „Symbiose“ der Lehre von Handlungs- und Erfolgsunrecht*

Anerkennt man, dass es sich bei der Statuierung von Pflichten lediglich um eine Methode zur Schaffung bzw. Konkretisierung subjektiver Rechte handelt, und dass die Pflichtverletzung entsprechend die Verletzung eines subjektiven Rechts ist, „verschwimmen“ die Lehren vom Erfolgs- und Handlungsunrecht ineinander. So gesehen habe beide einen richtigen Kern. Entsprechend der Lehre vom Erfolgsunrecht ist die Herbeiführung eines

[165] *Kötz/Wagner*, Deliktsrecht, Rn. 108; *Wagner*, in: MüKo-BGB, § 823 BGB Rn. 20.
[166] RGZ 158, 34, 34 ff.

Erfolgs, nämlich die Verletzung eines subjektiven Rechts, stets rechtwidrig.[167] Je nach inhaltlicher Ausgestaltung des subjektiven Rechts kann aber auch eine pflichtwidrige Handlung oder Unterlassung eine Verletzung eines subjektiven Rechts darstellen. Die Pflichtverletzung ist dann die Verletzung des subjektiven Rechts.[168] Bei einer derartigen Ausgestaltung des subjektiven Rechts setzt die Rechtwidrigkeit also – im Ergebnis entsprechend der Lehre vom Handlungsunrecht – eine Pflichtverletzung voraus.

Gut verdeutlichen lässt sich dies an der bereits thematisierten[169] Räum- und Streupflicht des Grundstückseigentümers. Nach 7.00 Uhr morgens an einem Werktag ist die Schlecht- oder Nichträumung des Weges aufgrund der nach der Rechtsprechung bestehenden Räum- und Streupflichten bereits eine Verletzung des subjektiven Rechts eines Passanten auf körperliche und gesundheitliche Unversehrtheit. Dies gilt unabhängig davon, ob der Passant stürzt und sich dabei verletzt.

Wegen den beiden verschiedenen Methoden der Statuierung bzw. Ausgestaltung subjektiver Rechte (positive Zuweisung einerseits, Pflichtenstatuierung im Interesse eines Privatrechtssubjekts andererseits) kann es vorkommen, dass innerhalb eines tatsächlichen Geschehens dasselbe subjektive Recht zweimal auf unterschiedliche Art und Weise verletzt wird und daher zwei Rechtswidrigkeiten vorliegen: Überfährt etwa ein Verkehrsteilnehmer eine rote Ampel und beschädigt in der Folge ein fremdes Kfz, so verletzt er mit dem Überfahren der Ampel das Eigentumsrecht am Kfz. In der Folge ist dieses Verhalten rechtswidrig im Sinne des § 823 Abs. 1 BGB. Indem der Verkehrsteilnehmer dergestalt auf das Kfz als Bezugsobjekt des Eigentumsrechts physisch positiv einwirkt, dass es der Eigentümer nicht mehr nach freiem Belieben verwenden kann (§ 903 BGB), verletzt er das Eigentumsrecht sodann erneut.

## D. Situativ-handlungs- und gefährdungsspezifische Ausgestaltung subjektiver Rechte durch Statuierung von Pflichten

Erkennt und anerkennt man entsprechend der ideengeschichtlichen Herkunft des Deliktsrechts und der Historie des § 823 Abs. 1 BGB die zentrale Bedeutung der Verletzung eines subjektiven Rechts als haftungsbegründend, stellt sich die zentrale Frage nach dem subjektiven Recht und dessen konkreter inhaltlicher Ausgestaltung in voller Klarheit. Es geht um die

[167] Zur Bedeutung von Rechtfertigungsgründen für die Ausgestaltung subjektiver Rechte, vgl. Kapitel 4 § 2 D. I. (S. 188).

[168] *Wendelstein*, RabelsZ 83 (2019), 111, 132 ff.

[169] Vgl. zur Inhalt und Umfang der Räum- und Streupflicht Kapitel 4 § 2 A. II. (S. 146 ff.).

normative Bestimmung des Inhalts und Umfangs der einer Person zugewiesenen Rechtssphäre. Essentiell ist dabei die Frage, ob subjektive Rechte existieren, die keine statische Rechtssphäre schaffen, sondern eine situativ- handlungs- bzw. gefährdungsspezifische Zuordnung vornehmen. Untersucht man das kodifizierte Privatrecht auf derart ausgestaltete subjektive Rechte, wird man schnell fündig:

### *I. § 904 BGB als situationsspezifische Konkretisierung des Eigentumsrechts*

Der gemeinhin als Rechtfertigungsgrund[170] bezeichnete § 904 BGB normiert eine situationsspezifische Beschränkung des subjektiven Eigentumsrechts.[171] Wie in der Titelüberschrift „Inhalt des Eigentums" zum Ausdruck kommt, handelt sich um eine Regelung, welche den Inhalt und Umfang des Eigentumsrechts konkretisiert.[172] Solange eine Notstandslage besteht, wird das subjektive Eigentumsrecht in seinem Inhalt und Umfang dadurch beschränkt, dass der Eigentümer notwendige Einwirkungen auf seine Sache nicht verbieten darf. Infolge dieser Eigentumsbegrenzung ist es dem Einwirkenden möglich, auf die Sache des Eigentümers einzuwirken ohne diesen in seinem Eigentumsrecht zu verletzen. Entsprechend besteht kein Notwehrrecht des Eigentümers gegen den Einwirkenden nach den §§ 227, 859 BGB. Auch funktional negatorische Ansprüche des Eigentümers gegen den Einwirkenden wegen Beeinträchtigung seines subjektiven Rechts (§ 1004 BGB) scheiden in Ermangelung einer Verletzung des subjektiven Eigentumsrechts aus.[173] Aus der Perspektive des Einwirkenden erweitert § 904 BGB in Notstandslagen seinen rechtlichen Handlungsspielraum als Bestandteil seines allgemeinen Persönlichkeitsrechts.

### *II. § 909 BGB als handlungsspezifische Konkretisierung des Eigentumsrechts*

#### *1. Regelungsinhalt*

Ein gesetzliches Beispiel einer handlungsspezifischen Konkretisierung findet sich in § 909 BGB. Diese verbots- bzw. pflichtenstatuierende Vorschrift

[170] Vgl. etwa *Brückner*, in: MüKo-BGB, § 904 BGB Rn. 1; *Lakkis*, in: BeckOGK-BGB, § 904 BGB Rn. 5; *Wagner*, in: Erman, BGB, § 228 BGB Rn. 1; *Althammer*, in: Staudinger (2016), § 904 BGB Rn. 28.

[171] *Fritzsche*, in: BeckOK-BGB, § 904 BGB Rn. 1; *Wilhelmi*, in: Erman, § 904 BGB Rn. 1.

[172] *Althammer*, in: Staudinger (2016), § 904 BGB Rn. 1; *Brückner*, in: MüKo-BGB, § 904 BGB Rn. 1. Richtigerweise geht es bei der Rechtswidrigkeit generell darum, den Inhalt und Umfang der durch deliktische Ansprüche geschützten subjektiven Rechte zu definieren. So auch *Wagner*, in: MüKo, § 823 BGB Rn. 3, 387.

[173] *Althammer*, in: Staudinger (2016), § 904 BGB Rn. 29.

konkretisiert Inhalt und Umfang des subjektiven Grundeigentumrechts (§§ 903, 905 BGB).[174]

Nach § 909 BGB hat ein Grundstückseigentümer im Interesse der Festigkeit des Nachbargrundstücks die Pflicht, sein Grundstück nicht in der Weise zu vertiefen, dass der Boden des Nachbargrundstücks die erforderliche Stütze verliert, es sei denn, dass anderweitig für eine genügende Befestigung gesorgt ist. Nach ganz einhelliger und auch in der Titelüberschrift „Inhalt des Eigentums" zum Ausdruck kommenden Auffassung wird durch diese „subjektivierte Pflicht" das Eigentumsrecht des Grundstückeigentümers im Interesse des Eigentums am Nachbargrundstück begrenzt und somit in seinem Inhalt und Umfang definiert.[175] Der Grundeigentümer darf mit seinem Eigentum nicht nach freiem Belieben verfahren (§ 903 BGB). Vielmehr ist eine die Stütze des Bodens des Nachbargrundstücks beeinträchtigende Vertiefung seines Bodens „ein gegen den Eigenthümer sich richtendes Delikt"[176]. Bezogen auf die spezifische Handlung des „Vertiefens" wird das subjektive Grundeigentum also im Interesse des Eigentümers des Nachbargrundstücks beschränkt.

Spiegelbildlich zu dieser Begrenzung wird das subjektive Eigentumsrecht am Nachbargrundstück, in Gestalt des Teilaspekts „Festigkeit[177] des Bodens", bezogen auf die spezifische Handlung des Vertiefens über die katastermäßigen Grenzen des Bezugsobjekts hinaus dergestalt erweitert, dass eine die Festigkeit des Bodens des Nachbargrundstücks beeinträchtigende Vertiefung des Grundstücks nur bei genügender Befestigung des Bodens des Nachbargrundstücks erfolgen darf.[178] Aufgrund des Eigentumsrechts am Nachbargrundstück dürfen die Stütze des Bodens des Nachbargrundstücks beeinträchtigende Vertiefungen auf dem stützenden Grundstück nur bei anderweitiger Befestigung erfolgen. Eine die Stütze des Nachbargrundstücks beeinträchtigende Vertiefung des Grundstücks ohne anderweitige Befestigung verletzt demnach das Eigentumsrecht am Nachbargrundstück und ist daher rechtswidrig bzw. „Delikt"[179], obwohl die *gegenständliche* Integrität des Nachbargrundstücks in Gestalt der Festigkeit des Bodens unter

[174] Vgl. etwa *Picker*, in: FS Gernhuber, S. 315, 326; *ders.*, Prävention durch negatorischen Schutz, S. 61, 98; *Fritzsche*, in: BeckOK, BGB § 909 BGB Rn. 2; *Ring*, in: NK-BGB, § 909 BGB Rn. 1; *Bernhard*, in: FS Picker, S. 83, 107; *A. Lorenz*, in: Erman, BGB, § 909 BGB Rn. 1; *Wendelstein*, RabelsZ 83 (2019), 111, 118 ff.

[175] BGHZ 103, 39, 42; *Roth*, in: Staudinger, BGB, § 909 BGB Rn. 1 f.; *Säcker*, in: MüKo-BGB, § 909 BGB Rn. 1; *J. F. Baur*, in: Soergel, BGB, § 909 BGB Rn. 1; *Fritzsche*, in: BeckOK, BGB § 909 BGB Rn. 1; *Ring*, in: NK-BGB, § 909 BGB Rn. 1.

[176] Protokolle III, S. 296 = Mugdan III, S. 164.

[177] Vgl. dazu das Beispiel von *Gursky*, in: Staudinger, BGB, § 1004 BGB Rn. 72 f.; *Picker*, in: FS Medicus II, S. 311, 315.

[178] Vgl. *Picker*, in: FS Lange, S. 625, 682; *ders.*, in: FS Medicus II, S. 311, 314 f.; *Bernhard*, in: FS Picker, S. 83, 107.

[179] Protokolle III, S. 296 = Mugdan III, S. 164.

Umständen (noch) nicht verletzt wurde und obwohl der Grundeigentümer innerhalb der katastermäßigen Grenzen seines Grundstücks agiert.[180] Infolge und zum Schutz des Eigentumsrechts am Nachbargrundstück greifen im Falle der Rechtsverletzung und in Abhängigkeit der Verletzungsart die verschiedenartigen Schutzsysteme – allen voran §§ 1004 und 823 BGB[181] – ein.[182]

### 2. *Erweiterung des subjektiven Rechts über den gegenständlichen Bereich des Schutzobjekts hinaus durch die Statuierung von Pflichten*

Die Regelung des § 909 BGB verdeutlicht, dass durch die Statuierung von Handlungs- oder Unterlassungspflichten der Inhalt und Umfang subjektiver Rechte über die physischen Grenzen des Gegenanstands, auf den sie sich beziehen (Bezugsobjekt), situations- und verhaltensspezifisch erweitert werden können.[183] Diese Technik zur inhaltlichen Konkretisierung subjektiver Rechte ist diejenige der Imperativentheorie.[184] Insoweit wurde bereits gezeigt, dass diese Theorie – entgegen des eigentlichen Anliegens ihrer Vertreter – nicht ohne die Anerkennung subjektiver Rechte auskommt, sondern diese nur auf einem anderen Weg, nämlich durch die Statuierung von Pflichten und unter Ausgrenzung mindestens eines Privatrechtssubjekts schafft bzw. konkretisiert.[185] Unter den Prämissen der Imperativentheorie ist die Entscheidung, ein Privatrechtssubjekt von den Imperativen der objektiven Rechtsordnung auszunehmen, nichts anderes als die Zu- bzw. Anerkennung eines subjektiven Rechts dieses Privatrechtssubjekts, da dieses im Hinblick auf das Bezugsobjekt anders, nämlich freier, agieren darf als die übrigen Privatrechtssubjekte.

---

180 Vgl. dazu bereits *E. Picker*, in: FS Medicus II, S. 311, 314 f.

181 Sofern noch kein Schaden eingetreten ist, kann freilich die Rechtsfolge des § 823 Abs. 1 BGB noch nicht greifen.

182 Vgl. etwa *Säcker*, in: MüKo-BGB, § 909 BGB Rn. 18 ff.; *Roth*, in: Staudinger, BGB, § 909 BGB Rn. 1; *Vollkommer*, in: BeckOGK-BGB, § 909 BGB Rn. 33 ff.

183 *Malitzky*, Begriff des subjektiven Rechts, S. 8; *Fraenkel*, Tatbestand und Zurechnung, S. 42 f.; *Picker*, in: FS Lange, S. 625, 680 ff.; *Katzenstein*, Haftungsbeschränkung, S. 143 Fn. 12; *Hüftle*, Schadensersatz, S. 69; *Bernhard*, in: FS Picker, S. 83, 107 f.; *J. Wilhelm*, Rechtsverletzung, S. 93 ff., deutlich S. 95; wohl auch *J. Wolf*, Stand der Bereicherungslehre, S. 105 mit Fn. 214; a. A. etwa *Raiser*, JZ 1961, 465, 467; *Jacobs*, Eingriffserwerb und Vermögensverschiebung, S. 165 Fn. 39; *Mestmäcker*, JZ 1958, 521, 523 ff., 525; *Medicus/Petersen*, Allgemeiner Teil, § 11 Rn. 72; *von Caemmerer*, in: FS Rabel, Bd. 1, S. 333, 396 ff.; *ders.*, in: FS Hunderjähriges Bestehen des Deutschen Juristentages, Bd. 2, S. 49, 52 ff., insb. S. 55 f.; *Fraenkel*, Quasinegatoria, S. 331 ff., insb. S. 332; *v. Bar*, Verkehrspflichten, S. 155 ff. anerkennt nicht, dass mittels Verkehrspflichten lediglich subjektive Rechte definiert werden.

184 Vgl. allgemein zur Imperativentheorie Kapitel 2 § 2 (S. 22 ff.).

185 Vgl. dazu Kapitel 2 § 7 B. (S. 31 ff.).

### *3. Semantische Schwierigkeiten als Ursache für den Rückgriff auf die Regelungstechnik der Imperativentheorie*

Der Rückgriff auf die Technik der Imperativentheorie zur inhaltlichen Ausgestaltung bestehender oder sogar Schaffung neuer subjektiver Rechte erklärt sich hauptsächlich aus der größeren Anschaulichkeit und der damit verbunden Praktikabilität dieser Methode:[186] Solange und soweit die Grenzen des subjektiven Rechts mit den gegenständlichen Grenzen des Bezugsobjekts übereinstimmen, besteht eine gewisse sozialtypische Offenkundigkeit, so dass durch die Benennung des gegenständlichen Bereichs bis zu einem gewissen Grad auch die subjektiven Rechte am Gegenstand inhaltlich umschrieben werden können.[187] So spiegelt der gegenständliche Bereich des Bezugsobjekts den Rechtsraum wider, der für die anderen Privatrechtssubjekte tabu ist. Diese sozialtypische Offenkundigkeit macht sich das Privatrecht insoweit zunutze, als dass es als Basis für ein Art Regel-Ausnahme Verhältnis dient. Der Zugriff auf das gegenständliche Bezugsobjekt ist wegen des subjektiven Rechts an diesem grundsätzlich untersagt. So regelt beispielsweise § 903 BGB, dass der Eigentümer einer Sache andere von jeder Einwirkung auf die Sache ausschließen kann. Nur ausnahmsweise – etwa nach § 904 oder § 906 BGB – ist die Einwirkung erlaubt, weil das subjektive Recht „zurückgefahren" wird. Die Statuierung eines solchen Regel-Ausnahmeverhältnisses ist aus zweierlei Gründen möglich: Erstens, weil trotz der positiven Zuweisung von Berechtigungen an körperlichen Gegenständen den anderen Privatrechtssubjekten ein hinreichend großer Handlungsspielraum verbleibt. Zweitens – und das ist von zentraler Bedeutung – ist der durch das subjektive Recht zugewiesene Rechtsraum aufgrund der Gegenständlichkeit des Bezugsobjekts für die übrigen Privatrechtssubjekte ohne weiteres einsichtig und erkennbar. Wegen der Gegenständlichkeit des Bezugsobjekts besteht also eine gewisse sozialtypische Offenkundigkeit des subjektiven Rechts.

Sobald die Grenzen des subjektiven Rechts nicht mehr mit den gegenständlichen Grenzen des Bezugsobjekts übereinstimmen können oder sollen, geht diese sozialtypische Offenkundigkeit zwangsläufig – ein Stück oder auch in Gänze – verloren.[188] Zur inhaltlichen Ausgestaltung des subjektiven Rechts ist es in diesen Situationen sprachlich einfacher und damit

---

[186] *Picker,* in: FS Canaris, S. 1001, 1026; *ders.*, AcP 178 (1978) 499, 502; *Bernhard*, in: FS Picker, S. 83, 106 ff.; *Katzenstein*, Haftungsbeschränkung, S. 183; *Hüftle*, Schadensersatz, S. 75.

[187] *Picker,* in: FS Canaris, 1001, 1021; *Bernhard*, in: FS Picker, S. 83, 104 f. Im Rahmen der kollisionsrechtlichen Behandlung der unerlaubten Handlung *Wendelstein*, RabelsZ 83 (2019), 111, 134.

[188] *Bernhard*, in: FS Picker, S. 83, 105 f.

zugleich auch anschaulicher, die „Ausschlussseite" des subjektiven Rechts und damit die Pflichtenseite zu definieren.[189] Die über die physischen Grenzen des Bezugsobjekts nicht mehr vermittelte sozialtypische Offenkundigkeit des Rechtsinhalts wird mittels dieser Methode über die Beschreibung der Pflichtenseite bestmöglich hergestellt.

### *a) Konkrete Umschreibung des Inhalts des subjektiven Rechts*

Besonders deutlich wird dies im Rahmen von subjektiven Rechten ohne physisches Bezugsobjekt (Immaterialgüterrechte). Bei diesen wird die notwendige sozialtypische Offenkundigkeit dadurch hergestellt, dass die dem Rechtsinhaber zugewiesenen Befugnisse detailliert beschrieben werden. Durch diese Beschreibung können die übrigen Privatrechtssubjekte erkennen, wo ihre Handlungsfreiheit als Bestandteil ihres allgemeinen Persönlichkeitsrechts endet, weil sie sonst die Rechtssphäre des Inhabers des Immaterialgüterrechts verletzen würden. Was für den Inhaber des Immaterialgüterrechts monopolisiert wird, wird den anderen Privatrechtssubjekten genommen.[190] Dem Inhalt und Umfang der Zuweisung der Nutzungsbefugnis korrespondiert der Inhalt und Umfang des Ausschlusses von dieser Nutzung und damit die Pflichtenseite.

So ist etwa eine Marke wirtschaftlich und rechtlich darauf angelegt, eine einzelne Darstellung oder eine Kombination von einem oder mehreren Buchstaben, Zeichen, Wörter, Namen, Slogans, Logos, Symbolen, Bildern, Klängen, Klangfolgen bzw. von Erscheinungsformen und Mustern von und für Produkte verschiedener Art für den Inhaber des Markenrechts zu monopolisieren.[191] Anders als etwa das Verbot, einen fremden Körper als Bezugsobjekt eines subjektiven Rechts nicht zu beeinträchtigen bzw. mit einer fremden Sache nicht zu „verfahren" (so § 903 BGB), ist der Inhalt des Verbots, eine fremde Marke nicht zu nutzen, unklar, solange Inhalt und Umfang des Markenrechts und damit – aus der Perspektive der übrigen Privatrechtssubjekte – die Grenze zwischen Handlungsfreiheit und Verbotenem nicht detailliert umschrieben ist. Deshalb bedarf es einer genauen Umschreibung der Registermarke und deren Eintragung im Markenregister, um deren sozialtypische Offenkundigkeit hinreichend herzustellen. Die Unterschiede zwischen subjektiven Rechten mit physischem Bezugsobjekt und Immate-

[189] *Fraenkel*, Tatbestand und Zurechnung, S. 43 f.; *Picker*, AcP 178 (1978), 499, 502; *Hüftle*, Schadensersatz, S. 69; *Bernhard*, in: FS Picker, S. 83, 108; *Katzenstein*, Haftungsbeschränkung, S. 183.

[190] *Bernhard*, in: FS Picker, S. 83, 105; *Reinhardt*, JZ 1961, 713, 716, 718 f.; *Fraenkel*, Tatbestand und Zurechnung, S. 237; *Dörner*, Dynamische Relativität, S. 25 ff., 34 ff.; *Engisch*, Einführung, S. 25 f.

[191] Vgl. *Fezer*, Markenrecht, § 3 Rn. 504 ff. und § 14 Rn. 9.

rialgüterrechten sind also lediglich regelungstechnischer Natur – strukturelle Unterschiede bestehen hingegen nicht.[192]

### *b) Umschreibung des Inhalts und Umfangs des subjektiven Rechts über die Ausschlussseite durch die Statuierung von Pflichten*

Die Rechtswirklichkeit hat gezeigt, dass auch im Rahmen von subjektiven Rechten mit physischem Bezugsobjekt das Bedürfnis besteht, den rechtlich zugewiesenen Herrschaftsbereich über die räumlich-gegenständlichen Grenzen des Bezugsobjekts hinaus zu erstrecken. Die Grenzen des subjektiven Rechts *sollen* in manchen Situationen weiter reichen als die physische Grenze des Bezugsobjekts. Daher wird mittels der Statuierung von Pflichten der Herrschaftsbereich des Rechtsinhabers über die gegenständlichen Grenzen des Bezugsobjekts hinaus ausgedehnt. Die Gründe für den Rückgriff auf diese Regelungstechnik zur Bestimmung von Inhalt und Umfang subjektiver Rechte sind wiederum hauptsächlich semantischer Natur.

Die dem § 909 BGB zugrundeliegende Sachverhaltskonstellation verdeutlicht dies: Es ist sprachlich nicht möglich, die Ausdehnung des subjektiven Eigentumsrechts des Eigentümers des Nachbargrundstücks über die Katastergrenzen hinaus handlungsspezifisch zu um- bzw. beschreiben ohne den Teilaspekt „Vertiefung" des Bodens aus dem „Sammelrecht" Eigentum herauszulösen. Nur unter dieser Voraussetzung könnte man das subjektive Eigentumsrecht am Grundstück etwa – entsprechend der Regelungstechnik im Rahmen der Immaterialgüterrechte – dergestalt formulieren, dass die objektive Beeinträchtigung der Festigkeit des Grundstückbodens durch Vertiefungen ausschließlich dem jeweiligen Grundeigentümer obliegt. In Folge dieser rechtlichen Zuordnung wäre dann jeder Eingriff in die Bodenfestigkeit durch Vertiefungen eine Verletzung des Eigentumsrechts. Das Beispiel zeigt, wie kompliziert und gekünstelt eine derartige Regelungstechnik wäre.

## *III. § 908 BGB als gefährdungsspezifische Konkretisierung des Eigentumsrechts*

Auch anhand von § 908 BGB lässt sich verdeutlichen, dass der Gesetzgeber durch die Statuierung von Pflichten subjektive Rechte handlungs- und gefährdungsspezifisch ausgestaltet: Nach § 908 BGB kann der Eigentümer eines Grundstücks von demjenigen, der bei Verschulden nach den §§ 836–838 BGB haften würde, verlangen, dass dieser die erforderlichen Vorkehrungen zur Abwendung der dort genannten drohenden Gefahren, insbesondere eines Gebäudeeinsturzes oder Ablösung von Gebäudeteilen, trifft. Bezogen

---

[192] *E. Picker*, in: FS Canaris, S. 1001, 1026; *Bernhard*, in: FS Picker, S. 83, 106; *Katzenstein*, Haftungsbeschränkung, S. 183.

auf die spezifischen Gefährdungssituationen „Gebäudeeinsturz“ und „Ablösung von Gebäudeteilen“ wird das Eigentumsrecht des Grundeigentümers durch die Statuierung einer situationsspezifischen Abwendungspflicht über die katastermäßigen Grenzen ausgedehnt und kann demnach auch durch Unterlassungen außerhalb der Grundstücksgrenzen verletzt werden. Konkret verletzt derjenige, der bei Verschulden nach den §§836–838 BGB haften würde, das Eigentumsrecht am Nachbargrundstück bereits dann, wenn er nicht die zur Abwendung der dort genannten Gefahren erforderlichen Vorkehrungen vornimmt. Infolge dieser Verletzung des subjektiven Eigentumsrechts[193] und einzig zum Schutz des durch diese Verpflichtung konkretisierten Eigentumsrechts gewährt §908 BGB dem Grundstückeigentümer als Rechtsinhaber einen auf Beseitigung dieser Rechtsverletzung gerichteten Anspruch. Da dieser auf Verwirklichung des subjektiven Eigentumsrechts gerichtet ist, ist dieser Anspruch funktional negatorischer Natur. Er richtet sich nach seinem Inhalt auf die Vornahme der zur Abwendung der jeweiligen Gefahr erforderlichen Sicherungsmaßnahmen. In Betracht kommt etwa die Reparatur der Gefahrenquelle, aber auch deren vollständige Beseitigung. Der Anspruch richtet sich nach dem Gesetzeswortlaut gegen den Eigentümer des Grundstücks, von dem die Gefährdung ausgeht.[194]

### *IV. Begründung und Konkretisierung subjektiver Rechte durch Schutzgesetze*

Eine verhaltensspezifische Konkretisierung bzw. Statuierung subjektiver Privatrechte erfolgt ferner durch zivil- oder öffentlich-rechtliche Normen, die – in Verengung ihrer eigentlichen Funktion – herkömmlicherweise als Schutzgesetze – ein Begriff, der nur im Rahmen des §823 Abs.2 BGB Verwendung findet – betrachtet werden.[195] In einem auf subjektiven Rechten

[193] Anders inzident wohl jene Stimmen, die §908 BGB als *vorbeugenden* Unterlassungsanspruch begreifen, vgl. etwa *Säcker*, in: MüKo-BGB, §908 BGB Rn.1; *Westermann*, in: Erman, BGB, §908 BGB Rn.1; *von Bar*, 25 Jahre Karlsruher Forum, S.80, 81, geht davon aus, dass es sich bei der Haftung aus §908 BGB um eine Haftung aufgrund von Rechtswidrigkeit handelt. Seinen Ausführungen kann aber nicht zweifellos entnommen werden, ob er die Rechtswidrigkeit aus einem Verstoß gegen die objektive Rechtsordnung ableitet oder ob er unter Rechtswidrigkeit die Verletzung eines subjektiven Rechts versteht.

[194] Ob im Wege der Analogie zu den §§861, 862 BGB der Beseitigungsanspruch auch dem rechtmäßigen Besitzer zusteht, ist umstritten. Vgl. zum Streitstand etwa *Vollkommer*, in: BeckOGK, Stand: 01.12.2018, §908 BGB Rn.15.

[195] *Larenz/Canaris*, Schuldrecht, Band II/2, §69 I 1 c), S.170; *Picker*, JZ 2010, 541, 551; *ders.*, Prävention durch negatorischen Schutz, S.61, 97f. mit Fn.88; *Wilhelm*, in: FS Canaris, S.1293, 1309; *Wilburg*, Ungerechtfertigten Bereicherung, S.44ff.; a.A. *von Caemmerer*, in: FS Rabel, Bd.1, S.333, 396 der davon ausgeht, dass bloße Schutzpositionen i.S.d. §823 Abs.2 BGB keinen Zuweisungsgehalt besäßen; *ders.*, in: FS Hundertjähriges Bestehen des Deutschen Juristentages, Bd.2, S.49, 52f.

aufbauenden System wie dem des Privatrechts setzen sämtliche Ansprüche – wie gesehen – die Verletzung subjektiver Rechte voraus.[196] Aus der Verletzung von Normen der objektiven Rechtsordnung kann also bereits aus dogmatischen Gründen kein privatrechtlicher Anspruch erwachsen. Damit ist freilich nicht ausgeschlossen, dass wegen gesetzlicher Vorgaben oder öffentlich-rechtlicher Genehmigungen die verschiedenen subjektiven Privatrechte in ihrem Inhalt und Umfang anders definiert sind oder sogar neue subjektive Privatrechte geschaffen werden, zu deren Schutz dann die herkömmlichen privatrechtlichen Haftungsregeln und -instrumentarien zur Anwendung gelangen. So modifiziert beispielsweise eine gesetzliche Bestimmung über die Bauhöhe das Grundeigentum dahingehend, dass es eine gewisse Gestaltung des Nachbarschaftsraums umfasst, *wenn* man ihr individualschützenden Charakter beimisst.[197] Die sogenannten Schutzgesetze sind primäre Zuweisungsnormen, welche subjektive Privatrechte schaffen oder vorhandene subjektive Privatrechte modifizieren. Durch die Anerkennung eines individualschützenden Charakters werden aus der durchaus indifferenten und widerstreitenden tatsächlichen Interessenlage die auf dem Gebiet des Privatrechts rechtlich relevanten Interessen destilliert und ausgeglichen. Die „Schutzgesetze" sind also primär nicht auf die Begründung einer Abwehr- bzw. Abwendungsbefugnis, sondern auf Schaffung einer Zuweisung gerichtet, welche dann eben durch die funktional verschiedenen Ansprüche geschützt wird.

Diese Zuweisung kann sich auf zwei verschiedene Weisen vollziehen. (1) Betrifft das „Schutzgesetz" ein neuartiges Interesse, wird ein neues subjektives Recht begründet. (2) Betrifft das Schutzgesetz ein bereits anerkanntes subjektives Recht, wird dieses durch das Schutzgesetz in seinem Inhalt und Umfang konkretisiert. Das Schutzgesetz ist in diesem Fall also Inhaltsbestimmung, welche ein anerkanntes subjektives Recht – etwa das Eigentum oder den Körper – in seinem Inhalt und Umfang präzisiert oder über die sonst üblichen Grenzen hinaus erweitert.

Ein Beispiel für die erstgenannte Art und Weise der Zuweisung mittels „Schutzgesetz" ist § 264a StGB.[198] Danach ist es beispielsweise im Zusammenhang mit dem Vertrieb von Wertpapieren verboten, in Prospekten unrichtige vorteilhafte Angaben zu machen oder nachteilige Tatsachen zu verschweigen. Anerkennt man den individualschützenden Charakter dieser Norm, wird durch sie ein subjektives Vermögensrecht der Kapitalanleger dergestalt geschaffen, dass ihr ansonsten rechtlich ungeformtes Vermögen

---

[196] Vgl. Kapitel 3 § 10 A. (S. 92 ff.).

[197] *E. Picker*, in: FS Lange, S. 625, 680.

[198] Der Schutzgesetzcharakter dieser Vorschrift wird bejaht von BGH, Urt. v. 12.05.2015 – VI ZR 108/14 Rn. 24; BGH ZIP 2010, 1801, 1801; DB 2000, 1609, 1609; NJW 1992, 241, 242; OLG München GWR 2011, 14, 14.

vor unrichtigen Angaben geschützt ist. Die Verletzung dieses subjektiven Vermögensrechts löst die bekannten privatrechtlichen Schutzansprüche aus.

Beispiele für die zweitgenannte Zuweisungsform sind etwa die in den verschiedenen Landesbauordnungen[199] enthaltenen Abstandsflächenregelungen.[200] Diese schaffen kein ansonsten nicht anerkanntes subjektives Recht, sondern konkretisieren das subjektive Grundeigentumsrecht. Dieses wird durch derartige Vorschriften über die physischen Grenzen des Grundstücks hinaus auf das Nachbargrundstück dergestalt erstreckt, dass dort nur unter Einhaltung der Abstandsflächen gebaut werden darf. Die Erweiterung des Grundeigentums am einen Grundstück geht mit einer korrespondierenden Beschränkung des Eigentumsrechts am Nachbargrundstück einher. Der Nachbar ist trotz seines Eigentums an seinem Grundstück in seiner Freiheit beschränkt. Hält er bei der Errichtung eines Bauwerks die jeweiligen Abstandsflächen nicht ein, verletzt er das Eigentumsrecht des Grundstückseigentümers.

### *V. Allgemeines Vermögensrecht als lediglich durch Pflichten statuiertes subjektives Recht*

Die Statuierung eines subjektiven Rechts durch die Annahme entsprechender Pflichten findet sich auch in einen praktisch besonders wichtigen und häufig ganz zentralen Feld. So wird durch entsprechende Pflichten handlungsspezifisch ein allgemeines subjektives Vermögensrecht geschaffen. Dieses allgemeine Vermögensrecht zeichnet sich dadurch aus, dass es sich nicht um ein vollumfängliches, gegen jede Form der Beeinträchtigung geschütztes subjektives Recht handeln kann, da anderenfalls der gesamte wirtschaftliche Wettbewerb unterbunden würde und jedes Privatrechtssubjekt unüberschaubaren Haftungsrisiken ausgesetzt wäre. Wäre das Vermögen eines Unternehmers diesem grundsätzlich vollumfänglich zugewiesen, wäre es anderen Unternehmern beispielsweise nicht gestattet, zu dem ersten Unternehmer in Konkurrenz zu treten, weil diesem dadurch unter Umständen ein Teil seines Vermögens in Gestalt des potentiellen Gewinns entgehen würde. Gerade um derart absurde Ergebnisse zu vermeiden, wird der Inhalt und Umfang des subjektiven Vermögensrechts nicht durch eine umfassende positive Zuweisung an den Rechtsinhaber, sondern durch die Statuierung von Pflichten und damit handlungsspezifisch definiert. Die Definition und damit die Zuweisung erfolgt handlungsspezifisch über die Ausschlussseite des subjektiven Rechts, indem im Interesse des Vermögens eines Rechtssubjektes mindestens einem weiteren Rechtssubjekt eine bestimmte Handlung

[199] Vgl. etwa § 5 LBO BW; § 6 BayBO; § 6 HBO; § 8 LBO RP; § 6 SächsBO.

[200] Den Schutzgesetzcharakter dieser Vorschriften bejaht etwa BGH NJW 1979, 1408; BGHZ 66, 354, 355 f.; OLG Köln, VersR 1995, 1108, 1109.

oder Unterlassung auferlegt wird. Dies hindert zwar nicht die Annahme eines subjektiven Rechts, da es sich insoweit lediglich um eine andere Technik zur Schaffung bzw. Konturierung eines subjektiven Rechts handelt,[201] weil alleine durch die Herausnahme des einen Rechtssubjekts aus dem Pflichtenkreis diesem ein Bereich der freien Willensherrschaft und damit ein subjektives Recht zugewiesen wird.

Auch materiell-rechtliche Vorschriften von der Struktur des § 826 BGB oder den großen deliktischen Generalklauseln der romanischen Rechtsordnungen kann nicht entnommen werden, dass es sich bei der Haftung für „reine" Vermögensschäden um eine Schadenshaftung ohne Verletzung eines subjektiven Rechts handeln würde. Zwar ist es vom Wortlaut her im Ausgangspunkt richtig, dass für solche Haftungsnormen die Verletzung eines subjektiven Rechts nicht konstitutiv ist. Bei genauerer Analyse zeigt sich aber, dass ein und dasselbe Verhalten nach der jeweils ganz h. M. eben nicht gegenüber allen, sondern nur gegenüber bestimmten Personen zum Ersatz des jeweils erlittenen Schadens verpflichtet.[202] Der Grund hierfür liegt darin, dass dieses Verhalten eben nur gegenüber bestimmten Personen rechtswidrig war, weil nur deren subjektives Vermögensrecht durch die jeweilige Verhaltensnorm konkretisiert wurde und deshalb auch nur deren subjektives Vermögensrecht durch das pflichtwidrige Verhalten verletzt werden konnte.

Exemplarisch sei etwa der Fall genannt, dass A den Pianisten P am Vorabend der Premiere unter Verletzung einer Regelung der StVO derart am Arm verletzt, dass die geplanten Konzerte entfallen müssen. A haftet trotz seines StVO-widrigen Verhaltens dem Konzertveranstalter nicht für den entgangenen Gewinn,[203] weil er durch sein Verhalten zwar das subjektive Körperrecht des Pianisten, nicht aber das allgemeine Vermögensrecht des Konzertveranstalters verletzt hat. Im Verhältnis zum Konzertveranstalter war das Verhalten des A also nicht rechtswidrig.

Eine handlungsspezifische Ausgestaltung des subjektiven Vermögensrechts findet sich beispielsweise auch im Bereich des privaten Kapitalmarktrechts. So besitzt der Emittent eines Wertpapiers gegenüber den Anlegern bestimmte gesetzliche Informationspflichten beispielsweise nach dem

---

[201] Vgl. mit weiteren Nachweisen bereits *Wendelstein*, AcP 215 (2015), 70, 91 in Fn. 80; *ders.*, GPR 2016, 140, 146; a. A. *Stadler*, in: Musielak/Voit, ZPO, 15. Auflage 2018, Art. 7 Brüssel Ia-VO Rn. 19; *dies.*, in: FS Geimer, S. 715, 716; *Blobel*, EuLF 2004, 187, 190. Auf der Ebene des Kollisionsrechts etwa *Junker*, in: MüKo-BGB, 7. Auflage 2018, Art. 4 Rom II-VO Rn. 21; *Junker*, ZZP Int. 9 (2004), 200, 204 ff., der davon ausgeht, dass es im Rahmen unmittelbarer primärer Vermögensschädigungen keine Rechtsverletzung gebe, auf die ein spezifischer Verletzungserfolg bezogen werden könne. Vielmehr sei insofern der Schadenseintritt ein Tatbestandsmerkmal des Delikts. So wohl auch *Kropholler*, Internationales Privatrecht, 6. Auflage 2006, § 53 IV 1. b) (S. 523).

[202] *Wendelstein*, GPR 2018, 272, 277.

[203] *Oetker*, in: MüKo-BGB, 8. Auflage 2019, § 249 BGB Rn. 281; *Schiemann*, in: Staudinger, BGB, 2017, Vor § 249–254 Rn. 49.

WpPG i.V.m. dem einschlägigen unionsrechtlichen Sekundärrecht, welche das subjektives Vermögensrecht des (potentiellen) Anlegers definieren.[204] Handelt der Emittent pflichtwidrig oder unterlasst er ein ihm obliegendes Tun, verletzt es hierdurch das – durch diese Pflichten begründete bzw. konturierte – subjektive Vermögensrecht des (potentiellen) Anlegers.[205]

In jüngerer Zeit wird immer häufiger der – teilweise ideologiegetriebene – Versuch unternommen, durch die Annahme solcher vermögensrechtskonturierender Pflichten das allgemeine subjektive Vermögensrecht in seinem Inhalt und Umfang zu erweitern und im Gegenzug zwangsläufig den Handlungsspielraum anderer Privatrechtssubjekte als Bestandteil deren allgemeinen Persönlichkeitsrechts zu beschränken. So findet sich in der rechtswissenschaftlichen Literatur beispielsweise die Auffassung, dass große multinationale Unternehmen gegenüber bestimmten Personengruppen, etwa Kindern, alten Menschen oder Schwangeren, die Pflicht hätten, Nahrungsmittel, Saatgut oder Düngemittel zu vergünstigten Preisen oder gar auf Non-Profit-Basis zu überlassen.[206] Dies würde eine Aufwertung des allgemeinen subjektiven Vermögensrechts der Angehörigen dieser Personengruppe gegenüber den verpflichteten Unternehmen und eine Abwertung der unternehmerischen Handlungsfreiheit bedeuten.[207]

## E. Verkehrspflichten als Technik zur situativ-handlungs- und gefährdungsspezifischen Konkretisierung subjektiver Rechte durch Gerichte

Es wurde gezeigt, dass der Gesetzgeber die Zuordnung eines Rechts- und Herrschaftsbereichs zu einem Privatrechtssubjekt durch subjektive Rechte nicht nur statisch, sondern auch situativ-handlungsspezifisch und gefährdungsspezifisch vornehmen kann, indem er die Pflichtenseite definiert. Diese Erkenntnis erleichtert die Einordnung der Verkehrspflichten in das Privatrechtssystem: Auch Verkehrspflichten haben die Funktion, den Inhalt und Umfang subjektiver Privatrechte situativ-handlungsspezifisch und gefährdungsspezifisch zu beschreiben und so den durch sie zugewiesenen Herrschaftsbereich zu definieren. Mittels dieser Definitionstechnik über die

[204] Vergleichbare Regelungen finden sich für andere Bereiche beispielsweise im VermAnlG und der VermVerkProspV.

[205] Vgl. zu den daraus resultierenden Konsequenzen für das internationale Zuständigkeitsrecht der Brüssel Ia-VO *Wendelstein*, GPR 2018, 272, 278ff.

[206] Vgl. etwa *Kanalan*, Die universelle Durchsetzung des Rechts auf Nahrung, S. 397f.; a.A. etwa *Leisinger*, Menschenrechte als unternehmerische Verantwortungsdimension, in: Die Zukunft des Weltrechts und der Weltorganisation, hrsg. von der DGVN, S. 50, 62, welcher insoweit nur von einer „Kann-Pflicht" ausgeht.

[207] *Wendelstein*, RabelsZ 83 (2019), 111, 120.

Pflichtenseite kann – analog den obigen Ausführungen[208] – insbesondere leichter dargestellt werden, dass die Grenzen des subjektiven Rechts nicht mit der äußeren, gegenständlichen Grenze des Bezugsobjekts übereinstimmen.[209]

Funktional besteht zwischen der gesetzlichen Statuierung von Pflichten und der Statuierung von Verkehrspflichten zur Ausgestaltung subjektiver Rechte kein Unterschied. Die Statuierung bzw. Konkretisierung subjektiver Rechte erfolgt bei den Verkehrspflichten jedoch nicht durch den Gesetzgeber, sondern durch die Judikative.

### *I. Kenntnis des historischen Gesetzgebers von der Technik der situativ-handlungsspezifischen und gefährdungsspezifischen Ausgestaltung subjektiver Rechte durch Statuierung von Pflichten*

Der Technik zur Statuierung bzw. Konkretisierung subjektiver Rechte durch die situativ-handlungs- bzw. gefährdungsspezifische Definition der Pflichtenseite war sich der historische Gesetzgeber durchaus bewusst. Dies zeigen zum einen die bereits erwähnten §§ 908, 909 BGB, in denen die Statuierung von Pflichten genutzt wird, um das subjektive Eigentumsrecht seinem Inhalt und Umfang nach zu konkretisieren.[210] Zum anderen hat sich die zweite Kommission, wie bereits ausführlich dargestellt,[211] ausdrücklich zu dieser Technik bekannt: Sie ging entsprechend der historischen Gegebenheiten davon aus, dass eine Schadenshaftung einen Übergriff in einen fremden Rechtskreis und damit die Verletzung eines subjektiven Rechts voraussetzt. Der Rechtskreis eines Privatrechtssubjekts umfasse einerseits seine dinglichen und obligatorischen Vermögensrechte, andererseits aber auch seine Persönlichkeitsrechte (Leben, körperliche Unversehrtheit, Gesundheit, Freiheit, Ehre).[212] Zudem ging die zweite Kommission davon aus, dass

„[die] Reichtskreise" auch „noch in der Weise von einander abgegrenzt [sind], daß das Gesetz dem Einen im Interesse eines Anderen gewisse Pflichten auferlege, ihm ein bestimmtes Verhalten gebiete oder verbiete."[213] „Zur Wahrung" der so umgrenzten Rechte habe der Rechtsinhaber neben dem „Mittel der Selbstvertheidigung" und „Selbsthülfe" den Anspruch auf Be-

---

[208] Vgl. Kapitel 4 § 2 D. (S. 187 ff.).

[209] *E. Picker*, JZ 2010, 541, 551; vgl. auch *Kleindiek*, Deliktshaftung, S. 31 und S. 33: „Verkehrspflichten [...] stellen [...] einen normativen Verhaltensstandard auf, um die Rechtskreise (Herrschaftsspielräume) der Verkehrsteilnehmer voneinander abzugrenzen [...]"; *Bernhard*, in: FS Picker, S. 83, 106 ff.; im Ansatz ähnlich *Mertens*, in: MüKo-BGB, § 823 BGB Rn. 64 mit Fn. 100.

[210] Vgl. Kapitel 4 § 2 D. II. und III. (S. 188 ff.).

[211] Siehe Kapitel 4 § 2 B. I. 2. (S. 151 f.).

[212] Prot. II, S. 2711 f., bei Mugdan, Materialien II, S. 1073.

[213] Prot. II, S. 2712, bei Mugdan, Materialien II, S. 1073 (Hervorhebung nicht im Original).

seitigung des dem „Inhalt des Rechtes wiedersprechende[n] Zustand[s] sowie einen ergänzenden Anspruch auf Schadensersatz“ durch welchen die dem Rechtsinhaber „aus dem widerrechtlichen Eingriffe erwachsenen Nachtheile ausgeglichen werden sollen“.[214]

Diese Zitate aus den Protokollen der Sitzungen der zweiten Kommission machen deutlich, dass sich deren Mitglieder darüber bewusst waren, dass es sich bei der Auferlegung von Pflichten auf der Ebene des Privatrechts um eine Technik zur Schaffung oder Konkretisierung subjektiver Rechte handelt.

Dies wird auch dadurch bestätigt, dass die Mitglieder der Kommission erkannten, dass nicht allen Pflichten eine solche Konkretisierungsfunktion zukommt. Vielmehr kämen nur solche Pflichten in Betracht, „welche darauf abzielten, die Interessen des Einen vor der Beeinträchtigung durch den Anderen zu bewahren“.[215] „[G]esetzliche Pflichten“, welche einem Privatrechtssubjekt „im Interesse der Gesamtheit“ auferlegt seien, hätten keine solche Konkretisierungsfunktion, auch wenn „sie den Interessen Aller förderlich seien“ und daher „auch jedem irgendwie Betheiligten zu Gute kämen“.[216] Als solche nicht individualschützende Pflichten betrachtete die zweite Kommission etwa das Geldfälschungsverbot. Als individualschützende Pflicht führte sie etwa das Brieföffnungsverbot an. Dieses diene dem Schutz der Interessen des Empfängers.[217]

### *II. Subjektive Rechte mit physischem Bezugsobjekt als Definitionsobjekte von Verkehrspflichten*

#### *1. Subjektives Recht mit „statischem“ physischem Bezugsobjekt*

Seit der Entdeckung und Anerkennung der Verkehrspflichten haben die Gerichte die Möglichkeit subjektive Privatrechte in ihrem Inhalt und Umfang durch Ausgestaltung der Pflichtenseite zu definieren oder sogar neue subjektive Rechte zu schaffen. Dadurch kann – wie auch im gesetzlichen Bereich – leichter beschrieben werden, dass bei einem subjektiven Recht mit physischem Bezugsobjekt die Grenzen des subjektiven Rechts nicht mit den physischen Grenze des Bezugsobjekts übereinstimmen. Dies sei zunächst an einem vergleichsweise „statischen“ Beispiel verdeutlicht:

##### *a) Verkehrspflichten beim Betrieb eines Geschirrspülers*

Nach Auffassung mehrerer Instanzgerichte resultiert aus dem Betrieb von Geschirrspül- bzw. Waschmaschinen in einer Etagenwohnung zum

[214] Prot. II, S. 2712, bei Mugdan, Materialien II, S. 1073 f.
[215] Prot. II, S. 2712, bei Mugdan, Materialien II, S. 1073 f.
[216] Prot. II, S. 2712, bei Mugdan, Materialien II, S. 1073 f.
[217] Prot. II, S. 2711 ff., bei Mugdan, Materialien II, S. 1073 f.

Schutz des Eigentums an den darunterliegenden Wohnungen die Verkehrspflicht, in kürzeren Abständen eine akustische und optische Überwachung der Maschine vorzunehmen und dementsprechend die Wohnung während des Betriebs nicht zu verlassen.[218] Nimmt man eine solche Pflicht an, wird hierdurch bewirkt, dass das subjektive Eigentumsrecht der unter der Etagenwohnung liegenden Wohnung(en) über deren räumlich-gegenständliche Grenzen hinaus situativ-verhaltens- und gefährdungsspezifisch dergestalt erweitert wird, dass eine Eigentumsverletzung bereits in der pflichtwidrigen Schlecht- oder Nichtüberwachung der Spülmaschine liegt. In Bezug auf die Handlung „Betrieb einer Geschirrspül- oder Waschmaschine“ ist das Eigentumsrecht an der unten liegenden Wohnung derart ausgestaltet, dass bereits die Schlecht- bzw. Nichtüberwachung der Maschine bzw. das Verlassen der Wohnung während des Betriebs eine Verletzung des Eigentumsrechts darstellt. Kommt der Verkehrspflichtige dieser Überwachungspflicht nicht nach, verletzt er hierdurch das an der darunterliegenden Wohnung bestehende Eigentumsrecht und handelt daher – ohne dass ein Wasseraustritt oder gar eine Verletzung der gegenständlichen Integrität der unteren Wohnung oder der darin befindlichen Gegenstände notwendig wäre – rechtswidrig.[219] Kommt es zum Eintritt eines Schadens, hat er – Verschulden vorausgesetzt – für diesen nach § 823 Abs. 1 BGB einzustehen.

#### *b) Fotografieren von in fremdem Eigentum stehender Sachen und Verwertung der Bilder*

Ein aktuelles Beispiel für eine Konkretisierung eines subjektiven Rechts mit statischem Bezugsobjekt durch Verkehrspflichten sind die Fälle einer Verletzung des Grundeigentums durch Anfertigung und/oder Verwertung von Fotografien:

Der BGH hat in drei Entscheidungen, welche unter den Namen „Preußische Schlösser und Gärten“ bekannt sind,[220] entschieden, dass das Grundeigentum durch die Herstellung von Foto- oder Filmaufnahmen der darauf errichteten Gebäude sowie der angelegten Gartenanlagen verletzt wird, wenn das Grundstück zu deren Anfertigung betreten wird.[221] Diese Eigentumsverletzung werde durch eine ungenehmigte gewerbliche Vervielfältigung und Verwertung der Aufnahmen „noch vertieft“[222]. Zudem verletze

---

[218] OLG Hamm, MDR 1984, 668, 668; OLG Karlsruhe, VersR 1992, 114, 114; OLG Düsseldorf, NJW 1975, 171, 171; LG Gießen, VersR 1995, 1457, 1457; 1997, 1023, 1023.

[219] Vgl. zur Rechtswidrigkeit Kapitel 4 § 2 C. (S. 184 ff.).

[220] BGH, Urt. v. 17.12.2010 – V ZR 44/10 = NJW 2011, 753–755; Urt. v. 17.12.2010 – V ZR 45/10 = NJW 2011, 749–753; Urt. v. 17.12.2010 – V ZR 46/10 = ZUM 2011, 333–337.

[221] BGH, Urt. v. 17.12.2010 – V ZR 45/10 Rn. 11 ff.; Urt. v. 17.12.2010 – V ZR 46/10 Rn. 11 ff.

[222] BGH, Urt. v. 17.12.2010 – V ZR 46/10 Rn. 17.

auch das Betreiben einer Internetplattform, welche die Verwertung dieser Aufnahmen ermöglicht, das Grundeigentum, wenn der Plattformbetreiber Prüfpflichten verletze.[223] Deren Inhalt und Umfang bestimme sich danach, ob und inwieweit dem Plattformbetreiber nach den konkreten Umständen eine Prüfung zuzumuten sei. Je nach Lage des Falles könne die Pflicht etwa den Einsatz von Filtersoftware oder vergleichbaren technischen Hilfsmitteln umfassen, die durch Eingabe von Suchbegriffen oder optischen Merkmalen Verdachtsfälle aufspürt, welche dann gegebenenfalls manuell überprüft werden müssten.[224]

Durch die Annahme derartiger Prüfpflichten wird das Grundeigentum über die katastermäßigen Grenzen des Grundstücks, welches das Bezugsobjekt des subjektiven Rechts darstellt, situativ-verhaltens- und gefährdungsspezifisch dergestalt erweitert, dass eine Eigentumsverletzung durch den Betrieb der Internetplattform bei Nichteinhaltung der Prüfpflichten vorliegt.

### 2. *Subjektives Recht mit „mobilem" physischen Bezugsobjekt*

Auch in Situationen, in denen das physische Bezugsobjekt eines subjektiven Rechts mobil ist, ist es mittels der Annahme von Verkehrspflichten möglich, das subjektive Recht über dessen physische Grenzen hinaus auszudehnen. Ein Beispiel hierfür sind die bereits aufgezeigten[225] Räum- und Streupflichten eines Grundstückseigentümers, welche die subjektiven Rechte der Passanten auf körperliche und gesundheitliche Unversehrtheit über die körperlich-gegenständlichen Grenzen hinaus handlungs- und gefährdungsspezifisch definieren. Durch die Räum- und Streupflichten wird das subjektive Recht auf körperliche und gesundheitliche Unversehrtheit zur Zeit des normalen Tagesverkehrs über den physischen Körper ausgedehnt. Nähert sich eine Person zu einer Zeit des normalen Tagesverkehrs physisch einer aufgrund von Schnee- und Eisglätte gefährlichen Stelle auf einem öffentlichen Weg, besteht ihr gegenüber – ab einem gewissen Grad der Annäherung und der damit einhergehenden Gefährdung – für den Verkehrspflichtigen die Pflicht, den Weg zu räumen und zu streuen. Kommt der Verkehrspflichtige dieser Pflicht nicht nach, verletzt er hierdurch den Inhaber des Rechts auf körperliche und gesundheitliche Unversehrtheit in diesem subjektiven Recht. Zur Beseitigung dieser Verletzung muss der Verkehrspflichtige grundsätzlich seinen Räum- und Streupflichten nachkommen.

Als Spiegelbild der Erweiterung des Körperrechts durch die Statuierung von Verkehrspflichten werden das Eigentumsrecht und die allgemeine

---

[223] BGH, Urt. v. 17.12.2010 – V ZR 44/10 Rn. 15.
[224] BGH, Urt. v. 17.12.2010 – V ZR 44/10 Rn. 15.
[225] Siehe Kapitel 4 §2 A. II. (S. 146ff.).

Handlungsfreiheit des Verkehrspflichtigen begrenzt, da er mit seinem Eigentum nunmehr nicht mehr nach freier Beliebigkeit – so der in § 903 BGB normierte Grundsatz – verfahren darf. Er darf das Räumen und Streuen des Weges beispielsweise nicht mehr unterlassen, sobald sein Grundstück im „Einflussbereich" des Rechts auf körperliche und gesundheitliche Unversehrtheit des Passanten gelangt, da dieses Verhalten das subjektive Recht des Passanten verletzen würde.

Die alles entscheidende Frage besteht nach alledem darin, ab welchem Annäherungs- bzw. Gefährdungsgrad die Verkehrspflicht in Gestalt der Räum- und Streupflicht besteht und mit welchem Inhalt das Körperrecht über die Physis des Körpers ausgedehnt werden soll. Hinsichtlich des Annäherungs- bzw. Gefährdungsgrades ist festzustellen, dass je geringer man diesen ausgestaltet, desto stärker wird der dem Eigentümer durch das Eigentumsrecht und seiner Handlungsfreiheit zugewiesene Bereich der Freiheit verengt. Umgekehrt ist der mittels des Eigentumsrechts und der allgemeinen Handlungsfreiheit gewährte Herrschaftsbereich weiter, je strenger man den Annäherungs- bzw. Gefährdungsgrad zieht. Darüber hinaus ist festzustellen, dass der durch das Eigentum und die allgemeine Handlungsfreiheit zugewiesene Freiheitsbereich auch durch die inhaltliche Konkretisierung der Verkehrspflichten unterschiedlich intensiv begrenzt wird: Je detaillierter die Verkehrspflichten ausgestaltet sind, desto weniger kann der Eigentümer einer Sache mit dieser nach Belieben verfahren. So kann etwa ein Grundstückseigentümer auf ganz unterschiedliche Art und Weise Weise Schnee und Eis auf einem öffentlich zugänglichen Weg beseitigen. Verlangt man durch die Annahme einer Verkehrspflicht etwa, dass der Weg sicher begehbar ist, kann die Räumung mittels einer Schaufel, eines Besens oder einer Schneefräse und unter oder ohne Einsatz von Streumitteln oder Streusalzen erfolgen. Gestaltet man die Räum- und Streupflicht hingegen inhaltlich konkreter beispielsweise dahingehend, dass eine Schwarzräumung zu erfolgen hat und dass die Schwarzflächen mittels Salz trockenzuhalten sind, verringern sich die verbleibenden Handlungsalternativen des Grundstückeigentümers und damit der durch das Grundeigentum und die allgemeine Handlungsfreiheit zugewiesene Freiheitsraum erheblich. Im Gegenzug wird das durch die Verkehrspflicht konkretisierte subjektive Recht auf körperliche und gesundheitliche Unversehrtheit erweitert.[226]

### *III. Subjektive Rechte ohne physisches Bezugsobjekt als Definitionsobjekte von Verkehrspflichten*

Handelt es sich um ein subjektives Recht ohne physisches Bezugsobjekt (immaterielles Recht oder Immaterialgüterrecht), kann dessen Verletzung

---

[226] Ausführlich zu diesen Fragen Kapitel 5 § 1 D. (S. 226 ff.).

nicht aus einer Verletzung des Bezugsobjekts abgeleitet werden. Deshalb und aus Gründen der besseren Anschaulichkeit werden diese subjektiven Rechte in einer ganzen Reihe von Sachverhaltskonstellationen in ihrem Inhalt und Umfang ausschließlich über die Statuierung von Verkehrspflichten definiert. Besonders deutlich zeigt sich dies etwa im Bereich des Unternehmensrechts (bzw. des Rechts am eingerichteten und ausgeübten Gewerbebetrieb) oder des allgemeinen Persönlichkeitsrechts.

### 1. *Unternehmensrecht*

Die Rechtsprechung hatte sich in verschiedenen Konstellationen mit der Frage zu befassen, unter welchen Voraussetzungen die Berichterstattung über die Gesundheitsschädlichkeit von Produkten oder deren Inhaltsstoffe das produzierende Unternehmen in seinem Unternehmensrecht verletzt.[227] Die dazu erforderliche Konkretisierung des Inhalts und Umfangs des Unternehmensrechts[228] erfolgt über die Pflichtenseite des Berichterstatters:[229] So sei die bildliche Darstellung eines Produkts in einem negativen Filmbericht nicht *per se* pflichtwidrig. Vielmehr sei das Fernsehen darauf angewiesen, seine Berichterstattung ins Bild zu setzen. Es dürfe daher seine Wortberichte plastisch durch Bilder unterstreichen und sich dabei auch der im Handel befindlichen Produkte bedienen, ohne sich schon dadurch dem Vorwurf auszusetzen, negative Werbung für das gezeigte Produkt zu machen. Das Fernsehen sei nicht verpflichtet, dabei in einer den betreffenden Hersteller möglichst schonenden Art und Weise zu verfahren. Gerade in dieser Beziehung sei den Gerichten in der Aufgabe von Auflagen an die Berichterstattung durch die verfassungsrechtliche Gewährleistung freier Fernsehberichterstattung besondere Zurückhaltung aufgegeben. Sie hätten dabei auch die restriktiven Wirkungen solcher Beschränkungen im Einzelfall auf die Arbeit des Fernsehens generell zu bedenken. Nur die anlasslose Berichterstattung sei pflichtwidrig und verletze das Unternehmensrecht.

### 2. *Persönlichkeitsrecht*

Nach ständiger Rechtsprechung des BGH und auch des BVerfG verletzt eine Tatsachenbehauptung, deren Wahrheitsgehalt (noch) ungeklärt ist und die eine die Öffentlichkeit wesentlich berührende Angelegenheit betrifft, nur

[227] BGHZ 45, 296, 307ff.; BGH NJW 1983, 2195, 2196; NJW 1987, 2746, 2747; NJW 1970, 187, 189f.; NJW 2008, 2110 Rn. 29ff.; OLG Frankfurt a. M., NJW 1971, 1900, 1901.

[228] *Wagner*, in: MüKo-BGB, § 823 BGB Rn. 324; *v. Caemmerer*, in: FS 100 Jahre DJT, Bd. II, 1960, S. 49, 91, der das Unternehmensrecht als beschränkte Generalklausel begreift, bei der es darum gehe, „neue Verhaltensnormen [...] wertend herauszuarbeiten"; *Fikentscher*, in: FG Kronstein, S. 261, 287, der das Recht am eingerichteten und ausgeübten Gewerbebetrieb als „Bündel von Verhaltensnormen" versteht.

[229] Vgl. zum Folgenden BGH NJW 1987, 2746, 2747.

dann das allgemeine Persönlichkeitsrecht des betroffenen Privatrechtssubjekts, sofern das behauptende Privatrechtssubjekt vor der Aufstellung oder der Verbreitung der Behauptung nicht hinreichend sorgfältige Recherchen über den Wahrheitsgehalt angestellt hat. Die Recherchepflichten konkretisieren also den Inhalt und Umfang des allgemeinen Persönlichkeitsrechts des Betroffenen. Entsprechend kann dem behauptenden Privatrechtssubjekt die Tatsachenbehauptung nur untersagt werden, wenn es die Prüfpflichten nicht beachtet hat.[230]

Der konkrete Inhalt und Umfang der Recherchepflichten beurteile sich nach den im Einzelfall bestehenden Aufklärungsmöglichkeiten. Sie seien für die Medien grundsätzlich strenger als für Privatleute. Allgemein dürfe die Recherchepflicht im Interesse der grundrechtlich geschützten Meinungsfreiheit nicht derart streng ausgestaltet werden, dass die Bereitschaft zum Gebrauch des Grundrechts über die Maßen herabgesetzt werde. Andererseits seien die Pflichten umso strenger, je schwerwiegender die Äußerung das Persönlichkeitsrecht beeinträchtige.[231] Allerdings sei auch das Interesse der Öffentlichkeit an derartigen Äußerungen im Rahmen der notwendigen Abwägung zu berücksichtigen.[232]

### *IV. Verkehrspflichten als relative Ausgestaltung subjektiver Rechte*

Im Folgenden wird sich mit den Gründen auseinandergesetzt, warum die überwiegende Auffassung die ein subjektives Recht konkretisierende Funktion der Verkehrspflichten nicht anerkennt. Dabei werden auch die herkömmlichen Einwände gegen die hiesige Sichtweise herausgearbeitet und diskutiert.

#### *1. Verkehrspflichten gelten nicht abstrakt-generell*

Ein Grund dafür, dass die den Inhalt und Umfang eines subjektiven Rechts konkretisierende Funktion der Verkehrspflichten ganz überwiegend nicht er- bzw. anerkannt wird, liegt wohl darin, dass die Verkehrspflichten herkömmlicherweise – mehr oder weniger bewusst – als abstrakt-generelle Verhaltensregelung ohne Bezug zu dem jeweiligen Privatrechtssubjekt und seinen subjektiven Privatrechten verstanden werden.[233] Auf diesem Weg wird

---

[230] Vgl. BGHZ 132, 13, 13ff.; BGH NJW 2008, 2262, 2262ff.; NJW 2014, 2029, 2029ff.; NJW 2015, 778, 778ff.; BVerfGE 114, 339, 339ff.; BVerfG NJW-RR 2010, 470, 470ff.

[231] BGHZ 132, 13, 23f.; BGH NJW 2008, 2262, 2266; NJW 2014, 2029, 2032; NJW 2015, 778, 779; BVerfGE 114, 339, 353f.

[232] BGHZ 132, 13, 23; BGH NJW 2008, 2262, 2266; BVerfGE 114, 339, 353; BVerfG NJW-RR 2010, 470, 472.

[233] Vgl. etwa im Grundsatz *Larenz/Canaris*, Schuldrecht, Band II/2, § 76 III 6, S. 423; *von Bar*, 25 Jahre Karlsruher Forum, S. 80, 85; *ders.*, Verkehrspflichten, S. 182ff.,

die „Richtung" der Verkehrspflicht auf ein bestimmtes subjektives Recht, welches sie inhaltlich konkretisiert, und damit auch auf dessen Inhaber aus dem Blick verloren.

Dies darf jedoch nicht darüber hinwegtäuschen, dass die subjektive Relativität der Verkehrspflichten allgemein anerkannt ist. Verkehrspflichten gelten nicht gegenüber jedermann in gleichem Maße, sondern nur gegenüber bestimmten Privatrechtssubjekten und damit relativ:[234] Besonders augenfällig zeigt sich dies in Konstellationen, in denen Rechtssubjekte in den Gefährdungsbereich und damit in den Geltungsbereich der Verkehrspflichten unbefugt eindringen. Gegenüber solch Unbefugten bestehen nach wohl h. M. jedenfalls im Grundsatz keine Verkehrspflichten.[235] Der Grund hierfür liegt nach der vorherrschenden Sichtweise allerdings nicht – wie bei hiesigem Verständnis – darin, dass die subjektiven Rechte des Unbefugten im Vergleich zu denen Befugter anders ausgestaltet sind, sondern darin, dass Unbefugte nach dem Zweck der jeweiligen – absolut-generell verstandenen – Verkehrspflicht nicht von deren Schutz erfasst werden. Die herrschende Ansicht stellt also, wie dargestellt, auf die Lehre vom Schutzzweck der Norm ab, um die geschützte Person festzustellen und somit um über die „Hintertür" eine Relativität der subjektiven Rechte zu erreichen.[236]

insb. S. 184f. Eng verwandt mit dem hier angesprochenen Problemkreis ist das bereits thematisierte Verständnis der Rechtswidrigkeit (vgl. bereits Kapitel 3 § 10 A. IV. 2. [S. 106ff.]). Wie gesehen, wird hierunter häufig mehr als die bloße Verletzung eines subjektiven Rechts verstanden. Rechtswidrig sei nur das Verhalten, dass durch die objektive Rechtsordnung verboten ist. Von einem solchen Verbot könne aber nur ausgegangen werden, wenn entweder ein öffentlich-rechtlicher oder ein privatrechtlicher Unterlassungs- bzw. Handlungsanspruch bestehe (*Jansen*, AcP 202 [2002], 517, 520). Der privatrechtliche Unterlassungsanspruch setze eine Verletzung einer objektiven Rechtspflicht voraus, die bloße Verletzung einer Verkehrspflicht genüge hingegen nicht, da diese keine echten Ge- oder Verbote statuierten (a. a. O., S. 529f.), sondern lediglich ein Instrument zur Verteilung der schadensrechtlichen Haftungsverantwortung seien (a. a. O., S. 533ff.). Auch *Funcke*, Quasinegatoria, S. 332f., geht davon aus, dass Verkehrspflichten abstrakt und gegenüber jedem Rechtssubjekt situationsunabhängig in gleichem Maße bestehen (a. a. O., S. 332, 334).

[234] BGH NJW 1985, 1078, 1079; NJW 1986, 1757, 1758; *von Caemmerer*, Problem des Kausalzusammenhangs, S. 14f.; *Wagner*, in: MüKo-BGB, § 823 BGB Rn. 366; *Larenz/Canaris*, Schuldrecht, Band II/2, § 76 III 6, S. 423. Nicht ganz eindeutig *von Bar*, 25 Jahre Karlsruher Forum, S. 80, 85; *ders.*, Verkehrspflichten. S. 185.

[235] BGH NJW 1985, 1078, 1079; 1987, 2671, 2672; OLG Hamm VersR 1993, 491, 491; WuM 2004, 675, 676; OLG Jena VersR 1998, 903, 904; OLG Karlsruhe NJW-RR 1999, 1617, 1618; *Wilhelmi*, Risikoschutz durch Privatrecht, S. 260; *Larenz/Canaris*, Schuldrecht, Band II/2, § 76 III 6, S. 423f.; *Stoll*, AcP 162 (1963), 203, 234; *Hager*, in: Staudinger, BGB, § 823 Rn. E 40; *Schwab*, JZ 1967, 13, 14. Vgl. mit gewissen Einschränkungen auch *Wagner*, in: MüKo-BGB, § 823 BGB Rn. 353 m. w. N.; a. A. *von Bar*, Verkehrspflichten, S. 186ff.; *Funcke*, Quasinegatoria, S. 332f.

[236] Vgl. zur Lehre vom Schutzzweck der Norm in ihrer Ausprägung auf Schadensebene bereits Kapitel 4 § 2 B. III. 2. (S. 179ff.) sowie *Larenz/Canaris*, Schuldrecht, Band II/2, § 76 III 6, S. 423f.; *Wagner*, in: MüKo-BGB, § 823 BGB Rn. 366ff.

Besonders eindrücklich zeigt dies eine vom OLG Hamm entschiedene Rechtsstreitigkeit:[237] An den an einer Privatstraße ohne getrennten Gehweg befindlichen Grundstücken besteht für die Anlieger mit den Hausnummern 16a, 16b, 16c, 18 und 20 ein gemeinschaftliches Miterbbaurecht. Die Klägerin (Nr. 16c) ist an dieser Rechtsgemeinschaft ebenso beteiligt wie der Beklagte (Nr. 18). Die Klägerin stürzte bei winterlichen Witterungsverhältnissen und begehrt vom Beklagten Schadensersatz. Nach Auffassung des OLG Hamm bestand bei entsprechenden Witterungsverhältnissen grundsätzlich die Verpflichtung der Inhaber des Erbbaurechts, auf der Privatstraße zumindest einen begehbaren Weg als Zugang zu den Grundstücken der Anlieger zu räumen und zu streuen. Denn auch eine Privatstraße diene nicht nur den Anliegern, sondern auch deren Besuchern und Lieferanten zum Zugang der jeweiligen Grundstücke und sei daher dem öffentlichen Verkehr freigegeben. Innerhalb der anerkannten zeitlichen Grenzen der Räum- und Streupflicht sei deshalb ein Gehweg als Zugang zu den einzelnen Grundstücken sicherzustellen. Dieser könne nur über die Straße verlaufen, weil ein getrennter Bürgersteig fehle.[238] Dem Beklagten sei „aber keine Verkehrssicherungspflichtverletzung *gegenüber* der Kl[ägerin] vorzuwerfen", weil diese als Miterbbauberechtigte mangels anderweitiger Vereinbarung selbst räum- und streupflichtig sei und deshalb nicht in den Schutzbereich der Räum- und Streupflicht falle.[239]

Vom hiesigen Standpunkt aus erscheint die Frage nach dem persönlichen Schutzbereich der Verkehrspflicht schlicht als Frage nach dem Inhaber und dem Inhalt und dem Umfang des subjektiven Rechts, welches durch die Streu- und Räumpflicht konkretisiert wird. Im Rahmen der Anspruchsprüfung gilt es zunächst festzustellen, welches und damit zugleich wessen subjektives Recht durch die in Frage stehende Verkehrspflicht konkretisiert bzw. statuiert wird. Auf diesem Weg wird die durch das definierte subjektive Recht vermittelte Zielrichtung auf ein Privatrechtssubjekt nicht aus dem Blick verloren. Der persönliche Schutzbereich der Verkehrspflichten stimmt so automatisch mit dem Kreis der Träger der durch sie definierten subjektiven Rechte überein.[240] Vom Standpunkt der herrschenden Auffassung ist die Lehre vom Schutzzweck der Norm indessen notwendig, da erst durch sie der notwendige[241] Bezug der Verkehrspflicht auf ein bestimmtes Rechtssubjekt hergestellt wird.

---

[237] OLG Hamm, VersR 2002, 1299, 1299.

[238] OLG Hamm, VersR 2002, 1299, 1299.

[239] OLG Hamm, VersR 2002, 1299, 1299 (Hervorhebung nicht im Original).

[240] Vom Standpunkt des herrschenden Verständnisses kann dies zwar nicht absolut sichergestellt werden. Als Grundsatz ist das aber auch dort anerkannt, vgl. etwa *Wagner*, in: MüKo-BGB, § 823 BGB Rn. 452.

[241] Anderenfalls kommt es zu den bereits angesprochenen Wertungswidersprüchen

### 2. *Kein Erfordernis abstrakt-genereller Verkehrspflichten auf dem Gebiet des Privatrechts*

Die Annahme abstrakt-genereller Verkehrspflichten ist auf dem Gebiet des Privatrechts zwar gedanklich möglich, aber weder erforderlich noch zielführend. Das Privatrecht dient – wie bereits herausgearbeitet und gezeigt wurde[242] – *primär* der Zuordnung von Herrschaftsbereichen an ein Rechtssubjekt. Nur zum Schutz dieser Zuordnung hält die Privatrechtsordnung *sekundär* Schutzmittel in Gestalt der Ansprüche bereit. Folgerichtig obliegt die Ausübung der Ansprüche[243] auch dem Rechtsinhaber und liegt in dessen freiem Belieben. Setzt etwa ein Käufer seinen Anspruch auf Übereignung der mangelfreien Kaufsache, also auf Einhaltung der Pflichten des Verkäufers nicht durch, bleibt die durch den Verkäufer begangene Pflichtverletzung praktisch folgenlos. Dritte können und dürfen den Verkäufer nicht zur Einhaltung seiner Verpflichtungen gegenüber dem Käufer anhalten.

Die Annahme abstrakt-genereller Verkehrspflichten ohne Bezug auf ein bestimmtes subjektives Recht und damit ein bestimmtes Rechtssubjekt können in einem solchen System funktional keine Aufgabe wahrnehmen und sind daher sinnlos. Für das Privatrecht ist es funktional unerheblich, ob ein Rechtssubjekt aufgrund einer abstrakt-generellen Regelung der objektiven Rechtsordnung ein bestimmtes Verhalten oder Unterlassen an den Tag zu legen hat. Der funktional relevante Bereich des Privatrechts ist *immer* erst eröffnet, wenn ein Privatrechtssubjekt *gegenüber einem anderen* Privatrechtssubjekt ein bestimmtes Verhalten oder Unterlassen schuldet, weil diese Teil seines subjektiven Rechts sind. Besonders deutlich zeigt sich dies darin, dass Verletzungen von abstrakt-generellen Verkehrspflichten ohne konkreten Bezug zu einem Rechtssubjekt in einem solchen System des Privatrechts keine privatrechtlichen Rechtsfolgen auslösen können und demnach – bei einer rein privatrechtlichen Perspektive – nicht das Papier wert sind, auf dem sie niedergeschrieben wurden. Eindrücklich zeigt sich dies in Fällen, in denen bestimmte Verhaltenspflichten überhaupt keinen Bezug zu subjektiven Privatrechten besitzen und somit keinem Privatrechtssubjekt zugeordnet sind.[244] So bedarf beispielsweise nach § 4 Abs. 1 S. 1 TEHG der Anlagenbetreiber zur Freisetzung von Treibhausgasen einer Genehmigung.

---

und dem Problem der Unbestimmbarkeit des Gläubigers, vgl. Kapitel 4 § 2 B. II. und III (S. 167 ff.).

[242] Vgl. insbesondere Kapitel 2 § 7 (S. 29 ff.) und Kapitel 3 § 10 (S. 92 ff.).

[243] Dass nur *die Ausübung* des auf Pflichterfüllung gerichteten Anspruchs und nicht etwa *die Geltung* der Rechtspflicht in das Belieben des Rechtsinhabers gestellt ist, wird zuweilen verkannt (vgl. etwa *Funcke*, Quasinegatoria, S. 82).

[244] Dies betrifft insbesondere auch die Verhaltenspflichten zum Schutz von Menschenrechten, vgl. dazu und zu den Konsequenzen für die kollisionsrechtliche Behandlung *Wendelstein*, RabelsZ 83 (2019), 111, 115 ff.

Darüber hinaus hat ein solcher Anlagenbetreiber nach § 5 Abs. 1 TEHG die durch seine Tätigkeit in einem Kalenderjahr verursachten Emissionen zu ermitteln und der zuständigen Behörde bis zum 31. März des Folgejahres über die Emissionen zu berichten. Keiner dieser Normen misst die h. M. Schutzgesetzqualität im Sinne des § 823 Abs. 2 BGB zu.[245] Zudem sollen sie – wiederum nach h. M. – nicht über die privatrechtliche Pflichtwidrigkeit der Emission entscheiden.[246]

Genau genommen können diesen Regelungen für die Ebene des Privatrechts überhaupt keine Aussage über die privatrechtliche Pflichtwidrigkeit einer Handlung oder Unterlassung entnommen werden.[247] Eine solche wäre erst dann sinnvoll möglich, wenn man die im TEHG geregelten öffentlich-rechtlichen Pflichten auf ein konkretes subjektives Privatrecht, etwa das Eigentum oder den Körper eines Privatrechtssubjekts, bezieht und sie dadurch individualisiert bzw. subjektiviert. Erst nach und wegen dieses zuordnenden Primäraktes würde die öffentlich-rechtliche Pflicht auch auf der Ebene des Privatrechts relevant. Zur Absicherung dieser primären Zuordnung würde dann das überkommene Schutzinstrumentarium des Privatrechts eingreifen.

### *3. Unberechtigter Vorwurf einer „unnötigen Hypertrophie der subjektiven Rechte“*

Die Auffassung, Verkehrspflichten seien ein Mittel zu inhaltlichen Konkretisierung subjektiver Rechte, deren Verletzung unter anderem funktional negatorische Ansprüche auslösen, führt nicht zu einer unnötigen Hypertrophie der subjektiven Rechte. Nach der Gegenauffassung[248] dürfe allein der Umstand, dass Güter oder Interessen durch Schadensersatz- und Abwehransprüche negativ geschützt sind, nicht dazu verleiten, von subjekti-

---

[245] Vgl. zur Wirkungsweise des § 823 Abs. 2 BGB bereits Kapitel 4 § 2 D. IV. (S. 194 ff.).

[246] Vgl. stellvertretend nur *Pöttker*, Klimahaftungsrecht, S. 125.

[247] Es ist weitgehend anerkannt, dass die privatrechtliche Beurteilung unabhängig von den öffentlich-rechtlichen Pflichten zu erfolgen hat. Das Problem der Maßgeblichkeit öffentlich-rechtlicher Normen für die privatrechtliche Beurteilung kann, in Abhängigkeit von der dogmatischen Einordnung, an verschiedenen Stellen erörtert werden. So diskutiert bspw. *Wagner*, Genehmigung, S. 81 ff., die Problematik anhand der Fragestellung, ob öffentlich-rechtliche Genehmigungen einen Rechtfertigungsgrund im Rahmen der Schadenshaftung darstellen können. Die Problematik der öffentlich-rechtlich akzessorischen Ausgestaltung des Privatrechts stellt sich jedoch unabhängig von der dogmatischen Verortung. Gegen eine solche grundsätzliche Akzessorietät sprechen sich aus BGHZ 92, 143, 152; 139, 43, 46 f.; 139, 79, 83; NJW 1984, 801, 802; NJW 2008, 3778, 3779; *Larenz/Canaris*, Schuldrecht II/2, § 76 III.4.f.; *Canaris*, in: FS Larenz, S. 27, 54 ff.; *Wilhelmi*, Risikoschutz durch Privatrecht, S. 35 ff.; 272; *Grüneberg*, in: Palandt, BGB, § 276 BGB Rn. 18 f.

[248] *V. Caemmerer*, in: FS Deutscher Juristentag, Band II, S. 49, S. 55.

ven Rechten zu sprechen.[249] Diesem Vorwurf liegt der Gedanke zu Grunde, dass subjektive Rechte der Zuweisung von Gütern bzw. von Interessenbereichen zur freien Verfügung des Rechtsinhabers dienen. Entsprechend setze die Annahme eines subjektiven Rechts voraus, dass der Rechtsinhaber über die Geltung des materiellen Verhaltens- oder Unterlassungsgebots verfüge. Verkehrspflichten als Bestandteil der objektiven Rechtsordnung würden aber unabhängig vom Willen des durch sie geschützten Privatrechtssubjekts gelten, so dass es sich schon deshalb nicht um subjektive Rechte handeln könne.[250] Diese Auffassung stützt sich insbesondere auf den Begriff des subjektiven Rechts wie er durch die Willenstheorien *v. Savignys*[251] und *Windscheids*[252] geprägt wird: *V. Savigny* ging davon aus, dass durch subjektive Rechte dem Rechtsinhaber ein Bereich zugewiesen sei, in dem sein Wille „unabhängig von jedem anderen Willen zu herrschen hat".[253] Innerhalb dieses Bereichs könne sich der Wille frei von zwingenden Verhaltensge- oder -verboten entfalten.[254] *Windscheid* analysierte das subjektive Recht im Sinne der savignyschen Willenstheorie unter dem Einfluss der Imperativentheorie *Thons* normtheoretisch. Ein subjektives Recht zu haben bedeute, dass „[d]ie Rechtsordnung (das Recht im objectiven Sinne, das objective Recht) [...] auf Grund eines conkreten Tatbestandes einen Befehl zu einem Verhalten bestimmter Art erlassen und diesen Befehl demjenigen, zu Gunsten dessen sie ihn erlassen hat, zur freien Verfügung hingegeben" habe.[255] Die dem Rechtsinhaber durch das subjektive Recht eingeräumte Entscheidungsbefugnis beziehe sich unmittelbar auf die *Geltung* des Verhaltensge- oder -verbots. „Die Rechtsordnung [...] hat ihren Befehl zu seinem Befehl [gemeint ist der Berechtigte] gemacht. Das Recht ist sein Recht geworden."[256] Bei *Windscheid* wird also das Verhaltensge- oder -verbot des materiellen Rechts selbst subjektiviert, indem seine Geltung vom Willen des Rechtsinhabers abhängig ist.[257]

[249] *V. Caemmerer*, in: FS Deutscher Juristentag, Band II, S. 49, S. 55 f.

[250] Auf das für die Willenstheorie wesentliche Element der Disponibilität des Verhaltensge- oder -verbots verzichtet etwa *Elzbacher*, Unterlassungsklage, S. 110.

[251] Dazu ausführlich Kapitel 3 §4 A. I. (S. 47 ff.).

[252] Dazu ausführlich Kapitel 3 §5 B. (S. 55 ff.).

[253] *V. Savigny*, System I, S. 333.

[254] *V. Savigny*, System I, S. 332.

[255] *Windscheid/Kipp*, Pandekten I, 9. Auflage 1906, S. 155 f.

[256] *Windscheid/Kipp*, Pandekten I, 9. Auflage 1906, S. 156.

[257] Anders bei *Thon*, Rechtsnorm und subjektives Recht (1878), S. 221, wonach der Schutz durch die Imperative der Rechtsordnung unabhängig vom Willen des Berechtigten sei. Dazu *Windscheid/Kipp*, Pandekten I, 9. Auflage 1906, S. 158 in der auf S. 156 beginnenden Fn. 3: „Nach *Thon* ist nicht der ursprüngliche Befehl der Rechtsordnung dem Berechtigten zu eigen gegeben, sondern ihm zu eigen gegeben sind erst die weiteren Befehle, welche die Rechtsordnung für den Fall des Ungehorsams gegen den Widerstrebenden erläßt, um ihre Gebote durchzusetzen, im besonderen die Befehle an die Organe der Staatsgewalt zur Gewährung von Rechtshilfe."

Die Auffassung, die eine unnötige Hypertrophie der subjektiven Rechte annimmt, wenn Verkehrspflichten als ein Mittel zu inhaltlichen Konkretisierung subjektiver Rechte angesehen werden, ist aus zwei Gründen wenig überzeugend:

Erstens ist das Willenselement, welches nach der Willenstheorie das Wesen des subjektiven Rechts ausmacht, in der heutigen Privatrechtsordnung formalisiert und von der Ebene des materiellen Rechts auf die prozessuale Ebene verschoben.[258] Eine Rückwirkung der Willensfreiheit des Rechtsinhabers, von der ihm eingeräumten Klagebefugnis Gebrauch zu machen oder dies zu unterlassen, auf das materielle Recht dergestalt, dass die Geltung der materiell-rechtlichen Verhaltensge- oder -verbote von dem Willen des Berechtigten abhängig ist, ist nicht länger existent (dazu sogleich unter a). Zweitens erscheint auch die Annahme, der Begünstige könne die Geltung der Verkehrspflichten nicht beeinflussen, zweifelhaft (dazu unter b).

### *a) Formalisiertes Willenselement der subjektiven Rechte ohne Rückwirkung auf die Geltung der materiell-rechtlichen Pflichten*

Eine (Rück-)Wirkung des freien Willens des Rechtsinhabers auf die Geltung der Verhaltens- oder Unterlassungspflicht auf der materiell-rechtlichen Ebene findet nicht statt. Hierfür bestehen zwei unterschiedliche Begründungsansätze. Für diejenigen Vertreter, welche die gerichtliche Durchsetzbarkeit nicht als Element des subjektiven Privatrechts ansehen, ist das subjektive Privatrecht die „aktive" Seite einer Verhaltens- oder Unterlassungspflicht; die Pflicht aus der Sicht des Begünstigten.[259] Die Autoren, welche die gerichtliche Durchsetzbarkeit hingegen als dem subjektiven Recht immanent ansehen, verstehen das subjektive Privatrecht als eine Kombination von zweierlei Pflichten. Ein subjektives Privatrecht existiere, wenn ein privater Normadressat im Interesse des Rechtsinhabers zu einem bestimmten Verhalten oder Unterlassen verpflichtet ist und eine Verpflichtung der Gerichte zur Sanktionierung eines Normverstoßes besteht, welche durch die Erhebung einer Zivilklage bedingt ist.[260] Beide Auffassungen haben gemein-

---

[258] *Fezer*, Teilhabe und Verantwortung, S. 240.

[259] *Hellwig*, Anspruch und Klagerecht, S. 3f.: „das Rechtsverhältnis, betrachtet von der Seite des Berechtigten"; *Wolff*, Verbotenes Verhalten, S. 160: „Verpflichtung zu einem bestimmten Verhalten im Interesse eines anderen"; *Eltzbacher*, Handlungsfähigkeit, S. 106, 110: „Das Recht ist die Stellung dessen, zu dessen Gunsten eine Rechtsnorm etwas vorschreibt"; *Hold von Ferneck*, Rechtswidrigkeit, Band I, S. 120ff.: „Das Recht ist der gewollte Reflex der Pflicht"; *Schulz-Schaeffer*, Subjektives Recht, S. 74 „einen Imperativ [...] der Rechtsordnung, in Beziehung gesetzt zu demjenigen Rechtssubjekt, dessen Interesse [...] im konkreten Fall seiner Bestimmung gemäß geschützt ist".

[260] *Röhl/Röhl*, Allgemeine Rechtslehre, S. 380: „Subjektive Rechte entstehen, wo rechtliche Verhaltens- und Sanktionsnormen derart kombiniert sind, daß der Normbenefiziar bei Verletzung von Verhaltensnormen die Tätigkeit des Staatsapparats zu seinen

sam, dass sie die Verhaltens- oder Unterlassungspflicht des Pflichtigen vom Willen des Berechtigten lösen. Das Willenselement wird von der materiell-rechtlichen Ebene auf die Ebene des Gerichtsprozesses, also auf die prozessuale Ebene, verlagert.[261] In der Folge ist es zur Annahme eines subjektiven Rechts ausreichend, dass dessen *gerichtliche* Durchsetzung vom Willen des Berechtigten abhängig ist.[262] Eine (Rück-)Wirkung des freien Willens des Rechtsinhabers auf die Geltung der Verhaltens- oder Unterlassungspflicht auf der materiell-rechtlichen Ebene findet hingegen nicht statt. Der Verkäufer einer Sache ist beispielsweise nicht etwa deswegen zur Leistung verpflichtet, weil der Käufer dies will, sondern weil das Gesetz die Leistungsverpflichtung zum Schutz des parteiautonom geschaffenen Forderungsrechts anordnet. Die Existenz dieses Schutzes ist vom Willen des Berechtigten unabhängig. Er hat allenfalls die Möglichkeit, das willkürliche Forderungsrecht als Voraussetzung des Schutzes zu modifizieren (etwa durch Stundung) oder gar aufzuheben (etwa durch Erlass). Auch das subjektive Eigentumsrecht ist unabhängig vom Willen des Eigentümers geschützt. Der Eigentümer kann kraft seines Willens, etwa durch Einwilligung, sein Eigentumsrecht lediglich modifizieren und so die Verletzung seines subjektiven Rechts als Anspruchsvoraussetzung, und damit insbesondere als Voraussetzung der negatorischen Haftung oder einer unerlaubten Handlung, beseitigen.

### *b) Möglichkeit der Veränderung oder Abbedingung der Verkehrspflichten durch den Begünstigten*

Auch die Annahme, ein durch eine Verkehrspflicht potentiell begünstigtes Privatrechtssubjekt könne über die Geltung der Verkehrspflicht nicht disponieren, ist zweifelhaft. Gerade die Diskussion über die sachgerechte dogmatische Behandlung von Sachverhaltskonstellationen, in denen sich der später Geschädigte selbst hätte schützen können, weil er die Gefahr erkannt hat, zeigt, dass eine Disposition der Verkehrspflichten jedenfalls nicht ausgeschlossen ist.

Die Rechtsprechung geht teilweise davon aus, dass diese Konstellationen über § 254 BGB sachgerecht zu lösen seien.[263] Andererseits findet sich in der Rechtsprechung und Literatur auch die Auffassung, die Selbstschutzmöglichkeit lasse die Verkehrspflicht entfallen oder reduziere jedenfalls deren Inhalt.[264] Sei die Gefahr mit Händen zu greifen und könne ihr ohne Weite-

---

Gunsten auslösen kann“. *K. Schmidt*, Kartellverfahrensrecht, S. 312 ff., 314 ff.: Sekundäre subjektive Rechte als Mittel zur „Durchsetzung objektivrechtlicher Ge- und Verbote“.

[261] *Fezer*, Teilhabe und Verantwortung, S. 240.

[262] Sehr deutlich etwa *Funcke*, Quasinegatoria, S. 286.

[263] Vgl. etwa BGH NJW 1985, 482, 483.

[264] BGH NJW 1985, 1076 f.; NJW 1986, 52, 53; *Larenz/Canaris*, SR II/2, § 76 III 4. c) (S. 414).

res ausgewichen werden, bestehe nicht einmal eine Pflicht zur Warnung.[265] So habe etwa der Betreiber einer Skipiste grundsätzlich die Pflicht, für die Sicherheit des Skiverkehrs auf der Piste zu sorgen.[266] Jedoch bestehe keine Verpflichtung, diejenigen Gefahren auszuschließen, welche der Wintersportler „bewusst in Kauf nimmt", wie z. B. Geländeschwierigkeiten, Vereisungen, Buckel und Mulden oder schlechte Schneequalität.[267] Durch die bewusste Entscheidung, die Gefahr für seine eigenen Rechte in Kauf zu nehmen, ist es nach dieser Sichtweise dem Begünstigten also möglich, die an sich bestehenden Verkehrspflichten abzubedingen oder jedenfalls in ihrem Inhalt und Umfang einzuschränken.

#### *4. Relative Geltung der Verkehrspflichten steht mit den Grundsätzen der Einheit der Rechtsordnung und des public-private divide im Einklang*

Die dargestellte[268] Formalisierung des Willenselements des subjektiven Rechts bewirkt eine strukturelle Annäherung von öffentlichem Recht und Privatrecht. Die Verhaltens- oder Unterlassungspflicht, welche sich an eine Privatperson richtet, erscheint als Grundkategorie, welche es grundsätzlich ermöglicht, Verhaltensge- und -verbote des öffentlichen Rechts in das Privatrecht zu übernehmen und mit dessen Mitteln durchzusetzen. Damit stellt sich die Frage, ob die hiesige Auffassung, Verkehrspflichten seien lediglich ein Mittel zur inhaltlichen Konkretisierung subjektiver Privatrechte, im Widerspruch zum vagen Grundsatz der Einheit der Rechtsordnung steht. Nach diesem angeblich verfassungsrechtlich abgesicherten[269] Grundsatz sollen Rechtsnormen der unterschiedlichen Rechtsgebiete miteinander nicht in Widerspruch treten dürfen.[270] Gerade dies ist aber nach hiesigem Verständnis nicht sichergestellt, weil die abstrakt-generellen Pflichten des öffentlichen Rechts nicht automatisch in das Privatrecht übernommen und subjektiviert werden und ihnen somit auf dem Gebiet des Privatrechts überhaupt eine Bedeutung zukommt. Eine Art Gegenstück zu dieser Fragestellung ist die Frage, ob die Übernahme der Pflichten des öffentlichen Rechts in das Privatrecht mit der Folge, dass sie mit den privatrechtlichen Mitteln durchgesetzt werden können, einen „unbedenklichen"[271] Übergriff des Privatrechts in das öffentliche Recht darstellt.

---

265 OLG Saarbrücken, MDR 2005, 1299, 1299 ff.; AG Münsingen, ZfS 2000, 55, 55; *v. Bar*, Verkehrspflichten, S. 86.
266 BGH NJW 1985, 620, 620.
267 BGH NJW 1985, 620, 620; OLG Hamm, MDR 2000, 161, 161.
268 Vgl. Kapitel 4 § 2 E. IV. 3. a) (S. 211 ff.).
269 Vgl. etwa *Rüthers/Fischer/Birk*, Rechtstheorie, Rn. 147.
270 Vgl. etwa BGHZ 62, 265, 270; 111, 63, 65 f.; 120, 239, 245 f.; grundsätzlich auch *U. Diederichsen*, 56. DJT, L 48, 65; vgl. auch *Petersen*, Duldungspflicht und Umwelthaftung, S. 76.
271 So BGHZ 122, 1, 8.

### a) *Public-private divide*

Übernimmt man Verhaltens- oder Unterlassungspflichten des öffentlichen Rechts in das Privatrecht und setzt sie entsprechend mit dessen Schutzmitteln durch, wird hierdurch ein besonderer Aspekt der Differenzierung von Privat- und öffentlichem Recht berührt. Es geht nicht darum, ein Privatrechtssubjekt vor „dem" Staat bzw. „der öffentlichen Gewalt", sondern vor Beeinträchtigungen durch andere Privatrechtssubjekte zu schützen. Der Schutz der Privatrechtssubjekte vor anderen Privatrechtssubjekten obliegt auf diesem Feld nicht nur dem Privatrecht mit seinen Schutzansprüchen, sondern wird auch durch Verwaltungsbehörden (insbesondere die Polizeibehörden und die Strafrechtspflege) realisiert. Seitdem im Verwaltungsrecht unter gewissen Voraussetzungen einklagbare Ansprüche des Bürgers gegen den Staat auf Einschreiten gegenüber rechtsverletzenden Beeinträchtigungen durch andere Bürger anerkannt sind,[272] stehen einem Bürger im Prinzip zwei verschieden Rechtsschutzsysteme zur Verfügung: Er kann privatrechtliche Ansprüche geltend machen und nötigenfalls grundsätzlich auch vor den Zivilgerichten einklagen. Daneben hat er die Möglichkeit, ein Einschreiten der zuständigen Verwaltungsbehörde zu verlangen, und dies notfalls verwaltungsgerichtlich zu erzwingen. Teilweise wird davon ausgegangen, dass diese Situation nicht mit dem Doppelbestrafungsgebot (Rechtsstaatsprinzip und/oder Art. 103 GG) vereinbar sei. Vielmehr sei die Einhaltung einer Verhaltens- oder Unterlassensverpflichtung regelmäßig nur entweder mit den Mitteln des öffentlichen oder des privaten Rechts durchzusetzen.[273]

Gegen diese Auffassung lässt sich einwenden, dass sie zwei verschiedene Fragen nicht hinreichend sauber voneinander trennt: Die Frage, ob es sich um eine unzulässige Doppelbestrafung handelt, tritt bei den vollstreckungsrechtlichen Ordnungsmaßnahmen des § 890 ZPO und nicht im Rahmen der Verhaltens- oder Unterlassungspflichten des materiellen Privatrechts auf. Selbst wenn es also zutreffend wäre, dass die Ordnungsmaßnahmen des § 890 ZPO strafähnlichen Charakter haben und daher in den Anwendungsbereich des Art. 103 GG oder jedenfalls eines aus dem Rechtsstaatsprinzip abgeleiteten Doppelbestrafungsverbots fallen, kann daraus für die Existenz von privatrechtlichen Ansprüchen auf der Ebene des materiellen Rechts nichts abgeleitet werden. Eine eingeschränkte oder gar fehlende Vollstreckungsmöglichkeit hat keine Auswirkung auf die Existenz oder den Inhalt und Umfang der materiell-rechtlichen Pflichten des Privatrechts. Zudem ist das Privatrecht „als Recht einer staatsunabhängigen Gesellschaft"[274] unter

[272] Grundlegend BVerwGE 11, 95, 95 ff.
[273] *Funcke*, Quasinegatoria, S. 321, 223.
[274] *Bydlinski*, AcP 194 (1994), 319, 340.

Gleichen gegenüber dem öffentlichen Recht eigenständig, so dass es auf einen dort gegebenenfalls vorhandenen Schutz nicht ankommen kann.[275]

### b) Vereinbarkeit mit dem Grundsatz der Einheit der Rechtsordnung

Selbst wenn man einen Grundsatz von der Einheit der Rechtsordnung anerkannt, kann dieser nur dann und insoweit einen Gleichlauf zweier Rechtsgebiete auslösen, wo und soweit Wertungsparallelität besteht.[276] Eben diese Wertungsparallelität ist jedoch nicht immer gegeben: Das Privatrecht ist – wie bereits herausgearbeitet wurde[277] – primär ein Zuweisungssystem unter gleichen und freien Privatrechtssubjekten und erst sekundär ein System zum Schutz dieser Zuweisung. Dies bedingt, dass – wie immer wieder zu betonen ist – die Zuweisung einer Rechtssphäre an ein Privatrechtssubjekt notwendigerweise eine Begrenzung der Rechtssphären der übrigen Privatrechtssubjekte nach sich zieht. Zum Schutz der primären Zuweisung ist es sekundär erforderlich, diese zu schützen. Anderenfalls bestünde die Zuweisung bestenfalls faktisch, nicht hingegen rechtlich. Von der sekundären Ebene des Schutzes aus betrachtet, dient das Privatrecht daher dem Erhalt oder dem Ausgleich der verteilten Freiheitssphären. Entsprechend ist es im Rahmen des Schutzanspruchs auch notwendig, den Inhaber des verletzten Bereichs zu identifizieren.

Demgegenüber sind öffentlich-rechtliche Vorgaben im Bereich der Gefahrenabwehr schon deshalb nicht von einer präexistenten Verteilung von Freiheitssphären abhängig, weil der Staat in diesem Bereich dem Bürger als hierarchisch höher gestelltes Rechtssubjekt gegenübertritt. Entsprechend steht auch fest, dass „der Staat" die öffentlich-rechtliche Regelungen der Gefahrenabwehr durchzusetzen hat. Hierin liegt dann auch der Grund dafür, dass der Grundsatz der zweiseitigen Rechtfertigung[278] auf dem Gebiet der öffentlich-rechtlichen Gefahrenabwehr nicht gilt. Steht der Staat als dem Bürger hierarchisch übergeordnetes Durchsetzungsorgan der öffentlich-rechtlichen Gefahrenabwehrregelungen fest, erübrigt sich die Suche nach dem Aktivlegitimierten. Wegen der hierarchischen Überordnung können mittels öffentlich-rechtlichen Regelungen auch nicht individualisierte, also kollektive Interessen, wie etwa die Marktregulierung, der Klimaschutz oder der Abbau von Handelshindernissen, verfolgt werden.

Dies bedeutet freilich nicht, dass sich diese Bereiche nicht überschneiden oder gar überdecken können. Vielmehr existieren viele unterschiedliche Bereiche, die sowohl kollektive als auch individuelle Interessen berühren.

---

275 *Naef*, Unterlassungsklage, S. 114.

276 *Wilhelmi*, Risikoschutz durch Privatrecht, S. 36; *Wagner*, in: MüKo-BGB, § 823 BGB Rn. 359; *Pöttker*, Klimahaftungsrecht, S. 119.

277 Vgl. Kapitel 2 § 7 (S. 29 ff.).

278 Vgl. dazu Kapitel 4 § 2 B. III. (S. 173 ff.) insbesondere bei Fn. 134.

Als Beispiel kann etwa der Bereich der Produktsicherheit dienen: Die Verbraucher als Endadressaten von Massengütern haben ein Interesse daran, dass die Hersteller hinsichtlich der Sicherheit ihrer Produkte einen gewissen Mindeststandard einhalten. Die Produkte sollen so konzipiert und produziert sein, dass die Verbraucher durch sie nicht in ihrer Gesundheit verletzt oder gar getötet werden. Auch die Sachen der Verbraucher sollen nicht durch das Produkt beschädigt werden. In Anerkennung und zum Schutz des individuellen Verbrauchers hat der deutsche Gesetzgeber in § 1 ProdHG eine Gefährdungshaftung des Herstellers statuiert. Freilich hat dies nicht bewirkt, dass die kollektiven Interessen (der Verbraucher) keine Absicherung erfahren. Vielmehr wird dem kollektiven Interesse an unschädlichen Massenprodukten mittels öffentlich-rechtlicher Vorgaben, beispielsweise mit dem ProdSG, Rechnung getragen. Nach § 3 Abs. 1 und 2 ProdSG sind nur solche Produkte auf dem Markt bereitzustellen, die bei bestimmungsgemäßer oder vorhersehbarer Anwendung die Sicherheit und Gesundheit von Personen nicht gefährden. Werden Produktgefahren bekannt, müssen diese der zuständigen Aufsichtsbehörde gemeldet werden. Der Produktbegriff ist weit gefasst und umfasst eine große Anzahl von europäisch harmonisierten und nicht harmonisierten Produkten. Die Überwachung und Durchsetzung dieser Vorgaben obliegt den Marktüberwachungsbehörden (vgl. § 24 ProdSG). Diesen stehen die in § 26 Abs. 2 ProdSG aufgelisteten Möglichkeiten zur Verfügung, um die Produktsicherheit zu gewährleisten. Diese reichen von Verzögerung oder Verbot der Markteinführung bis hin zur Anordnung eines Rückrufs. Neben dem ProdSG existieren für bestimmte Produktgruppen weitere Spezialgesetze.[279] Wichtige Beispiele sind das Arzneimittelgesetz und das Medizinproduktgesetz. Sofern diese Spezialgesetze entsprechende oder weiterreichende Vorgaben enthalten, findet das Produktsicherheitsgesetz nach § 1 Abs. 4 ProdSG keine Anwendung. Regeln die Spezialgesetze hingegen nur Teilaspekte, ist das ProdSG ergänzend heranzuziehen.

Ungeachtet derartiger Überschneidungen ist das Privatrecht ein „staatsfreies“ Recht, auf dessen Grundlage die Privatrechtssubjekte ihre Angelegenheiten grundsätzlich privatautonom regeln können und regelmäßig auch sollen.[280] Entsprechend kann das Privatrecht im Vergleich zum öffentlichen Recht zusätzliche, am konkreten Einzelfall ausgerichtete Verhaltens- oder Unterlassungspflichten aufstellen oder im öffentlichen Recht vorhandene Pflichten nicht übernehmen.[281]

---

[279] Vgl. die exemplarische Aufzählung bei *Foerste*, in: Foerste/von Westphalen, Produkthaftungshandbuch, § 32 Rn. 12 ff.

[280] Deutlich etwa *Bydlinski*, AcP 194 (1994), 319, 320 ff., 340.

[281] BGHZ 92, 142, 151 f.; *Schmidt-Salzer*, Umwelthaftungsrecht, § 1 Rn. 48.

## F. Schutzpflichten als Technik zur situativ-handlungs- und gefährdungsspezifischen Konkretisierung subjektiver Rechte

Wie die Verkehrspflichten haben auch die Schutzpflichten die Funktion, den Inhalt und Umfang vertragsfremder subjektiver Privatrechte situativ-handlungsspezifisch und gefährdungsspezifisch zu beschreiben und so den durch sie zugewiesenen Herrschaftsbereich zu definieren. Die Verletzung einer Schutzpflicht ist daher die Verletzung des durch sie definierten subjektiven Rechts. Mittels der Definition über die Pflichtenseite kann entsprechend der obigen Ausführungen[282] leichter dargestellt werden, dass die Grenzen des subjektiven Rechts nicht mit der äußeren, gegenständlichen Grenze seines Bezugsobjekts übereinstimmen.

Ein Unterschied zu den Verkehrspflichten besteht darin, dass die Definition des subjektiven Rechts über die Pflichtenseite wegen der Relativität des Schuldverhältnisses, in welchem die Schutzpflichten verankert sind,[283] von vornherein nur im Verhältnis zu den Privatrechtssubjekten, welche an dem Schuldverhältnis partizipieren, Wirkung entfaltet. Diese Form der relativen Definition subjektiver Rechte ist insbesondere vor dem Hintergrund der erhöhten Einstandspflicht für Gehilfenverschulden innerhalb von Schuldverhältnissen nach Maßgabe des § 278 BGB (analog) von Interesse.[284] Zudem ist anerkannt, dass Schutzpflichten auch das allgemeine Vermögensrecht definieren und entsprechend schützen können.[285]

Nach der Rechtsprechung des BGH hat z. B. ein Wohnungsmieter die Schutzpflicht aus § 241 Abs. 2 BGB, auf die ihm zur Verfügung gestellten Schlüssel aufzupassen.[286] Durch eine solche Schutzpflicht wird das subjektive Eigentumsrecht an den Schlüsseln im Verhältnis Eigentümer–Mieter handlungsspezifisch über den gegenständlichen Bereich der Schlüssel erweitert. Kommt der Schutzpflichtige seiner Obhutspflicht nicht nach, verletzt er hierdurch den Eigentümer in seinem subjektiven Eigentumsrecht.

---

[282] Vgl. Kapitel 4 § 2 D. (S. 187 ff.).

[283] Ausführlich dazu Kapitel 5 § 2 B. I. (S. 237 ff.).

[284] Vgl. *Wendelstein*, AcP 215 (2015), 70, 70 ff.

[285] Vgl. BGH NJW 2013, 3293, 3295; BGHZ 176, 281, 285 Rn. 14; *Bachmann*, in: MüKo-BGB, § 241 BGB Rn. 116.

[286] BGH NJW 2014, 1653, 1653 f.

Kapitel 5

# Anspruch auf Erfüllung von Verkehrs- und Schutzpflichten

Die bisherige Untersuchung hat gezeigt, dass es sich bei dem Erfüllungsanspruch seiner Funktion nach um ein negatorisches Schutzmittel handelt. Als solches dient er dem Schutz subjektiver Rechte und ist von deren Inhalt und Umfang abhängig. Er wird durch die Verletzung subjektiver Rechte ausgelöst und besteht bis diese Rechtsverletzung beendet ist.

Ferner wurde gezeigt, dass es sich bei den Verkehrspflichten um eine Technik zur handlungs- und gefährdungsspezifischen Konkretisierung oder Schaffung subjektiver Rechte handelt. Die Verletzung einer Verkehrspflicht ist also die Verletzung des subjektiven Rechts, welche sie konkretisiert oder schafft.

Bringt man alle diese Erkenntnisse zusammen, führt dies zu der These, dass die Verletzung einer Verkehrspflicht einen Anspruch auf deren Erfüllung auslöst, welcher so lange besteht, so lange die durch die Pflichtverletzung bewirkte Verletzung des subjektiven Rechts andauert. Dieser These soll im Folgenden näher nachgegangen werden. Dabei wird auch ein „Abgleich“ mit der herkömmlichen Sichtweise erfolgen. Hierdurch werden auch die Vorteile der erarbeiteten Sichtweise offenbart. Zudem gilt es die gefundenen Ergebnisse an der Rechtswirklichkeit zu verdeutlichen und auf ihre „Tauglichkeit“ hin zu überprüfen.

## *§ 1 Anspruch auf Erfüllung von Verkehrspflichten*

### A. Exemplarische Fallkonstellationen

Um die These von dem auf die Erfüllung von Verkehrspflichten gerichteten Anspruch besser untersuchen zu können, werden im Folgenden zunächst drei Fallgestaltungen aus der Rechtspraxis skizziert. Auf diese wird im Folgenden zur Verdeutlichung zurückgegriffen.

## I. Verkehrspflichten bei Gartenteichen

Immer wieder kommt es in der Realität dazu, dass Eigentümer von Gartenteichen diese nicht absichern. Wohnen in der unmittelbaren Nachbarschaft Kinder, stellt sich die Frage, ob diese oder deren Eltern einen Anspruch gegen den Eigentümer des Teiches auf dessen Absicherung haben und wessen Inhalt dieser Anspruch besitzt. Exemplarisch ist insoweit der Sachverhalt, welcher einer Entscheidung des AG Marbach[1] zugrunde liegt:

Die Kläger zu 1 und 2 sind die Eltern der heute 5- bzw. 4-jährigen Kläger zu 3 und 4. Sie befürchten, dass ihre Kinder in den von den Beklagten im Vorgarten ihres Hausgrundstücks im Frühjahr angelegten kleinen Zierteich stürzen. Die Kläger zu 1 und 2 verlangen von den Beklagten mit ihrer Klage das Ergreifen geeigneter Maßnahmen, um die aus ihrer Sicht für ihre Kinder von dem Teich ausgehende Gefahr zu beseitigen. Hilfsweise machen die Kläger zu 3 und 4 den inhaltsgleichen Anspruch geltend. Die Parteien sind nicht unmittelbare Grundstücksnachbarn. Der Zierteich ist ca. 20 m vom Hausgrundstück der Kläger entfernt; zwischen den Hausgrundstücken der Parteien liegen 3 Reihenhäuser. An den Vorgärten der Parteien und der dazwischen liegenden Reihenhäuser führt der gemeinsame Zugangsweg für die einzelnen Reihenhäuser entlang. Die Beklagten haben ihren Vorgarten mit einer Hecke eingefriedet, in welcher sich in Breite des Zugangswegs zur Hauseingangstüre eine Lücke befindet. Ein Gartentor oder eine andere Absperrvorrichtung haben die Beklagten nicht angebracht. Der frei zugängliche, mit Goldfischen besetzte Zierteich ist zwischen 30 cm und 80 cm tief. Bereits bei Erhebung der Hauptklage hatten die Beklagten ca. 45 cm unterhalb der Wasseroberfläche ein Gitter, und zwar eine handelsübliche Baustahlmatte mit rechtwinklig gekreuzten Eisenstäben eingesetzt. Die Lücke zwischen den Eisenstäben ist ca. 25 cm und 2 cm breit. Die Kläger behaupten, nicht nur ihre beiden Kinder, sondern auch andere Kinder seien schon in den Zierteich der Beklagten gefallen, wobei es bisher glücklicherweise zu keinen Gesundheitsschäden gekommen sei. Der gemeinsame Zugangsweg zu den Reihenhäusern eigne sich vortrefflich als Spielfläche für die Kläger zu 3 und 4 und die übrigen Nachbarkinder. Weil dieser Weg zu zwei öffentlichen Straßen und auch zur Garage der Kläger zu 1 und 2 führt, sei es unvermeidbar, dass sich die Kläger zu 3 und 4 in diesem Bereich aufhielten. Für Kinder im Alter der Kläger zu 3 und 4 sei es verlockend, zum frei zugänglichen Teich der Beklagten zu gehen und dort die Fische zu beobachten.

Die Kläger zu 1 und 2 haben mit ihrem ursprünglichen Klageantrag Beseitigung des Teiches, hilfsweise Anbringung eines sichernden Gitters um den Teich begehrt. In der ersten mündlichen Verhandlung haben sie den Antrag gestellt, die von dem auf dem Grundstück der Beklagten gelegenen

---

[1] AG Marbach, NJW-RR 1988, 346, 346ff.

Teich für die Gesundheit der Kläger zu 3 und 4 ausgehende Gefährdung zu unterlassen. Hilfsweise haben die Kläger zu 3 und 4 den gleichen Klageantrag gestellt.

### *II. Schneefanggitter*

Liegen zwei Grundstücke bzw. die darauf befindliche Bebauungen relativ eng aneinander, wie es insbesondere in Innenstadtlagen häufig der Fall ist, kommt es in Wintermonaten je nach Witterungsverhältnissen und Dachneigung dazu, dass Dachlawinen abrutschen und hierdurch Körperverletzungen oder Sachschäden entstehen. Zur Vermeidung dieser Gefahrenlagen verlangen insbesondere Grundstücksnachbarn immer wieder vom Grundstücks- bzw. Hauseigentümer das Anbringen von Schneefanggittern.[2]

### *III. Rückrufpflichten bei Produktmängeln*

Im Jahr 1970 präsentierte Ford das Modell Pinto. Über drei Millionen Exemplare des Pintos wurden in den Jahren 1971 bis 1980 verkauft. Der Tank war zwischen Heckstosstange und Hinterachse montiert. Der Tankeinfüllstutzen war so angeordnet, dass er bei einem Heckaufprall leicht abbrach und sofort Benzin auslief. Auch im Vorderbereich war der Tank in Richtung des Differentials schlecht geschützt. Infolge dieses Konstruktionsfehlers starben bei Verkehrsunfällen 60 Personen, 120 wurden schwer verletzt. Ford hatte früh Kenntnis von den Konstruktionsmängeln, rief aber aus Kostengründen die betroffenen Fahrzeuge nicht zurück. In einer internen Berechnung wurde festgestellt, dass die zu erwartenden Kosten infolge von Todes- und Verletzungsfällen günstiger seinen als die mit einem Rückruf verbundenen Kosten. Erst 1978 löste Ford eine Rückrufaktion aus.[3]

In derartigen Fallkonstellationen stellt sich die – sehr umstrittene und zumeist unter dem Stichwort „vorbeugende Unterlassungsklage gegen Verkehrspflichtverletzungen" abgehandelte – Frage, ob und bejahendenfalls unter welchen Voraussetzungen die Endabnehmer einen Anspruch gegen den Hersteller auf Rückruf des gefährlichen Produktes hat oder ob er ganz nach dem Motto „dulde und liquidiere" den Eintritt eines Schadens abwarten und ggf. dann beim Hersteller Regress nehmen muss.[4]

---

[2] Vgl. etwa LG Marburg, VersR 1983, 73, 73.

[3] Der Sachverhalt ist der Entscheidung *Grimshaw v. Ford Motor Co.*, 119 Cal. App. 3 d 757 (1981) entnommen.

[4] Skeptisch ggü. einem solchen Anspruch OLG München, NJW-RR 1999, 1657, 1658. Übersichten zum Streitstand finden sich jeweils m. w. N. bei *Bodewig*, Rückruf fehlerhafter Produkte, S. 329 ff.; *Foerste*, in: Foerste/v. Westphalen, Produkthaftungshandbuch, § 39 Rn. 1 ff.; *Kreidt*, Haftung des Zulieferers, S. 214 ff.; *Rettenbeck*, Rückrufpflicht in der Produkthaftung, S. 100 ff.; *Schmidt*, Produktrückruf und Regress, S. 121 f.

## B. Voraussetzungen des Erfüllungsanspruchs

### *I. Verletzung eines subjektiven Rechts des Anspruchssteller*

Die erste und zentrale Voraussetzung eines jeden Erfüllungsanspruchs ist die Verletzung eines subjektiven Rechts. Im Bereich der Verkehrspflichten ist dies im Ergebnis gleichbedeutend mit der Verletzung einer Verkehrspflicht, weil diese lediglich eine Methode zur Konkretisierung des Inhalts und Umfangs eines subjektiven Rechts darstellen. Entsprechend muss für einen Anspruch auf Erfüllung einer Verkehrspflicht dessen Verletzung festgestellt werden. Dabei ist zu berücksichtigen, dass Verkehrspflichten – wegen ihrer Konkretisierungsfunktion subjektiver Rechte – relativ gelten. Entsprechend besteht ein Anspruch eines Privatrechtssubjekts auf Erfüllung der Verkehrspflicht nur dann, wenn diese Verkehrspflicht eines seiner subjektiven Rechte konkretisiert und diese Verkehrspflicht durch den Pflichtigen nicht beachtet wurde. Ein Anspruch auf Erfüllung der Verkehrspflichten besteht nur, so lange die Verletzung des subjektiven Rechts noch aktuell ist.

Zur Verdeutlichung des Gesagten sei auf das Beispiel der Verkehrspflichten bei Gartenteichen zurückgegriffen: Ein Anspruch der Mutter auf Erfüllung von Absicherungspflichten setzt voraus, dass deren Nichtbeachtung sie in einem ihrer subjektiven Rechte verletzt. Als solches Recht kommt das subjektive Grundeigentum oder das subjektive Recht auf körperliche und gesundheitliche Unversehrtheit in Betracht. Das AG Marbach ging in seiner Entscheidung davon aus, dass der Eigentümer des Gartenteichs „wirksame Schutzmaßnahmen ergreifen [müsse] um Kinder vor den Folgen ihrer Unerfahrenheit zu schützen, wenn ihm die naheliegende Möglichkeit bekannt ist, daß Kinder trotz elterlichen Verbots sein Grundstück betreten". „Der Reiz, der auf Kinder im Alter der Kl. von in einem Zierteich schwimmenden Goldfischen ausgeht, [sei] groß."[5]

Folgt man dieser Auffassung des AG Marbach, konkretisiert die Absicherungspflicht nicht ein subjektives Recht der Mutter oder des Vaters, sondern lediglich die subjektiven Rechte der Kinder auf körperliche und gesundheitliche Unversehrtheit. Die Nichtbeachtung der Verkehrspflicht durch den Eigentümer des Gartenteichs verletzt also nur die subjektiven Rechte der Kinder, so dass ein eigener Anspruch der Eltern auf Erfüllung der Verkehrspflicht ausscheidet, weil diese nicht in einem subjektiven Recht verletzt sind. Demgegenüber kommt ein Anspruch der beiden Kinder auf Erfüllung der Teichsicherungspflichten grundsätzlich in Betracht, weil deren Nichtbeach-

Eine Klärung dieser Frage durch den BGH steht weiterhin aus. Im „Pflegebetten"-Urteil lässt der BGH die Frage explizit offen, vgl. BGH, NJW 2009, 1080, 1083 Rn. 23.

[5] AG Marbach, NJW-RR 1988, 346, 347.

tung sie in ihren subjektiven Rechten auf körperliche und gesundheitliche Unversehrtheit verletzt.

Die präzise Verankerung der Verkehrspflichten im auf subjektiven Rechten aufbauenden System des Privatrechts, ermöglicht die dogmatische Ableitung der auch von der herrschenden Auffassung anerkannten Kriterien, wann ein Anspruch auf Erfüllung von Verkehrspflichten bestehen kann: So soll etwa die Sicherung eines Gebäudes nur der Nachbar, nicht hingegen ein Passant verlangen können.[6] Die Erfüllung der Räum- und Streupflichten soll nur das Privatrechtssubjekt verlangen können, welches auf den gefährlichen Weg angewiesen ist.[7] Der Grund hierfür liegt aber entgegen weit verbreitetet Auffassung nicht darin, dass mit einem – nicht näher konkretisierten – einschränkenden Erfordernis einer „nachhaltigen und konkreten Beeinträchtigung“[8] eine Art Popularklage vermieden werden soll, sondern schlicht darin, dass Passanten durch die Nichtbeachtung der Gebäudesicherungspflichten nicht in einem ihrer subjektiven Rechte verletzt werden, weil diese Pflichten ihre subjektiven Rechte nicht konkretisieren. Der Existenz eines materiell-rechtliche Erfüllungsanspruch ist entsprechend seiner eigenständigen Funktion streng von dessen Klagbarkeit zu unterscheiden.

## *II. Noch andauernde Verletzung*

Weitere Voraussetzung des Erfüllungsanspruchs ist, dass die Verletzung des subjektiven Rechts noch andauert bzw. dass diese Verletzung aktuell ist. Entsprechend seiner negatorischen Funktion endet der Erfüllungsanspruch, sobald die Verletzung des subjektiven Rechts beendet ist. Hinsichtlich eines Anspruchs auf die Erfüllung von Verkehrspflichten ist diese zweite Voraussetzung von ganz zentraler Bedeutung: Aus ihr resultiert, dass der Erfüllungsanspruch gefährdungsabhängig ist. Endet die spezifische Gefährdung, endet auch die Verletzung eines subjektiven Rechts und der Anspruch auf Erfüllung der Verkehrspflicht erlischt.

So besteht die Pflicht zur Anbringung von Schneefanggittern oder auch die Räum- und Streupflicht nur bei entsprechenden Witterungslagen. Entsprechend kann das durch sie in seinem Inhalt und Umfang konkretisierte subjektive Recht nur bei entsprechenden Witterungslagen durch Nichtbeachtung dieser Verkehrspflichten verletzt werden. Herrscht keine entsprechenden Witterungslage (mehr), besteht auch die Verkehrspflicht nicht (mehr), so dass die Verletzung des subjektiven Rechts endet. Damit endet auch der Anspruch auf Erfüllung der Räum- und Streupflicht.

---

[6] *Hager*, in: Staudinger, BGB, vor §§ 823 ff. BGB Rn. 64; *von Bar*, 25 Jahre Karlsruher Forum, S. 80, 85; *Wagner*, in: MüKo-BGB, vor § 823 BGB Rn. 42.

[7] *Hager*, in: Staudinger, BGB, vor §§ 823 ff. BGB Rn. 64.

[8] *Hager*, in: Staudinger, BGB, vor §§ 823 ff. BGB Rn. 64; *von Bar*, 25 Jahre Karlsruher Forum, S. 80, 84; *Möllers*, Rechtsgüterschutz, S. 73.

Wegen der Voraussetzung einer aktuellen Verletzung eines subjektiven Rechts besteht der Anspruch auf Erfüllung der Verkehrspflichten rechtstatsächlich häufig nur vorübergehend: Nähert sich etwa ein Passant einer rutschigen Stelle auf einem öffentlichen Weg physisch an, wird er ab einem gewissen Annäherungsgrad in seinem subjektiven Recht auf körperliche und gesundheitliche Unversehrtheit verletzt, welches durch die Räum- und Streupflicht konkretisiert ist und die Rechtssphäre des Passanten über die physische Grenzen seines Körpers ausdehnt. Passiert er die Glattstelle und entfernt sich wieder hinreichend, endet auch die Verletzung seines subjektiven Rechts und damit der Anspruch auf die Erfüllung der Räum- und Streupflicht.

Konstruktiv kann man sich die Annäherungsabhängigkeit auf zwei verschiedene Art und Weisen vorstellen: Entweder stellt man sich die um den Körper des Passanten durch die Räum- und Streupflicht gelegte Rechtssphäre dauerhaft und räumlich begrenzt vor, so dass er diese gleichsam vor sich her schiebt. „Überlappen" sich – um im Beispiel der Räum- und Streupflichten zu bleiben – Rechtssphäre des Passanten und Glattstelle als Bezugsobjekt des Grundeigentums, wird der Passant in seinem subjektiven Recht auf körperliche und gesundheitliche Unversehrtheit verletzt, indem der Verkehrspflichtige seiner dann gegenüber dem Passanten bestehenden Räum- und Streupflicht nicht nachkommt. Bei der anderen Vorstellungsweise existiert die Räum- und Streupflicht nicht dauerhaft, so dass grundsätzlich auch keine Rechtssphäre des Passanten besteht, welche er vor sich herschieben würde. Vielmehr entsteht die Verkehrspflicht, welche das subjektive Rechts des Passanten konturiert erst, wenn sich dieser mit seinem Körper der Glattstelle hinreichend angenähert hat. Eine juristische Sekunde nach der durch die Entstehung der Verkehrspflicht geschaffenen Rechtssphäre, wird diese sogleich verletzt. Beide Konstruktionsweisen sind denkbar, wenngleich die erste Konstruktionsvariante die Funktion der Verkehrspflichten etwas besser veranschaulicht. Insbesondere erleichtert sie das Denken in subjektiven Rechten bzw. in dadurch geschaffenen Rechtssphären und veranschaulicht die Unterschiede zu Pflichten der objektiven Rechtsordnung etwas deutlicher. Im Folgenden wird daher diese Konstruktion zugrunde gelegt.

## C. Entfall des Erfüllungsanspruchs durch Schuldnerverhalten

Aus dem Erfordernis einer aktuellen Verletzung eines subjektiven Rechts für den Anspruch auf Erfüllung einer Verkehrspflicht folgt, dass der Schuldner durch Beseitigung der konkreten Gefahr als Voraussetzung der jeweiligen Verkehrspflicht den Erfüllungsanspruch zu Fall bringen kann. Wird die Gefahr und damit die Gefährdung als Voraussetzung der jeweiligen Verkehrspflicht beseitigt, können diese nicht länger ein subjektives Recht konkretisieren, so dass dieses nicht mehr aktuell verletzt ist. So gesehen, hat der Verkehrspflichtige die Möglichkeit, den Erfüllungsanspruch durch die Auswahl geeigneter Maßnahmen zu beseitigen.

Beseitigt etwa im Gartenteichbeispiel der Teicheigentümer den gesamten Teich, indem er ihn beispielsweise zuschüttet, erlischt die Verkehrspflicht des Teicheigentümers, weil von seinem Eigentum nicht länger eine Gefahr für die Nachbarkinder ausgeht.[9] Entsprechend wird auch das subjektive Recht der Nachbarkinder auf körperliche und gesundheitliche Unversehrtheit nicht länger handlungsspezifisch erweitert. Ohne eine solche Erweiterung verletzt die Nichtabsicherung des Teiches kein subjektives Recht der Nachbarkinder, so dass diesen kein Erfüllungsanspruch zustehen kann.

Die herrschende Meinung geht hingegen davon aus, dass es dem Schuldner bei funktional negatorischen Ansprüchen generell überlassen sei, eine geeignete Maßnahme zur Beseitigung der Verletzung des subjektiven Rechts auszuwählen und zu treffen. Der Erfüllungsanspruch sei von vornherein nicht auf eine konkrete Maßnahme gerichtet.[10] Im Ergebnis bestehen freilich kaum Unterschiede zur hiesigen Sichtweise. Auf die damit verbundenen prozessualen Aspekte, insbesondere der Frage der Bestimmtheit eines Klageantrags sowie die Fragen der Zwangsvollstreckung wird später noch einzugehen sein.[11]

[9] Vgl. zur Voraussetzung einer Gefahrschaffung für die Verkehrspflicht, BGHZ 5, 378, 380; 14, 83, 85; 16, 95, 98; 24, 124, 130; 34, 206, 209; 60, 54, 55; 65, 221, 224; 103, 298, 305; 103, 338, 340; 108, 273, 274; 121, 367, 375; 123, 102, 105 f; 136, 69, 77; BGH NJW 1958, 627, 629; 1962, 1245, 1246; 1965, 197, 199; 1968, 443; 1970, 2290, 2291; 1975, 108; 1975, 533; 1976, 46; 1979, 2309, 2310; 1985, 1773, 1774; 1987, 1013; 1990, 1236 f; 2006, 610, 611; 2006, 2326; 2006, 3268, 3269; 2007, 762, 763; 2007, 1683, 1684; NJW-RR 1986, 190f.; 438, 439; 1988, 659, 660; 1989, 219f.; 1992, 981; 1995, 215; 2001, 1208; 2002, 525, 526; 2006, 674, 676; VersR 1960, 856, 857; 1961, 160, 161; 1965, 1098, 1099; 1981, 262; 2006, 803f.; NVwZ-RR 1993, 337, 338; BayObLG, NJW-RR 2002, 1249; KG, NZV 1996, 490, 491; OLG Karlsruhe, NJW-RR 1997, 23; VersR 2001, 385; OLG Köln, NJW-RR 1999, 673, 674; OLG Hamm, NJW-RR 2000, 1473, 1474; OLG Düsseldorf, NZV 2000, 292; VersR 2000, 642 f; OLG Schleswig, VersR 2000, 1118; 2003, 82 f; OLG Brandenburg, NVwZ 2002, 1145; OLG Hamburg, VersR 2001, 614, 615; OLG Stuttgart, NJW-RR 2004, 21; NJW 2007, 1367, 1369; OLG Zweibrücken, VersR 2004, 611; OLG Nürnberg, NJW-RR 2004, 1254, 1255; OLG Saarbrücken, NJW-RR 2005, 1336; 2007, 462; OLG Koblenz, NJW-RR 2005, 1611, 1612; LG Hamburg, NJW 1998, 1411; *Wagner*, in: MüKo-BGB, § 823 BGB Rn. 397ff., 403; *Hager*, in: Staudinger, BGB, § 823 BGB E 13. Vgl zur Bereichshaftung des Eigentümers: BGHZ 60, 54, 55; BGH NJW 1977, 1965; VersR 1993, 568, 587; OLG Zweibrücken, VersR 1994, 1489, 1490; *Hager*, in: Staudinger, BGB, § 823 BGB Rn. E 16; *Wagner*, in: MüKo-BGB, § 823 BGB Rn. 403.

[10] Vgl. *Roth*, in: Staudinger, BGB, § 908 BGB Rn. 14; *Brückner*, in: MüKo-BGB, § 908 BGB Rn. 6; *Vollkommer*, in: BeckOGK-BGB, § 908 BGB Rn. 18; *Spohnheimer*, in: BeckOGK-BGB, § 1004 BGB Rn. 178, 291; *Gursky*, in: Staudinger, BGB, § 1004 BGB Rn. 147, 236; *v. Bar*, 25 Jahre Karlsruher Forum, S. 80, 85.

[11] Vgl. Kapitel 6 § 3 (S. 251ff.) und Kapitel 6 § 5 (S. 256ff.).

## D. Herausforderungen des Erfüllungsanspruchs auf Einhaltung von Verkehrspflichten

### *I. Erhöhter Konkretisierungsbedarf ex ante und nicht ex post*

Der Erfüllungsanspruch verlangt eine Konkretisierung der Verkehrspflichten *vor* der Feststellung einer Verletzung eines subjektiven Rechts oder gar eines Schadenseintritts. Eine Konkretisierung *ex post* nach Eintritt eines Schadens, wie sie aus dem Schadenshaftungsrecht bekannt ist, genügt nicht. Eine derartige Konkretisierung *es ante* ist durchaus herausfordernd, weil sie eine deutlich detailliertere Konkretisierung der Verkehrspflichten erfordert und man es nicht bei der Feststellung eines Verhaltensdefizits belassen kann. Während man sich bei einer Betrachtung *ex post* mit der Feststellung begnügen kann, dass das zu beurteilende Verhalten oder Unterlassen eines Privatrechtssubjekts nicht den Verkehrspflichten entsprach, muss man im Rahmen der *ex ante*-Konkretisierung genau definieren, welchen Inhalt die Verkehrspflicht und damit das durch sie konkretisierte subjektive Recht besitzt. Nur so ist die durch das subjektive Recht zugewiesene Rechtssphäre hinreichend bestimmt.

Nach Auffassung der Rechtsprechung hat etwa der verkehrspflichtige Kaufhausbetreiber durch entsprechende Anweisungen für eine regelmäßige Bodenreinigung in kurzen Abständen zu sorgen. Die Reinigungsintervalle seien dabei von den jeweiligen Gegebenheiten wie Kundenzahl, Art der Waren und der Witterung abhängig. Erforderlich sei, dass ein für die Reinigungsaufgaben Verantwortlicher bestimmt wird. Dieser habe sicherzustellen, dass auch in Zeiten großen Kundenandrangs eine ordnungsgemäße Reinigung erfolgt.[12] Eine dauerhafte Kontrolle des Fußbodens auf Gefahrenstellen könne zwar nicht verlangt werden, wohl aber die Kontrolle und Reinigung in angemessenen kurzen zeitlichen Abständen.[13] Stürzt ein Kunde und verletzt sich, genügt es im Rahmen der Schadenshaftung festzustellen, ob beispielsweise ein Reinigungsintervall von 30 Minuten ausreichend war oder nicht. Anders stellt sich die Situation im Rahmen des Erfüllungsanspruchs dar. Innerhalb dessen ist es notwendig, ein konkreteres Reinigungsintervall von beispielsweise 15 bis maximal 20 Minuten festzulegen.[14]

---

[12] OLG Köln, NJW 1972, 1950, 1951; OLG München, VersR 1974, 269, 270; 1976, 1000, 1000; OLG Stuttgart, VersR 1991, 441, 442; OLG Koblenz, NJW-RR 1995, 158.

[13] OLG Köln, NJW-RR 1995, 861, 861.

[14] Im Obst- und Kassenbereich wird überwiegend ein Reinigungsintervall von 10–15 Minuten für erforderlich gehalten, vgl. OLG Koblenz, NJW-RR 1995, 158, 159; OLG Köln, VersR 1997, 1113, 1114; OLG Karlsruhe, VersR 2005, 420, 421. In der Molkereiabteilung seien längere Intervalle ausreichend, vgl. LG Dortmund, NJW-RR 1999, 1622, 1622.

Ein solcher erhöhter Konkretisierungsbedarf sollte jedoch nicht als Argument gegen einen Erfüllungsanspruch auf Einhaltung von Verkehrspflichten in Stellung gebracht werden.[15] So wirft etwa der in §908 BGB geregelte Anspruch auf Sicherheitsvorkehrungen die gleichen Konkretisierungsprobleme auf. Gleichwohl wird ihm die Anspruchsqualität nicht abgesprochen.[16] Gleiches gilt für den Anspruch auf Erfüllung der Schutzpflichten des §618 BGB.[17] Zudem ist dieser Konkretisierungsbedarf im Ergebnis auch im Rahmen der Schadenshaftung notwendig, wenngleich er sich dort unter Umständen auf mehrere Konkretisierungen verteilt. Stürzt etwa ein Kaufhauskunde auf einem rutschigen Boden und verletzt sich dabei, und hat das Reinigungsintervall 40 Minuten betragen, so wird das erkennende Gericht seiner Schadensersatzklage wohl stattgeben. Stürzt in einem anderen Verfahren wiederum ein Kunde und verletzt sich und betrug das Reinigungsintervall aber 20 Minuten, so kann das erkennende Gericht – je nach seiner Auffassung vom Inhalt und Umfang der Verkehrspflicht – die Klage abweisen oder ihr stattgeben. Weist es die Klage ab, ist die Reinigungspflicht dergestalt konkretisiert, dass jedenfalls ein Reinigungsintervall von 20 Minuten ausreicht. Offen ist jedoch, ob auch ein Reinigungsintervall von 22 Minuten noch ausreichend wäre oder nicht. Die Konkretisierung *ex post* ist also – je nach Ausgestaltung des konkreten Schadensfalls – ebenso not- und aufwendig. Allerdings verteilt sich der Konkretisierungsaufwand normalerweise auf mehrere Fälle.

## *II. Kriterien zur Konkretisierung des Inhalts von Verkehrspflichten*

Der entscheidende Punkt bei der Konkretisierung von Verkehrspflichten ist die sach- und interessengerechte Abwägung der beteiligten subjektiven Rechte und der Handlungsfreiheit des Pflichtigen. Es bedarf Kriterien, welche diese Abwägung operabel machen und rationalisieren. Da es sich bei Verkehrspflichten – wie herausgearbeitet wurde – nicht um ein Instrument zur Verteilung von Schäden oder Schädigungsrisiken sondern um eine Methode zur Konkretisierung und Ausgestaltung von subjektiven Rechten und damit von Herrschaftsräumen handelt, sollte diese Abwägung nicht unter dem Eindruck eines Geschädigten oder gar unter dem Gedanken eines Opferschutzes erfolgen. Vielmehr gilt es die Herrschaftsbereiche und die dadurch vermittelten Handlungsfreiheitsbereiche der Privatrechtssubjekte schadensunabhängig zu konturieren.

---

[15] *R. Stürner*, JZ 1976, 384, 386.

[16] Vgl. nur *Vollkommer*, in: BeckOGK-BGB, §908 BGB Rn. 18; *Brückner*, in: MüKo-BGB, §908 BGB Rn. 6; *v. Bar*, 25 Jahre Karlsruher Forum, S. 80, 80.

[17] BAG, Urt. v. 10.03.1976 – 5 AZR 34/75 = VersR 1977, 147 ff.; Urt. v. 17.02.1988 – 9 AZR 84/97 = BB 1998, 539 ff.; *Witschen*, in: BeckOGK-BGB, §618 BGB Rn. 141.

### *1. Verschiedene Arten von Verkehrspflichten*

Eine Verkehrspflicht existiert nur und erweitert entsprechend nur dann das jeweils konkretisierte subjektive Recht, wenn bestimmte Kriterien erfüllt sind.[18] Eine allgemeine Verkehrspflicht, andere nicht in ihren subjektiven Rechten zu gefährden oder sogar vor jeder Schädigung zu bewahren, wäre utopisch und besteht daher nicht.[19] Entsprechend war die Rechtsprechung als Triebfeder der Verkehrspflichten von Anfang an darum bemüht Kriterien zu entwickeln, welche eine Verkehrspflicht auslösen und in ihrem Inhalt konkretisieren. Voraussetzung sei etwa, dass jemand eine Gefahr schaffe oder andauern lasse.[20] So soll der Betreiber eines Supermarkts beispielsweise nicht die Pflicht zur Kühlung angebotener Limonadenflaschen haben, wenn dadurch das Risiko einer Explosion nur geringfügig verringert werden könnte und gleichzeitig neue Gefahren geschaffen würden.[21]

Einer Gefahr kann grundsätzlich auf drei verschiedenen Arten begegnet werden. Erstens kann dem potentiell verletzten Privatrechtssubjekt zugemutet werden, der Gefahr aus dem Weg zu gehen und entsprechend gar keine Verkehrspflicht statuiert werden. Zweitens kann durch eine Warn- bzw. Hinweispflicht das potentiell verletzte Privatrechtssubjekt zu Selbstschutzmaßnahmen angehalten werden. Drittens – und das ist die intensivste Form der Aufwertung des subjektiven Rechts des potentiell in seinem Recht verletzten Privatrechtssubjekt – kann man den Pflichtigen anhalten die Gefahrsituation zu entschärfen, zu beseitigen oder überhaupt nicht erst entstehen zu lassen.[22] Welche dieser drei Ausgestaltungsmöglichkeiten sach- und interessengerecht ist, lässt sich abstrakt nicht abschließend beantworten, sondern hängt entscheidend von der Gewichtung der im jeweiligen Einzelfall abzuwägenden subjektiven Rechte ab. Es gilt im jeweiligen Einzelfall eine Gesamtabwägung nach Ausmaß und Größe der Gefahr, Art und Umfang des Verkehrs und seiner Sicherheitserwartungen und unter dem Aspekt der Zumutbarkeit für den Verpflichteten vorzunehmen.

### *2. Kriterien zur Bestimmung der Gefährdungsintensität*

Besondere Relevanz kommt im Kontext des Anspruchs auf Erfüllung von Verkehrspflichten der Beantwortung der Frage zu, wie weit die durch Verkehrspflichten statuierte Rechtssphäre „räumlich" reicht. Ab welcher Gefährdungsintensität gilt im Verhältnis von Rechtsinhaber und Pflichtigem die jeweilige Verkehrspflicht? Je geringere Anforderungen an den Gefähr-

---

[18] Vgl. etwa *Larenz/Canaris*, Schuldrecht II/2, §76 II 4a.
[19] BGH NJW 2006, 610, 611; 2008, 3775, 3776.
[20] Vgl. die Nachweise in Fn. 9 dieses Kapitels.
[21] BGH NJW 2007, 762, 763f.
[22] *Hager*, in: Staudinger, BGB, §823 BGB Rn. E 26.

dungsgrad gestellt werden, desto größer ist der dem Rechtsinhaber durch das subjektive Recht, welches durch die Verkehrspflicht in seinem Inhalt und Umfang konturiert wird, zugewiesene Rechtsraum und umso kleiner ist in der Konsequenz der Herrschaftsraum bzw. die Handlungsfreiheit des Pflichtigen. Erst nach der Feststellung von Inhalt und Umfang des subjektiven Rechts kann die Frage seiner Verletzung als zentrale Voraussetzung des Erfüllungsanspruchs beantwortet werden.

### *a) Konkrete Gefahr*

Um den Herrschaftsbereich des Rechtsinhabers nicht übermäßig zulasten des Herrschaftsbereich des Pflichtigen auszudehnen, sollte die Rechtssphäre des Rechtsinhaber gefährdungsspezifisch ausgestaltet sein und grundsätzlich erst dort beginnen, wo eine konkrete Gefahr einer Verletzung besteht.[23] Lediglich abstrakt gefährliche Handlungen oder Unterlassungen sollten außerhalb der Rechtssphäre des Rechtsinhabers liegen. Generelle Kriterien, mittels derer in einer Art Automatismus abgeleitet werden kann, wann eine abstrakt-latente Gefahr in eine hinreichend konkrete Gefahr umschlägt, werden sich jedoch kaum finden lassen. Vielmehr hängt dies von der Gewichtung der abzuwägenden subjektiven Rechte und der Zumutbarkeit für den Pflichtigen im jeweiligen Einzelfall ab. Generell wird man allenfalls sagen können, dass die verkehrspflichtenauslösende Gefährdungsintensität bei den essentiellen subjektiven Rechten auf körperliche und gesundheitliche Unversehrtheit oder sogar auf Leben niedriger anzusetzen sein wird, als etwa im Bereich des Eigentumsrechts. Bei der Ausgestaltung und Abwägung subjektiver Rechte spielen zudem auch die rechtspolitische Einstellung, soziale- und soziologische Überlegungen sowie ökonomische Argumente – um nur einige zentrale Aspekte zu nennen – eine Rolle. Auch Menschenrechte können im Rahmen der Ausgestaltung subjektiver Rechte Bedeutung erlangen.[24]

In Zeiten von Aquastopventilen kann man durchaus anzweifeln, ob aus dem Betrieb von Geschirrspül- bzw. Waschmaschinen in einer Etagenwohnung wirklich eine derart intensive Gefahr für das darunter liegende Eigentum resultiert, dass der Betreiber in kürzeren Abständen eine akustische und optische Überwachung der Maschinen vorzunehmen hat und dementsprechend die Wohnung während des Betriebs nicht verlassen darf.[25] Bejaht man eine solche Verkehrspflicht, hätte der Eigentümer der darunterlie-

---

[23] Im Ergebnis, aber innerhalb eines anderen dogmatischen Systems, so auch *v. Bar*, 25 Jahre Karlsruher Forum, S. 80, 80.

[24] Ausführlich dazu *Wendelstein*, RabelsZ 83 (2019), 115, 115 ff., insb. 117 ff.

[25] So OLG Hamm, MDR 1984, 668, 668; OLG Karlsruhe, VersR 1992, 114, 114; OLG Düsseldorf, NJW 1975, 171, 171; LG Gießen, VersR 1995, 1457, 1457; 1997, 1023, 1023.

genden Wohnung einen Anspruch auf Erfüllung dieser Verkehrspflichten, solange der Betrieb der Maschine andauert. Mit Beendigung des Betriebs entfällt die konkrete Gefährdung und damit auch die Verkehrspflicht, so dass auch das durch sie „erweiterte" subjektive Eigentumsrecht nicht länger verletzt wird. In Ermangelung einer aktuellen Verletzung eines subjektiven Rechts besteht auch der Erfüllungsanspruch nicht mehr. Mangels Gefährdung des Eigentums sollte jedenfalls die Rechtssphäre des Eigentümers der über der Etagenwohnung, in welcher die Geschirrspül- oder Waschmaschinen betrieben wird nicht in die darunterliegende Wohnung ausgedehnt werden. In Ermangelung einer solchen Ausdehnung über die gegenständlichen Grenzen des Bezugsobjekts hinaus, verletzt der unbeaufsichtigte Betrieb eines Geschirrspülers oder einer Waschmaschine jedenfalls nicht das Eigentumsrecht an den darüber liegenden Wohnungen, so dass diesen kein Anspruch auf Beachtung der Verkehrspflichten zustehen kann.

Die Fallkonstellation von Rückrufpflichten bei Produktmängeln (bspw. die Ford Pinto Konstellation) verdeutlicht, wie vielschichtig und anspruchsvoll die im Rahmen der notwendigen Abwägung auftretenden Schwierigkeiten sind: Die Stimmen, welche einen Anspruch auf Rückruf grundsätzlich für möglich halten,[26] sind sich über dessen Voraussetzungen uneinig. Gestritten wird insbesondere über die Frage, ob und wie sich eine Selbstschutzmöglichkeit des Produktnutzers auf einen Erfüllungsanspruch auswirkt. Teilweise[27] wird dann ein Erfüllungsanspruch verneint, während andere Stimmen im jeweiligen Einzelfall abwägen wollen, ob der grundsätzlich bestehende Rückrufanspruch durch die Selbstschutzmöglichkeit verdrängt wird.[28] Da in vielen Fällen ein Selbstschutz dadurch möglich ist, dass das Produkt nicht mehr benutzt wird, besteht der Anspruch auf Rückruf nach beiden Auffassungen in den überwiegenden Fällen nicht. Ein solcher bestünde lediglich, wenn die Gefahr durch ein fehlerhaftes Produkt nicht durch Einstellung des Gebrauchs beseitigt werden kann. Nach der Gegenansicht hat der Hersteller durch das Inverkehrbringen seiner Produkte die Gefahr von Verletzungen subjektiver Rechte und von Schädigungen der Endkunden geschaffen und sei zudem in der Lage diese durch Rückruf abzuwenden. Daran ändere es nichts, dass der Endverbraucher die Gefahr durch Einstellung der Produktverwendung beseitigen könne.[29]

---

[26] *Brüggemeier*, JZ 1986, 969, 973; *Pieper*, BB 1991, 985, 990f. gehen davon aus, dass ein derartiger Rückrufanspruch die Möglichkeiten des geltenden Privatrechts überspanne und darin keine Grundlage finde.

[27] *Foerste*, in: Foerste/von Westphalen, Produkthaftungshandbuch, § 39 Rn. 14; *Lenz*, in: Lenz, Produkthaftung, § 4 Rn. 76; *Müller/Dörre*, VersR 1999, 1333, 1337.

[28] *Kreidt*, Haftung des Zulieferers, S. 232f.

[29] *Rettenbeck*, Rückrufpflicht in der Produkthaftung, S. 114; *Bodewig*, Rückruf fehlerhafter Produkte, S. 350; *Schmidt*, Produktrückruf und Regress, 133.

Das skizzierte Meinungsspektrum zeigt, wie unterschiedlich sich die beteiligten subjektiven Rechte von Endkunde und Hersteller (beispielsweise das subjektive Recht auf körperliche und gesundheitliche Unversehrtheit des Endkunden und die unternehmerische Handlungsfreiheit des Herstellers) gewichten und gegeneinander abwägen lassen und wie divergent daher der Inhalt und Umfang der Verkehrspflichten des Herstellers ausfallen können. Ist man der Auffassung, dass der Endkunde sich selbst schützen soll, wird man sein subjektives Recht auf körperliche und gesundheitliche Unversehrtheit nicht durch eine Rückrufpflicht des Herstellers erweitern, wenn der Endkunde Kenntnis von der Gefährlichkeit des Produktes hat. Ist man hingegen der Auffassung, dass der Hersteller das Risiko von Verletzungen zu tragen habe, weil er die Gefahr durch das Inverkehrbringen des fehlerhaften Produkts überhaupt erst verursacht habe und diese daher auch wieder auf dem gleichen Weg aus der Welt schaffen müsse, wird man dazu neigen, eine Rückrufpflicht auch dann zu bejahen, wenn der Endkunde Kenntnis von der Gefährlichkeit des Produktes hat und sich daher grundsätzlich selbst schützen kann. Gleiches gilt wenn man davon ausgeht, dass der Hersteller von der Vermarktung seiner Produkte profitiere und daher auch die damit verbundenen Risiken zu tragen habe.

Zusätzliche Komplexität erlangt die Frage nach dem Inhalt und Umfang der beteiligten subjektiven Privatrechte dadurch, dass die Produktsicherheit auch Regelungsgegenstand des öffentlichen Rechts ist. Die zuständige Marktüberwachungsbehörde kann unter gewissen Voraussetzungen einen Rückruf anordnen. Dies hat zwar keine zwingenden Folgen für das Privatrecht,[30] jedoch *kann* man die subjektiven Privatrechte derart ausgestalten, dass die Anordnung eines Produktrückrufs ausschließlich den öffentlichen Marktüberwachungsbehörden und damit dem Staat obliegt. Ist man hingegen der Auffassung, dass die Marktordnungsbehörden mit der Produktüberwachung (strukturell) jedenfalls in der Tendenz überfordert sind, ist man geneigt, das Privatrecht durch entsprechende Ausgestaltung der beteiligten subjektiven Rechte zu „aktivieren“, damit die betroffenen „staatsfernen“ Privatrechtssubjekte den Produktrückruf fordern können. Von diesem Standpunkt aus werden die Privatrechtssubjekte dann mittelbar auch im Interesse der Produktsicherheit tätig.

### *b) Unausweichbarkeit infolge einer besonderen Nähe zum Gefahrenherd*

Eng verwandt mit den bisherigen Überlegungen zur Gefährdungsintensität ist die Beobachtung, dass Situationen existieren, in denen ein Privatrechtssubjekt trotz Kenntnis der Gefahrenlage aufgrund der räumlichen Nähe zu dieser keine Maßnahmen zum Schutz seiner Rechte ergreifen kann

---

30 Vgl. Kapitel 4 § 2 E. IV. 4. b) (S. 215 ff.).

oder ihm solche wegen den damit verbundenen Einschränkungen nicht zumutbar sind. Einen Hinweis auf die Relevanz dieses Umstands im Rahmen der Bestimmung der verkehrspflichtauslösenden Gefahrenintensität enthält § 908 BGB. Nach dessen Wortlaut kann nicht jeder, der nach § 836 Abs. 1 BGB Schadensersatz verlangen könnte, Erfüllung der Absicherungspflicht verlangen, sondern nur der Eigentümer des Nachbargrundstücks.[31] Damit bringt die Regelung zum Ausdruck, dass dem Eigentümer des Nachbargrundstücks Selbstschutzmaßnahmen aufgrund seiner unveränderbaren Nähe zum Gefahrenherd nicht zugemutet werden sollten. Vielmehr „überlappen" sich sein durch das Grundeigentum statuierter Herrschaftsbereich, welcher durch die Sicherungspflichten über die Katastergrenzen reicht, und das Eigentum des Sicherungspflichtigen dauerhaft. Der Grundeigentümer wird also durch die Nichtvornahme der Sicherungspflichten in seinem Eigentum dauerhaft und damit aktuell verletzt und kann entsprechend Erfüllung der Sicherungsmaßnahmen verlangen.

Der Aspekt der Unausweichbarkeit infolge einer besonderen Nähe zum Gefahrenherd und die daraus resultierende permanente Gefährdung ist *ein* Kriterium im Rahmen der Bestimmung der notwendigen Gefährdungsintensität.[32] Mittels dieses Kriteriums lässt sich beispielsweise begründen, warum die Nichträumung eines Hinterhofs zwar das Recht auf körperliche und gesundheitliche Unversehrtheit einer im angrenzenden Hinterhaus lebenden Person, welche zum Verlassen des Hinterhauses den Hinterhof überqueren muss, permanent verletzt, während das subjektive Recht auf körperliche und gesundheitliche Unversehrtheit eines Passanten durch die Nichträumung nicht verletzt wird.

## E. „Fernwirkungen" des Anspruchs auf Erfüllung von Verkehrspflichten

Die Anerkennung eines funtkional negatorischen Anspruchs auf Erfüllung von Verkehrspflichten hat gewissen „Fernwirkungen" auf die funktional anderen Schutzssysteme des Privatrechts, insbesondere das Deliktsrecht, welches auf Wiedergutmachung eines infolge der Verletzung eines subjektiven Rechts eingetretenen Schadens gerichtet ist.[33] Eine dieser Fernwirkun-

---

[31] Die h. L. setzt anders dinglich Berechtigte und berechtigte Besitzer wie z. B. Mieter oder Pächter dem Grundeigentümer gleich, vgl. *Roth*, in: Staudinger, BGB, § 908 BGB Rn. 11; *Lorenz*, in: Erman, BGB, § 908 BGB Rn. 3; *Brückner*, in: MüKo-BGB, § 908 BGB Rn. 8.

[32] So innerhalb eines anderen dogmatischen Systems im Ergebnis *v. Bar*, 25 Jahre Karlsruher Forum, S. 80, 85; Vgl. auch das Beispiel bei *Hofmann*, Unterlassungsanspruch, S. 201 Fn. 554.

[33] Vgl. Kapitel 3 § 10 A. II. 2. (S. 94 ff.).

gen ist, dass sich das praktische Bedürfnis, das Deliktsrecht zur mittelbaren Prävention bzw. Verhaltenssteuerung zu aktivieren, teilweise reduziert.

Eine der wohl aktuellsten und umstrittensten Grundfragen auf dem Gebiet des Deliktsrechts ist, inwieweit dieses zur Erreichung des – je nach Auffassung – „fremden" Zwecks der Verhaltenssteuerung und Prävention „instrumentalisiert" werden darf und kann.[34] Als Hauptfunktion des Schadensrechts wird traditionell der Ausgleichsgedanke genannt.[35] Diesem wird neuerdings – teilweise als Folge einer ökonomischen Analyse – immer häufiger das Präventionsprinzip und/oder der Pönalgedanke zur Seite gestellt.[36] Die Instrumentalisierung des Deliktsrechts zur präventiven Verhaltenssteuerung wird teilweise als ein Rückfall in eine „archaische" juristische Vergangenheit begriffen.[37] Besonders augenfällig treten die Grundstreitigkeiten im Bereich medialer Persönlichkeitsrechtsverletzungen zutage: Bekanntermaßen hat der VI. Zivilsenat auf die von Caroline von Monaco angestrengten Klagen wegen Veröffentlichung erfundener Interviews und Abdruck von Paparazzi-Fotos offen anerkannt, dass der Geldausgleich bei Persönlichkeitsverletzungen weniger dem Schadensausgleich als vielmehr „der Prävention" dient.[38] Daher sei die Entschädigung so hoch anzusetzen, dass von ihr ein „echter Hemmungseffekt" für die unautorisierte Vermarktung der Persönlichkeit der Klägerin ausgehe.[39] Dass diese Weichenstellungen nicht nur theoretische und dogmatische Relevanz besitzen, sondern auch praktische Unterschiede bewirken, zeigt das Schlussurteil des OLG Hamburg im ersten Caroline-von-Monaco-Fall: Während das OLG in seinem Berufungsurteil die Beklagte noch zu 30.000 DM verurteilt hatte, änderte sich die Urteilssumme nach der Rückverweisung durch den BGH auf 180.000 DM.[40]

Nach verbreiteter Auffassung hat der BGH mit seiner Entscheidung das insbesondere aus dem anglo-amerikanischen Recht bekannte Insitut der *punitive damages* in das deutsche Deliktsrecht implementiert.[41] Dem VI. Zi-

---

[34] Vgl. etwa *Wagner*, AcP 206 (2006), 352–476; *Ebert*, Pönale Elemente, passim; *Schäfer*, AcP 202 (2002), 397–434; *Körner*, NJW 2000, 241–246; *Müller*, Punitive Damages, passim; *Koziol*, Prevention under Tort Law, passim.

[35] *Koziol*, Prevention under Tort Law, S. 133, 133 ff. m. w. N.; *Esser/Schmidt*, Schuldrecht I/2, § 30 II, (S. 170).

[36] Vgl. etwa *Lange/Schiemann*, Schadensersatz, S. 9 ff.; teilweise werden beide Aspekte auch unter der Straffunktion zusammengefasst, vgl. etwa *Stoll*, in: FS Rheinstein, Band II, S. 569, 569 ff.

[37] *Honsell*, Römisches Recht, S. 89: „In primitiven Rechtsordnungen dominiert die Buße. Eine entwickelte Rechtskultur kennt keine Buße, sondern nur den Schadensersatz." Ähnlich *F. Bydlinski*, AcP 204 (2004), 309, 344 f.

[38] BGHZ 128, 1, 15; vgl. auch BGHZ 160, 298, 302 f.

[39] BGHZ 128, 1, 16.

[40] OLG Hamburg, NJW 1996, 2870, 2871 ff.

[41] *Schäfer*, AcP 202 (2002), 397, 423; *Stürner*, AfP 1998, 1, 1; *Canaris*, in: FS Deutsch, S. 85, 107.

vilsenat des BGH ist in durchaus rauem Ton vorgehalten worden, er habe Strafrecht geschöpft und sich dadurch in Widerspruch zur bisherigen Linie des IX. Zivilsenats[42] gesetzt. In das „sorgsam differenzierende und filigran abwägende“ deutsche Haftungsrecht mit seinen „feineren und leiseren“ Klängen, habe der VI. Zivilsenat eine Schneise zugunsten des „Cowboy-Rechts“ geschlagen.[43] Oder in den weniger markigen Worten von *Bydlinski*:

> „Die ganze rechtskulturelle Ausdifferenzierung von Strafe und Schadensersatz wird ohne rationale Rechtfertigung durch einen Rückfall in archaische Rechtsepochen rückgängig gemacht; und dies zugleich unter Preisgabe aller wohlbegründeten rechtsstaatlichen Bestimmtheitsanforderungen an die Straftatbestände und die Strafandrohungen. Mit dem schon in sich widersprüchlichen Begriff des ‚Strafschadens‘ entzieht man sich eben zugleich allen sachgerechten Beschränkungen des Schadenersatz- wie des Strafrechts in Richtung auf freieste Beliebigkeit“.[44]

Die Entscheidung des BGH macht jedenfalls eines deutlich: Soll der Schadensersatzanspruch dazu dienen, die Yellow Press daran zu hindern, sich das subjektive Persönlichkeitsrecht eines Prominenten kostenlos anzueignen, dann darf die Schadenssumme nicht niedriger ausfallen als die Kosten, welche der Verletzter für rechtmäßiges Verhalten hätte aufwenden müssen. Die Schadenssumme muss also höher liegen als die fiktive Lizenzgebühr.[45] Wenn üblicherweise für ein Exklusiv-Interview mit Caroline von Monaco beispielsweise 200.000 Euro bezahlt werden, wirkt ein drohende Schadenshaftung allenfalls dann abschreckend, wenn der Schadensersatz deutlich darüber liegt. Muss die jeweilige Yellow-Press hingegen lediglich „befürchten“, zu maximal 90.000 Euro verurteilt zu werden, steht sie rein wirtschaftlich immer noch besser, wenn sie das Interview einfach erfindet, anstatt die Einwilligung der prominenten Person gegen Bezahlung einzuholen. Maßgeblicher Orientierungspunkt für die Höhe der Geldentschädigung müssen also die Kosten sein, die für eine rechtmäßige Publikation mit gleichem Inhalt aufzuwenden gewesen wären. Orientierungspunkt wäre also etwa der Preis, den die prominente Person für die Gewährung eines Interviews oder die Anfertigung von Fotographien aus ihrem Privatleben üblicherweise hätte erzielen können.[46] Auf diese „hypothetische Lizenzgebühr“ müsste ein Zuschlag erhoben werden, der dem potentiellen Verletzer den erwünschten Anreiz vermittelt, die rechtsgeschäftliche Einigung mit dem Prominenten zu suchen. Da die Höhe des Zuschlags entscheidend von der individuellen Auffassung des jeweiligen Rechtsanwenders abhängig ist und zudem auch die hypothetische Lizenzgebühr bei Eingriffen in das allgemeine Persön-

---

[42] BGHZ 118, 312, 334 ff.
[43] *Stürner*, AfP 1998, 1, 1.
[44] *F. Bydlinski*, AcP 204 (2004), 309, 344 f.
[45] *Wagner*, AcP 206 (2006), 352, 385; *Dreier*, Kompensation und Prävention, S. 138 ff.
[46] *Wagner*, AcP 206 (2006), 352, 385.

lichkeitsrecht eines Prominenten häufig nicht sicher bestimmt werden kann, wird vorgeschlagen, sich an dem vom Verletzer erzielten Gewinn zu orientieren.[47]

Die Erhöhung des Schadensersatzanspruchs mittels eines Zuschlags im Interesse eines einer wirksamen Verhaltenssteuerung durch Abschreckung findet sich beispielsweise auch in einem Teil des Immaterialgüterrecht. Bei der Verletzungen von subjektiven Immaterialgüterrechten hat die Rechtsprechung Sonderregeln über den Haftungsumfang entwickelt, die heute als Grundsätze der sogenannte „dreifachen Schadenberechnung" geläufig sind.[48] Nach dieser hat der Inhaber des verletzten subjektiven Immaterialgüterrechts die Wahl zwischen drei verschiedenen Methoden der Schadensberechnung: Der Verletzte kann alternativ (1) den ihm konkret entstandenen Vermögensschaden einschließlich des entgangenen Gewinns auf der Grundlage der §§ 249 ff. BGB liquidieren oder (2) den Schaden auf Basis einer hypothetischen Lizenzanalogie berechnen, vom Schädiger also die Zahlung desjenigen Betrags fordern, der für den Erhalt einer die Verletzungshandlung legalisierenden Lizenz üblicherweise am Markt erzielt worden wäre oder (3) von dem Verletzer die Herausgabe des erzielten Gewinns und zu diesem Zweck Auskunft und Rechnungslegung über die erzielten Umsätze verlangen. In einem kleinen Bereich der Immaterialgüterrechte, nämlich bei der Verletzung sogenannter kleiner Musikaufführungsrechte, spricht der BGH der GEMA als urheberrechtliche Verwertungsgesellschaft nicht die übliche einfache fiktive Lizenzgebühr sondern eine doppelte Lizenzgebühr zu.[49] Zur Begründung führt er neuerdings aus, dass sich über die Verpflichtung zur Herausgabe des Verletzergewinns „in der Mehrzahl der Fälle in diesem Bereich nicht der zum Schutz dieser Rechte notwendige Anreiz gewinnen [lasse], ordnungsgemäß die Aufführungsgenehmigung einzuholen".[50]

Anerkennt man einen Anspruch auf Erfüllung von Verkehrspflichten, kann sich das praktische Bedürfnis, das Deliktsrecht zur mittelbaren Prävention bzw. Verhaltenssteuerung zu aktivieren, reduzieren. Dies sei an dem bereits angesprochenen Ford Pinto Fall verdeutlicht: Gewährt man den zahlreichen Endkunden einen Anspruch gegen Ford auf Rückruf des gefährlichen Ford Pinto, indem man ihre subjektiven Rechte entsprechend ausgestaltet, so können diese Ford gegebenenfalls mittels gerichtlicher Hilfe zum Rückruf zwingen. Bei Annahme solcher Erfüllungsansprüche ist das Privatrecht ein direktes Instrument zur Verhaltenssteuerung, so dass das praktische Bedürfnis einer mittelbaren Verhaltenssteuerung mittels einer Erhöhung von Schadensersatzansprüchen geringer ist.

[47] *Wagner*, AcP 206 (2006), 352, 385.
[48] Vgl. *Raue*, Dreifache Schadensberechnung, passim.
[49] BGHZ 17, 376, 383; 59, 286, 287 f.; 97, 37, 49 ff.
[50] BGHZ 59, 286, 290.

## § 2 Anspruch auf Erfüllung von Schutzpflichten

### A. Grundsätzlich bestehender Erfüllungsanspruch

Entsprechend den Ausführungen im Rahmen der Untersuchung eines Anspruchs auf Erfüllung von Verkehrspflichten und unter den dort erarbeiteten Voraussetzungen besteht auch ein Anspruch auf Erfüllung von Schutzpflichten. Wie die Verkehrspflichten definieren Schutzpflichten vertragsfremde subjektive Rechte des Gläubigers in ihrem Inhalt und Umfang. Die Verletzung einer Schutzpflicht ist daher die Verletzung des durch sie definierten subjektiven Rechts. Infolge der Verletzung des subjektiven Rechts wird der funktional negatorische Anspruch auf Erfüllung der Schutzpflicht ausgelöst, so lange die Verletzung des subjektiven Rechts andauert. Eines besonderes schutzwürdigen Interesses an der Erfüllung der Schutzpflicht bedarf es nicht.

### B. Auseinandersetzung mit der Gegenauffassung

An der Gegenauffassung,[51] welche einen Anspruch auf Erfüllung von Schutzpflichten typischerweise unter Hinweis auf den abstrakt-generellen Charakter und den unbestimmten Inhalt der Schutzpflichten verneint und zusätzlich jedenfalls ein besonderes Schutzinteresse des Gläubigers an der Erfüllung verlangt, kommt schon mit Blick auf die gesetzlich (etwa § 618 BGB) geregelten Schutzpflichten Zweifel auf. Bei den gesetzlichen Schutzpflichten ist durchgehend anerkannt, dass ein Anspruch auf deren Erfüllung besteht, obwohl auch dort beispielsweise die Schutzpflichten des Dienstherren generalklauselartig formuliert sind.[52] Zudem ist in diesem Bereich der Gläubiger der Schutzpflichten anerkanntermaßen nicht angehalten, anderweitig – etwa durch Zurückbehaltung seiner Dienst- oder Arbeitsleistung oder durch Drohung mit einer Kündigung – auf die Einhaltung des vorgeschriebenen Schutzstandards hinzuwirken, damit er in den Genuss des Erfüllungsanspruchs kommt. Wenn dies im Bereich der gesetzlich speziell geregelten Schutzpflichten sach- und interessengerecht ist, warum sollte dann im Bereich der Schutzpflichten des § 241 Abs. 2 BGB etwas anderes gelten? Wo liegt der Unterschied zwischen diesen Schutzpflichten, welcher eine unterschiedliche Handhabung rechtfertigen soll? Es liegt jedenfalls nicht an den gesetzlichen Vorgaben des Erfüllungsanspruchs. Vielmehr dürfte die in der restriktiven Handhabung des Erfüllungsanspruchs zum Ausdruck kommende Skepsis im Wesentlichen entstehungsgeschichtliche

---

51 Vgl. Kapitel 1 § 2 C. (S. 16 ff.).
52 Vgl. Kapitel 1 § 2 C. (S. 16 ff.).

Gründe haben, welche mehr oder weniger unbeachtet und unreflektiert bis in die heutige Zeit übernommen wurden:[53]

## *I. Entstehungsgeschichte der Schutzpflichten*

Die Entstehungsgeschichte der Schutzpflichten ist erst jüngst ausführlich durch *Bachmann* und *Schirmer* beleuchtet worden,[54] so dass es hier bei einer Skizze mit den für die hiesige Untersuchung wesentlichen Punkten und Weichenstellungen sein Bewenden haben kann.

### *1. Konstruktion durch Kress und die Lehre vom unentwickelten Anspruch*

Als geistiger Vater der heutigen Schutzpflichten gilt *Hugo Kress* (1874–1958). In seinem Lehrbuch des allgemeinen Schuldrechts prägte er den Begriff der „Schutzverpflichtungen aus Schuldverhältnissen". Den „relativen Schutzanspruch" leitete *Kress* aus einer besonderen Vereinbarung durch die Parteien, einer ergänzenden Vertragsauslegung und ggf. aus Treu und Glauben ab.[55] Damit war er wohl der erste, der den Ursprung und den Inhalt und Umfang der Schutzpflichten näher bestimmte und eine Dogmatik der Schutzpflichten konstruierte. Darüber hinaus kreierte *Kress* aber auch eine Lehre, welche bis heute in der weitgehenden Ablehnung eines Anspruchs auf Erfüllung von Schutzpflichten fortwirkt. Angesprochen ist damit die Lehre vom unentwickelten Anspruch.

*Kress* unterschied in seiner Schuldrechtstheorie zwei Arten von Ansprüchen – Erwerbs- und Schutzansprüche. Erwerbsansprüche seien auf den Erwerb von Gütern durch ein Überlassungsgebot gerichtet. Die Schutzansprüche schützten hingegen den status quo an Gütern und richteten sich auf Wiedergutmachung.[56] Zu den Erwerbsansprüchen seien alle Ansprüche zu zählen, welche der „Durchführung der Güterbewegung dienen".[57] Schutzansprüche seien hingegen alle Ansprüche, welche aus der Verletzung eines Eingriffsverbots resultieren.[58] Darunter seien auch die Ansprüche aus „Schutzverpflichtungen" – die heutigen Schutzpflichten – zu verstehen. Das besondere dieser Schutzansprüche liegt für *Kress* darin, dass sie ihre volle Entwicklung erst mit Schadenseintritt erreichen.[59] Vor Eintritt des Schadens seien sie „unentwickelt", weil sie nur auf Vorbeugung einer möglichen

[53] Vgl. dazu ausführlich neuerdings auch *Bachmann/Schirmer*, in: FS Canaris II, S. 371, 284 ff. und 392.

[54] *Bachmann/Schirmer*, in: FS Canaris II, S. 371, 384.

[55] *Kress*, Lehrbuch des allgemeinen Schuldrechts, S. 5 ff., 597 ff.

[56] *Kress*, Lehrbuch des allgemeinen Schuldrechts, S. 1 ff.

[57] *Kress*, Lehrbuch des allgemeinen Schuldrechts, S. 2.

[58] *Kress*, Lehrbuch des allgemeinen Schuldrechts, S. 3 ff. nennt exemplarisch § 823 BGB und die Besitzschutzvorschriften.

[59] *Kress*, Lehrbuch des allgemeinen Schuldrechts, S. 5.

Schädigung gerichtet seien und weder geltend gemacht noch durchgesetzt werden könnten.[60] Entsprechend stellen Vorschriften wie § 541 BGB oder auch § 1004 Abs. 1 S. 2 BGB für *Kress* einen Fremdkörper dar, weil sie „ausnahmsweise" schadenspräventiven Schutz gewähren.[61] Einen generellen schadenspräventiven Schutzanspruch lehnt *Kress* ab. Ein solcher entspräche weder dem generalisierten Parteiwillen, noch sei er nötig. Vielmehr entfalte bereits die drohende Schadenshaftung eine derart starke verhaltenssteuernde Wirkung, dass schadenspräventive Ansprüche überflüssig seien.[62]

### 2. *Weiterentwicklung durch von Stoll: Lehre von der Sonderbeziehung*

Ihren endgültigen Durchbruch erlangten die Schutzpflichten durch eine Arbeit von *Hans Stoll*[63] (1926–2012). *Stoll* differenzierte zwar nicht wie Kress zwischen Erwerbs- und Schutzansprüchen sondern zwischen Erwerbs- und Schutzinteressen. Dem Erwerbsinteresse dienten die Leistungsansprüche, während den Schutzinteressen mittels der Schutzpflichten Rechnung getragen werde.[64] Das eigentliche Novum, welches die Schutzpflichten durch *Stoll* erfuhren, war, dass er ihnen die bis heute maßgebliche dogmatische Begründung und Verortung verschaffte. Er begriff das Schuldverhältnis im weiteren Sinn als eine auf Vertrauen basierende Sonderbeziehung, welche neben den Leistungspflichten auch die Pflicht enthält, „sich hierbei jeder schädigenden Einwirkung zu enthalten".[65]

Mit der Frage, ob es einen schadenspräventiven Anspruch auf Erfüllung von Schutzplichten gibt, beschäftigt sich *Stoll* in seiner Arbeit nicht ausdrücklich. Festzustellen ist allerdings, dass *Stoll* der Lehre von *Kress* in nahezu allen wichtigen Fragen folgt. Es handele sich bei den Vorarbeiten durch *Kress* um eine „treffliche Analyse" und auch der unentwickelte Schutzspruch wird von *Stoll* rezipiert.[66] Es lässt sich daher jedenfalls nicht annehmen, dass *Stoll* die Auffassung von einem unentwickelten Anspruch nicht geteilt hat. Vieles spricht sogar eher für das Gegenteil.[67]

---

[60] *Kress*, Lehrbuch des allgemeinen Schuldrechts, S. 5.
[61] *Kress*, Lehrbuch des allgemeinen Schuldrechts, S. 6, 593.
[62] *Kress*, Lehrbuch des allgemeinen Schuldrechts, S. 6, 594.
[63] *Stoll*, AcP 136 (1932), 257, 257 ff.
[64] *Stoll*, AcP 136 (1932), 257, 287 ff.
[65] *Stoll*, AcP 136 (1932), 257, 288.
[66] *Stoll*, AcP 136 (1932), 257, 289 mit Fn. 66.
[67] Diese Einschätzung teilt *Bachmann/Schirmer*, in: FS Canaris II, S. 371, 387.

### 3. *Überführung in ein einheitliches gesetzliches Begleitschuldverhältnis durch Canaris*

Ihre bis heute letzte Evolutionsstufe enthält die von *Kress* und *Stoll* entwickelte Schutzpflichtenkonstruktion durch *Canaris*.[68] Anders als seine Vorgänger leitet *Canaris* die Schutzpflichten nicht je nach „Stadium" der Sonderbeziehung aus unterschiedlichen Quellen (Vertrag, ergänzende Vertragsauslegung, Treu und Glauben) sondern aus einem einheitlichen gesetzlichen Schuldverhältnis ab. Auf ihren Kern reduziert zeichnet sich diese Lehre dadurch aus, dass sie die Schutzpflichten mit der rein faktischen Tatsache einer besonderen, über den Zufallskontakt hinausgehenden engen Beziehung und dem daraus resultierenden wechselseitigen Vertrauen der Parteien des Schuldverhältnisses begründet. Aufgrund der rein faktischen, engen Beziehung entstehe ein *gesetzliches* Schuldverhältnis. In diesem einheitlichen, gesetzlichen Schuldverhältnis seien zum Schutz der subjektiven Rechte des Gläubigers die auf den Integritätsschutz gerichteten Schutzpflichten verortet, welche bei grundsätzlich schuldhafter Verletzung die schadensrechtliche Haftung der schädigenden Partei nach den Grundsätzen des allgemeinen Schuldrechts auslösen.[69] Es entstehe mit Aufnahme des geschäftlichen Kontaktes und verdichtet sich über mehrere Stufen (Beginn der Vertragsverhandlungen, Vertragsschluss, Eintritt in das Erfüllungsstadium).

Auch *Canaris* setzt sich mit dem unentwickelten Anspruch von *Kress* nicht weiter auseinander. Festzustellen ist jedoch, dass *Canaris* ausdrücklich *Stoll* „terminologisch ohne Einschränkung" folgt. Auch inhaltlich habe *Stoll* „mit Recht" auf den Vertrauensgedanken als Grundlage der Schutzpflichten abgestellt.[70] Auch die enge Verbindung der Lehren *Stolls* und *Kress* sieht *Canaris*.[71]

## *II. Durchschimmernde Kraft des „unentwickelten Schutzanspruchs"*

Die skizzierte Entstehungsgeschichte legt die Vermutung nahe, dass die Rechtsfigur des „unentwickelten Schutzanspruchs" über alle Evolutionsstufen hinweg mehr oder weniger bewusst mitgezogen wurde und so in die heute vorherrschende Auffassung vom gesetzlichen Begleitschuldverhältnis

---

[68] *Canaris*, JZ 1965, 475, 475 ff.; *ders.*, in: FS Larenz, S. 27, 88; seine Ansicht teilen heute etwa *Gerhardt*, JuS 1970, 597, 598; *Medicus/Petersen*, Bürgerliches Recht, Rn. 203; *Medicus/Lorenz*, Schuldrecht I, Rn. 507a; *Wendelstein*, AcP 215 (2015), 70, 95 f.; *ders.*, Kollisionsrechtliche Probleme der Telemedizin, S. 145–147; wohl auch *Ernst*, in: MüKo-BGB, § 280 BGB Rn. 108.

[69] *Canaris*, JZ 1965, 475, 476; *ders.*, in: FS Larenz, 1983, 27, 88.

[70] *Canaris*, JZ 1965, 475, 476 f. mit Fn. 15, 16.

[71] *Canaris*, JZ 1965, 475, 476 mit Fn. 7.

gelangt ist.[72] Diese Vermutung erhärtet sich bei einem Blick in die jüngere rechtswissenschaftliche Literatur: So wird dort teilweise ganz offen der Konstruktion von *Kress* gefolgt.[73] Andere folgen ihr zwar nicht ausdrücklich und verwenden auch nicht die etwas „angestaubte" Terminologie, bauen aber ihre Lösung nahezu identisch auf.[74] Ist die Handschrift des unentwickelten Schutzanspruchs aber auch in den heutigen Lehren noch deutlich erkennbar, ist es sinnhaft sich vor Augen zu führen, mit welcher Begründung *Kress* einen Anspruch auf Erfüllung von Schutzpflichten tatsächlich verneinte. In der heutigen Literatur wird zunehmend nur noch auf das vermeintlich zentrale Argument abgestellt, dass ein schadenspräventiver Erfüllungsanspruch auf Einhaltung der Schutzpflichten im Parteiinteresse nicht notwendig sei, weil die vom voll entwickelten Schadensersatzanspruch ausgehende mittelbar verhaltenssteuernde Wirkung ausreichend sei.[75] Ganz unabhängig davon, dass die mittelbar verhaltenssteuernde Wirkung von Schadensersatzansprüchen ihrerseits gewisse Probleme bereitet, ist im hiesigen Kontext zunächst eine ganz andere Fragestellung von zentraler Bedeutung. Es stellt sich nämlich die Frage, ob dieses Argument wirklich der tragende Grund dafür war, dass *Kress* von einem nur unentwickelten Schutzanspruch ausging oder ob dieses Argument nicht eher nur ein vorgeschobenes war. Die insoweit relevante Passage bei *Kress* lautet:

> „Die Schutzansprüche sind bei voller Entwicklung auf Wiedergutmachung der Verletzung der geschützten Güter gerichtet. Allein die volle Entwicklung, welche erst mit der Verletzung des Gutes eintritt, entspricht nicht den Absichten der bürgerlichen Rechtsordnung; die Drohung der Wiedergutmachung – bei absoluten Schutzansprüchen für jedermann, bei relativen für die durch das Schuldverhältnis bestimmte Person – soll von der Verletzung der Güter abhalten, die volle Entwicklung der Schutzansprüche soll vermieden werden. Daß die Drohung dieses Ziel erreicht, zeigt ein Blick in den Verkehr. Schon die Drohung der Wiedergutmachung beugt den Willen der betroffenen Partei, zwingt sie zu einem Verhalten, das der Verletzung des fremden Gutes ausweicht, und gibt dem Inhaber des Gutes eine entsprechende Machtstellung – den unentwickelte Schutzanspruch".[76]

*Kress* begründet also, wie der letzte Satz der zitierten Passage zeigt, mit der mittelbaren verhaltenssteuernden Wirkung des Schadensersatzanspruchs

[72] Etwas härter in der Schlussfolgerung *Bachmann/Schirmer*, in: FS Canaris II, S. 371, 388 („das bedeutet […] zugleich").

[73] *Kuhlmann*, Leistungs- und Schutzpflichten, S. 134, 350.

[74] *Krebs*, Sonderverbindung und außerdeliktische Schutzpflichten, S. 549 ff. (grundsätzlich soll die mittelbar verhaltenssteuernde Wirkung der Schadenshaftung für die Prävention genügen; erforderlich sei ein besonderes Präventionsinteresse, welches aber grds. nicht dem Parteiwillen entspreche).

[75] *Kuhlmann*, Leistungs- und Schutzpflichten, S. 128; *Krebs*, Sonderverbindung und außerdeliktische Schutzpflichten, S. 550 f.; *Stürner*, JZ 1976, 384, 387; tendenziell *Sutschet*, in: BeckOK-BGB, § 241 BGB Rn. 91.

[76] *Kress*, Lehrbuch des allgemeinen Schuldrechts, S. 5.

zunächst den Schutzanspruch, um diesen mit derselben Begründung sogleich wieder als unentwickelt zu begrenzen. Dies wirft die wenig beleuchtete Frage auf, warum *Kress* überhaupt zunächst einen Schutzanspruch annahm. Gedanklich einfacher wäre es für *Kress* doch an sich gewesen den Schutzanspruch erst als Wiedergutmachungsanspruch entstehen zu lassen, wenn der Schaden eingetreten ist und vorher schlicht keinen Schutzanspruch anzunehmen.

### *III. Streit um Pekuniar- oder Naturalerfüllung als eine Ursache*

Eine Ursache für die Konstruktion des unentwickelten Anspruch dürfte für *Kress* gewesen sein, dass dieser seine evolutionäre Weiterentwicklung mittels Schutzpflichten ermöglichte, ohne mit bekannten Traditionen und traditionellen Denkmustern gänzlich zu brechen:

Bereits die Römer hatten sich bekanntermaßen mit der Frage zu beschäftigen auf was die Obligation gerichtet ist: Naturalerfüllung oder Pekuniarerfüllung. Während sich im klassischen römischen Recht ein Leistungsurteil auch dann auf Geldleistung richtete, wenn primär kein Geld geschuldet war, änderte sich dies infolge der fortschreitenden Geldentwicklung in der nachklassischen Zeit:[77] Die generelle Pekuniarerfüllung wurde partiell durch die Naturalerfüllung ersetzt. Die Unterscheidung zwischen Natural- und Pekuniarerfüllung überstand trotz einigen Widerstandes das Mittelalter und fand Dank *v. Savigny* und *Windscheid* Eingang in das BGB. Allerdings – und das ist im hiesigen Kontext von zentraler Bedeutung – galt der Erfüllungsanspruch nur für Pflichten, welche sich auf Sach- oder Rechtsübereignung richteten (*dare oder reddere*). Hatte der Schuldner hingegen eine bestimmte Handlung vorzunehmen oder etwas zu unterlassen (*facere*), wurde noch bis Mitte des 19. Jahrhunderts mehrheitlich die aus dem römischen Recht bekannte Pekuniarerfüllung angenommen und ein Erfüllungsanspruch entsprechend abgelehnt.[78]

Vor dem Hintergrund dieser generell bestehenden Unsicherheit im rechtlichen Umgang mit Verhaltenspflichten verwundert es kaum, dass man auch im Spezialfall der Schutzpflichten an bewähren Kategorien festhielt. So wurden im gemeinen Recht die Fälle einer „Schutzpflichtverletzungen" als unerlaubte Handlung verstanden und daher mittels eines Schadensersatzanspruchs gelöst.[79] Als Grund der Haftung wurde nicht die Verletzung einer Schutzpflicht, sondern die widerrechtliche Schadensherbeiführung

---

[77] *Dorn*, in: HKK-BGB, § 241 BGB Rn. 9.

[78] Vgl. *Dorn*, in: HKK-BGB, § 241 BGB Rn. 13 ff.; *Repgen*, Vertragstreue und Erfüllungszwang, S. 51 ff.; zum römischen Recht, *Girard*, Geschichte und System des römischen Rechts, S. 700 f.

[79] *Dorn*, in: HKK-BGB, § 241 BGB Rn. 95.

angesehen.[80] Eine Schutzpflichtverletzung als solche existierte nicht, weil die heutigen Schutzpflichten noch gar nicht entwickelt waren.

### *IV. Lehre vom unentwickelten Anspruch als Kompromiss*

In diesem historischen Kontext erscheint die Lehre von *Kress* vom unentwickelten Anspruch als eine Art Kompromiss: Anders als noch im gemeinen Recht war es *Kress* mit seiner Lehre von den Schutzpflichten in Kombination mit seinem unentwickelten Anspruch möglich, die Haftung des Schuldners aus der Verletzung einer spezifischen Schutzpflicht abzuleiten, deren Einhaltung dem Gläubiger geschuldet war. Insoweit vermied diese Kombination einen Bruch mit der überkommenen Denkweise der Pandektisten, welche die Existenz von Schutzpflichten noch mit einem Verweis auf den fehlenden Schutzanspruch vehement negiert hatten.[81] Insoweit ebnete gerade diese Kombination *Kress* den Weg, die Haftung des Schuldners konsequent aus der Verletzung einer Schutzpflicht aus einem Schuldverhältnis abzuleiten:

> „Schließlich ist ohne Zuhilfenahme des relativen unentwickelten Schutzanspruchs über den Sinn der Vorschriften (276 ff. [...]), wonach die am Schuldverhältnis Beteiligten bestimmte ‚Verschuldensgrade zu vertreten haben', keine volle Klarheit zu gewinnen; der Beteiligte hat dem anderen nicht etwa für die Folgen jedes schuldhaften Verhaltens einzustehen, sondern nur für die schuldhafte Verletzung der sich aus dem Schuldverhältnis ergebenden Ansprüche, seien diese [...] oder (unentwickelte) Schutzansprüche."[82]

Um die überkommene Rechtslage und -systematik nicht zu sehr zu verändern, durfte der Anspruch aber nicht voll entwickelt sein. Wegen der Unentwickeltheit des Anspruchs wurden die Schutzpflichten ins Leben gerufen und die Schadenshaftung (aber eben auch nur diese!) konnte aus deren Verletzung abgeleitet werden.

Bei der Annahme eines den Schutzpflichten korrespondierenden unentwickelten Anspruchs handelt es sich also vor allem um eine der überkommenen Systematik geschuldete Konstruktion. Das Argument, dass die Drohkulisse der Schadenshaftung zum Schutz ausreichend sei, erscheint demgegenüber eher vorgeschoben und wird von *Kress* bezeichnenderweise auch nicht tiefer ausgeführt.

Zudem – und das ist von zentraler Bedeutung – benötigte *Kress* den unentwickelten Anspruch, um nicht mit seiner eigenen Schuldrechtstheorie

---

[80] Vgl. *S. Würthwein*, Schadensersatzpflicht wegen Vertragsverletzung, S. 180–209; *Dorn*, in: HKK-BGB, § 241 BGB Rn. 95.

[81] Ausführlich *S. Würthwein*, Schadensersatzpflicht wegen Vertragsverletzung, S. 200 f.

[82] *Kress*, Lehrbuch des allgemeinen Schuldrechts, S. 8.

brechen zu müssen. Wie gesehen[83] unterschied *Kress* zwischen Erwerbs- und Schutzansprüchen. Wenn es sich bei der Erfüllbarkeit um ein Merkmal der Erwerbsansprüche handelt und sich Schutzansprüche durch die Pflicht zur Wiedergutmachung auszeichnen, sind Schutzansprüche, welche zu einem Zeitpunkt, in dem noch kein wiedergutmachbarer Schaden eingetreten ist, zu erfüllen waren, mit diesem System unvereinbar. Alle vollentwickelten Schutzansprüche mussten in diesem System als zu vermeidende Fremdkörper erscheinen.[84]

Zusammenfassend ist die Lehre vom unentwickelten Schutzanspruch zuvorderst der Stabilität des eigenen Systems geschuldet. Das ist für sich genommen nicht problematisch, weil ein stabiles System zur rationalen Entscheidungsfindung und damit zur Folgerichtigkeit und Einheitlichkeit der Entscheidungen beitragen kann und hierdurch das Vertrauen in die Rechtsordnung stärkt.[85] Allerdings – und das ist problematisch – bleibt bei *Kress* gänzlich offen, woraus sich sachlich die Unentwickeltheit des Schutzanspruchs rechtfertigt: Einerseits ist er Anspruch, andererseits eben auch nicht.

### *V. Rechtfertigung des Anspruchs auf Erfüllung von Schutzpflichten*

Die bisherige Untersuchung hat gezeigt, dass die bis heute weit verbreitete Skepsis gegenüber einem Anspruch auf Erfüllung von Schutzpflichten in ganz erheblichem Maß historisch-konzeptionellen Ursprungs ist. Vermittelt über den historischen Vorläufer des unentwickelten Anspruchs, liegt sie der heutigen Unterscheidung von Leistungs- und Schutzpflichten weitgehend unausgesprochen zugrunde. Die Ablehnung eines auf Schutzpflichten gerichteten Anspruch beruht also allenfalls zu einem sehr geringen Teil auf sachlichen Aspekten.

Sachlich erscheint ein Anspruch auf Erfüllung von Schutzpflichten durchaus geboten. Schutzpflichten definieren im Verhältnis der am gesetzlichen Schuldverhältnis partizipierenden Privatrechtssubjekte die verschiedenen subjektiven Rechte in ihrem Inhalt und Umfang. Die sachliche Rechtfertigung der damit verbundenen Aufwertung des subjektiven Rechts des Pflichtbegünstigten liegt darin begründet, dass aus der tatsächlichen

---

[83] Vgl. Kapitel 5 § 2 B. I. 1. (S. 237 ff.).

[84] Vgl. *Kress*, Lehrbuch des allgemeinen Schuldrechts, S. 594 f.: „Der Schadensanspruch geht nach § 249 auf Wiederherstellung des vorherigen Zustandes. Daß zu solcher Naturalrestitution auch vorbeugende Maßnahmen erforderlich sind (besonders soweit immaterieller Schaden auszugleichen ist), mag für *seltene Fälle* zutreffen; dann kann auch der Schadensanspruch auf Vorbeugung, auf ein Unterlassen weiterer Eingriffe gerichtet sein. Mit dem unentwickelten Schutzanspruche hat ein solcher Schadensanspruch *nichts gemeinsam.*"

[85] *Canaris*, RdA 1966, 41, 41.

Durchführung etwa eines Vertrages regelmäßig ein faktischer Sonderkontakt, eine besondere Nähe zwischen den Vertragsparteien entsteht. Diese erhöht die Wahrscheinlichkeit einer Verletzung der einem Privatrechtssubjekt bereits zugewiesenen subjektiven Rechte, des rechtlichen *status quo* und damit einer Verletzung des – normativ zu verstehenden – Integritätsinteresses. Aufgrund dieser wechselseitigen, gesteigerten Einwirkungsmöglichkeit einer der Parteien auf die subjektiven Rechte, also beispielsweise Eigentum, Leib, Leben, Körper und Gesundheit aber auch des Vermögens der jeweils anderen Vertragspartei, besteht eine gesteigerte Schutzbedürftigkeit und Schutzwürdigkeit beider Parteien.[86] Da die inhaltliche Aufwertung der subjektiven Rechte durch die Annahme von Schutzpflichten schon wegen der Relativität des Schuldverhältnisses nur zwischen ausgewählten Privatrechtssubjekten besteht, ist das Risiko für den Pflichtigen überschaubar. Dies erklärt auch, warum im Bereich der Schutzpflichten der Schutz des allgemeinen Vermögensrechts anerkannt ist. Weist man einem Privatrechtssubjekt durch die handlungs- und situationsspezifische Aufwertung seiner subjektiven Rechte mittels der Schutzpflichten einen Rechtsraum zu, muss es die Schutzpflichten auch durchsetzen können.[87] Anderenfalls wäre die Rechtsordnung widersprüchlich. Der Verweis auf die vermeintliche Drohwirkung eines Schadensersatzanspruchs reicht nicht aus. Erstens ist die verhaltenssteuerende Wirkung der Schadensersatzansprüche nicht zu überschätzen (dazu 1.). Zweitens ist das Drohkulissenargument bereits in sich nicht schlüssig (dazu 2.)

### *1. Schadensersatzansprüche sind nur bedingt zur Verhaltenssteuerung geeignet*

Schadensersatzansprüche mit ihrer mittelbaren Drohwirkung sind weitaus weniger zur Verhaltenssteuerung geeignet als es zunächst den Anschein hat. Dies zeigen nicht zuletzt die jüngeren Entwicklungen auf dem Gebiet des Deliktsrechts.

Eine der aktuell umstrittensten Fragen auf dem Gebiet des Deliktsrechts ist, inwieweit dieses zur Verhaltenssteuerung und Prävention „instrumentalisiert“ werden darf und kann.[88] Derartige Fragen treten insbesondere im Bereich medialer Persönlichkeitsrechtsverletzungen auf: Wie gesehen, soll

---

[86] Siehe *Stoll*, AcP 136 (1932), 257, 288; *Canaris*, JZ 1965, 475, 476; *ders.*, in: FS Larenz, 1983, 27, 88; *Gerhardt*, JuS 1970, 597, 598; wohl auch *Medicus/Lorenz*, Schuldrecht I, Rn. 8, 507a.

[87] Vgl. *E. Picker*, in: FS Gernhuber, S. 315, 340; *ders.*, in: FS Bydlinsky, S. 269, 285 f., 314; *Bernhard*, in: FS Picker, S. 83, 105; *Hartmann*, Anspruch auf das stellvertretende commodum, S. 22; *Kahl*, in: Summum ius, summa iniuria: Zivilrecht zwischen Rechtssicherheit und Einzelfallgerechtigkeit, S. 205, 213.

[88] Vgl. Kapitel 5 § 1 E. (S. 232 ff.).

der Schadensersatzanspruch auch dazu dienen, die Yellow Press daran zu hindern, sich das subjektive Persönlichkeitsrecht eines Prominenten kostenlos anzueignen. Hierzu muss die Schadenssumme höher liegen als die fiktive Lizenzgebühr.[89] Auch auf dem Gebiet des klassischen Immaterialgüterrechts zeigt sich, dass die Schaffung eines vermeintlich hinreichenden Verhaltensanreizes nach Auffassung der Rechtsprechung die Erhöhung des potentiell zu ersetzenden Schadens erfordert.[90] Einer der Gründe dafür, dass für eine effektive Verhaltensteuerung der zu ersetzende Schaden erhöht werden muss, liegt darin, dass rechtstatsächlich nicht alle geschädigten Privatrechtssubjekte ihre Schäden liquidieren werden. Die Gründe hierfür können ganz unterschiedlich sein und reichen von rationaler Irrationalität bei Kleinstschäden bis hin zur Scheuung von Kosten und Aufwand der Rechtsverfolgung. Das Problem verdeutlicht das obige Beispiel zur Produkthaftung bei dem Ford Pinto.[91] Angenommen es ist zu erwarten, dass der Produktmangel bei 100 Personen einen Schaden von jeweils 100.000 Euro verursacht, der sich mit Hilfe einer Nachbesserung des Pinto vermeiden ließe, die Ford insgesamt 7.000.000 Euro kosten würde. Im Interesse eines möglichst sicheren Straßenverkehrs sollte Ford die Nachbesserungsmaßnahmen ergreifen. Ein entsprechender Anreiz besteht aber nur, wenn mindestens 70 der 100 Geschädigten ihren Schadensersatzanspruch geltend machen und auch durchsetzen und Ford mit einem solchen Ergebnis rechnen musste. Geht Ford hingegen davon aus, dass sie aus welchen Gründen auch immer in nur 60 Fällen erfolgreich auf Schadensersatz in Anspruch genommen werden wird, steht er rein wirtschaftlich gesehen besser, wenn die Nachbesserungsmaßnahmen nicht erfolgen. Ein Mittel zur Schaffung eines richtigen Verhaltensanreizes wird in der Einführung von Schadens-Multiplikatoren gesehen.[92] Der einem Geschädigten zuzusprechende Schadensersatz sei zu ermitteln, indem der tatsächlich eingetretene Schaden mit der umgekehrten Wahrscheinlichkeit der Anspruchsdurchsetzung multipliziert werde. Bei einer Durchsetzungswahrscheinlichkeit von 50 % also mit 2, von 25 % mit 4, von 12,5 % mit 8 usw.[93] Eine andere Lösung könnte darin bestehen, die einzelenen Schadensansprüche zu bündeln und so die Wahrscheinlichkeit der (gerichtlichen) Anspruchsdurchsetzung und damit das Drohpotential zu erhöhen.[94]

Die gesamte Diskussion um die „richtige" Bemessung des Schadensersatzes und der hinreichenden Durchsetzungswahrscheinlichkeit von Scha-

---

[89] *Wagner*, AcP 206 (2006), 352, 385; *Dreier*, Kompensation und Prävention, S. 138 ff.
[90] Vgl. Kapitel 5 § 1 E. (S. 232 ff.).
[91] Vgl. *Wagner*, AcP 206 (2006), 352, 463.
[92] Exemplarisch *Wagner*, AcP 206 (2006), 352, 464.
[93] *Polinsky/Shavell*, 11 Harv. L. Rev. 869, 887 ff. (1998).
[94] *Wagner*, AcP 206 (2006), 352, 465 f.

densersatzansprüchen im Interesse eines hinreichenden Verhaltensanreiszes verdeutlicht jedenfalls, dass das „Drohpotential" etwaiger Schadensersatzansprüche weitaus weniger stark ist als herkömmlicherweise angenommen wird. Insbesondere ist es stark davon abhängig, für wie wahrscheinlich der potentielle Schadensersatzschuldner das Risiko des Schadeneintritts und seiner (erfolgreichen) Inanspruchnahme durch die Geschädigten hält. Auch das Verhältnis von Kosten der Schadensvermeidung und Schadenshöhe spielt eine entscheidende Rolle. Zudem kommt auch der Versicherbarkeit für den vermeintlichen Schadensersatzschuldner eine Bedeutung zu.

### 2. *Unschlüssigkeit des Arguments der Drohkulisse*

Ungeachtet der geäußerten Bedenken gegen die effektive mittelbare Wirksamkeit der drohenden Schadensersatzpflicht für die Einhaltung der Schutzpflichten ist das Argument der Drohkullise bereits in sich nicht stimmig. Würde ein drohender Schadenshaftungsanspruch den Pflichtigen tatsächlich dazu anhalten sich pflichtgemäß zu verhalten, wäre der Pflichtige durch die Anerkennung eines Erfüllungsanspruchs des Pflichtbegünstigten faktisch nicht stärker in seiner Handlungsfreiheit eingeschränkt als bereits durch die drohende Schadensersatzpflicht. Wenn mit er Annahme eines Erfüllungsanspruchs aber tatsächlich keine Mehrbelastung des Pflichtigen bzw. keine weitere Einschränkung dessen Handlungsfreiheit einhergehen würde, spräche dies entscheidend für und nicht gegen die Anerkennung eines Erfüllungsanspruchs, da das Interesse des Pflichtbegünstigten an der Einhaltung der Schutzpflichten unverändert besteht.

## C. Kriterien zur Konkretisierung subjektiver Rechte durch Schutzpflichten

Analog der obigen Ausführungen zu den Verkehrspflichten besteht die größte Herausforderung darin, dass die Möglichkeit eines auf Erfüllung einer Schutzpflicht gerichteten Anspruchs eine Konkretisierung der Schutzpflicht *vor* und *unabhängig von* der Verletzung des durch sie konkretisierten subjektiven Rechts oder gar eines Schadenseintritts erforderlich macht. Hinsichtlich der insoweit maßgeblichen Kriterien kann insoweit auf die Untersuchung im Rahmen der Verkehrspflichten verwiesen werden.[95] Da Schutzpflichten anerkanntermaßen auch dem Schutz des allgemeinen Vermögensrechts dienen, sind auch Ansprüche auf Erfüllung vermögensschützender Schutzpflichten etwa in Gestalt von Informationspflichten denkbar.

[95] Vgl. Kapitel 5 § 1 D. II. (S. 227 ff.).

Weil die Schutzpflichten von vornherein nur im Verhältnis der Parteien des gesetzlichen Schuldverhältnissen gelten und daher den Pflichtigen grundsätzlich nach herrschendem Verständnis in geringerem Maß in seiner allgemeinen Handlungsfreiheit beeinträchtigen als Verkehrspflichten, ist es denkbar, dass das durch die Schutzpflichten inhaltlich ausgestaltete subjektive Recht im Vergleich zum selben, durch Verkehrspflichten ausgestalteten subjektiven Recht „weiter" ist.[96] Entsprechend ist dann auch die Schutzintensität für dieses subjektive Recht im Rahmen des Schuldverhältnisses intensiver als gegenüber Privatrechtssubjekten, welche nicht an dem Schuldverhältnis partizipieren.

Um den Herrschaftsbereich des Rechtsinhabers nicht über die Maßen zulasten des Herrschaftsbereichs des Schutzpflichtigen auszudehnen, sollte man die Rechtssphäre des Inhabers des subjektiven Rechts grundsätzlich erst dort beginnen lassen, wo eine konkrete Gefahr einer Verletzung besteht. Lediglich abstrakt gefährliche Handlungen oder Unterlassungen sollten hingegen außerhalb der Rechtssphäre des Rechtsinhabers liegen. Generell gültige Kriterien zur Ermittlung des exakten Moments, in dem eine abstrakt-latente Gefahr in eine hinreichend konkrete Gefahr umschlägt, lassen sich nicht finden. Vielmehr hängt dies von der Gewichtung der abzuwägenden subjektiven Rechte und der Zumutbarkeit für den Schutzpflichtigen im jeweiligen Einzelfall ab. Generell wird man allenfalls davon ausgehen können, dass die Gefährdungsintensität bei den essentiellen subjektiven Rechten auf körperliche und gesundheitliche Unversehrtheit oder sogar auf Leben niedriger anzusetzen ist, als etwa im Bereich des Eigentumsrechts oder des allgemeinen Vermögensrechts.

## D. Entfall des Erfüllungsanspruchs infolge des Wegfalls der Verletzung des subjektiven Rechts

Wie jeder funktional negatorische Anspruch ist auch der Anspruch auf Erfüllung einer Schutzpflicht von einer aktuellen Verletzung eines subjektiven Rechts abhängig. Entsprechend seiner Rechtsverwirklichungsfunktion endet der Anspruch auf Erfüllung, sobald die Verletzung des subjektiven Rechts beendet ist. Hinsichtlich eines Anspruchs auf die Erfüllung von Schutzpflichten resultiert aus diesem Erfordernis, dass der Erfüllungsanspruch gefährdungsabhängig ist. Endet die konkrete Gefahr, entfällt

[96] Vgl. zur sachdienlichen und interessengerechten Begrenzung der Haftung zur Wahrung eines notwendigen Handlungsspielraums durch die Annahme von Sonderverbindungen bzw. Schuldverhältnissen etwa *E. Picker*, AcP 183 (1983) 369, 460ff., insb. 476ff.; *Möschel*, AcP 186 (1986), 187, 200.

die Schutzpflicht und damit auch die Verletzung eines subjektiven Rechts. Damit entfällt auch der Anspruch auf Erfüllung der Schutzpflicht.

Die konkrete Gefahr kann – entsprechend der Ausführungen zu den Verkehrspflichten[97] – durch ein Verhalten des Pflichtigen, durch (natürliche) Umständen, auf die der Pflichtige keinen Einfluss hat, oder aber durch ein Verhalten des Pflichtbegünstigten enden.

[97] Vgl. Kapitel 5 § 1 B. II. (S. 223 ff.) und Kapitel 5 § 1 C. (S. 224 ff.).

Kapitel 6

# Aspekte des Prozessrechts

Die Existenz eines materiell-rechtlichen Anspruchs auf Erfüllung von Verkehrs- und Schutzpflichten zieht die Frage nach sich, ob und wie dieser klageweise durchgesetzt und wie die Erfüllung der Verkehrs- oder Schutzpflicht gegebenenfalls in der Zwangsvollstreckung erzwungen werden kann. Im Folgenden werden die aus diesen Fragestellungen resultierenden Probleme skizziert und Lösungswege aufgezeigt.[1]

## *§ 1 Klagbarkeit als prozessrechtlicher Aspekt*

Die Klagbarkeit ist, wie bereits ausführlich herausgearbeitet wurde,[2] ein Element des Prozessrechts und kein Element des materiell-rechtlichen Rechts, insbesondere nicht des materiell-rechtlichen Anspruchs. Entsprechend dieser strikten Trennung von Prozessrecht und materiellem Recht existieren materiell-rechtliche Ansprüche, die nicht (mehr) einklagbar sind. Beispiele hierfür sind die verjährte Forderung nach Erhebung der Verjährungseinrede (§ 214 Abs. 1 BGB) oder – jedenfalls nach h. M.[3] – die Rechtspflicht zur Eheschließung (§ 1297 Abs. 1 BGB).

Die Klagbarkeit des geltend gemachten materiell-rechtlichen Anspruchs wird von der herrschenden Auffassung als eigene Prozessvoraussetzung angesehen, die das zur Entscheidung berufene Gericht von Amts wegen zu prüfen hat.[4] Die Klagbarkeit eines materiell-rechtlichen Anspruchs ist die Regel, die Nichtklagbarkeit eines Anspruchs die Ausnahme. Letztere muss nach herrschender Meinung entweder durch das Gesetz oder durch eine Vertragsabrede angeordnet sein.[5]

---

[1] Dieses Kapitel ist lediglich als prozessrechtliche Abrundung einer dem materiellen Recht verpflichteten Arbeit zu verstehen.

[2] Vgl. Kapitel 3 § 10 A. (S. 92 ff.).

[3] Vgl. *Wellenhofer*, in: BeckOGK-BGB, § 1297 BGB Rn. 9; *Kroll-Ludwigs*, in: Erman, § 1297 BGB Rn. 1; *Mansel*, in: Jauernig, BGB, § 241 BGB Rn. 21.

[4] BGH NJW 1970, 1507, 1507; BGHZ 55, 334, 337 f.; BGH NJW 1980, 520, 520; NJW 1984, 669, 670; *Rosenberg/Schwab/Gottwald*, Zivilprozessrecht, § 90 Rn. 22 ff.; *Schilken*, Zivilprozessrecht, Rn. 182; *Jauernig/Hess*, Zivilprozessrecht, § 33 Rn. 12 f.

[5] BGH NJW-RR 2006, 632, 634 f.; *Piehler*, in: GS Arens, S. 323, 328 f.; *Schilken*, Zivilprozessrecht, Rn. 182; *Becker-Eberhard*, in: MüKo-ZPO, Vorbem. zu § 253 ZPO Rn. 10.

Bei Leistungsklagen soll sich ein öffentlich-rechtlicher Anspruch des Klägers darauf, dass staatliche Gerichte seinen Antrag sachlich prüfen und über ihn entscheiden, grundsätzlich schon aus der behaupteten Nichterfüllung des behaupteten materiell-rechtlichen Anspruchs ergeben.[6] Diese Behauptung erfüllt in den Fällen der Leistungsklage auch die allgemeine Prozessvoraussetzung des Rechtschutzinteresses[7] oder -bedürfnisses[8]. Insofern bedarf die Verneinung des Rechtsschutzinteresses oder -bedürfnisses einer besonderen Begründung.

Ansprüche auf Erfüllung von Verkehrs- und Schutzpflichten dürften danach regelmäßig einklagbar sein. Insbesondere ist es zur Vermeidung von „Popularklagen“ nicht notwendig, ein „besonderes“ Rechtsschutzbedürfnis, welches nur bei einer hinreichenden „Befürchtung“ einer Rechtsverletzung zu bejahen sein soll,[9] zu fordern. Vielmehr ist der Verkehrs- bzw. Schutzpflichtige vor einer übermäßigen gerichtlichen Inanspruchnahme bereits dadurch geschützt, dass der Anspruch auf Erfüllung von Verkehrs- oder Schutzpflichten nur denjenigen Privatrechtssubjekten zusteht, welche durch die Nichteinhaltung der Verkehrs- oder Schutzpflicht in ihrem subjektiven Recht verletzt sind. Da der Anspruch auf Erfüllung zudem eine aktuelle Verletzung eines subjektiven Rechts zur Voraussetzung hat, wird der Erfüllungsanspruch im Zeitpunkt einer möglichen Klageerhebung regelmäßig bereits materiell-rechtlich nicht mehr existieren. Eine Klage auf Erfüllung der Verkehrs- oder Schutzpflicht wäre dann mangels Anspruchs unbegründet, so dass der Kläger die Kosten des Rechtsstreits zu tragen hätte (§ 91 Abs. 1 S. 1 ZPO). Insoweit ist das Risiko einer unbegründeten Inanspruchnahme für den Beklagten nicht höher als sonst.

## *§ 2 Statthafte Klageart*

Statthafte Klageart zur Geltendmachung von Ansprüchen auf Erfüllung von Verkehrs- und Schutzpflichten ist die Leistungsklage, da mit dieser Klage alle Ansprüche auf Handlungen und Unterlassungen geltend gemacht werden.[10] Grundlage einer begründeten Leistungsklage ist der materiell-rechtliche Anspruch auf Erfüllung der jeweiligen Verkehrs- oder Schutzpflicht.[11] Ein stattgebendes Leistungsurteil enthält zweierlei: Ers-

---

[6] BGH GRUR 2017, 1236 Rn. 37; NJW 2013, 464 Rn. 51.

[7] BGH NJW-RR 1989, 263, 264.

[8] BGH NJW 1999, 1337, 1338.

[9] Vgl. etwa *Esser/Weyers*, Schuldrecht II/2, § 62 III (S. 262 ff.); *Nikisch*, Zivilprozeßrecht, § 38 IV 3; *Neumann-Duesberg*, JZ 1955, 480, 480.

[10] *Becker-Eberhard*, in: MüKo-ZPO, Vorbem. zu § 253 ZPO Rn. 23; *Roth*, in: Stein/Jonas, ZPO, Einleitung vor § 253 ZPO, Rn. 74.

[11] Vgl. *Roth*, in: Stein/Jonas, ZPO, Einleitung vor § 253 ZPO, Rn. 75.

tens stellt es die Verkehrs- bzw. Schutzpflichtigkeit des Beklagten fest und schafft insoweit Rechtssicherheit (vgl. §767 Abs. 1 ZPO: „den durch das Urteil festgestellten Anspruch"). Zweitens spricht es gegenüber dem Beklagten den Befehl zur Leistung zugunsten des Klägers aus und schafft damit die Voraussetzungen für die zwangsweise Durchsetzung der Verkehrs- bzw. Schutzpflicht im Wege der Zwangsvollstreckung.

## *§3 Antrag und Streitgegenstand*

Eine spezifische Problematik bei der klageweise Geltendmachung des Anspruchs auf Erfüllung von Verkehrs- und Schutzpflichten tritt im Rahmen der hinreichenden Bestimmtheit des Klageantrags im Sinne des §253 Abs. 2 Nr. 2 Alt. 2 ZPO auf. Nach dieser Vorschrift muss die Klageschrift einen bestimmten Antrag enthalten, welcher Art und Umfang des begehrten Rechtsschutzes bestimmt. Dieser Antrag ist für das Gericht verbindlich (§308 ZPO) und bestimmt durch Erfolg oder Nichterfolg der Klage auch die Kostenfolge (§91 Abs. 1 S. 1 ZPO). Daher muss er, obwohl er der Auslegung zugänglich ist, hinreichend bestimmt sein.

Grundsätzlich ist ein Klageantrag hinreichend bestimmt, wenn er den erhobenen Anspruch durch gegenständliche Beschreibung derart konkret bezeichnet, dass der Rahmen der gerichtlichen Entscheidungsbefugnis erkennbar ist, der Inhalt und Umfang der materiellen Rechtskraft der begehrten Entscheidung hinreichend klar ist, das Risiko des Unterliegens des Klägers nicht durch vermeidbare Ungenauigkeit auf den Beklagten abgewälzt wird und schließlich eine etwaige Zwangsvollstreckung nicht notwendig mit einer Fortsetzung des Streits im Vollstreckungsverfahren belastet wird.[12] Die Beachtung dieser Voraussetzungen gestaltet sich im Bereich der Verkehrs- und Schutzpflichten teilweise schwierig, weil der Kläger im Zeitpunkt der Klageerhebung mitunter gar nicht weiß oder wissen kann, wie der Inhalt und Umfang der Verkehrs- oder Schutzpflicht genau lautet, da dieser erst durch das Gericht konkretisiert wird.

Diesem Umstand könnte dadurch Rechnung getragen werden, dass der Klageantrag zwar darauf zu richten ist, dass die erforderlichen Vorkehrungen zur Abwendung der jeweiligen Gefahr getroffen werden müssen, die jeweils konkreten Maßnahmen aber nicht genannt werden müssen. Die konkrete Maßnahme wäre dann erst im Zwangsvollstreckungsverfahren von dem Prozessgericht als Vollstreckungsgericht auf Antrag des Gläubigers zu benennen.[13]

[12] BGH NJW 2003, 668, 669; NJW 1999, 954, 954; *Greger*, in: Zöller, ZPO, §253 ZPO Rn. 13.

[13] So zur insoweit vergleichbaren Problematik im Rahmen des §908 BGB: *Vollkom-*

## § 4 Einstweiliger Rechtsschutz

Das gerichtliche Hauptsacheverfahren ist auf die endgültige Klärung des Streitgegenstands gerichtet. Entsprechend zeitaufwändig kann sich das Erkenntnisverfahren (Klage, mündliche Verhandlung, Beweisaufnahme, Urteil, ggf. Rechtsmittelverfahren) gestalten. Die Verwirklichung der Ansprüche mit den Mitteln staatlicher Zwangsgewalt im Wege der Zwangsvollstreckung ist grundsätzlich erst nach dem für das Erkenntnisverfahren erforderlichen Zeitaufwand möglich. Damit besteht für den Anspruchsinhaber die Gefahr, dass die Verwirklichung seines Anspruchs nach dem Obsiegen wegen des Verlusts der Vollstreckungsmöglichkeit oder wegen des Aufschubs einer erforderlichen Regelung vereitelt oder wesentlich erschwert werden könnte.[14] Es bedarf daher zusätzlicher Verfahrensvorschriften, um dieser Gefahr zu begegnen. Sie sind in den Instituten des (hier nicht weiter interessierenden) Arrests und der einstweiligen Verfügung geschaffen worden. Die einstweilige Verfügung dient der Sicherung eines nicht auf Geld gerichteten Individualanspruchs. Der Sicherungszweck der einstweiligen Verfügungen wird durch die gerichtliche Anordnungen nach § 938 ZPO erreicht. Voraussetzung für den Erlass einer einstweiligen Verfügung ist nach h. M. die Glaubhaftmachung des Verfügungsanspruchs[15] und des Verfügungsgrunds.[16] Ohne Verfügungsanspruch sei kein Hauptsacheverfahren denkbar, so dass auch eine einstweilige Verfügung ausscheiden müsse. Der Verfügungsgrund sei die Legitimation dafür, dass schon vor der Durchführung des Hauptsacheverfahrens gerichtlicher Rechtsschutz gewährt werde.[17]

Hinsichtlich des hiesigen Untersuchungsgegenstands stellt sich die Frage, ob mittels einer einstweiligen Verfügung die Einhaltung von Verkehrs- und Schutzpflichten gerichtlich erzwungen werden kann. Diese Fragestellung ist vielschichtig und soll in dieser Arbeit nicht abschließend beantwortet werden. Insbesondere wirft sie die Frage auf, ob die einstweilige Verfügung überhaupt der Durchsetzung der materiell-rechtlichen Rechtslage bzw. des materiell-rechtlichen Anspruchs dient. Diese Frage wird, wie bereits ange-

---

*mer*, in: BeckOGK-BGB, § 908 BGB Rn. 22; *Brückner*, in: MüKo, § 908 BGB Rn. 10; *Roth*, in: Staudinger, BGB, § 908 BGB Rn. 14; *Lorenz*, in: Erman, BGB, § 908 BGB Rn. 5. Vergleichbare Probleme treten auch im Bereich des § 618 BGB auf und werden dort ebenfalls auf dieser Art und Weise gelöst, vgl. ArbG Siegen, NZA-RR 2001, 629, 630.

[14] *Boemke*, in: Berger, Einstweiliger Rechtsschutz im Zivilrecht, Kapitel 5 Rn. 22.

[15] Teilweise wird davon ausgegangen, dass es der Glaubhaftmachung eines Verfügungsanspruchs nicht bedarf, vgl. LAG Niedersachsen, DB 1986, 1126, 1130; LAG Tübingen, NJW 1961, 2178, 2178.

[16] *Boemke*, in: Berger, Einstweiliger Rechtsschutz im Zivilrecht, Kapitel 5 Rn. 2; *Vollkommer*, in: Zöller, ZPO, § 935 ZPO Rn. 1.

[17] Vgl. *Walker*, Der einstweilige Rechtsschutz, Rn. 212; *Boemke*, in: Berger, Einstweiliger Rechtsschutz im Zivilrecht, Kapitel 5 Rn. 2.

rissen wurde,[18] von der heute herrschenden Auffassung verneint. Vielmehr soll es sich bei dem einstweiligen Rechtsschutz um einen rein prozessualen Rechtsbehelf ohne materiell-rechtliche Grundlage handeln.[19] Jedenfalls soll in den vorläufigen Verfahren die Rechtsfolge, also der Inhalt der einstweiligen Verfügung (§ 938 ZPO), nicht der Rechtsfolge des materiellen Rechts und damit dem Ergebnis des potentiellen Hauptsacheverfahrens entsprechen müssen.[20] Anderenfalls würde die Hauptsache unzulässigerweise vorweggenommen.[21] Steht der Inhalt und Umfang einer einstweiligen Anordnung im Ermessen des Gerichts, ist dieser allenfalls zufällig mit der jeweiligen Verkehrspflicht identisch. Insoweit kann mittels des einstweiligen Rechtsschutzes die Einhaltung von Verkehrs- und Schutzpflichten nicht im eigentlichen Sinn gerichtlich erzwungen werden. Gleichwohl ist es denkbar, dass das Gericht im einstweiligen Verfügungsverfahren beispielsweise zum Schutz des Eigentums oder des Rechts auf körperliche und gesundheitliche Unversehrtheit Maßnahmen anordnet, welche inhaltlich der jeweiligen Verkehrs- oder Schutzpflicht (nahezu) entsprechen.[22]

So findet sich in der rechtswissenschaftlichen Literatur etwa das Beispiel, dass der Eigentümer eines durch einen Damm begrenzten Wasserreservoirs die Pflicht hat, den Damm in gutem Zustand zu erhalten, damit seine Nachbarn nicht durch überlaufendes Wasser beeinträchtigt werden. Weist der Damm Risse auf, könne der bedrohte Nachbar im Wege der einstweiligen Verfügung die Reparatur des Dammes erzwingen.[23]

Die auf *Adolf Wach*[24] zurückgehenden Lehre von den sogenannten rein prozessualen Rechtsbehelfen möchte den Richter in den Verfahren des einstweiligen Rechtsschutzes sogar komplett von der Bindung an das materielle Recht befreien.[25] Der Inhalt der einstweilig angeordneten Maßnahme liege im Ermessen des Richters und beurteile sich nach dem Einzelfall. Diese Lehre beruht auf der behaupteten Prämisse, dass das materielle Recht das Interesse nach vorbeugender Sicherung nicht hinreichend schütze. Das materielle Recht kenne präventive Ansprüche nur in wenigen Bereichen und le-

---

[18] Einleitung, § 1 (S. 5 ff.).

[19] *Wach*, Feststellungsanspruch, S. 18 f.; *Hellwig*, Klagrecht und Klagmöglichkeit, S. 13 f.; *Minnerop*, Materielles Recht und einstweiliger Rechtsschutz, S. 53 ff.; *Grunsky*, JuS 1976, 282, 283; *Leipold*, Grundlagen des einstweiligen Rechtsschutzes, S. 52 ff.

[20] *Minnerop*, Materielles Recht und einstweiliger Rechtsschutz, S. 18, 31; *Boemke*, in: Berger, Einstweiliger Rechtsschutz im Zivilrecht, Kapitel 5 Rn. 13; *Vollkommer*, in: Zöller, ZPO, § 938 ZPO Rn. 3; *Drescher*, in: MüKo-ZPO, § 938 ZPO Rn. 1.

[21] *Boemke*, in: Berger, Einstweiliger Rechtsschutz im Zivilrecht, Kapitel 5 Rn. 13.

[22] Dies dürfte freilich bereits schwer festzustellen sein, weil die Verkehrspflichten üblicherweise durch die Gerichte nicht abschließend in ihrem Inhalt und Umfang konkretisiert sind.

[23] *F. Baur*, Einstweiliger Rechtsschutz, S. 51.

[24] *Wach*, Feststellungsanspruch, passim.

[25] Vgl. *Wach*, Handbuch, S. 19.

diglich in vereinzelten Vorschriften, was die Privatrechtssubjekte und deren Rechte nicht ausreichend schütze. Die existente Schutzlücke könne nicht im Wege des herkömmlichen Instrumentariums, etwa durch Auslegung oder Fortbildung des materiellen Rechts, geschlossen werden.[26] Daher sei die behauptete Schutzlücke durch die Gewährung „rein prozessualer“ Befugnisse ohne materiell-rechtliches Fundament zu schließen.

Diese Grundprämisse der Lehre vom rein prozessualen Charakter der einstweiligen Verfügung (nicht schließbare Schutzlücke im materiellen Recht) ist jedoch unzutreffend. Dieses Ergebnis hat die ausführliche Untersuchung des materiellen Rechts ergeben. Das überkommene materielle Privatrechtsystem ist durchaus in der Lage, in hinreichendem Maß vorbeugenden Rechtsschutz zu gewährleisten. Hierzu herrscht im Privatrecht ein strenges Zusammenspiel zwischen Gewährung subjektiver Rechte und vollumfänglicher Schutz dieser Rechte durch Ansprüche. Dieser vollumfängliche Schutz schließt den schadenspräventiven Schutz mit ein.[27] Die Lehre von den rein prozessualen Rechtsbehelfen steht daher bereits im Ausgangspunkt auf „wackeligen Beinen“.

Gegen die Lehre von rein prozessualen Rechtsbehelfen spricht ferner ganz allgemein, dass sie einen Rückfall in ein Aktionendenken mit allen seinen Nachteilen und Schwächen darstellt.[28] Insbesondere existiert die im einstweiligen Rechtsschutz getroffenen Regelung erst nach Schaffung durch den Richter im einstweiligen Rechtsschutzverfahren. Für die Beteiligten ist sie also kaum vorhersehbar. Zudem bleibt gänzlich offen, nach welchen Kriterien der Richter seine Ermessenentscheidung zu treffen hat. Bezeichnenderweise finden sich kaum aussagekräftige Ausführungen darüber, wie man sich den – per se paradox anmutenden – *Rechtsfindung*sprozess im *rechtsfreien* Raum vorzustellen hat bzw. nach welchen Kriterien er erfolgt. Entsprechend vage sind die vorgeschlagenen Kriterien: Die in Frage kommenden Maßnahmen sollen darauf zu überprüfen sein, ob sie erforderlich sind, um den Zweck des Sicherungsbedürfnisses zu erreichen. Dabei seien die Interessen von Antragsteller und Antragsgegner gegeneinander abzuwägen. Infolge der Interessenabwägung habe das Gericht aus den in Frage kommenden Maßnahmen diejenige auszuwählen, die dem Sicherungsbedürfnis des Antragstellers noch gerecht werden und zugleich gegenüber dem Antragsgegner die mildeste Maßnahme darstellen.[29] Der eröffnete Ermessenspielraum[30] sei durch fallbezogene Ausfüllung der gesetzlichen Wertung

[26] Besonders deutlich *Minnerop*, Materielles Recht und einstweiliger Rechtsschutz, S. 53 ff.

[27] Vgl. Kapitel 3 § 10 A. II. 2. (S. 94 f.).

[28] Dazu bereits Kapitel 2 § 7 (S. 29 ff.) und vor allem Kapitel 3 § 9 C. (S. 87 ff.).

[29] *Drescher*, in: MüKo-ZPO, § 938 ZPO Rn. 3.

[30] Dass dem Richter durch den Gesetzgeber in § 938 ZPO tatsächlich ein Ermes-

zu bestimmen.[31] Die richterliche Entscheidung, die im Rahmen des Ermessenspielraums zu erfolgen habe, sei auf Konkretisierung des unbestimmten Rechtsbegriffs der erforderlichen Maßnahme gerichtet und führe im konkreten Fall zu der einzig rechtmäßigen, nämlich der mildesten aber ausreichenden Maßnahme. Mit derartigen vagen Kriterien ist nicht viel gewonnen, die vorhersehbare und gleichartige Lösung praktischer Fallkonstellationen nicht möglich.

Infolge der Lehre vom ausschließlich prozessrechtlichen Charakter des einstweiligen Rechtsschutzes und der damit einhergehenden Vagheit der Entscheidungsvoraussetzungen ist festzustellen, dass sich die Gerichte zur Anordnung von Maßnahmen für befugt erachten, welche dem materiellen Recht inhaltlich unbekannt sind und auch den dortigen Wertungen zuwiderlaufen.

Als Beispiel sei hierzu eine Entscheidung des OLG Köln[32] angeführt. Der Antragssteller begehrte einstweiligen Rechtsschutz gegen den zu lauten Fabrikationsbetrieb auf dem Nachbargrundstück. Das OLG Köln gab dem Antragsgegner „einstweilen" auf, auf eigene Kosten Schallschutzfenster in das Gebäude des Antragsstellers (!) einzubauen. Eine Maßnahme, auf die materiell-rechtlich schon deshalb kein Anspruch besteht, weil sie im durch das Eigentum geschaffenen Herrschaftsbereich des Antrags*stellers* vorzunehmen ist. Zudem gerät diese Entscheidung in Konflikt mit der herrschender Auffassung, wonach es dem Schuldner im Rahmen des § 1004 BGB obliegt, eine geeignete Maßnahme zur Abwendung der Störung auszuwählen.[33]

Die Entscheidung des OLG Köln ist paradigmatisch für die Vorgehensweise der Gerichte im „rein prozessualen" einstweiligen Rechtsschutz: Nach Abstreifen des materiell-rechtlichen Korsetts gehen die Gerichte zunehmend dazu über, die nach ihren eigenen Vorstellungen sinnvollste Regelung zu treffen. Anerkannte Grenzen des materiellen Rechts und der dort gesetzlich (!) geregelten Rechtsfolgen werden dabei ganz offen unter Hinweis auf die Eilbedürftigkeit der Entscheidung überschritten.[34]

---

sen eingeräumt wurde, bezweifelt *Kahl* unter Hinweis auf die Entstehungsgeschichte der Norm, in: Summum ius, summa iniuria: Zivilrecht zwischen Rechtssicherheit und Einzelfallgerechtigkeit, S. 205, 218 f. mit Fn. 46.

[31] *Heinze*, RdA 1986, 273, 277 f.; *Drescher*, in: MüKo-ZPO, § 938 ZPO Rn. 4; *Vollkommer*, in: Zöller, ZPO, § 938 ZPO Rn. 1.

[32] OLG Köln, NJW 1953, 1592, 1592.

[33] Ablehnend auch *Gursky*, in: Staudinger, BGB, § 1004 BGB Rn. 249.

[34] Vgl. OLG Köln, NJW 1953, 1592, 1592.

## § 5 Zwangsvollstreckung

### A. Vollstreckung im Wege der Ersatzvornahme, § 887 ZPO

Die Vollstreckung eines auf Erfüllung von Verkehrs- oder Schutzpflichten gerichteten Urteils wird nach § 887 ZPO ganz regelmäßig im Wege der Ersatzvornahme erfolgen, da es sich bei der Erfüllung solcher Pflichten nahezu immer um vertretbare Handlungen handeln wird.[35] Etwas anderes kann beispielsweise gelten, wenn die Ausführung einer Maßnahme davon abhängt, dass ein Dritter sie duldet. In diesen Fällen ist nach § 888 ZPO zu vollstrecken.[36] Dies ist beispielsweise der Fall, wenn der Vollstreckungsschuldner keine (alleinige) Verfügungsgewalt über die Räumlichkeiten hat, in denen die titulierten Handlungen zu erbringen sind.[37] Eine Zwangsvollstreckung im Wege der Ersatzvornahme ist dann nur möglich, wenn derjenige, der die Verfügungsgewalt über die Räumlichkeiten besitzt (etwa ein Miteigentümer oder Mieter), sein Einverständnis mit der durchzuführenden Maßnahme erklärt, oder wenn der Vollstreckungsgläubiger einen eigenen Duldungstitel gegen ihn besitzt.[38] Steht nicht fest, dass eine an sich vertretbare Handlung nicht nach § 887 ZPO vollstreckt werden kann, ist für eine Anwendung des § 888 kein Raum.[39] In Zweifelsfällen kann es daher zweckmäßig sein, ein Vorgehen nach § 887 Abs. 1 ZPO mit einem Hilfsantrag nach § 888 ZPO zu verbinden.[40]

### B. Konkretisierung von Antrag und Beschluss

Es soll zulässig sein, in der gerichtlichen Entscheidung die zur Erfüllung des Vollstreckungstitels notwendigen Handlungen nur nach dem zu erreichenden Erfolg zu beschreiben und exemplarisch die Art der Durchführungshandlungen anzugeben, die das Gericht in dem Urteil der notwendigen Kostenschätzung zugrunde gelegt hat.[41] Ist die gerichtliche Entscheidung erfolgsbezogen formuliert und daher noch nicht auf eine konkrete Maßnahme gerichtet, oder ist diese noch nicht gänzlich konkret umschrieben, hat nach herrschender Auffassung der Gläubiger in seinem Antrag nach § 887 ZPO diejenige konkrete Maßnahme, die der Schuldner vornehmen soll, genau an-

---

[35] Vgl. zum Begriff der vertretbaren Handlung *Gruber*, in: MüKo-ZPO, § 887 ZPO Rn. 8f.

[36] *Gruber*, in: MüKo-ZPO, § 887 ZPO Rn. 11.

[37] Vgl. OLG Köln, MDR 2003, 114, 114; BayObLGZ, NJW-RR 1989, 462, 462.

[38] BGH NJW-RR 2009, 443, 444; *Gruber*, in: MüKo-ZPO, § 887 ZPO Rn. 11.

[39] BGH NJW-RR 2009, 443, 444.

[40] Vgl. BGH NJW-RR 2009, 443, 444.

[41] Vgl. OLG Hamm, OLGZ 1984, 254, 254f.; *Bartels*, in: Stein/Jonas, ZPO, § 887 ZPO Rn. 38.

zugeben.[42] Der Gläubiger bzw. sein Anwalt sollen sich eine fehlende Sachkenntnis aber nicht selbst oder durch Dritte verschaffen müssen, um den Antrag stellen zu können.[43] Antrag und darauf ergehende Entscheidung müssen vielmehr nur so gefasst werden, dass der Vollstreckungsgläubiger einen Sachkundigen finden und beauftragen kann, der die Anordnung zweifelsfrei versteht und entsprechend ausführen kann. Dabei soll es dem Gesetzeszweck des § 887 ZPO nicht widersprechen, dass der beauftragte Dritte unter mehreren Arten der Durchführung, die die Entscheidung ja offen lässt, jene auswählen kann, die der titulierten Maßnahme am ehesten entspricht.[44]

## C. Einwand der Erfüllung

Lebhaft umstritten ist, ob der Vollstreckungsschuldner in der Anhörung nach § 891 S. 2 ZPO mit dem Einwand durchdringen kann, er habe die geschuldete Leistung bereits erbracht. Umstritten ist auch, ob über diese Behauptung im Vollstreckungsverfahren Beweis zu erheben ist. Die h. M. lässt den Erfüllungseinwand unter Berufung auf den Wortlaut des § 891 Abs. 1 ZPO (Nichterfüllung) und aus prozessökonomischen Gründen zu.[45] Gleiches wird dann wohl hinsichtlich des gerade im Kontext der Verkehrs- und Schutzpflichten denkbaren Einwands gelten, der Erfüllungsanspruch sei etwa infolge des endgültigen Wegfalls der Gefahr und damit der Anspruchsvoraussetzungen[46] erloschen.[47] Denkbar wäre beispielsweise, dass der Eigentümer eines Gartenteichs, der aufgrund einer Verkehrspflicht zu dessen Absicherung verpflichtet ist,[48] nach der rechtskräftigen Verurteilung zur Vornahme einer Sicherungsmaßnahmen in Form eines Schutzzaunes den Gartenteich zuschüttet. Auch durch diesen Schritt wäre der Anspruch des Gläubigers erfüllt.

---

[42] RGZ 60, 120, 121; OLG Stuttgart, NJW-RR 1999, 792; OLG Köln NJW-RR 1990, 1087; OLG Koblenz, NJW-RR 1998, 1770; *Gruber*, in: MüKo-ZPO, § 887 ZPO Rn. 11; a. A. OLG München, NJW-RR 1988, 22, 22; OLG Hamm MDR 1984, 591, *Brox/Walker*, Zwangsvollstreckungsrecht, Rn. 1072. Auf die Umstände des Einzelfalls stellt *Bartels*, in: Stein/Jonas, ZPO, § 887 ZPO Rn. 37 ff., ab.

[43] OLG München, NJW-RR 1988, 22, 22; *Bartels*, in: Stein/Jonas, ZPO, § 887 ZPO Rn. 37 ff.

[44] *Bartels*, in: Stein/Jonas, ZPO, § 887 ZPO Rn. 37 ff.

[45] BGH NJW-RR 2015, 610, 610; NJW-RR 2011, 470, 470; NJW 2005, 367, 369; *Bartels*, in: Stein/Jonas, ZPO, § 887 ZPO Rn. 25 ff.; a. A. *Lackmann*, in: Musielak, ZPO, § 887 ZPO Rn. 19; *Gruber*, in: MüKo-ZPO, § 887 ZPO Rn. 17 (Erfüllungseinwand sei im Wege der Vollstreckungsabwehrklage nach § 767 ZPO geltend zu machen).

[46] Vgl. Kapitel 3 § 11 A. II. 1. d) (S. 124 f.).

[47] Vgl. *Schmidt/Brinkmann*, in: MüKo-ZPO, § 767 ZPO Rn. 62.

[48] Vgl. zu der Sachverhaltsgestaltung und der sich aus der Verletzung eines subjektiven Rechts ergebenden Verkehrspflicht auf Teichabsicherung Kapitel 5 § 1 A. I. (S. 220 f.).

# Zusammenfassung

Die Untersuchung hat gezeigt, dass sowohl den Verkehrs- als auch den Schutzpflichten ein materiell-rechtlicher Erfüllungsanspruch korrespondiert, der nicht von der Erfüllung der tatbestandlichen Voraussetzungen des § 1004 BGB analog abhängig ist.

Das Privatrecht kennt einen funktional einheitlichen Anspruch:[1] Es weist den verschiedenen Privatrechtssubjekten durch subjektive Rechte einen Rechtsraum zu und sichert diesen im Verletzungsfall mittels Ansprüchen ab. Gemeinsame Voraussetzung jedes Anspruchs ist, dass das subjektive Recht als dessen Schutzobjekt verletzt wird. Die Funktion des Anspruchs besteht darin, die Rechtsfolgen der Verletzung eines subjektiven Rechts zu definieren und es dem Anspruchsinhaber zu gestatten, vom Schuldner die Herbeiführung dieser Rechtsfolge zu verlangen ohne diesen dadurch in seinen subjektiven Rechten zu verletzen.[2] Dies gilt gleichermaßen für vertragliche wie für außervertragliche Ansprüche. Ein Anspruch ist ausschließlich materiell-rechtlicher Natur. Die Klagbarkeit ist kein konstitutives Element des Anspruchs.

Der funktional einheitliche Anspruch entspricht der Historie und der Ideengeschichte des Privatrechts des BGB und liegt auch dessen Normen zugrunde. Insbesondere die Auffassung *Windscheids*, des „Entdeckers" des heutigen Anspruchs, steht diesem funktional einheitlichen Anspruch nicht entgegen.[3]

Die durch den Anspruch definierten Rechtsfolgen sind je nach Art und Folge der Verletzung des subjektiven Rechts andersartig ausgestaltet. Das Privatrecht kennt Ansprüche, die ihrer Funktion nach auf Verwirklichung des subjektiven Rechts (funktional negatorischer Rechtsschutz), auf Wiedergutmachung (funktionales Haftungsrecht) oder auf Vorteilsabschöpfung (funktionales Bereicherungsrecht) gerichtet sind.[4] Der so gewährte Rundumschutz besteht unabhängig von der Natur des subjektiven Rechts als „relatives" oder „absolutes" Recht.

---

[1] Vgl. Kapitel 3 § 10 (S. 92 ff.).
[2] Vgl. Kapitel 3 § 10 A. I. (S. 92 ff.).
[3] Vgl. Kapitel 3 § 1 bis § 7.
[4] Vgl. Kapitel 3 § 10 A. II. 2. (S. 94 f.).

Erfüllungsansprüche dienen der Verwirklichung subjektiver Rechte und sind daher funktional negatorischer Natur. Für solche Ansprüche ist eine aktuelle Verletzung eines subjektiven Rechts konstitutiv.[5] Erfüllungsansprüche werden somit also nur gewährt, so lange die Verletzung des subjektiven Rechts andauert. In der Rechtsfolge sind Erfüllungsansprüche darauf gerichtet, die durch das jeweilige subjektive Recht bereits angeordnete Zuordnung tatsächlich (wieder-)herzustellen.

Pflichten, und damit auch die Verkehrs- und Schutzpflichten, dienen in diesem System der situativ-handlungs- und gefährdungsspezifischen Konkretisierung subjektiver Rechte.[6] Mit dieser Regelungstechnik der Imperativentheorie[7] ist es dem Gesetzgeber und den Gerichten möglich, die subjektiven Rechte mit physischem Bezugsobjekt (etwa das Eigentum mit dem Bezugsobjekt Sache) über den räumlich-gegenständlichen Bereich ihrer Bezugsobjekte handlungsspezifisch zu erweitern, ohne einen gewissen Grad an sozialtypischer Offenkundigkeit des zugewiesenen Rechtsraums zu verlieren. Zudem ist es auf diesem Weg möglich, den durch subjektive Rechte ohne physisches Bezugsobjekt (etwa das allgemeine Persönlichkeitsrecht) zugewiesenen Rechtsraum zu umschreiben und somit einen gewissen Grad an sozialtypischer Offenkundigkeit des subjektiven Rechts zu erreichen.

Wegen der situativ-handlungs- und gefährdungsspezifischen Konkretisierung subjektiver Rechte durch Pflichten ist die Pflichtverletzung die Verletzung des durch sie konkretisierten oder statuierten subjektiven Rechts. Solange diese Verletzung andauert, besteht ein auf Verwirklichung des subjektiven Rechts abzielender Anspruch auf Erfüllung der Verkehrs- oder Schutzpflicht.

Unter dem Aspekt des Anspruchs auf Erfüllung von Verkehrs- und Schutzpflichten ist daher die Frage zentral, wann und unter welchen Voraussetzungen Verkehrs- und Schutzpflichten entstehen und unter welchen Voraussetzungen sie fortbestehen. Insoweit wurde gezeigt, dass Verkehrs- und Schutzpflichten eine konkrete Gefährdung des subjektiven Rechts zur Voraussetzung haben.[8] Nur so lange das subjektive Recht konkret gefährdet ist, existieren Verkehrs- und Schutzpflichten. Entsprechend stellt die Verletzung einer Verkehrs- und Schutzpflicht auch nur so lange eine Verletzung des durch sie konkretisierten oder statuierten subjektiven Rechts dar.

Pflichten der objektiven Rechtsordnung, welche nicht ein subjektives Recht konkretisieren oder statuieren, sind auf dem Gebiet des Privatrechts bedeutungslos.[9] Anderenfalls ginge das im Privatrecht systembedingt notwendige subjektive Recht und damit seine Zuordnungsfunktion verloren.

---

[5] Vgl. Kapitel 3 § 11 (S. 115 ff.).

[6] Vgl. Kapitel 4 § 2 (S. 144 ff.).

[7] Vgl. zur Imperativentheorie Kapitel 2 § 2 (S. 22 ff.).

[8] Vgl. Kapitel 5 § 1 D. II. 2. (S. 228 ff.) und Kapitel 5 § 2 C. (S. 246 ff.).

[9] Vgl. insbesondere Kapitel 4 § 2 E. IV. 4. b) (S. 215 ff.) und Kapitel 4 § 2 C. (S. 184 ff.).

Zwangsläufig könnte dann der Anspruchsinhaber nicht mehr ermittelt werden, weil nicht mehr feststehen würde, wessen Interesse verletzt wurde.

Zusammenfassend und gleichzeitig die Untersuchung abschließend kann festgehalten werden, dass das Privatrecht dem Aspekt der Schadensprävention deutlich mehr Gewicht beimisst als gemeinhin angenommen wird. Einem Privatrechtssubjekt ist es nicht erlaubt eine pflichtwidrige Handlung oder Unterlassung vorzunehmen und darauf zu hoffen oder zu vertrauen, dass kein Schaden eintritt. Vielmehr kann der Pflichtige – wenn auch nur für einen kurzen Moment – auf Erfüllung seiner Pflicht in Anspruch genommen werden. Damit ist das Privatrecht ein effektives Instrument zur Verhaltenssteuerung!

# Literaturverzeichnis


*Achenwall, Gottfried/Pütter, Johann Stephan*: Elementa iuris naturae, in usum auditorum adornata, 1950, Göttingen [zitiert: *Achenwall/Pütter*, Elementa iuris naturae]

*Ahrens, Hans-Jürgen*: 21 Thesen zur Störerhaftung im UWG und im Recht des Geistigen Eigentums, WRP 2007, 1281–1290

*Aicher, Josef*: Das Eigentum als subjektives Recht, 1975, Berlin [zitiert: *Aicher*, Eigentum als subjektives Rechts]

*Althammer, Christoph*: Streitgegenstand und Interesse: Eine zivilprozessuale Studie zum deutschen und europäischen Streitgegenstandsbegriff, 2012, Tübingen [zitiert: *Althammer*, Streitgegenstand und Interesse]

*Aristoteles*: Physik – Vorlesung über Natur, Erster Halbband: Bücher I–IV, deutsche Fassung, hrsg. von Hans Günter Zekl, 1987, Hamburg [zitiert: *Aristoteles*, Physik]

*Auer, Marietta*: Subjektive Rechte bei Pufendorf und Kant – Eine Analyse im Lichte der Rechtskritik Hohfelds, AcP 208 (2008), 584–634

*Austin, John*:Lectures on Jurisprudence – The Philosophy of Positive Law, 1875, New York/Cambridge [zitiert: *Austin*, Lectures on Jurisprudence]

*Bachmann, Thomas*: Die elektive Konkurrenz, 2010, Berlin [zitiert: Bachmann, Elektive Konkurrenz]

*Bachmann, Gregor/Schirmer, Jan-Erik*: Leistungs- und Schutzpflichten in der Zivilrechtsdogmatik. Zum Erfüllungsanspruch aus Schutzpflichten, in: Festschrift für Claus-Wilhelm Canaris zum 80. Geburtstag, hrsg. von Marietta Auer, Hans Christoph Grigoleit, Johannes Hager, Carsten Herresthal, Felix Hey, Ingo Koller, Katja Langenbucher, Jörg Neuner, Jens Petersen, Thomas Riehm, Reinhard Singer, 2017, Berlin, S. 371–402 [zitiert: *Bachmann/Schirmer*, in: FS Canaris II]

*Baur, Fritz*: Studien zum einstweiligen Rechtsschutz, 1967, Tübingen [zitiert: *Baur*, Einstweiliger Rechtsschutz]

*Baur, Fritz* (Begr.)/*Stürner, Rolf*: Sachenrecht, 18. Auflage 2009, München [zitiert: *Baur/Stürner*, Sachenrecht]

*von Bar, Christian*: Verkehrspflichten, 1980, Köln/Berlin [zitiert: *v. Bar*, Verkehrspflichten]

*ders.*: Vorbeugender Rechtsschutz vor Verkehrspflichtverletzungen, Beiträge zum Haftungs- und Versicherungsrecht: 25 Jahre Karlsruher Forum, 1982, Karlsruhe [zitiert: *v. Bar*, 25 Jahre Karlsruher Forum]

*beck-online.Grosskommenar*: hrsg. von Gsell, Beate/Krüger, Wolfgang/Lorenz, Stephan/Reymann, Christoph, 2019, München [zitiert: *Bearbeiter*, in: Beck-OGK-BGB]

*Beck'scher Online-Kommentar*: hrsg. von Bamberger, Heinz-Georg/Roth, Wolfgang/Hau, Wolfgang/Poseck, Roman, 51. Edition 2019, München [zitiert: *Bearbeiter*, in: BeckOK-BGB]
*Bentham, Jeremy*: Of Laws in General, 1970, London [zitiert: *Bentham*, Of Laws in General]
*Berger, Christian* (Hrsg.): Einstweiliger Rechtsschutz im Zivilrecht, 2006, Göttingen [zitiert: *Bearbeiter*, in: Berger, Einstweiliger Rechtsschutz im Zivilrecht]
*Bernhard, Tobias*: Das rechtsverletzende Handeln als Grundlage der deliktischen Haftung in §823 Abs.1 BGB – Die Verfehltheit. Der erfolgsbezogenen Dogmatik, in: Festschrift für Eduard Picker zum 70. Geburtstag am 3. November 2010, hrsg. von Thomas Lobinger in Gemeinschaft mit Reingard Richardi und Jan Wilhelm, 2010, Tübingen, S. 83–112 [zitiert: *Bernhard*, in: FS Picker]
*BGB RGRK* – Das Bürgerliche Gesetzbuch mit besonderer Berücksichtigung der Rechtsprechung des Reichsgerichts und des Bundesgerichtshofes: hrsg. von den Mitgliedern des Bundesgerichtshofes, Berlin [zitiert: *Bearbeiter*, in: RGRK-BGB]
– Bd. 2 Teil 5: §§812–831, 12. Auflage 1989
*Binding, Karl*: Zur Literatur der allgemeinen Rechtslehre, KrVJS 21 (1879), 542–582
*Blobel, Felix*: Der europäische Deliktsgerichtsstand und reine Vermögensschäden, EuLF 2004, 187–191
*Blomeyer, Arwed*: Allgemeines Schuldrecht, 4. Auflage 1969, Berlin/Frankfurt [zitiert: *Blomeyer*, Allgemeines Schuldrecht]
*Böcking, Eduard*: Einleitung in die Pandekten des gemeinen Civilrechts, 2. Auflage 1853, Bonn [zitiert: *Böcking*, Pandekten]
*Bodewig, Theo*: Der Rückruf fehlerhafter Produkte, 1999, Tübingen [zitiert: *Bodewig*, Rückruf fehlerhafter Produkte]
*Boecken, Winfried*: Deliktsrechtlicher Eigentumsschutz gegen reine Nutzungsbeeinträchtigungen, 1995, Berlin [zitiert: *Boecken*, Deliktsrechtlicher Eigentumsschutz]
*Boente, Walter*: Nebeneinander und Einheit im Bürgerlichen Recht, 2013, Tübingen [zitiert: *Boente*, Nebeneinander und Einheit]
*Bollenberger, Raimund*: Das stellvertretende Commodum: Die Ersatzherausgabe im österreichischen und deutschen Schuldrecht unter Berücksichtigung weiterer Rechtsordnungen, 1999, Wien u. a. [zitiert: *Bollenberger*, Stellvertretendes commodum]
*Bolze*: Der Anspruch, Gruchot 46 (1902), 753–791
*Bork, Reinhard*: Allgemeiner Teil des Bürgerliches Gesetzbuchs, 3. Auflage 2011, Tübingen [zitiert: Bork, BGB AT]
*Brauer, Johann Nikolaus Friedrich*: Erläuterungen über den Code Napoleon und die Großherzoglich Badische bürgerliche Gesezgebung, Band 3, 1810, Karlsruhe [zitiert: Brauer, Erläuterungen über den Code Napoléon und die Großherzoglich Badisch bürgerliche Gesetzgebung]
*Braun, Johann*: Leistung und Sorgfalt, AcP 205 (2005), 127–158
*Brox, Hans/Walker, Wolf-Dietrich*: Zwangsvollstreckungsrecht, 11. Auflage 2018, München [zitiert: *Brox/Walker*, Zwangsvollstreckungsrecht]
*Brüggemeier, Gert*: Gesellschaftliche Schadensverteilung und Deliktsrecht, AcP 182 (1980), 385–452
*ders.*: Deliktsrecht, 1986, Baden-Baden [zitiert: *Brüggemeier*, Deliktsrecht]

*ders.*: Judizielle Schutzpolitik de lege lata – Zur Restrukturierung des BGB-Deliktsrechts, JZ 1986, 969–979

*Bruns, Rudolf*: Recht und Pflicht als Korrespondenzbegriffe des Privatrechts, in: Festschrift für Hans Carl Nipperdey zum 70. Geburtstag am 21. Januar 1965, Band I, hrsg. von Rolf Dietz und Heinz Hübner, 1965, München, S. 3–22 [zitiert: *Bruns*, in: FS Nipperdey]

*Bucher, Eugen*: Das subjektive Recht als Normsetzungsbefugnis, 1965, Tübingen [zitiert: *Bucher*, Normsetzungsbefugnis]

*ders.*: „Schuldverhältnis" des BGB: ein Terminus – drei Begriffe, in: Norm und Wirkung, Beiträge zum Privat- und Wirtschaftsrecht aus heutiger und historischer Perspektive, Festschrift für Wolfgang Wiegand zum 65. Geburtstag, hrsg. von Eugen Bucher, Claus-Wilhelm Canaris, Heinrich Honsell und Thomas Koller, 2005, Bern/München, S. 93–140 [zitiert: *Bucher*, in: FS Wiegand]

*Buchholz, Stephan/Radke, Wolfram*: Negatorische Haftung und Billigkeit, JURA 1997, 454–464

*Bydlinski, Franz*: Probleme der Schadensverursachung nach deutschem und österreichischem Recht, 1964, Stuttgart, [zitiert: *F. Bydlinski*, Probleme der Schadensverursachung]

*von Caemmerer, Ernst*: Das Problem des Kausalzusammenhangs im Privatrecht, 1956, Freiburg im Breisgau [zitiert: *v. Caemmerer*, Problem des Kausalzusammenhangs]

*ders.*: Wandlungen des Deliktsrechts, in: Hundert Jahre Deutsches Rechtsleben: Festschrift zum hundert-jährigen Bestehen des Deutschen Juristentages 1860–1960, Band II, 1960, hrsg. v. Ernst von Caemmere, Ernst Friesenhahn und Richard Lange, Karlsruhe, S. 49–136 [zitiert: *v. Caemmerer*, in: FS 100 Jahre DJT]

*ders.*: Die absoluten Rechte in § 823 Abs. 1 BGB, in: Karlsruher Forum, 1961, 19–27

*ders.*: Das Problem des Drittschadensersatzes, ZHR 127 (1965), 241 ff.

*ders.*: Reform der Gefährdungshaftung, 1970, Berlin [zitiert: *v. Caemmerer*, Reform der Gefährdungshaftung]

*Canaris, Claus-Wilhelm*: Schutzgesetze – Verkehrspflichten – Schutzpflichten, in: Festschrift für Karl Larenz zum 80. Geburtstag am 23. April 1983, hrsg. von Claus-Wilhelm Canaris und Uwe Diederichsen, 1983, München, S. 27–110 [zitiert: *Canaris*, in: FS Larenz]

*ders.*: Funktion, Struktur und Falsifikation juristischer Theorien, JZ 1993, 377–391

*ders.*: Gewinnabschöpfung bei Verletzung des allgemeinen Persönlichkeitsrechts, in: Festschrift für Erwin Deutsch zum 70. Geburtstag, hrsg. von Hans-Jürgen Ahrens, Christian von Bar, Gottfried Fischer, Andreas Spickhoff und Jochen Taupitz, 1999, Köln, S. 85–110 [zitiert: *Canaris*, in: FS Deutsch]

*Coing, Helmut/Lawson, Frederick H./Grönfors, Kurt*: Das subjektive Recht und der Rechtsschutz der Persönlichkeit, 1959, Frankfurt a. M./Berlin [zitiert: *Bearbeiter*, in: Coing/Lawson/Grönfors, Subjektives Recht]

*Coing, Helmut*: Zur Geschichte des Privatrechtsystems, 1962, Frankfurt a. M. [zitiert: *Coing*, Geschichte des Privatrechtsystems]

*Costede, Jürgen*: Studien zum Gerichtsschutz, 1977, Bern [zitiert: *Costede*, Gerichtsschutz]

*Crome, Carl*: System des Deutschen Bürgerlichen Rechts, Erster Band: Einleitung und Allgemeiner Theil, 1900, Tübingen/Leipzig [zitiert: *Crome*, System des Deutschen Bürgerlichen Rechts, Bd. 1]

*Dauner-Lieb, Barbara/Heidel, Thomas/Ring, Gerhard*: Bürgerliches Gesetzbuch, Baden-Baden [zitiert: *Bearbeiter*, in: NK-BGB]
– Band 1: Allgemeiner Teil und EGBGB, 3. Auflage 2016
– Band 2: Schuldrecht, 3. Auflage 2016
*De Boor, Hans Otto*: Gerichtsschutz und Rechtssystem – Ein Beitrag zum Kampfe gegen das aktionsrechtliche Denken, 1941, Leipzig [zitiert: *De Boor*, Gerichtsschutz]
*Dehner, Walter*: Nachbarrecht, Gesamtdarstellung des privaten und öffentlichen Nachbarrechts des Bundes und der Länder (mit Ausnahme des Landes Bayern, Stand: 58. Aktualisierung – Juni 2015, Köln [zitiert: *Dehner*, Nachbarrecht]
*Demelius, Gustav*: Untersuchungen aus dem römischen Civilrechts, Erster Band, 1856, Weimar [zitiert: *Demelius*, Untersuchungen aus dem römischen Civilrechte, Band 1]
*Denzer, Horst*: Moralphilosophie und Naturrecht bei Samuel Pufendorf, 1972, München [zitiert: *Denzer*, Moralphilosophie und Naturrecht]
*Dernburg, Heinrich*: Pandekten, Erster Band, Allgemeiner Teil und Sachenrecht, 7. Auflage 1902, Berlin [zitiert: *Dernburg*, Pandekten I]
*Deutsch, Erwin*: Allgemeines Haftungsrecht, 2. Auflage 1996, Köln [zitiert: *Deutsch*, Allgemeines Haftungsrecht]
*Deutsch, Erwin/Ahrens, Hans-Jürgen*: Deliktsrecht, 5. Auflage 2009, Köln [zitiert: *Deutsch/Ahrens*, Deliktsrecht]
*Diederichsen, Uwe*: Ausbau des Individualschutzes gegen Umweltbelastungen als Aufgabe des bürgerlichen und des öffentlichen Rechts, Referat, Verhandlungen des 56. Deutschen Juristentages, 1986, München, L 48–106
*Döring, Reinhard*: Die Haftung für eine Mitwirkung an Wettbewerbsverstößen nach der Entscheidung des BGH „Jugendgefährdende Medien bei eBay“, WRP 2007, 1131–1140
*Donellus, Hugo*:Commentarii de iure civili, 6. Auflage, 1822 [zitiert: *Donellus*, Commentarii de iure civili]
*Dubischar, Roland*: Über die Grundlagen der schulsystematischen Zweiteilung der Rechte in sogenannte absolute und relative: ein dogmengeschichtlicher Beitrag zur Lehre vom subjektiven Privatrecht, 1961, Tübingen [zitiert: *Dubischar*, Grundlagen der schulsystematischen Zweiteilung der Rechte]
*Dulckeit, Gerhard*: Die Verdinglichung obligatorischer Recht, 1951, Tübingen [zitiert: *Dulckeit*, Verdinglichung]
*Ebert, Ina*: Pönale Elemente im deutschen Priuvatrecht, 2004, Tübingen [zitiert: *Ebert*, Pönale Elemente]
*Eck, Ernst*: Vorträge über das Recht des Bürgerliches Gesetzbuchs, Bd. 1, 1903, Berlin [zitiert: *Eck*, Vorträge, Bd. 1]
*Ehrenzweig, Armin*: System des österreichischen Privatrechts,
– Erster Band 1, Erste Hälfte: Allgemeiner Teil, 2. Auflage 1951, Wien [zitiert: *Ehrenzweig*, System I/1]
– Zweiter Band, Erste Hälfe: Das Recht der Schuldverhältnisse, 2. Auflage 1928, Wien [zitiert: *Ehrenzweig*, System II/1]
*Ellger, Reinhard*: Bereicherung durch Eingriff, 2002, Tübingen [zitiert: *Ellger*, Bereicherung durch Eingriff]

*Elzbacher, Paul*: Die Handlungsfähigkeit nach deutschem bürgerlichen Recht, Erster Band: Das rechtswirksame Verhalten, 1903, Berlin [zitiert: *Elzbacher*, Handlungsfähigkeit, Bd. 1]
*ders.*: Die Unterlassungsklage: Ein mittel vorbeugenden Rechtsschutzes, 1906, Berlin [zitiert: *Elzbacher*, Unterlassungsklage]
*Engisch, Karl*: Einführung in das juristische Denken, 11. Auflage 2010, Stuttgart [zitiert: Engisch, Einführung]
*Enneccerus, Ludwig/Lehmann, Heinrich*: Lehrbuch des Bürgerlichen Rechts, Band 2: Recht der Schuldverhältnisse, 15. Auflage 1958, Tübingen [zitiert: *Enneccerus/Lehmann*, Schuldverhältnisse]
*Enneccerus, Ludwig/Nipperdey, Hans Carl*: Lehrbuch des Bürgerlichen Rechts, Band 1: Allgemeiner Teil des Bürgerlichen Rechts, Zweiter Halbband: Entstehung, Untergang und Veränderung der Rechte Ansprüche und Einreden, Ausübung und Sicherung der Rechte, 15. Auflage 1960, Tübingen [zitiert: *Enneccerus/Nipperdey*, Allgemeiner Teil, Halbband 2]
*Erdsiek, Gerhard*: Wahrnehmung berechtigter Interessen ein Rechtfertigungsgrund?, JZ 1969, 311–316
*Erman* – Kommentar zum Bürgerlichen Gesetzbuch: hrsg. von Westermann, Harm Peter/Grunewald, Barbara/Maier-Reimer, Georg, 15. Auflage 2017, Köln [zitiert: *Bearbeiter*, in: Erman, BGB]
– Band I, §§ 1–758, AGG, UKlaG
– Band II, §§ 759–2385, ProdHaftG, ErbbauRG, HausratsVO, VAHRG, LPartG, WEG, EGBGB
*Esser, Josef*: Einführung in die Grundbegriffe des Rechtes und Staates, 1949, Wien [zitiert: *J. Esser*, Grundbegriffe]
*ders.*: Grundlagen und Entwicklung der Gefährdungshaftung, 2. Auflage 1969, München [zitiert: *J. Esser*, Grundlagen]
*Esser, Josef/Schmidt, Eike*: Schuldrecht, Allgemeiner Teil Band I Teilband 1, 8. Auflage 1995, Heidelberg [zitiert: *Esser/Schmidt*, Schuldrecht AT I/1]
*Esser, Josef/Weyers, Hans-Leo*: Schuldrecht, Besonderer Teil, Band II Teilband 2, 8. Auflage 2000, Heidelberg [zitiert: *Esser/Weyers*, Schuldrecht II 2]
*Fabricius, Fritz*: Zur Dogmatik des „sonstigen Rechts“ gemäß § 823 Abs. 1 BGB, AcP 160 (1961), 273–336
*Fezer, Karl-Heinz*: Teilhabe und Verantwortung, 1986, München [zitiert: *Fezer*, Teilhabe und Verantwortung]
*ders.*: Markenrecht, 4. Auflage 2009, München [zitiert: *Fezer*, Markenrecht]
*Fikentscher, Wolfgang*: Das Recht am Gewerbebetrieb (Unternehmen) als „sonstiges Recht“ im Sinne des § 823 Abs. 1 BGB in der Rechtsprechung des Reichsgerichts und des Bundesgerichtshofs – Eine kritische Übersicht, in: Das Unternehmen in der Rechtsprechung: Festgabe für Heinrich Kronstein aus Anlass seines 70. Geburtstages am 12. September 1967, hrsg. von Kurt H. Biedenkopf, Helmut Coing und Ernst-Joachim Mestmäcker, 1967, Karlsruhe, S. 262–304
*Fikentscher, Wolfgang/Heinemann, Andreas*: Schuldrecht, 11. Auflage 2017, Berlin [zitiert: Fikentscher/Heinemann, Schuldrecht]
*Filios, Paul Christos*: Die Gefahrtragung beim Kauf (§ 446 BGB) im Rahmen des Synallagmas, 1964, Berlin [zitiert: *Filios*, Gefahrtragung]
*Fischer, Hans*: Die Rechtswidrigkeit mit besonderer Berücksichtigung des Privatrechts, 1911, München [*Fischer*, Rechtswidrigkeit]

*Förster, Franz*: Preußisches Privatrecht, Band 1, 7. Auflage 1896, Berlin [zitiert: *Förster*, Preußisches Privatrecht I]+

*Foerste, Ulrich/von Westphalen, Friedrich Graf* (Hrsg.): Produkthaftungshandbuch, 3. Auflage, 2012, München [zitiert: *Bearbeiter*, in: Foerste/von Westphalen, Produkt- haftungshandbuch]

*Fraenkel, Michael*: Tatbestand und Zurechnung bei § 823 Abs. 1 BGB, 1979, Berlin [zitiert: *Fraenkel*, Tatbestand und Zurechnung]

*Gauch, Hugh G.*: Scientific Method in Practice, 2015, Cambridge [zitiert: *Hugh*, Scientific Method in Practice]

*Gebauer, Martin*: Hypothetische Kausalität und Haftungsgrund, 2007, Tübingen [zitiert: *Gebauer*, Hypothetische Kausalität]

*Gebauer, Peer*: Zur Haftung des Mieters bei unbefugter Untervermietung, JURA 1998, 128–135

*Georgiades, Apostolos*: Die Anspruchskonkurrenz, 1968, München [zitiert: *Georgiades*, Anspruchskonkurrenz]

*ders.*: Der Anspruch im Sinne des § 184 BGB und seine Funktion, in: Festschrift für Herbert Buchner zum 70. Geburtstag, hrsg. von Jobst-Hubertus Bauer, Michael Kort, Thomas M. J. Möllers, Bernd Sandmann, 2009, München, S. 245–257 [zitiert: *Georgiades*, in: FS Buchner]

*Gerlach, Johann W.*: Privatrecht und Umweltschutz im System des Umweltrechts, 1989, Berlin [zitiert: *Gerlach*, Privatrecht und Umweltschutz]

*Gernhuber, Joachim* (Hrsg.): Handbuch des Schuldrechts [zitiert: *Bearbeiter*, in: Handbuch des SR]
- Band 8: Das Schuldverhältnis – Begründung und Änderung, Pflichten und Strukturen, Drittwirkungen, 1989, Tübingen
- Band 9/2: Leistungsstörungen, Die Folgen des Schuldnerverzugs – Die Erfüllungsverweigerung und die vom Schuldner zu vertretende Unmöglichkeit, 1999, Tübingen

*von Gierke, Otto*: Der Entwurf eines bürgerlichen Gesetzbuches und das deutsche Recht, 1889, Leipzig [zitiert: *v. Gierke*, Entwurf eines bürgerlichen Gesetzbuches]

*ders.*: Deutsches Privatrecht, Band 1: Allgemeiner Teil und Personenrecht, 1895, Leipzig [zitiert: v. Gierke, Deutsches Privatrecht I]

*Girard, Paul Friedrich*: Geschichte und System des römischen Rechts, 1908, Berlin [zitiert: *Girard*, Geschichte und System des römischen Rechts]

*Grigoleit, Hans Christoph*: Leistungspflichten und Schutzpflichten, in: Festschrift für Claus-Wilhelm Canaris zum 70. Geburtstag, Band I, hrsg. von Andreas Heldrich, Jürgen Prölss, Ingo Koller, 2007, München, S. 275–306 [zitiert: *Grigoleit*, in: FS Canaris]

*Gröschler, Peter*: Die notwendige Unterscheidung von Leistungspflichten und Nebenpflichten nach neuem Schuldrecht, Festschrift für Horst Konzen zum siebzigsten Geburtstag, hrsg. von Barbara Dauner-Lieb, Peter Hommelhoff, Matthias Jacobs, Dagmar Kaiser, Christoph Weber, 2006, Tübingen, S. 109–130 [zitiert: *Gröschler*, in: FS Konzen]

*Gros, Karl Heinrich*: Lehrbuch der philosophischen Rechtswissenschaft oder des Naturrechts, 3. Auflage 1815, Tübingen [zitiert: *Gros*, Lehrbuch des Naturrechts]

*Grosch, Marcus*: Rechtswandel und Rechtskraft bei Unterlassungsurteilen: Zugleich ein Beitrag zum Verhältnis von Zeit und Recht sowie eine Kritik der Dogma-

tik vom materiellen Unterlassungsanspruch, 2002, München [zitiert: *Grosch*, Rechtswandel]
*Gsell, Beate*: Substanzverletzung und Herstellung, 2003, Tübingen
*Gursky, Karl-Heinz*: Zur neueren Diskussion um § 1004 BGB, JR 1989, 397–402
*Hähnchen, Susanne*: Obliegenheiten und Nebenpflichten, 2010, Tübingen [zitiert: *Hähnchen*, Obligenheiten und Nebenpflichten]
*Habersack, Mathias*: Die Mitgliedschaft – subjektives und „sonstiges" Recht, 1996, Tübingen [zitiert: *Habersack*, Mitgliedschaft]
*Hadding, Walther*: Schuldverhältnis, Forderung, rechtlicher Grund, in: Wirkungen europäischer Rechtskultur: Festschrift für Karl Kroeschell zum 70. Geburtstag, hrsg. von Köbler, Gerhard, 1997, München, S. 293–308 [zitiert: *Hadding*, in: FS Kroeschell]
*Hager, Günter*: Die Gefahrtragung beim Kauf: eine rechtsvergleichende Untersuchung, 1982, Frankfurt a. M. [zitiert: *G. Hager*, Gefahrtragung]
*ders.*: Strukturen des Privatrechts in Europa: eine rechtsvergleichende Studie, 2012, Tübingen [zitiert: *G. Hager*, Strukturen des Privatrechts in Europa]
*Hartmann, Christian*: Die unterlassene Mitwirkung des Gläubigers; ein Beitrag zum Recht der Leistungsstörungen, 1997, Berlin [zitiert: *Hartmann*, Unterlassene Mitwirkung]
*Hartmann, Felix*: Der Anspruch auf das stellvertretende commodum, 2007, Tübingen [zitiert: *Hartmann*, Anspruch auf das stellvertretende commodum]
*Hattenhauer, Christian*: Einseitige Private Rechtsgestaltung: Geschichte und Dogmatik, 2011, Tübingen [zitiert: *Hattenhauer*, Private Rechtsgestaltung]
*Heck, Philipp*: Grundriss des Schuldrechts, 1929, Tübingen [zitiert: *Heck*, Schuldrecht]
*Hedemann, Justus Wilhelm*: Schuldrecht des Bürgerlichen Gesetzbuches, 3. Auflage 1949, Berlin [zitiert: *Hedemann*, Schuldrecht]
*Heinze, Meinhard*: Einstweiliger Rechtsschutz im arbeitsgerichtlichen Verfahren, RdA 1986, 273–294
*Heise, Volker*: Der calvinistische Einfluss auf das humanistische Rechtsdenken, 2004, Göttingen [zitiert: *Heise*, Calvinistischer Einfluss]
*Helms, Tobias*: Gewinnherausgabe als haftungsrechtliches Problem, 2007, Tübingen [zitiert: *Helms*, Gewinnherausgabe]
*Hellwig, Konrad*: Anspruch und Klagerecht, 1900, Jena [zitiert: *Hellwig*, Anspruch und Klagerecht]
*Hellwig, Konrad*: Klagrecht und Klagmöglichkeit, 1905, Leipzig [zitiert: *Hellwig*, Klagrecht und Klagmöglichkeit]
*Henckel, Wolfram*: Parteilehre und Streitgegenstand im Zivilprozeß, 1961, Heidelberg [zitiert: *Henckel*, Parteilehre und Streitgegenstand]
*ders.*: Prozessrecht und materielles Recht, 1970, Göttingen [zitiert: *Henckel*, Prozessrecht und materielles Recht]
*ders.*: Vorbeugender Rechtsschutz im Zivilrecht, AcP 174 (1974), 97–144
*Herrmann, Elke*: Der Störer nach § 1004 BGB, 1987, Berlin [zitiert: *Herrmann*, Der Störer nach § 1004 BGB]
*Hess, Burkhard*: „Private law enforcement" und Kollektivklagen – Regelungsbedarf für das deutsche Zivilprozessrecht?, JZ 2011, 66–74
*Himmelschein, Jury*: Erfüllungszwang und Lehre von den positiven Vertragsverletzungen, AcP 135 (1932), 255–327

*ders.*: Zur Frage der Haftung für fehlerhafte Leistung, AcP 158 (1959/69), 273–297
*Hölder, Gustav*: Pandekten, Allgemeine Lehren, 1891, Freiburg im Breisgau [zitiert: *Hölder*, Pandekten]
*Höpfner, Ludwig Julius Friedrich*: Naturrecht des einzelnen Menschen, der Gesellschaften und der Völker, 6. Auflage 1795, Gießen [zitiert: *Höpfner*, Naturrecht des einzelnen Menschen]
*Hoffmann, Jan Felix*: Zession und Rechtszuweisung, 2012, Tübingen [zitiert: *Hoffmann*, Zession und Rechtszuweisung]
*ders.*: Zum vermögensrechtlichen Schutz absoluter und relativer Rechtspositionen an der Schnittstelle zum Immaterialgüterrecht, JURA 2014, 71–80
*Hofmann, Franz*: Der Unterlassungsanspruch als Rechtsbehelf, 2017, Tübingen [zitiert: *Hofmann*, Unterlassungsanspruch]
*ders.*: „Anspruchsdenken" und „Remedydenken" im deutschen Privatrecht, JuS 2018, 833–838
*Honsell, Heinrich*: Analogie und Restriktion im römischen Recht – vom Wortlaut zum Sinn, in: Privatrecht und Methode, Festschrift für Ernst A. Kramer, hrsg. von Heinrich Honsell, Roger Zäch, Franz Hasenböhler, Friedrich Harrer, René Rhinow, 2004, Basel/Genf/München, S. 193–210 [zitiert: *Honsell*, in: FS Kramer]
*Hübner, Heinz*: Allgemeiner Teil des Bürgerlichen Gesetzbuches, 2. Auflage 1996, Berlin/New York [zitiert: *Hübner*, BGB AT]
*Hüftle, Ilka*: Schadensersatz wegen entgangener Erbschaft, 2008, Berlin [zitiert: *Hüftle*, Schadensersatz]
*Huber, Ulrich*: Zur Dogmatik der Vertragsverletzung nach einheitlichem Kaufrecht und deutschem Schuldrecht, in: Festschrift für Ernst von Caemmerer zum 70. Geburtstag, hrsg. von Hans Claudius Ficker, Detlef König, Karl F. Kreuzer, Hans G. Leser, Wolfgang Freiherr Marschall von Bieberstein, Peter Schlechtriem, 1978, Tübingen, S. 837–872 [zitiert: *Huber*, in: FS Caemmerer]
*Ikadatsu, Yasuhiro*: Der Paradigmenwechsel der Privatrechtstheorie und die Neukonstruktion der Vertragstheorie in seinem Rahmen, 2002 [zitiert: Ikadatsu, Paradigmenwechsel]
*Jabornegg, Peter/Strasser, Rudolf*: Nachbarrechtliche Ansprüche als Instrument des Umweltschutzes: ein Beitrag zur Dogmatik der Negatorienklage, 1978, Wien [zitiert: *Jabornegg/Strasser*, Nachbarrechtliche Ansprüche]
*Jakobs, Horst Heinrich*: Eingriffserwerb und Vermögensverschiebung, 1964, Bonn [zitiert: *Jakobs*, Eingriffserwerb und Vermögensverschiebung]
*Jakobs, Horst Heinrich/Schubert, Werner* (Hrsg): Die Beratung des Bürgerlichen Gesetzbuchs, Recht der Schuldverhältnisse III §§ 652 bis 853, 1983, Berlin [zitiert: *Jakobs*, Beratung, Schuldverhältnisse III]
*Jansen, Nils*: Die Struktur des Haftungsrechts, 2003, Tübingen [zitiert: *Jansen*, Struktur des Haftungsrechts]
*Jauernig, Othmar/Hess, Burkhard*: Zivilprozessrecht, 30. Auflage 2011, München [zitiert: *Jauernig/Hess*, Zivilprozessrecht]
*von Jhering, Rudolf*: Das Schuldmoment im Römischen Privatrecht, 1867, Giessen [zitiert: *v. Jhering*, Schuldmoment]
*ders.*: Geist des römischen Rechts auf den verschieden Stufen seiner Entwicklung, Teil 3, 9. Auflage 1968 (unverändert seit der 5. Auflage 1906), Aalen [zitiert: *v. Jhering*, Geist des römischen Rechts III]

*Joussen, Jacob*: Schuldrecht I – Allgemeiner Teil, 3. Auflage 2015, Stuttgart [zitiert: *Joussen*, Schuldrecht I – AT]
*Junker, Abbo*: Gerichtsstand der unerlaubten Handlung, ZZPInt 9 (2004), 200–206
*Kahl, Thomas*: Regelanwendung und Einzelfallgerechtigkeit bei den sogenannten rein prozessualen Rechtsbehelfen, in: Krebs, Peter/Baldus, Christian (Hrsg.), Summum ius, summa iniuria: Zivilrecht zwischen Rechtssicherheit und Einzelfallgerechtigkeit, Jahrbuch Junger Zivilrechtswissenschaftler, 1994, Stuttgart, S. 205–220 [zitiert: *Kahl*, in: Summum ius, summa iniuria: Zivilrecht zwischen Rechtssicherheit und Einzelfallgerechtigkeit]
*Kanalan, Ibrahim*: Die universelle Durchsetzung des Rechts auf Nahrung gegen transnationale Unternehmen, 2015, Tübingen [zitiert: *Kanalan*, Die universelle Durchsetzung des Rechts auf Nahrung]
*Kandler, Mandy*: Kauf und Nacherfüllung, 2004, Bielefeld [zitiert: *Kandler*, Kauf und Nacherfüllung]
*Kant, Immanuel*: Die Metaphysik der Sitten, 1 und 2. Auflage 1797 bzw. 1798, Königsberg, Werkausgabe Band VIII, hrsg. von Wilhelm Weischedel, 5. Auflage 1982, Frankfurt a. M. [zitiert: *Kant*, Metaphysik der Sitten]
*ders.*: Grundlegung zur Metaphysik der Sitten, 1785, Königsberg, hrsg. von Jens Timmermann, 2004, Göttingen [zitiert: *Kant*, Grundlegung der Metaphysik der Sitten]
*Kaser, Max*: Das Römische Zivilprozessrecht, 2. Auflage 1996, München [zitiert: *Kaser*, Römisches Zivilprozessrecht]
*Kaser, Max/Knütel, Rolf*: Römisches Privatrecht, 21. Auflage 2017, München [zitiert: *Kaser/Knütel*, Römisches Privatrecht]
*Kasper, Franz*: Das subjektive Recht – Begriffsbildung und Bedeutungsmehrheit, 1967, Karlsruhe [zitiert: *Kasper*, Subjektives Recht]
*Katzenmeier, Christian*: Zur neueren dogmengeschichtlichen Entwicklung der Deliktsrechtstatbestände, AcP 203 (2003) 79–118
*Katzenstein, Matthias*: Haftungsbeschränkungen zugunsten und zulasten Dritter, 2004, Berlin [zitiert: *Katzenstein*, Haftungsbeschränkungen]
*ders.*: Störerhaftung des Mieters wegen rechtswidrig umgebauter Wohnung, JZ 2008, 1129–1134
*ders.*: Der Beseitigungsanspruch nach § 1004 Abs. 1 Satz 1 BGB, AcP 211 (2011), 58–104
*Kaufmann, Horst*: Zur Geschichte des aktionenrechtlichen Denkens, JZ 1964, 482–489
*Kawasumi, Yoshikazu*: Von der römischen actio negatoria zum negatorischen Beseitigungsanspruch des BGB, 2001, Baden-Baden [zitiert: *Kawasumi*, Von der römischen actio negatoria zum negatorischen Beseitigungsanspruch des BGB]
*Kelsen, Hans*: Reine Rechtslehre, 2. Auflage 1960, Wien [zitiert: *Kelsen*, Reine Rechtslehre]
*ders.*: Allgemeine Rechtslehre im Lichte materialisitischer Geschichtsauffassung, in: ders., Demokratie und Sozialismus, Ausgewählte Aufsätze, hrsg. und eingeleitet von Norbert Leser, 1967, Darmstadt [zitiert: *Kelsen*, Allgemeine Rechtslehre]
*Keppmann, Friedhelm*: Die neuere dogmengeschichtliche Entwicklung der objektiven Tatbestände der §§ 823, 826 BGB, 1959, Münster [zitiert: *Keppmann*, Dogmengeschichtliche Entwicklung]

*Kierulff, Johann Friedrich Martin*: Theorie des Gemeinen Civilrechts, 1839, Altona [zitiert: *Kierulff*, Theorie des Gemeinen Civilrechts]

*Kleindiek, Detlef*: Deliktshaftung und juristische Person, 1997, Tübingen [zitiert: Kleindiek, Deliktshaftung]

*Kleinfeller, Gottlieb*: Der Begriff „Anspruch“, AcP 137 (1933), 129–166

*Köhler, Helmut/Bornkamm, Joachim/Feddersen, Jörn*: Gesetz gegen den unlauteren Wettbewerb, 37. Auflage 2019, München [zitiert: *Bearbeiter*, in: Köhler/Bornkamm/Feddersen]

*Köhler, Hemut*: Täter und Störer im Wettbewerbs- und Markenrecht – Zur BGH-Entscheidung Jugendgefährdende Medien bei eBay, GRUR 2008, 1–7

*Köndgen, Johannes*: Immaterialschadensersatz, Gewinnabschöpfung oder Privatstrafen als Sanktionen für Vertragsbruch? – Eine rechtsvergleichend-ökonomische Analyse –, RabelsZ 56 (1992), 696–756

*Körner, Marita*: Zur Aufgabe des Haftungsrechts – Bedeutungsgewinn präventiver und punitiver Elemente, NJW 2000, 241–246

*Kötz, Hein/Wagner, Gerhard*: Deliktsrecht, 12. Auflage 2013, München [zitiert: *Kötz/Wagner*, Deliktsrecht]

*Kohler, Josef*: Ungehorsam und Vollstreckung im Civilproceß, AcP 80 (1893), 141–300

*ders.*: Lehrbuch des Bürgerlichen Rechts,

- Erster Band: Allgemeiner Teil, 1906, Berlin [zitiert: *Kohler*, Lehrbuch des Bürgerlichen Rechts, I]
- Zweiter Band: Vermögensrecht, Erster Teil: Schuldrecht, 1906, Berlin [zitiert: *Kohler*, Lehrbuch des Bürgerlichen Rechts, II/1]

*Kollmann, Andreas*: Begriffs- und Problemgeschichte des Verhältnisses von formellem und materiellem Recht, 1996, Berlin [zitiert: *Kollmann*, Problemgeschichte]

*Koziol, Helmut*: Prevention under Tort Law from a Traditional Point of View, in: Tichý, Luboš/Hrádek, Jiří (Hrsg.), Prevention in Law, S. 133–157, 2013, Prag [zitiert: *Koziol*, Prevention under Tort Law]

*ders.*: Beeinträchtigungen des Eigentümers ohne Beschädigung oder Entziehung der Sache: Eigentumsverletzung oder reiner Vermögensschaden, in: Festschrift für Attila Fenyves, hrsg. von Stefan Perner, Daniel Rubin, Martin Spitzer, Andreas Vonkilch, 2013, Wien, S. 241–256 [zitiert: *Koziol*, in: FS Fenyves]

*Krause, Hermann*: Das Einigungsprinzip und die Neugestaltung des Sachenrechts, AcP 145 (1939), 312–326

*Kreidt, Markus*: Die Haftung des Zulieferers für Produktionsschäden und Rückrufkosten, 2006, Bonn [zitiert: *Kreidt*, Haftung des Zulieferers]

*von Kreittmayr, Wiguläus, Xaverius Aloysius*: Anmerkungen über den Codicem Maximilianeum Bavaricum civilem: worinn derselbe sowol mit dem Gemein- als ehemalig- chur-bayerischen Land-Recht genau collationirt, sohin der Unterschied zwischen dem alt- und neueren Recht, samt den Urquellen, woraus das letztere geschöpft worden ist, überall angezeigt, und dieses dadurch in ein helleres Licht gesetzt wird, Band 4, 1758, München [zitiert: *v. Kreittmayr*, Anmerkungen über den Codicem Maximilianeum bavaricum civilem]

*Kropholler, Jan*: Internationales Privatrecht, 6. Auflage 2006, Tübingen [zitiert: *Kropholler*, IPR]

*Kurt, Marcus*: Culpa in contrahendo im europäischen Kollisionsrecht der vertraglichen und außervertraglichen Schuldverhältnisse, 2009, Baden-Baden [zitiert: *Kurt*, Culpa in contrahendo]

*Lambrecht, Peter*: Die Lehre vom faktischen Vertragsverhältnis, 1994, Tübingen [zitiert: Lambrecht, Die Lehre vom faktischen Vertragsverhältnis]

*Lange, Hermann/Gottfried Schiemann*: Schadensersatz, 3. Auflage 2003, Tübingen [zitiert: *Lange/Schiemann*, Schadensersatz]

*Langheineken, Paul*: Anspruch und Einrede nach dem Deutschen Bürgerlichen Gesetzbuch, 1903, Leipzig [zitiert: *Langheineken*, Anspruch und Einrede]

*Larenz, Karl*: Möglichkeiten einer Begrenzung der Haftung über Kausalität, Rechtswidrigkeit, Verschulden, in: Karlsruher Forum 1959, Diskussionen zum Thema Haftung und Verschulden [zitiert: *Larenz*, Möglichkeiten einer Begrenzung]

*ders.*: Entwicklungstendenzen der heutigen Zivilrechtsdogmatik, JZ 1962, 105–110

*ders.*: Rechtswidrigkeit und Handlungsbegriff im Zivilrecht, in: Vom Deutschen zum Europäischen Recht, Festschrift für Hans Dölle, Band 1 Deutsches Privat- und Zivilprozessrecht, Rechtsvergleichung, hrsg. von Ernst von Caemmerer, Arthur Nikisch und Konrad Zweigert, 1963, Tübingen, S. 169–200 [zitiert: *Larenz*, in: FS Dölle]

*Larenz, Karl/Canaris, Claus-Wilhelm*: Lehrbuch des Schuldrechts, Band 2, 2. Halbband, 13. Auflage 1994, München [zitiert: *Larenz/Canaris*, Schuldrecht II/2]

*Larenz, Karl/Wolf, Manfred*: Allgemeiner Teil des Bürgerlichen Rechts, 9. Auflage 2004, München [zitiert: *Larenz/Wolf*, Allgemeiner Teil]

*Leipold, Dieter*: Grundlagen des einstweiligen Rechtsschutzes, 1971, München [zitiert: *Leipold*, Grundlagen des einstweiligen Rechtsschutzes]

*Leisinger, Klaus*: Menschenrechte als unternehmerische Verantwortungsdimension, in: Die Zukunft des Weltrechts und der Weltorganisation, hrsg. von der Deutschen Gesellschaft für die Vereinten Nationen (DGNV), Blaue Reihe Nr. 105, 2009, S. 50–66

*Leist, Burkhard Wilhelm*: Versuch einer Geschichte der Römischen Rechtssysteme, 1850, Rostock, Schwerin [zitiert: *Leist*, Geschichte der Römischen Rechtssysteme]

*Lenz, Gustav*: Studien und Kritiken im Gebiet des preußischen, römischen und deutschen Rechts, 1847, Greifswald [zitiert: *Lenz*, Studien und Kritiken]

*Lenz, Tobias (Hrsg.)*: Produkthaftung, 2014, München [zitiert: *Bearbeiter*, in: Lenz, Produkthaftung]

*Lenze, Konrad*: Von der actio im Privatrechtssystem Savignys zum Streitgegenstand im Zivilprozeßrecht, 1971, Münster [zitiert: *Lenze*, Actio zum Streitgegenstand]

*Leonhard, Franz*: Allgemeines Schuldrecht des BGB, Bd. 1, 1929 München/Leipzig [zitiert: *Leonhard*, Allgemeines Schuldrecht]

*von Liszt*: Die Deliktsobligationen im System des Bürgerlichen Gesetzbuches, 1898, Berlin [zitiert: *v. Liszt*, Deliktsobligationen]

*Löwisch, Manfred*: Der Deliktsschutz relativer Rechte, 1970, Berlin [zitiert: *Löwisch*, Deliktsschutz]

*Lobinger, Thomas*: Rechtsgeschäftliche Verpflichtung und autonome Bindung, 1999, Tübingen [zitiert: *Lobinger*, Rechtsgeschäftliche Verpflichtung]

*Lohse, Andrea*: § 1004 BGB als Rechtsgrundlage für Zahlungsansprüche?, AcP 201 (2001), 902–931

*Loschelder, Michael*: Anspruch aus §1 UWG, gerichtet auf die Unterlassung einer Unterlassung, WRP 1999, 57–62
*Looschelders, Dirk*: Schuldrecht Allgemeiner Teil, 11. Auflage 2013, München [zitiert: *Looschelders*, Schuldrecht AT]
*von Lübtow, Ulrich*: Untersuchungen zur lex Aquilia de damno iniuria dato, 1971, Berlin [zitiert: *v. Lübtow*, Untersuchungen zur lex aquilia]
*Lüftenegger, Klaus*: Die Rückrufpflicht des Herstellers – unter Berücksichtigung der höchstrichterlichen „Pflegebetten"-Rechtsprechung, 2018, Berlin [zitiert: *Lüftenegger*, Rückrufpflicht des Herstellers]
*Lüttringhaus, Jan D.*: Das internationale Privatrecht der culpa in contrahendo nach den EG-Verordnungen „Rom I" und „Rom II", RIW 2008, 193–200
*Luhmann, Niklas*: Die Gesellschaft der Gesellschaft, 1997, Frankfurt a.M. [zitiert: *Luhmann*, Gesellschaft der Gesellschaft]
*ders.*: Ökologische Kommunikation, 1986, Opladen [zitiert: *Luhmann*, Ökologische Kommunikation]
*ders.*: Das Recht der Gesellschaft, 1995, Frankfurt a.M. [zitiert: *Luhmann*, Recht der Gesellschaft]
*ders.*: Soziologie des Risikos, 2003, Berlin [zitiert: *Luhmann*, Soziologie des Risikos
*Luig, Klaus*: Humanismus und Privatrecht, in: Vestigia Iuris Romani, Festschrift für Gunter Wesener zum 60. Geburtstag am 3. Juni 1992, hrsg. von Georg Klingenberg, J. Michael Rainer und Herwig Stiegler, 1992, Graz, S.285–302 [zitiert: *Luig*, in: FS Wesener]
*Mager, Heinrich*: Besonderheiten des dinglichen Anspruchs, AcP 193 (1993), 68–85
*Malitzky, Heinz*: Der rechtstheoretische und der gesetzestechnische Begriff des subjektiven Rechts, 1929, Ohlau in Schlesien [*Malitzky*, Begriff des subjektiven Rechts]
*Mataja, Viktor*: Das Recht des Schadensersatzes vom Standpunkt der Nationalökonomie, 1888 [zitiert: *Mataja*, Recht des Schadensersatzes]
*Medicus, Dieter*: Anspruch und Einrede als Rückgrat einer zivilistischen Lehrmethode, AcP 174 (1974), 313–331
*Medicus, Dieter/Lorenz, Stephan*: Schuldrecht I, Allgemeiner Teil, 21. Auflage 2015, München [zitiert: *Medicus/Lorenz*, Schuldrecht I]
*dies.*: Schuldrecht II, Besonderer Teil, 18. Auflage 2018 [zitiert: *Medicus/Lorenz*, Schuldrecht II]
*Medicus, Dieter/Petersen, Jens*: Allgemeiner Teil des BGB, 11. Auflage 2016, Heidelberg/München u.a. [zitiert: *Medicus/Petersen*, Allgemeiner Teil]
*dies.*: Bürgerliches Recht, 27. Auflage 2019, München [zitiert: Medicus/Petersen, Bürgerliches Recht]
*Meesmann, Gerwald*: Regelungsvorbehalt und Rechtsbehelf, 1967, Marburg [zitiert: *Meesmann*, Regelungsvorbehalt und Rechtsbehelf]
*Meincke, Jens Peter*: Die Institutionen Iustitians als Repetitionsprogramm, JZ 1988, 1095–1102
*Mertens, Hans-Georg*: Zum Inhalt des Beseitigungsanspruchs aus §1004 BGB, NJW 1972, 1783–1786
*ders.*: Verkehrspflichten und Deliktsrecht – Gedanken zu einer Dogmatik der Verkehrspflichtverletzung, VersR 1980, 397–408
*Mestmäcker, Ernst-Joachim*: Eingriffserwerb und Rechtsverletzung in der ungerechtfertigten Bereicherung, JZ 1958, 521–526

*Michaels, Ralf*: Sachzuordnung durch Kaufvertrag, 2002, Berlin [*Michaels*, Sachzuordnung]
*Minnerop, Manfred*: Materielles Recht und einstweiliger Rechtsschutz, 1973, Köln [zitiert: *Minnerop*, Materielles Recht und einstweiliger Rechtsschutz]
*Möllers, Thomas*: Rechtsgüterschutz um Umwelt- und Haftungsrecht, 1996, Tübingen [zitiert: *Möllers*, Rechtsgüterschutz]
*Mohr, Jochen*: Rechtswidrigkeit und Verschulden im Deliktsrecht, JURA 2013, 567–579
*Motzer, Stefan*: Schutzpflichtverletzung und Leistungsunmöglichkeit, JZ 1983, 884–889
*Müller, Peter*: Punitive Damages und deutsches Schadensersatzrecht, 2000, Berlin [zitiert: *Müller*, Punitve Damages]
*Müller, Werner/Dörre, Christian*: Regressansprüche des Endherstellers gegen den Zulieferer wegen Rückrufkosten, VersR 1999, 1333–1341
*Müller-Erzbach, Rudolf*: Gefährdungshaftung und Gefahrtragung, AcP 106 (1910), 309–476
*Münch, Joachim*: Vollstreckbare Urkunde und prozessualer Anspruch, 1989, Köln/Berlin u. a. [zitiert: *Münch*, Prozessualer Anspruch]
*Münchener Kommentar zum Bürgerlichen Gesetzbuch*: hrsg. von Franz Jürgen Säcker, Roland Rixecker, Hartmut Oetker und Bettina Limperg: [zitiert: *Bearbeiter*, in MüKo-BGB]
– Band 1: Allgemeiner Teil, §§ 1–240, AllgPersönlR, ProstG, AGG, 8. Auflage 2018, München
– Band 2: Schuldrecht Allgemeiner Teil I, §§ 241–310, 8. Auflage 2019, München
– Band 3 Schuldrecht Allgemeiner Teil II,
– Band 4: Schuldrecht Besonderer Teil I, §§ 433–534, 8. Auflage 2019, München
– Band 6: Schuldrecht, Besonderer Teil IV, §§ 705–853, Partnerschaftsgesetz, Produkthaftungsgesetz, 7. Auflage 2017, München
– Band 7: Sachenrecht, §§ 854–1296, WEG, ErbbauRG, 7. Auflage 2017, München
*Münchener Kommentar zur Zivilprozessordnung*: hrsg. von Rauscher, Thomas, Krüger, Wolfgang, [zitiert: *Bearbeiter*, in: MüKo-ZPO]
– Band 1: §§ 1–354, 5. Auflage 2016, München
– Band 2: §§ 355–945b, 5. Auflage 2016, München
*Münzberg, Wolfgang*: Verhalten und Erfolg als Grundlagen der Rechtswidrigkeit und Haftung, 1966, Frankfurt a. M. [zitiert: *Münzberg*, Verhalten und Erfolg]
*ders.*: Bemerkungen zum Haftungsgrund der Unterlassungsklage, JZ 1967, 689–694
*Musielak, Hans-Joachim/Voit, Wolfgang*: Zivilprozessordnung, 16. Auflage 2019, München [zitiert: *Bearbeiter*, in: Musielak, ZPO]
*Muther, Theodor*: Zur Lehre von der roemischen Actio, dem heutigen Klagerecht, der Litiskontestation und der Sungularsukzession in Obligationen: eine Kritik des Windscheidschen Buchs „Die Actio des roemischen Zivilrechts“, 1857, Erlangen [zitiert: *Muther*, Kritik]
*Naef, Karl*: Unterlassungsanspruch und Unterlassungsklage im schweizerischen Recht, 1919, Zürich [zitiert: *Naef*, Unterlassungsklage]
*Neuhaus, Stephan*: Sekundäre Haftung im Lauterkeits- und Immaterialgüterrecht – Dogmatische Grundlagen und Leitlinien zur Ermittlung von Prüfungspflichten, 2011, Tübingen [zitiert: *Neuhaus*, Sekundäre Haftung]

*Neumann, Irmgard*: Leistungsbezogene Verhaltenspflichten, 1989, Heidelberg [zitiert: *Neumann*, Leistungsbezogene Verhaltenspflichten]
*Neumann, Paul*: Erfüllungszwang als „remedy" bei Nichterfüllung, 1998, Baden-Baden [zitiert: *P. Neumann*, Erfüllungszwang]
*Neumann-Duesberg, Horst*: Ansprüche aus Urheberrechtsverletzung, JZ 1955, 480–484
*Neussel, Julius*: Anspruch und Rechtsverhältnis, 1952, Mainz [zitiert: *Neussel*, Anspruch und Rechtsverhältnis]
*Nikisch, Arthur*: Zivilprozessrecht, 2. Auflage 1952, Tübingen [zitiert: *Nikisch*, Zivilprozeßrecht]
*Nipperdey, Hans Carl*: Rechtswidrigkeit, Sozialadäquanz, Fahrlässigkeit, Schuld im Zivilrecht, NJW 1957, 1777–1782
*Nunner-Krautgasser*: Schuld, Vermögenshaftung und Insolvenz, 2007, Wien [zitiert: *Nunner-Krautgasser*, Schuld, Vermögenshaftung und Insolvenz]
*Okuda, Masamichi*: Über den Anspruchsbegriff im deutschen BGB, AcP 164 (1964), 536–547
*Ost, Wolfgang*: Zuordnung als Kriterium des subjektiven Rechts – Dargestellt am subjektiven Vermögensrecht, 1965, Tübingen [*Ost*, Zuordnung als Kriterium]
*Palandt, Otto* (Begr.): Bürgerliches Gesetzbuch, 79. Auflage 2020, München [zitiert: *Bearbeiter*, in: Palandt, BGB]
*Pawlowski, Hans-Martin*: Allgemeiner Teil des BGB, 7. Auflage 2003, Heidelberg [zitiert: *Pawlowski*, Allgemeiner Teil]
*Pernice, Alfred*: Zur Lehre von den Sachbeschädigungen, 1867, Weimar [zitiert: *Pernice*, Sachbeschädigungen]
*Peters, Casjen*: Die Ansprüche aus Eigentum, AcP 153 (1954), 454–465
*Peters, Frank*: Zum Problem der Drittschadensliquidation, AcP 180 (1980), 329–372
*ders.*: Periculum est emptoris, in: Iuris Professio – Festgabe für Max Kaser zum 80. Geburtstag, hrsg. von Hans-Peter Benöhr, Karls Hackl, Rolf Knütel und Andreas Wacke, 1986, Köln/Wien/Graz, S. 221–232
*Petersen, Jens*: Duldungspflicht und Umwelthaftung, 1996, München [zitiert: *Petersen*, Duldungspflicht und Umwelthaftung]
*Peukert, Alexander*: Güterzuordnung als Rechtsprinzip, 2008, Tübingen [zitiert: *Peukert*, Güterzuordnung]
*Picker, Eduard*: Der negatorische Beseitigungsanspruch, 1972, Bonn [zitiert: *E. Picker*, Negatorischer Beseitigungsanspruch]
*ders.*: Positive Forderungsverletzung und culpa in contrahendo – Zur Problematik der Haftungen „zwischen" Vertrag und Delikts, AcP 183 (1983), 369–520
*ders.*: Zur Beseitigungshaftung nach § 1004 BGB – eine Apologie – zugleich ein Beitrag zur bürgerlich-rechtlichen Haftungsdogmatik, in: Festschrift für Joachim Gernhuber zum 70. Geburtstag, hrsg. von Hermann Lange, Knut Wolfgang Nörr, Harm Peter Westermann, 1993, Tübingen, S. 315–368 [zitiert: *E. Picker*, in: FS Lange]
*ders.*: Gutachterhaftung – Außervertragliche Einstandspflichten als innergesetzliche Rechtsfortbildung, in: Festschrift für Dieter Medicus zum 70. Geburtstag, hrsg. von Volker Beuthien, Maximilian Fuchs, Herbert Roth, Gottfried Schiemann und Andreas Wacke, 1999, Köln, S. 397–448 [zitiert: *E. Picker*, in: FS Medicus I]

*ders.*: Der „dingliche“ Anspruch, in: Im Dienste der Gerechtigkeit: Festschrift für Franz Bydlinski, hrsg. von Koziol, Helmut und Peter Rummel, 2002, Wien/New York, S. 269–318 [zitiert: *E. Picker*, in: FS Bydlinski]

*ders.*: Die Privatrechtsgesellschaft und ihr Privatrecht – Zur wachsenden Freiheitsbedrohung im Recht und durch Recht, in: Riesenhuber, Karl (Hrsg.), Privatrechtsgesellschaft, – Entwicklung, Stand und Verfassung des Privatrechts, 2007, Tübingen, S. 207–270 [zitiert: *E. Picker*, Privatrechtsgesellschaft]

*ders.*: Rechtszuweisung und Rechtsschutz im Deliktsrecht am Beispiel des Kaltluftsee-Falles (BGHZ 113, 384), in: Perspektiven des Privatrechts am Anfang des 21. Jahrhunderts, Festschrift für Dieter Medicus zum 80. Geburtstag am 9. Mai 2009, hrsg. von Volker Beuthien und Dieter Medicus, 2009, Köln, S. 311–332 [zitiert: *E. Picker*, in: FS Medicus II]

*ders.*: Deliktsrechtlicher Eigentumsschutz bei Störungen der Sach-Umwelt-Beziehung, JZ 2010, 541–553

*ders.*: Deliktsrechtlicher Eigentumsschutz bei Störung der Energieversorgung?, in: Festschrift für Helmut Koziol zum 70. Geburtstag, hrsg. von Peter Apathy, Helmut Koziol und Peter Bydlinski, 2010, Wien, S. 813–834 [zitiert: *E. Picker*, in: FS Koziol]

*ders.*: Prävention durch negatorischen Schutz, in: Tichý, Luboš/Hrádek, Jiří (Hrsg.): Prevention in Law, S. 61–105, 2013, Prag [zitiert: *E. Picker*, Prävention durch negatorischen Schutz]

*ders.*: Schuldrechtliche Rechte gegen den Betreiber von Zwangsvollstreckung oder Teilungsversteigerung als „die Veräußerung hinderndes Recht“ i. S. der Drittwiderspruchsklage, JZ 2014, 431–442

*Pieper, Helmut*: Verbraucherschutz durch Pflichten zum „Rückruf“ fehlerhafter Produkte? Zu den Grenzen einer Rechtsfortbildung, BB 1991, 985–992.

*Pöttker, Erik*: Klimahaftungsrecht, 2014, Tübingen [zitiert: *Pöttker*, Klimahaftungsrecht]

*Prütting, Hanns/Wegen, Gerhard/Weinreich, Gerd*: BGB Kommentar, 14. Auflage 2019, Köln [zitiert: *Bearbeiter*, in: Prütting/Wegen/Weinreich, BGB]

*Puchta, Georg Friedrich*: Pandekten, 11. Auflage 1872, Leipzig [zitiert: *Puchta*, Pandekten]

*ders.*: Vorlesungen über das heutige römische Recht, Erster Band, 1854, Leipzig [zitiert: *Puchta*, Vorlesungen I]

*Pufendorf, Samuel*: De officio hominis et civis, 1673 [zitiert: Pufendorf, De officio hominis et civis]

ders.: Le Droit de la Nature et des Gens, 1706, Amsterdam [zitiert: *Pufendorf*, Droit de la Nature et des Gens]

*Raab, Thomas*: Die Bedeutung der Verkehrspflichten und ihre systematische Stellung im Deliktsrecht, JuS 2002, 1041–1048

*Rabel, Ernst*: Das Recht des Warenkaufs, Teil 1, 1936, Berlin [zitiert: *Rabel*, Recht des Warenkaufs I]

*Raiser, Ludwig*: Der Stand der Lehre vom subjektiven Recht im Deutschen Zivilrecht, JZ 1961, 465–473

*ders.*: Rechtsschutz und Institutionenschutz, in summum ius summa iniuria: Individualgerechtigkeit und der Schutz allgemeiner Werte im Rechtsleben, 1963, Tübingen [zitiert: *Raiser*, Institutionenschutz]

*Raue, Benjamin*: Die dreifache Schadensberechnung, 2017, Baden-Baden [zitiert: *Raue*, Dreifache Schadensberechnung]
*Regelsberger, Ferdinand*: Pandekten, Band 1, 1983, Leipzig, [zitiert: *Regelsberger*, Pandekten, Band 1]
*Reinhardt, Rudolf*: Die subjektiven Rechte in § 823 Abs. 1 BGB, in: Karlsruher Forum 1961, Referate und Diskussionen zum Thema Grundprobleme der Haftung in § 823 Abs. 1 BGB [zitiert: *Reinhardt*, Die subjektiven Rechte in § 823 Abs. 1 BGB]
*ders.*: Das subjektive Recht in § 823 I BGB, JZ 1961, 714–719
*Repgen, Tilman*: Vertragstreue und Erfüllungszwang in der mittelalterlichen Rechtswissenschaft, 1994, Paderborn [zitiert: *Repgen*, Vertragstreue und Erfüllungszwang]
*Rettenbeck, Stephan*: Die Rückrufpflicht in der Produkthaftung, 1994, Baden-Baden [zitiert: *Rettenbeck*, Rückrufpflicht in der Produkthaftung]
*Rheinstein, Max*: Die Struktur des vertraglichen Schuldverhältnisses im anglo-amerikanischen Recht, 1932, Berlin/Leipzig [zitiert: *Rheinstein*, Struktur des vertraglichen Schuldverhältnisses]
*Riesenhuber, Karl*: Privatrechtsgesellschaft: Leistungsfähigkeit und Wirkkraft im deutschen und Europäischen Recht, in: Riesenhuber, Karl (Hrsg.), Privatrechtsgesellschaft, – Entwicklung, Stand und Verfassung des Privatrechts, 2007, Tübingen, S. 207–270 [zitiert: *Riesenhuber*, Privatrechtsgesellschaft]
*Rimmelspacher, Bruno*: Materiellrechtlicher Anspruch und Streitgegenstandsprobleme im Zivilprozess, 1970, Göttingen [zitiert: *Rimmelspacher*, Materiellrechtlicher Anspruch]
*Röhl, Klaus/Röhl, Hans Christian*: Allgemeine Rechtslehre, 3. Auflage 2008, Köln/München [zitiert: Röhl/Röhl, Allgemeine Rechtslehre]
*Rosenberg, Leo* (Begr.)/*Schwab, Karl Heinz/Gottwald, Peter*: Zivilprozessrecht, 18. Auflage 2018, München [zitiert: *Rosenberg/Schwab/Gottwald*, Zivilprozessrecht]
*Roth, Herbert*: Ansprüche auf Rechtsfortsetzung und Mitverschulden, AcP 180 (1980), 263–299
*ders.*: Die Einrede des Bürgerlichen Rechts, 1988, München [zitiert: *Roth*, Einrede]
*von Rümelin, Max.*: Die Verwendung der Causalbegriffe in Straf- und Zivilrecht, AcP 90 (1900), 171–344
*Rüthers, Bernd/Fischer, Christian/Birk, Axel*: Rechtstheorie, 8. Auflage 2015, München [zitiert: *Rüthers/Fischer/Birk*, Rechtstheorie]
*Saenger, Ingo*: Einstweiliger Rechtsschutz und materiellrechtliche Selbsterfüllung, 1998, Tübingen [*Saenger*, Einstweiliger Rechtsschutz]
*Samhat, Abbas*: Die Abgrenzung der Wahlschuld von der elektiven Konkurrenz nach dem BGB, 2012, Tübingen [zitiert: *Samhat*, Abgrenzung]
*von Savigny, Friedrich Carl*: System des heutigen römischen Rechts, Berlin [zitiert: *v. Savigny*, System]
– Band 1, 1840
– Band 5, 1841
*Schäfer, Carsten*: Strafe und Prävention im Bürgerlichen Recht, AcP 202 (2002), 397–434

*Schäfer, Hans-Bernd/Ott, Claus*: Lehrbuch der ökonomischen Analyse des Zivilrechts, 5. Auflage 2012, Berlin, Heidelberg [zitiert: *Schäfer/Ott*, Lehrbuch der ökonomischen Analyse des Zivilrechts]

*Schapp, Jan*: Das subjektive Recht im Prozeß der Rechtsgewinnung, 1977, Berlin [zitiert: *Schapp*, Subjektives Recht]

*ders.*: Das Zivilrecht als Anspruchssystem, JuS 1992, 537–544

*ders.*: Grundlagen des bürgerlichen Rechts, 2. Auflage 1996, München [zitiert: *Schapp*, Grundlagen]

*ders.*: Empfiehlt sich die „Pflichtverletzung" als Generaltatbestand des Leistungsstörungsrechts?, JZ 2001, 583–589

*Schapp, Jan/Schur, Wolfgang*: Einführung in das Bürgerliche Recht, 4. Auflage 2007, München [zitiert: *Schapp/Schur*, Einführung in das Bürgerliche Recht]

*Schiemann, Gottfried*: Das allgemeine Schädigungsverbot: „alterum non laedere", JuS 1989, 345–350

*Schilken, Eberhard*: Zivilprozessrecht, 7. Auflage 2017, München [zitiert: *Schilken*, Zivilprozessrecht]

*Schmidt, Eike*: Grundlagen des Haftungs- und Schadensrechts, in: Grundlagen des Vertrags und Haftungsrechts, Athenäum – Zivilrecht I, 1972, München, S. 465 ff. [zitiert: *E. Schmidt*, Grundlagen]

*ders.*: Die AGB-Verbandsklagebefugnis und das zivilistische Anspruchsdenken, ZIP 1991, 629–634

*Schmidt, Jürgen*: „Actio". „Anspruch". „Forderung", in: Festschrift für Günther Jahr zum siebzigsten Geburtstag: vesti-gia iuris, hrsg. von Michael Martinek, 1993, Tübingen, S. 401–418 [zitiert: *Schmidt*, in: FS Jahr]

*Schmidt, Karsten*: Kartellverfahrensrecht – Kartellverwaltungsrecht – Bürgerliches Recht: Kartellrechtspflege nach deutschem Recht gegen Wettbewerbsbeschränkungen, 1977, Köln [zitiert: *Schmidt*, Kartellverfahrensrecht]

*Schmidt, Mareike*: Produktrückruf und Regress, 2013, Tübingen [zitiert: Schmidt, Produktrückruf und Regress]

*Schmidt-Salzer*: Umwelthaftungsrecht, 1992, Heidelberg [zitiert: *Schmidt-Salzer*, Umwelthaftungsarecht]

*Schmoekel, Mathias/Rückert, Joachim/Zimmermann, Reinhard* (Hrsg.): Historisch-kritischer Kommentar zum BGB, Band II: Schuldrecht Allgemeiner Teil, 1. Teilband: vor § 241-§ 304, 2007, Tübingen [zitiert: *Bearbeiter* in: HKK-BGB]

*Scholz, Stephan*: Gestaltungsrechte im Leistungsstörungsrecht, 2010, Berlin [zitiert: *Scholz*, Gestaltungsrecht]

*Schröder, Jan*: Die zivilrechtliche Haftung für schuldhafte Schadenzufügung im Deutschen usus modernus, in: Vacca, Letizia (Hrsg.), La responsabilità civile da atto illecito nella prospettiva storico-comparatistica: I congresso internazionale ARISTEC, Madrid, 7–10 ottobre 1993, 1995, Turin, S. 144–167 [zitiert: *J. Schröder*, Zivilrechtliche Haftung]

*Schünemann, Wolfgang*: Die wettbewerbsrechtliche „Störer"-Haftung – Ein Konstrukt zwischen „praktischer Notwendigkeit" und dogmatischer Begründbarkeit, WRP 1998, 120–124

*Schubert, Werner* (Hrsg.): Die Vorlagen der Redaktoren für die erste Kommission zur Ausarbeitung des Entwurfs eines Bürgerlichen Gesetzbuches, 1982, Berlin/ New York [zitiert: *Bearbeiter*, in: Schubert, Vorlagen der Redaktoren für die erste Kommission]

*Schulz-Schaeffer*: Das subjektive Recht im Gebiet der unerlaubten Handlung, 1915, Marburg [zitiert: *Schulz-Schaeffer*, Subjektives Recht]
*Schulze, Götz*: Die Naturalobligation, 2008, Tübingen [zitiert: Schulze, Naturalobligation]
*Schulze, Reiner* (Schriftleitung): Bürgerliches Gesetzbuch, 10. Auflage 2019, Baden-Baden [zitiert: *Bearbeiter*, in: HK-BGB]
*Schur, Wolfgang*: Anspruch, absolutes Recht und Rechtsverhältnis im öffentlichen Recht entwickelt aus dem Zivilrecht, 1993, Berlin [zitiert: *Schur*, Anspruch, absolutes Recht und Rechtsverhältnis]
*ders.*: Leistung und Sorgfalt, 2001, Tübingen [zitiert: *Schur*, Leistung und Sorgfalt]
*Schwab, Dieter*: Die deliktische Haftung bei widerrechtlichem Verweilen des Verletzen im Gefahrenbereich, JZ 1967, 13–22
*Schwitanski, Heinz-Georg*: Deliktsrecht, Unternehmensschutz und Arbeitskampfrecht, 1986, Berlin [zitiert: *Schwitanski*, Deliktsrecht]
*Siber, Heinrich*: Der Rechtszwang im Schuldverhältnis nach deutschem Reichsrecht, 1903, Tübingen [zitiert: *Siber*, Rechtszwang]
*Simshäuser, Wilhelm*: Zur Entwicklung des Verhältnisses von materiellem Recht und Prozeßrecht seit Savigny, 1965, Bielefeld [zitiert: *Simshäuser*, Materielles Recht und Prozessrecht]
*Soergel, Hans Theodor* (Begr.): Bürgerliches Gesetzbuch mit Einführungsgesetz und Nebengesetzen, 13. Auflage 2002 [zitiert: *Bearbeiter*, in: Soergel, BGB]
– Band 14, Sachenrecht 1, §§ 854–984
*Sohm, Rudolph/Mitteis, Ludwig/Wenger, Leopold*: Institutionen: Geschichte und System des Römischen Privatrechts, 17. Auflage 1924, München u. a. [zitiert: *Sohm/Mitteis/Wenger*, Institutionen]
*Stadler, Astrid*: Rezension von Michaels, Ralf, Sachzuordnung durch Kaufvertrag. Traditionsprinzip, Konsensprinzip, ius ad rem in Geschichte, Theorie und geltendem Recht, RabelsZ 72 (2008), 423–434.
*dies.*: Der deliktische Erfolgsort als internationaler Gerichtsstand bei reinen Vermögensdelikten, in: Fairness Justice Equity, Festschrift für Reinhold Geimer zum 80. Geburtstag, hrsg. von Rolf Schütze, 2017, München, S. 715–726 [zitiert: *Stadler*, in: FS Geimer]
*v. Staudinger, Julius* (Begr.): Kommentar zum Bürgerlichen Gesetzbuch mit Einführungsgesetz und Nebengesetzen, Berlin [zitiert: *Bearbeiter*, in: Staudinger, BGB]
– BGB, Buch 1. Allgemeiner Teil, §§ 164–240, 2014
*Stickelbrock, Barbara*: Angleichung zivilrechtlicher und öffentlich-rechtlicher Haftungsmaßstäbe beim Störerbegriff des § 1004 BGB, AcP 197 (1997), 456–504
*Stoll, Hans*: Unrechtstypen bei Verletzung absoluter Rechte, AcP 162 (1963), 203–236
*ders.*: Schadensersatz und Strafe – eine rechtsvergleichende Skizze, in: Ius privatum gentium: Festschrift für Max Rheinstein zum 70. Geburtstag am 5. Juli 1969, Band 2, hrsg. von Ernst von Caemmerer, 1969, Tübingen [zitiert: *Stoll*, in: FS Rheinstein]
*Stech, Jürgen*: Unklagbare Ansprüche im heutigen Recht, ZZP 77 (1964), 161–221
*Stürner, Rolf* (Hrsg.): Jauernig, Bürgerliches Gesetzbuch, 15. Auflage 2014, München [zitiert: *Bearbeiter*, in: Jauernig, BGB]
*ders.*: Persönlichkeitsschutz und Geldersatz, AfP 1998, 1–10

*Stürner, Michael*: Der Grundsatz der Verhältnismäßigkeit im Schuldverttagsrecht, 2010, Tübingen [zitiert: *M. Stürner*, Grundsatz der Verhältnismäßigkeit]
*ders.*: Die Rolle des Kollisionsrechts bei der Durchsetzung von Menschenrechten, in: Zwischenbilanz: Festschrift für Dagmar Coester-Waltjen zum 70. Geburtstag, hrsg. von Hilbig-Lugani, Katharina/Jacob, Dominique/Mäsch, Gerald/ Reuß, Philipp/Schmid, Christoph (Hrsg.), 2015, Bielefeld, S. 843–854 [zitiert: *M. Stürner*, in: FS Coester-Waltjen]
*Stürner, Rolf* (Hrsg.): Jauernig, Bürgerliches Gestzbuch, 13. Auflage 2018, München [zitiert: *Bearbeiter*, in: Jauernig]
*Theubner, Gunther*: Steuerung durch plurales Recht. Oder wie die Politik den normativen Mehrwert der Geldzirkulation abschöpft, in: Wolfgang Zapf, Die Modernisierung moderner Gesellschaften, 1994, Frankfurt a. M., S. 528–558 [zitiert: *Theubner*, Steuerung durch plurales Recht]
*Thibaut, Anton Friedrich Justus*: Über Besitz und Verjährung, 1802, Jena [zitiert: *Thibaut*, Besitz und Verjährung]
*Thomale, Chris*: Leistung als Freiheit, 2012, Tübingen [zitiert: *Thomale*, Leistung als Freiheit]
*ders.*: Die Einrede als materielles Gestaltungsrecht, AcP 212 (2012), 920–970
*Thon, August*: Rechtsnorm und subjektives Recht, Untersuchungen zur allgemeinen Rechtslehre, 1878, Weimar [zitiert: *Thon*, Rechtsnorm und subjektives Recht]
*von Tuhr, Andreas*: Der Allgemeine Teil des Deutschen Bürgerlichen Rechts, Leipzig
– Erster Band, Allgemeine Lehren und Personenrecht, 1910 [zitiert: *v. Tuhr*, Allgemeiner Teil]
*Unberath, Hannes*: Die Vertragsverletzung, 2007, Tübingen [zitiert: *Unberath*, Vertragsverletzung]
*Unger, Joseph*: System des österreichischen allgemeinen Privatrechts, Zweiter Band, 2. Auflage 1863, Leipzig [zitiert: *Unger*, System II]
*Vieweg, Klaus/Schrenk, Klaus*: Produktrückruf als Instrument präventiven Verbraucherschutzes – Bisherige Rechtslage und Änderungen nach Inkrafttreten des Produktsicherheitsgesetzes, JURA 1997, 561–569
*Vossius, Oliver*: Zu den dogmengeschichtlichen Grundlagen der Rechtsschutzlehre, 1985, Edelsbach [zitiert: *Vossius*, Rechtsschutzlehre]
*von Wächter, Carl Georg*: Handbuch des im Königreiche Württemberg geltenden Privatrechts, Band 2: Allgemeine Lehren, 1842, Stuttgart [zitiert: *v. Wächter*, Handbuch II]
*Wach, Adolf*: Handbuch des Deutschen Civilprozessrechts, Bd. 1, 1885, Leipzig [zitiert: *Wach*, Handbuch]
*ders*: Der Feststellungsanspruch – Ein Beitrag zur Lehre vom Rechtsschutzanspruch, 1889, Leipzig, [zitiert: *Wach*, Feststellungsanspruch]
*Wagner, Gerhardt*: Öffentlich-rechtliche Genehmigung und zivilrechtliche Rechtswidrigkeit, 1989, Köln u. a. [zitiert: *Wagner*, Genehmigung und Rechtswidrigkeit]
*ders*: Prozessverträge, 1998, Tübingen [zitiert: *Wagner*, Prozessverträge]
*ders.*: Die Voraussetzungen negatorischen Rechtsschutzes – Versuch einer Neubegründung, in: Perspektiven des Privatrechts am Anfang des 21. Jahrhunderts, Festschrift für Dieter Medicus zum 80. Geburtstag am 9. Mai 2009, hrsg. von

Volker Beuthien und Dieter Medicus, 2009, Köln, S. 589–610 [zitiert: *Wagner*, in: FS Medicus II]

*ders.*: Anmerkung zu BGH, JZ 2015, 680–682, JZ 2015, 682–684

*Walker, Wolf-Dietrich*: Der einstweilige Rechtsschutz im Zivilprozeß und im arbeitsgerichtlichen Verfahren, 1993, Tübingen [zitiert: *Walker*, Der einstweilige Rechtsschutz]

*Weitnauer, H.*: Zum Schutz der absoluten Rechte, in: Karlsruher Forum 1961, Referate und Diskussionen zum Thema Grundprobleme der Haftung in § 823 Abs. 1 BGB [zitiert: *Weitnauer*, Schutz absoluter Rechte]

*Weller, Marc-Philippe*: Die Vertragstreue: Vertragsbindung – Naturalerfüllungsgrundsatz – Leistungstreue, 2009, Tübingen [zitiert: *Weller*, Vertragstreue]

*Wendehorst, Christiane*: Anspruch und Ausgleich, 1999, Tübingen [zitiert: *Wendehorst*, Anspruch und Ausgleich]

*Wendelstein, Christoph*: Kollisionsrechtliche Probleme der Telemedizin – Zugleich ein Beitrag zur Koordination von Vertrag und Delikt auf der Ebene des europäischen Kollisionsrechts, 2012, Tübingen [zitiert: *Wendelstein*, Telemedizin]

*ders.*: Zur Schadenshaftung für „Erfüllungs"-Gehilfen bei Verletzungen des Integritätsinteresses, AcP 215 (2015), 70–106

*ders.*: Die Behandlung der Prospekthaftung des Emittenten im europäischen Zuständigkeitsrecht, GPR 2016, 140–148

*ders.*: Der Gerichtsstand nach Art. 7 Nr. 2 Brüssel Ia-VO bei „reinen" Vermögensschäden, GPR 2018, 272–280

*ders.*: „Menschenrechtliche" Verhaltenspflichten im System des Internationalen Privatrechts, RabelsZ 83 (2019), 111–153

*Wendt, Otto*: Lehrbuch der Pandekten, 1888, Jena [zitiert: *Wendt*, Pandekten]

*ders.*: Die exceptio doli generalis im heutigen Recht oder Treu und Glauben im Recht der Schuldverhältnisse, AcP 100 (1906), 1–417

*Wenzel, Joachim*: Der Störer und seine verschuldensunabhängige Haftung im Nachbarrecht, NJW 2005, 241–247

*Westermann, Harm Peter*: Das private Nachbarrecht als Instrument des Umweltschutzes, S. 103–132 in: Rüdiger Breuer, Michael Kloepfer, Peter Marburger und Meinhard Schröder (Hrsg.), Umweltschutz und Privatrecht, 5. Trierer Kolloquium zum Umwelt- und Technikrecht vom 24. Bis 26. September 1989, 1990, Düsseldorf [zitiert: *Westermann*, Privates Nachbarrecht]

*Wetzell, Georg Wilhelm*: System des ordentlichen Civilprocesses, 3. Auflage 1878, Leipzig [zitiert: *Wetzell*, System des ordentlichen Civilprocesses]

*Wieacker, Franz*: Privatrechtsgeschichte der Neuzeit, 2. Auflage 1967, Göttingen [zitiert: *Wieacker*, Privatrechtsgeschichte]

*ders.:* Das Sozialmodell der klassischen Privatrechtsgesetzbücher und die Entwicklung der modernen Gesellschaft, 1953, in: Wiacker, Indistriegesellschaft und Privatrechtsordnung, 1974, Karlsruhe/Köln [zitiert: *Wieacker*, Sozialmodell der klassischen Privatrechtsgesetzbücher]

*ders.:* Das bürgerliche Recht im Wandel der Gesellschaftsordnungen, 1960 in: Wiacker, Indistriegesellschaft und Privatrechtsordnung, 1974, Karlsruhe/Köln [zitiert: *Wiacker*, Bürgerliches Recht im Wandel]

*Wiethölter, Rudolf*: Rechtswissenschaft, 1968, Frankfurt a. M. u. a. [zitiert: *Wiethölter*, Rechtswissenschaft]

*Wilburg, Walter*: Die Lehre von der ungerechtfertigten Bereicherung nach österreichischem und deutschem Recht, 1934, Graz [zitiert: *Wilburg*, Ungerechtfertigte Bereicherung]
*Wilhelm, Jan*: Rechtsverletzung und Vermögensentscheidung als Grundlagen und Grenzen des Anspruchs aus ungerechtfertigter Bereicherung, 1973, Bonn [zitiert: *Wilhelm*, Rechtsverletzung]
*Wilhelmi, Rüdiger*: Risikoschutz durch Privatrecht, 2009, Tübingen [zitiert: *Wilhelmi*, Risikoschutz durch Privatrecht]
*Windscheid, Bernhard*: Die Actio des römischen Civilrechts, 1856, Düsseldorf [zitiert: *Windscheid*, Actio]
*ders.*: Die Actio – Abwehr gegen Dr. Theodor Muther, 1857, Düsseldorf [zitiert: *Windscheid*, Abwehr gegen Muther]
*ders.*: Lehrbuch des Pandektenrechts, Erster Band [zitiert: *Windscheid*, Pandekten], seit der 8. Auflage 1900 fortgeführt von Theodor Kipp [zitiert: *Windscheid/Kipp*, Pandekten]
– 1. Auflage 1862, Düsseldorf
– 4. Auflage 1875, Düsseldorf
– 5. Auflage 1879, Stuttgart
– 6. Auflage 1887, Frankfurt a. M.
– 7. Auflage 1891, Frankfurt a. M.
– 8. Auflage 1900, Frankfurt a. M.
– 9. Auflage 1963, Frankfurt a. M.,
*ders.*: Rede des antretenden Rectors, in: Universität Leipzig (Hrsg.), Rectoratswechsel an der Universität Leipzig am 31. Oktober 1884, 1884, Leipzig, S. 17–36 [zitiert: *Winscheid*, in: Rectoratswechsel]
*Wolf, Ernst*: Zum Begriff des Schuldverhältnisses, in: Festgabe für Heinrich Herrfahrdt zum 70. Geburtstag, hrsg. von Erich Schwinge, 1961, Marburg, S. 197–212
*Wolf, Joseph Georg*: Der Normzweck im Deliktsrecht, 1962, Göttingen [zitiert: *J. G. Wolf*, Normzweck]
*Wolf, Joachim*: Der Stand der Bereicherungslehre und ihre Neubegründung, 1980, Köln, u. a. [zitiert: *J. Wolf*, Stand der Bereicherungslehre]
*Wolf, Manfred/Neuner, Jörg*: Allgemeiner Teil des Bürgerlichen Rechts, 11. Auflage 2016, München [zitiert: *Wolf/Neuner*, Allgemeiner Teil]
*Wolff, Christian*: Ius naturae, methodo scientificia pertractatum, Zweiter Teil, 1942, Halle [zitiert: *Wolff*, Ius naturae]
*ders.*: Grundsätze des Natur- und Völkerrechts worin alle Verbindlichkeiten und alle Rechte aus der Natur des Menschen in einem beständigen Zusammenhange hergeleitet werden, 1754, Halle; zitiert nach Scriptor Reprints, Sammlung des 18. Jahrhunderts, hrsg. von Jörn Garber, 1980, Meisenheim/Glan [zitiert: *Wolff*, Grundsätze des Natur- und Völkerrechts]
*von Zeiller, Franz*: Commentar über das allgemeine bürgerliche Gesetzbuch für die gesammten Deutschen Erbländer der Oesterreichischen Monarchie, Band 3, Zweyte Abtheilung, 1812, Wien/Triest [zitiert: *v. Zeiller*, Commentar über das allgemeine bürgerliche Gesetzbuch]
*ders.*: Das natürliche Privat-Recht, 3. Auflage 1819, Wien [zitiert: *v. Zeiller*, Natürliches Privatrecht]
*Zeuner, Albrecht*: Gedanken zur Unterlassungs- und negativen Ferststellungsklage, in: Vom Deutschen zum Europäischen Recht, Festschrift für Hans Dölle, Band 1

Deutsches Privat- und Zivilprozessrecht, Rechtsvergleichung, hrsg. von Ernst von Caemmerer, Arthur Nikisch und Konrad Zweigert, 1963, Tübingen. S. 295–328 [zitiert: *Zeuner*, in: FS Dölle]

*Zimmermann, Reinhard*: The Law of Obligations, 1990, München/Kapstadt [zitiert: *Zimmermann*, Law of obligations]

*ders.* (Hrsg.): Grundstrukturen des europäischen Deliktsrechts, 2003 [zitiert: *Autor* in: Zimmermann, Grundstrukturen]

*Zöllner, Wolfgang*: Die Privatrechtsgesellschaft im Gesetzes- und Richterstaat, 1996, Köln [zitiert: *Zöllner*, Privatrechtsgesellschaft]

# Sachregister

# Jus Privatum

Beiträge zum Privatrecht

Die Schriftenreihe *Jus Privatum. Beiträge zum Privatrecht* (JusPriv) soll den privatrechtlichen Habilitationsschriften, aber auch Monographien der Ordinarien, eine ansprechende Heimstatt geben. Die Reihe deckt das Bürgerliche Recht ebenso ab wie das Handels- und Gesellschaftsrecht, das Wirtschaftsrecht, das Arbeitsrecht und das Verfahrensrecht. Das schließt fächerübergreifende, aber auch fachgebietsübergreifende Themenstellungen nicht aus, solange der Schwerpunkt der Arbeit im Privatrecht zu finden ist. Kaum eine Arbeit beschränkt sich auf das deutsche Recht, denn die Fragestellungen sind oft vom Europarecht beeinflusst und auch der rechtsvergleichende Blick in fremde Rechtsordnungen gewinnt zunehmend an Bedeutung. Die anspruchsvolle und auch äußerlich ansprechende Reihe bietet mehr als nur einen zufälligen Ausschnitt gegenwärtiger Forschung im Zivilrecht: Sie spiegelt auch den Standard dessen wider, was (Privat-)Rechtswissenschaft gegenwärtig in Deutschland bedeutet und ist deshalb schon in kurzer Zeit im In- und Ausland zu einem Begriff geworden.

ISSN: 0940-9610
Zitiervorschlag: JusPriv

Alle lieferbaren Bände finden Sie unter *www.mohrsiebeck.com/juspriv*

Mohr Siebeck
www.mohrsiebeck.com